V&R

Die Botschaft des Neuen Testaments

Herausgegeben von Walter Klaiber

Michaela Veit-Engelmann
Die Briefe an Timotheus und Titus

Vandenhoeck & Ruprecht

Michaela Veit-Engelmann

Die Briefe an Timotheus und Titus

Die Pastoralbriefe

Vandenhoeck & Ruprecht

Bibliografische Information der Deutschen Nationalbibliothek:
Die Deutsche Nationalbibliothek verzeichnet diese Publikation in der Deutschen Nationalbibliografie; detaillierte bibliografische Daten sind im Internet über https://dnb.de abrufbar.

Umschlaggestaltung: Grafikbüro Sonnhüter, www.sonnhueter.com
Satz: SchwabScantechnik, Göttingen
Druck und Bindung: ⊕ Hubert & Co. BuchPartner, Göttingen

Printed in the EU

Vandenhoeck & Ruprecht Verlage
www.vandenhoeck-ruprecht-verlage.com

ISSN 2567-9155
ISBN 978-3-525-56869-9

Meinem Doktorvater,
Prof. Dr. Jens Herzer,
in Dankbarkeit gewidmet.

Vorwort

»Das Rätsel, das über diesen Briefen schwebt, hat noch niemand wirklich gelöst und ist auch mit unseren geschichtlichen Hilfsmitteln unlösbar.«

So urteilte bereits vor knapp 100 Jahren der große Theologe Adolf von Harnack[1] über die sogenannten Pastoralbriefe. Und auch für Heinrich Julius Holzmann, der 1880 die Pastoralbriefe einer umfassenden Kommentierung unterzog, waren diese Briefe nur mit dem »Quark« vergleichbar, den Goethe neben seinem »Faust« eben auch produziert habe. Deshalb, so Holzmann weiter, könnten diese Schreiben nicht von Paulus selbst stammen. Denn »bei einem so stark ausgeprägten originalen Geiste wie Paulus erwartet man mit Recht in allen grösseren Auslassungen, die er schriftlich fixierte, ›seines Geistes einen Hauch zu verspüren‹.«[2] Im direkten Vergleich mit Paulus scheint es, als kämen die Briefe seinen geistigen Höhenflügen mitnichten nahe. Theologisch relevante Aussagen sind nur hier und da zu finden und geben der Auslegung ebenso Rätsel auf wie die literarische Gestalt der drei Schreiben. Zudem widersetzen sich allzu viele Details einer eindeutigen Auslegung. Aus heutiger Sicht kommt erschwerend hinzu, dass die Briefe einige theologisch heikle Positionen vertreten und ein sehr problematisches Frauenbild ebenso wie eine verstaubte Ämterhierarchie bieten.

In der Forschung sollte sich nach und nach die Annahme durchsetzen, dass diese Briefe nicht nur aus der Feder eines einzigen nachpaulinischen Autors stammen, sondern ein intentional zusammengehöriges »Corpus Pastorale« bilden. Doch wirft diese sogenannte Corpus-These meines Erachtens mehr Fragen auf, als sie zu beantworten vermag: Weder lässt sich aus den Angaben aller drei Schreiben ein konkretes Bild der Gemeindestrukturen noch der bekämpften Irrlehre – beides unbestreitbar zentrale Themen der Briefe – erheben. Und wieso müssen es dann überhaupt drei Schreiben sein? Hätte nicht auch eines gereicht?

Galt die nachpaulinische Abfassung der Pastoralbriefe lange als unstrittig, gibt es inzwischen wieder ernstzunehmende Stimmen, die für die Echtheit zumindest von einem oder zwei der drei Schreiben eintreten. Trotz

1 Von Harnack, Briefsammlung, S. 14 f.

2 Holzmann, Pastoralbriefe, S. 60 f.

aller wissenschaftlichen Bemühungen ist das Rätsel um die Pastoralbriefe also keineswegs kleiner geworden. Da ein Kommentar jedoch in einer so grundlegenden Frage eine Entscheidung verlangt, auch wenn letztgültige Sicherheit nicht gewonnen werden kann, werden die drei Briefe in dieser Publikation als pseudepigraphische Einzelschreiben ausgelegt.
Gerne habe ich mich der Aufgabe angenommen, dieses Schriftenkorpus kommentierend auszulegen, bin ich doch im Jahr 2011 mit einer Arbeit über die Pastoralbriefe zur Dr. theol. promoviert worden. Deshalb kann ich sagen: Ja, diese Briefe fordern heraus, gerade aufgrund ihrer bleibenden Rätselhaftigkeit! Und zugleich faszinieren sie als Zeugnisse einer Umbruchszeit, als Dokumente einer Situation, in der die Größen der ersten Generation nicht mehr da waren und das Christentum noch keine feste Gestalt gewonnen hatte. Mitten hinein zielen die drei Pastoralbriefe, verfasst in dem Bemühen, den Apostel Paulus aus dem Grabe zurückzurufen und klärend in die eigene Gegenwart hinein sprechen zu lassen. Alle drei Briefe ringen auf je individuelle Art darum, wie die paulinische Lehre so zu Gehör zu bringen ist, dass sie tatsächlich auch verstanden wird. Einerseits wollen sie dabei die überkommene Tradition bewahren und andererseits sind sie gekennzeichnet von dem Bemühen, nochmals neu und anders zu sagen, was Paulus selbst bereits gesagt hatte.
Genau in diesem Ringen dienen die Pastoralbriefe bis heute als Mahnung und Vorbild zugleich – sie zeigen sowohl die Ernsthaftigkeit dieses Bemühens als auch seine Grenzen.
Mein Dank gilt Bischof i. R. Dr. Walter Klaiber nicht nur für die Möglichkeit, die Kommentierung dieser Briefe innerhalb der Reihe »Die Botschaft des Neuen Testaments« übernehmen zu dürfen, sondern auch für den intensiven Austausch während des Schreibprozesses. Dank gebührt auch Birgit Nowak und Lothar Veit; die beiden nahmen die Mühen des Korrekturlesens auf sich. Vom Verlag Vandenhoeck & Ruprecht stand mir Izaak de Hulster beratend zur Seite; auch ihm sei herzlich für die gute Betreuung gedankt.
Besonders erwähnen möchte ich aber meinen Doktorvater, Prof. Dr. Jens Herzer, an dessen Lehrstuhl ich von 2006 bis 2010 tätig war. Ihm verdanke ich nicht nur die Begeisterung für die neutestamentliche Exegese, sondern auch die Ermutigung dazu, eingetretene Denkpfade zu verlassen und den Geheimnissen und der Poesie der biblischen Texte immer wieder neu auf die Spur zu kommen. Jens Herzer ist dieser Kommentar deshalb gewidmet.

Dr. Michaela Veit-Engelmann
Loccum, im Frühjahr 2022

Inhalt

Einführung in die beiden Briefe an Timotheus und den Brief an Titus

Die Briefe an Timotheus und Titus und ihre Besonderheiten innerhalb der Paulusbriefe

Die beiden Briefe an Timotheus und der Brief an Titus nehmen innerhalb der neutestamentlichen Paulusbriefe gleich in mehrerlei Hinsicht eine Sonderstellung ein. So richten sie sich nicht, wie fast alle anderen Paulusschreiben, an Gemeinden, sondern sind an Einzelpersonen adressiert. Dies teilen sie zwar mit dem Philemonbrief, doch anders als der Briefempfänger Philemon werden Timotheus und Titus hier nicht nur als Privatpersonen angeschrieben, sondern sind angesprochen, um gemeindeorganisatorische oder theologische Fragen zu regeln und sich mit abweichenden Lehren auseinanderzusetzen.

Diese gemeinsame Besonderheit hat den beiden Schreiben an Timotheus und dem Brief an Titus im 18. Jahrhundert die Bezeichnung »Pastoralbriefe« eingebracht. Bereits der mittelalterliche Theologe Thomas von Aquin konnte den 1. Timotheusbrief mit einer Hirtenregel vergleichen (»quasi pastoralis regula«, so in seiner Schrift Super I Epistolam B. Pauli ad Timotheum lectura, lectio II); eine Charakterisierung, die schließlich auf alle drei Schreiben übertragen wurde, auch wenn sie nicht für alle drei gleichermaßen gilt.

Der 1. Timotheusbrief richtet sich an den Apostelschüler Timotheus, der sich als der von Paulus beauftragte Stellvertreter in Ephesus aufhält (1Tim 1,3), um sich dort mit Irrlehrern auseinanderzusetzen. Ihren Fabeln und Genealogien-Spekulationen (vgl. 1Tim 1,4) setzt der Brief gleichsam als Bollwerk die unter der Leitung von Bischöfen und Diakonen als Haus Gottes wohlgeordnete Gemeinde entgegen (vgl. 1Tim 3,1–14).

Auf den 1. Timotheusbrief folgt noch ein zweites Schreiben an den gleichen Adressaten, das deshalb als 2. Timotheusbrief bezeichnet wird. Diesen Brief schreibt »Paulus« zu einem Zeitpunkt, als er dem Tod ins Auge blickt (vgl. 2Tim 4,6–8); er ist deshalb auch als Testament oder als testamentarisches Mahnschreiben mit Freundschaftsbriefelementen bezeichnet worden. Der Verfasser befindet sich, so die Brieffiktion, in Haft, vermutlich in Rom, und wartet auf den Ausgang seines Prozesses, von dem er jedoch ahnt, dass er für ihn nicht positiv sein wird. Auch dieses Schreiben richtet sich an den Paulusschüler Timotheus, der darin von

der Einsamkeit des Apostels, seiner Sorge um seine Gemeinde und dem Kampf gegen Andersdenkende erfährt. Im Zentrum von deren Lehre steht der Glaube an die bereits geschehene Auferstehung aller (2Tim 1,18). Auch im 2. Timotheusbrief vergleicht der Schreiber die Gemeinde mit einem (großen) Haus (2Tim 2,19–21). Wo genau sich der Briefempfänger aufhält, wird aus den Zeilen nicht deutlich, doch zielt auch dieses Schreiben in den kleinasiatischen Raum hinein. Dass Timotheus nach wie vor in Ephesus ist (siehe 1Tim), sagt der Brief allerdings nicht.
Der Brief an Titus, einen weiteren engen Mitarbeiter des Paulus, wirkt ein wenig wie der kleine Bruder des 1. Timotheusbriefes. Wieder geht es um gemeindeordnende Fragen (vgl. Tit 1,5–9), wieder ist es das Auftreten von Irrlehrern – dieses Mal von solchen *aus der Beschneidung* (vgl. Tit 1,10–16) –, das den Brief nötig macht. Doch zielt der Titusbrief auf die Insel Kreta, wo Titus unterwegs ist, um Älteste und Bischöfe einzusetzen (Tit 1,5).

Die Briefe an Timotheus und Titus als nachpaulinische Schreiben

Im Vergleich mit anderen Paulusbriefen fällt auf: Diese drei Schreiben teilen einige sprachliche Gemeinsamkeiten und theologische Ansichten, mit denen sie sich zugleich von den anderen Schreiben des Corpus Paulinum unterscheiden. So reden sie von der *gesunden Lehre* (vgl. 1Tim 1,10; 6,3; 2Tim 1,13; 4,3; Tit 1,9; 2,1) und verwenden mehrfach den Begriff *Frömmigkeit* (1Tim 2,2; 3,16; 3,7f; 6,3.5 f.11; 2Tim 3,5; Tit 1,1), eine Terminologie, die sich in den anderen Schreiben des Paulus so nicht findet. Außerdem fällt auf, dass in allen drei Briefen zwar aufs Heftigste gegen die Irrlehre polemisiert wird, jedoch kaum eine argumentative Auseinandersetzung stattfindet, wie man sie aus anderen Paulusbriefen kennt.
Hinzu treten gewisse Schwierigkeiten, die Briefe in die paulinische Biographie einzuordnen, so wie sie sich aus den anderen Schreiben des Paulus oder aus der Apostelgeschichte rekonstruieren lässt. Lange hat man hier den Angaben der Apostelgeschichte, in die sich eben die drei Schreiben nur mühsam einzeichnen lassen (vgl. 2Tim 1,17 mit Apg 28,30; Tit 1,5 mit Apg 27,1ff und 1Tim 3,1–13 mit Apg 20,17ff), dabei den Vorzug gegeben. Doch weiß man heute, dass dabei Vorsicht geboten ist: Es ist nämlich keineswegs sicher, dass Lukas immer Recht hat mit dem, was er schreibt. Die Angaben der Apostelgeschichte dürfen deshalb nicht

vorschnell als Messlatte für die Schriften des Corpus Paulinum herangezogen werden.

Die Briefe an Timotheus und Titus als zusammengehöriges Briefkorpus?

Die Mehrheit der Exegetinnen und Exegeten geht heute davon aus, dass diese Briefe nicht von Paulus stammen, sondern von einem seiner Schüler verfasst sind, der Paulus gleichsam aus dem Grabe ruft, um ihn klärend in die Gegenwart hinein sprechen zu lassen.

Der gegenwärtige Forschungskonsens behauptet sogar, dass die drei Schreiben an Timotheus und Titus aus der Feder eines einzigen nachpaulinischen Autors stammen und einige Jahrzehnte nach dem Tod des Apostels verfasst wurden. Ihr Ziel sei es, klärend in die Situation der christlichen Gemeinden der eigenen Zeit hineinzuwirken und die Gemeindeordnung als Bollwerk gegen alle häretischen Stürme zu stärken. Um dem, was er zu sagen habe, die nötige Autorität zu verleihen – und wohl auch, weil er sich selbst in der Tradition des großen Apostels Paulus sah –, verwende der Briefschreiber nicht nur den Namen »Paulus«, sondern adressiere die Briefe auch an die beiden bekannten Paulusmitarbeiter Timotheus und Titus. Allerdings: Wenn Paulus die Briefe nicht selbst geschrieben hat, dann haben Timotheus und Titus sie auch nicht persönlich gelesen. Alle diese Namen sind vielmehr nur Chiffren, durch die hindurch die Briefe auf die eigentlichen Adressaten, paulinische Gemeinden in der nachpaulinischen Zeit im (im weitesten Sinne) kleinasiatischen Raum, zielen.

Viele Wissenschaftlerinnen und Wissenschaftler gehen davon aus, dass diese drei Briefe von Beginn an als dreiteiliges Briefkorpus konzipiert gewesen seien, dass es also nie drei Einzelschreiben an Timotheus und Titus gab, sondern immer nur ein zusammenhängendes Schriftenkorpus, das als Corpus Pastorale bezeichnet wird. In den Schreiben werde deshalb, so die These, keine konkrete Gemeindesituation abgebildet, sondern sie seien als Anweisungen für alle denkbaren Fälle und die Bekämpfung verschiedener Irrlehren konzipiert, so dass die Nachfolger des Paulus mit ihnen in der Hand auf jede Situation angemessen reagieren könnten. Doch bietet die Briefpragmatik hier ein anderes Bild: Wo so viel Polemik zum Einsatz kommt, da gibt es ein reales Ziel und die benannten Gegner sind nicht nur eine Blaupause.

Die Forschung hat sich angewöhnt, diejenigen, mit denen sich die Verfasser der Pastoralbriefe theologische Diskussionen liefern, als »Gegner« oder »Irrlehrer« zu bezeichnen. Beide Bezeichnungen werden auch in diesem Kommentar verwendet, allerdings wissend, dass sie eine Zuschreibung vornehmen, die für die Zeit der Pastoralbriefe noch keine Gültigkeit hat. Der Begriff »Irrlehre« setzt ja voraus, dass es bereits eine »richtige« Lehre gibt, von der abgeirrt werden kann. Dass der Briefautor das denkt, ist unbestritten; dass es nicht stimmt, allerdings ebenso. Es bedurfte vielmehr eines langen Prozesses der Klärung und Konsolidierung, bis sich nach und nach ein Konsens herausschälte, was die richtige Lehre ist. Die »Gegner« – auch das ist ja ein präjudizierender Begriff – sind also zunächst einmal die, die etwas anderes lehren oder von der Lehre der Pastoralbriefe abweichen; das macht sie nur aus der Sicht des Autors zu Irrlehrern. Im 1. Timotheusbrief (1Tim 1,3) werden sie als solche bezeichnet, die etwas *Falsches lehren* (vgl. 1Tim 6,3), der Titusbrief nennt sie *spalterische Menschen* (Tit 3,10), im 2. Timotheusbrief werden diese Menschen als *Widerspenstige* tituliert (vgl. 2Tim 2,25f). Wer auf der richtigen Seite steht, scheint also klar zu sein. Allerdings darf man nicht vergessen: Dass die Pastoralbriefe Aufnahme in den Kanon fanden und sich damit ihre Lehre als korrekte durchsetzen sollte, ist erst ein Urteil der späteren Geschichte.

Zeit und Ort der Abfassung der drei Schreiben

Die Tatsache, dass alle Angaben, die die Briefe zu Örtlichkeiten und paulinischer Biographie machen, vor dem Hintergrund pseudepigraphischer Verfasserschaft gelesen werden müssen, macht es schwierig bis unmöglich, aus ihnen konkrete Informationen zur zeitlichen und lokalen Verortung der Schreiben zu erheben. Der Autor des 2. Timotheusbriefes behauptet zwar, in Haft (in Rom) zu sein und der Titusbrief lokalisiert den Verfasser in Nikopolis (Tit 3,12) – doch wenn der Autor nicht Paulus ist, dann ist er auch nicht dort. Die Forschung vermutet, dass die Schreiben dort entstanden sind, wo sie auch hinzielen, nämlich in den kleinasiatischen Raum. Deshalb habe der Autor auch so detaillierte Kenntnisse über die dortigen Vorgänge – eben weil er selbst vor Ort sei und nur so tue, als träfe der Brief von außen ein.
Ebenso schwierig ist eine zeitliche Einordnung der Schreiben. Sie sind nachpaulinisch, aber das ist ein dehnbarer Begriff, zumal für einzelne neutestamentliche Pseudepigraphen wie etwa den Kolosserbrief sogar dis-

kutiert wird, ob sie bereits zu Lebzeiten des Apostels entstanden sein könnten. Aus den drei Schreiben selbst jedenfalls lässt sich zur Abfassungszeit wenig Gesichertes erheben, denn alle biographischen Angaben zu Paulus sind Teil der pseudepigraphischen Fiktion; andere finden sich nicht. Mehr als dass diese Briefe irgendwann Ende des 1. Jahrhunderts oder Anfang bis Mitte des 2. Jahrhunderts entstanden sind, wird man also nicht sagen können. Der sogenannte Terminus ante quem, also der Zeitpunkt, zu dem die Schreiben in jedem Fall bereits existiert haben müssen, wird in der Forschung auf Mitte bis Ende des 2. Jahrhunderts datiert. Bereits der Kirchenvater Polykarp (gest. ca. 155 n. Chr.) zitiert aus den Pastoralbriefen; er kannte und schätzte sie also (vgl. Polyk 4,1 [1Tim 6,7.10]; Polyk 5,2 [2Tim 2,12]; Polyk 8,1 [1Tim 1,1]; Polyk 9,2 [2Tim 2,11; 4,10]; Polyk 11,4 [2Tim 2,25]; Polyk 12,3 [1Tim 2,1f]). Und der sogenannte Kanon Muratori, ein ca. 200 n. Chr. entstandenes Verzeichnis christlicher Schriften, listet die Schreiben unter den echten Paulusbriefen auf. Zu diesem Zeitpunkt müssen sie also vorgelegen haben.

Immer wieder sind die Pastoralbriefe als Schreiben einer »Paulusschule« bezeichnet worden; diese wird dann, ebenso wie die »Johannesschule«, im kleinasiatischen Ephesus verortet. Allerdings suggeriert die Rede von einer »Schule« einen Lehr- und Lernbetrieb, wie er für diejenigen, die sich in der Tradition des Apostels Paulus sahen, wohl kaum vorauszusetzen ist. Weder darf man eine organisierte Schule noch feste Strukturen annehmen, denn dafür gibt es keinerlei Beweise. Wenn hier deshalb von *Paulusschülern* und von einer *Paulusschule* gesprochen wird, so ist damit das Missionsteam des Paulus gemeint, das nach seinem Tod als loses Netzwerk verbunden blieb und das seine Gedanken und Ideen weitertrug und für die eigene Zeit adaptierte und transformierte. Dass dies einen Schwerpunkt im kleinasiatischen Raum hatte, der ja eines der Zentren auch des paulinischen Wirkens selbst war, ist dabei durchaus denkbar.

Können die drei Briefe doch von Paulus stammen?

Bis heute gibt es Stimmen, die dafür plädieren, die Pastoralbriefe als echte Paulusbriefe zu verstehen. Dies nötigt allerdings zu teilweise gewagten Hilfskonstruktionen: So nahm man zum Beispiel an, dass Paulus die Briefe deutlich später als seine Gemeindeschreiben verfasst habe, wodurch sich auch die sprachlichen und inhaltlichen Unterschiede zu den anderen Paulusbriefen erklären ließen. Manche Wissenschaftlerinnen

und Wissenschaftler vermuten, Paulus sei aus der römischen Gefangenschaft (die in der Apostelgeschichte ja tatsächlich offen endet, vgl. Apg 28,30f) nochmals frei gekommen und zu der lange geplanten Spanienmission aufgebrochen, woraufhin er erneut in Gefangenschaft geriet – und dann erst, tatsächlich kurz vor seinem Tod, die Pastoralbriefe schrieb. Allerdings deuten weder die anderen Schriften des Neuen Testaments noch die Pastoralbriefe selbst diese Möglichkeit auch nur im Entferntesten an.
Andere Forscher weisen darauf hin, dass Paulus sich zur Abfassung seiner Schreiben eines Sekretärs bedient haben könnte. Denkbar sei also, dass Paulus seine Briefe nur skizziert, nicht aber bis ins Letzte ausformuliert habe. Die sprachlichen Unterschiede zwischen den Pastoralbriefen und den anderen Schreiben des Paulus seien dann darauf zurückzuführen, dass er hier einen anderen Sekretär gewählt habe. Die Pastoralbriefe lassen allerdings nicht erkennen, dass sie mithilfe eines Sekretärs abgefasst sind. Und auch sonst ist dieses Argument ausgesprochen schwierig, denn es besagt ja: Diese Briefe sind deshalb von Paulus, weil Sprache und Inhalt es eigentlich nicht sind, sondern von einem Sekretär stammen.
Einen Kompromiss schlägt die sogenannte Fragmentenhypothese vor: Ihre Verfechterinnen und Verfechter gehen davon aus, dass die drei Briefe grundsätzlich pseudepigraphisch sind, dass jedoch die persönlichen Elemente Fragmente verloren gegangener echter Paulusbriefe seien. Dies würde den Schreiber der drei Briefe von dem Verdacht entlasten, persönliche Notizen und biographische Angaben in massivem Umfang gefälscht zu haben. Doch wie muss man sich das vorstellen: Die biographischen Notizen sind Fragmente echter Paulusbriefe, doch die dogmatischen oder paränetischen Kapitel, die diese ja auch gehabt haben müssten, sind verloren gegangen, während die wenig aussagekräftigen Reisenotizen und Grußlisten überdauert haben?

Die diesem Kommentar zugrunde liegende Annahme

In diesem Kommentar wird die These vertreten, dass die drei Briefe nicht von Paulus selbst stammen, sondern aus der Feder von Menschen, die sich des Namens und der Autorität des Paulus zu bedienen.
Vergleicht man die drei Schreiben jedoch nicht nur mit den anderen Paulusbriefen, sondern auch untereinander, so fällt auf: Sie mögen sich von den anerkannt echten Schreiben unterscheiden und ihnen gegenüber

gewisse Besonderheiten teilen, doch ebenso sehr unterscheiden sie sich auch untereinander. Alle drei bekämpfen verschiedene Häresien, alle drei zeichnen ein anderes Gemeindebild und ein unterschiedliches Bild von Paulus – und alle drei lassen zudem nicht erkennen, dass sie einander kennen. Dies alles stellt so gravierende Anfragen an die sogenannte Corpus-These, dass diese aus meiner Sicht aufzugeben ist.

Seit Ende des 20. Jahrhunderts mehren sich die Stimmen, die zu einer Kehrtwende in der Pastoralbriefexegese aufrufen. Man liest die Pastoralbriefe nach wie vor als pseudepigraphische, das heißt als nicht von Paulus stammende Texte, geht jedoch davon aus, dass es sich bei den drei Schreiben nicht um ein zusammenhängendes literarisches Konstrukt handelt, sondern dass man hier drei einzelne Briefe vor sich hat, die jeweils in eine konkrete Situation klärend hinein zielen. Das heißt: Die drei Briefe stammen nicht von einem einzigen Autor, sondern wurden von drei verschiedenen Paulusschülern verfasst. Dies hat deutliche Auswirkungen auch auf die Beschreibung der Irrlehrer, der Gemeindestrukturen, des Paulusbildes und der anderen zentralen Themen.

Unter dieser Prämisse sollen die drei Briefe in dieser Veröffentlichung kommentiert werden: Dieser Kommentar geht davon aus, dass es sich bei den Pastoralbriefen um drei Briefe von verschiedenen Schülern des Paulus handelt, die damit in unterschiedliche Gemeindesituationen hineinsprechen und dies mit je eigener Absicht tun. Sicher gehören sie geographisch und vielleicht auch zeitlich nahe zusammen, denn ihre Diktion und Theologie zeugt trotz allem von einer gewissen Verwandtschaft und einer Prägung durch ein gemeinsames Milieu, wenn nicht sogar von literarischer Abhängigkeit.

Bereits hier sei als These kurz benannt, was die Auslegung zeigen wird, dass nämlich der 1. Timotheusbrief das Jüngste der drei Schreiben ist und von seinem Autor unter Kenntnis der beiden anderen Pastoralbriefe verfasst wurde. Das heißt: Der Autor des 1. Timotheusbriefes kannte den Titusbrief und den 2. Timotheusbrief – den ja nur wir so nennen, weil er als Abschiedsbrief des Paulus in dessen Leben nach dem 1. Timotheusbrief angesiedelt ist – und benutzte sie als Vorlage, ohne dies aber explizit zu machen. Vielleicht hielt er sie sogar für echte Paulusbriefe. Sprachliche Gemeinsamkeiten, wie sie auch zwischen dem 2. Timotheusbrief und dem Titusbrief bestehen, weisen wiederum nicht auf eine literarische Abhängigkeit voneinander, wohl aber auf ein gemeinsames sprachliches und gedankliches Milieu hin – ohne dass man dies heute noch genauer fassen könnte.

In dieser Veröffentlichung werden alle drei Briefe als jeweils eigenständige Schreiben interpretiert. Die Reihenfolge, in der das geschieht, orientiert sich dabei, den Vorgaben der Gattung Kommentar gemäß, an der kano-

nischen Anordnung der Briefe. Detaillierte Angaben zur zeitlichen und geographischen Einordnung sowie zu Gattung, Briefpragmatik und theologischen Schwerpunkten sind der Kommentierung der Einzelschreiben jeweils vorgeschaltet.
Jeder Brief wird daraufhin befragt, welche Informationen sich aus ihm über das historische Setting, die Situation der mitangesprochenen Gemeinde sowie die inhaltlichen Auseinandersetzungen mit den Gegnern erheben lassen. Methodisch schwierig oder sogar fast unlösbar ist die Frage, in welchem Verhältnis die Angaben dieser Briefe zu denen der weiteren (pseudepigraphischen) Paulustradition oder auch zu den Erzählungen der Apostelgeschichte stehen. Welchen Informationen der höhere historische Gehalt zukommt wird sich ebenso wenig klären lassen wie die Frage, welche Kenntnisse welcher Traditionen die Briefschreiber bei ihren Leserinnen und Lesern eigentlich glaubten voraussetzen zu können und welche nicht. (Und dazu, ob diese Informationen dann historisch korrekt sind, ist damit ja auch noch nichts gesagt.)

Zum Verständnis neutestamentlicher Pseudepigraphie

Die Antike kennt zahlreiche Schriften, die einen berühmten Namen als Autorenangabe tragen und doch nicht aus der Feder dieser Person stammen. Was in uns heute sofort Widerspruch erregt und uns »Fälschung!« rufen lässt, war damals ein verbreitetes Stilmittel. Wir kennen es nicht nur aus dem paganen Umfeld der neutestamentlichen Autoren, sondern es begegnet auch im Alten Testament und im zeitgenössischen Judentum.
Manche Querbezüge und Zuschreibungen boten sich ja geradezu an: Weil Salomo für seine Weisheit berühmt war, wurden ihm zahlreiche Weisheitsschriften zugeschrieben. Und der Harfe spielende König David konnte zum Psalmendichter schlechthin werden. Beides kann man auch verstehen als Ehrbezeugung für einen verehrten Menschen der Vergangenheit. Der Fachbegriff dafür lautet: Pseudepigraphie; das ist Griechisch und bedeutet so viel wie Falsch-Zuschreibung.
Und doch wirft diese Praxis für uns heute Fragen auf: Kann man sich einfach so einen Namen leihen, um eigene Äußerungen unter fremde Autorität zu stellen? Und wie gehen wir damit um, dass Schriften, auf die das zutrifft, Eingang in den biblischen Kanon gefunden haben –

also eine theologische Wahrheit repräsentieren wollen, obwohl ihre Autorenschaft auf einer Lüge basiert (um es einmal so zugespitzt zu sagen)?

Grundsätzlich muss man in Bezug auf die biblischen Texte zwischen verschiedenen Arten von Pseudepigraphie unterscheiden. Aus heutiger Sicht unproblematisch ist die sogenannte *unabsichtliche Pseudepigraphie.* Dazu zählt man unter anderem die Fünf Bücher Mose oder auch die drei synoptischen Evangelien. Denn diese Texte erheben selbst gar nicht den Anspruch, von Mose, Matthäus, Markus oder Lukas geschrieben zu sein; diese Autorenangabe wurde ihnen vielmehr von außen zugesprochen. Eine Täuschungsabsicht liegt nicht vor.

Schwieriger ist der Umgang mit der sogenannten *absichtlichen Pseudepigraphie.* Hier muss man davon ausgehen, dass sich ein Autor selbst der Autorität eines anderen bedient, um zu sagen, was er zu sagen hat. Auch da muss man zwei Gruppen unterscheiden: Schriften, die sich »nur« einen berühmten Namen leihen, und Schriften, die ganz bewusst versuchen, durch persönliche Notizen und bestimmte Stilelemente möglichst echt zu wirken.

Der 1. Timotheusbrief gehört zur ersteren Gruppe. Zwar bedient er sich des Namens des Paulus, doch tut er darüber hinaus wenig, um sich einen echt paulinischen Anstrich zu geben. Sich auf diese Weise unter eine Autorität zu stellen, galt wohl als legitim; der Autor braucht zudem kaum kriminelle Energie, um diese vermeintliche Autorschaft zu unterstreichen.

Dies sieht beim Titusbrief und beim 2. Timotheusbrief schon anders aus; besonders Letzterer enthält ja unverhältnismäßig viele persönliche Informationen und historische Angaben. Im Grunde muss man einen solchen Text als eine massive Fälschung bezeichnen. Denn er suggeriert, der Verfasser leide an seinen Haftbedingungen und seiner Einsamkeit und sei doch eingebunden in ein umfangreiches Missionsnetzwerk. Wie soll man damit umgehen, dass diese Angaben, wenn sie nun nicht von Paulus selbst stammen, erfunden sind?

Es gibt Auslegungen, die urteilen, dass ein solches Maß an Täuschung im Kanon nicht denkbar sei, und die deshalb den 2. Timotheusbrief für echt halten. Doch ist das ein problematisches Argument: Es kann nicht sein, was nicht sein darf! Andere behaupten, man dürfe nicht modernes Urheberrecht an antike Texte anlegen: Was uns heute unmöglich erscheine, müsse es damals nicht gewesen sein. Doch wissen wir, dass Pseudepigraphie auch in der Antike nicht als Kavaliersdelikt galt. Wer Texte fälschte, konnte aus der christlichen Gemeinde ausgeschlossen werden. Und Texte, von denen man wusste, dass sie gefälscht waren, fanden keinen Eingang in den christlichen Kanon.

Doch inzwischen sind wir sicher, dass auch solche Briefe zum neutestamentlichen Kanon gehören – man hat schlicht damals ihre pseudepigraphische Abfassung nicht erkannt.
Was nun? Es kann kaum die Lösung sein, sie nun nachträglich aus der Bibel zu entfernen. Sie gehören dazu – und sie erinnern daran, dass schon in der frühen Kirche eine vermeintlich gute Sache gelegentlich durch problematische Mittel durchgesetzt werden sollte. Auf diese Weise werden sie uns heutigen Leserinnen und Lesern noch zur Mahnung. Und zugleich haben diese Schriften – selbst wenn ihre Aufnahme in den Bibelkanon und ihr daraus resultierender Wahrheitsanspruch auf einer Lüge basieren sollte – uns heute noch etwas zu sagen. Denn sie zeigen uns, wie man bereits in der Alten Kirche um die Überlieferung der vorliegenden Tradition und um die Bewahrung des theologischen Erbes der ersten Generation rang. Dies gilt auch für die Pastoralbriefe insgesamt, die uns bis heute daran erinnern, wie schwer es fallen musste, die chaotischen Anfänge der Christenheit in die geordneten Strukturen einer späteren Zeit zu überführen. Gerade darin enthalten auch sie einen Schatz an Wahrheiten, denen es nachzuspüren gilt.

Kommentierung des 1. Timotheusbriefes

Einleitung

Beim 1. Timotheusbrief handelt es sich um das jüngste der drei Schreiben. Hier werden theologische Aussagen, die im 2. Timotheusbrief und im Titusbrief nur angedeutet waren, sprachlich und inhaltlich präzisiert. Dem 1. Timotheusbrief verdanken wir auch die vermeintliche sprachliche Nähe zwischen allen drei Briefen: Indem sich der Autor dieses Pastoralbriefs der beiden anderen Schreiben als Vorbild bedient und bei ihnen Anleihen an Inhalte, Namen, Plausibilisierungsstrategien und Struktur macht, lässt er die beiden vorher unabhängig voneinander existierenden Briefe enger zusammenrücken und verbindet sie durch sein Schreiben tatsächlich zu einem gemeinsamen Corpus Pastorale – zu dem aber zumindest der 2. Timotheusbrief und der Titusbrief von ihrer Entstehung her gar nicht gehören wollen.

Das Hauptthema des 1. Timotheusbriefes ist die Irrlehrerbekämpfung, diesem sind die Fragen der Gemeindeordnung bei- und untergeordnet. Bei all dem geht es im 1. Timotheusbrief wie auch im Titusbrief immer um die Außenwirkung des Christentums: Wie stellt es sich dar? Wohlgeordnet in Übereinstimmung mit den antiken Konventionen – oder als chaotischer und wirrer Haufen? Die Charakterisierung der Irrlehrer nimmt im Laufe des Briefes immer konkretere Züge an: Von solchen *aus der Beschneidung*, wie sie der Titusbrief kennt und wie sie auch im Galater- und im Philipperbrief vorkommen, ist dabei nichts zu erkennen; hier geht es um die vielen Mythen, die dem einen Wort der paulinischen Lehre entgegenstehen, und um Genealogien. Erst in den Schlussgrüßen wird die Irrlehre dann beim Namen genannt und als Erkenntnis (Gnosis) bezeichnet (1Tim 6,20), doch war schon vorher die Frage von Wissen und Nichtwissen immer Thema. Es liegt nicht nahe, hinter der im 1. Timotheusbrief erkennbar werdenden Irrlehre (zur Problematik des Begriffs vgl. die Einleitung) bereits die voll ausgeformten gnostischen Systeme des 2. Jahrhunderts n. Chr. anzunehmen. Eher sind erste gnostisierende Züge zu erkennen.

Die Gegner scheinen, das kann man mit aller Vorsicht sagen, Gesetzesspekulationen zu betreiben und einer Ehe- und Nahrungsaskese zu frönen. Auch das passt zu unserem heutigen Wissen, wonach es sich bei gnostischen Irrlehren um synkretistische Strömungen handelt. Eine antignostische Ausrichtung könnte auch die tendenziell antidoketische Christologie haben (vgl. 1Tim 2,5: *der Mensch Jesus Christus*; 1Tim 3,16: *offenbart im Fleisch*), die sehr die reale Menschwerdung Jesu betont. Im Gegensatz zu den nur vermeintlich wissenden Gegnern erscheint der Apostel Paulus als der paradigmatische bekehrte heidnische Sünder, der seine Zeit der Unwissenheit hinter sich gelassen und nun das wahre Wissen im Schoße des (paulinischen) Christentums gefunden hat. Das antike Haus und seine Struktur werden zum zentralen theologischen und organisatorischen Prinzip der Kirchenordnung; der 1. Timotheusbrief hat damit auf dem Weg zum Monepiskopat (d. h. *ein* Bischof als Leiter der Gemeinde) schon eine deutliche Strecke zurückgelegt.

Wie der Titusbrief lehnt sich der 1. Timotheusbrief an die Gattung der Mandata Principis, d. h. an eine bestimmte Form dienstlicher Anweisungen, an. Der formale Ton, der in einem Schreiben an einen so vertrauten Mitarbeiter wie Timotheus eigentlich nicht nötig wäre, erklärt sich daher, dass Timotheus mit diesem Brief einen offiziellen Auftrag und die entsprechende Legitimierungsurkunde erhält. Anders als der Titusbrief geht der 1. Timotheusbrief jedoch über das hinaus, was genuin Teil eines Mandatsschreibens ist, und trägt andere Themen ein; hier zeigt sich, dass der Briefschreiber auf dem Parkett der literarischen Pseudepigraphie nicht so stilsicher unterwegs ist wie die Autoren der beiden anderen Pastoralbriefe.

Dass der 1. Timotheusbrief das jüngste der drei Schreiben ist, wurde bereits erwähnt; dass er schon mit der aufkommenden Gnosis ringen muss, legt mit aller Vorsicht eine Datierung bereits nach der Wende zum 2. Jahrhundert nahe. Und auch wenn weder der Absender (Paulus) noch der Adressat (Timotheus) historisch sind, so kann man noch am ehesten aufgrund der Erwähnung von Ephesus – dem Ort, an dem Paulus Timotheus zurückgelassen haben will (1Tim 1,5) – vermuten, dass dort nicht nur diejenigen leben, die diesen Brief tatsächlich empfangen und lesen sollten, sondern wohl auch der, der ihn geschrieben hat.

Der 1. Timotheusbrief zielt mitten hinein in eine schwierige Gemeindesituation im kleinasiatischen Raum, deren beiden Brennpunkte die Auseinandersetzung mit Irrlehren und die stabilisierende Wirkung einer kirchlichen Ordnung sind.

Neben Präskript (1Tim 1,1f) und Postskript (1Tim 6,20f), wie sie den antiken Briefkonventionen geschuldet sind, besteht der Brief aus einem Briefkorpus mit zwei Hauptteilen (1Tim 2,1–3,16; 4,1–6,2), die wiederum durch zwei Scharnierstücke mit Beginn (1Tim 1,3–20) und Schluss (1Tim 6,3–19) verzahnt sind. Hat das erste Scharnier die Funktion, Timotheus für seinen Auftrag zuzurüsten, indem der Briefschreiber ihn vor Irrlehrern warnt

(1Tim 1,3–7), bereits erste Schneisen zu dem offensichtlich strittigen Thema Gesetz schlägt (1Tim 1,8–11), Paulus als Musterfall des Rettungswillens Gottes vor Augen malt (1Tim 1,12–17) und schließlich mit Vertrauenszusage und Warnung endet (1Tim 1,18–20), so dient das abschließende Kapitel dazu, die Notwendigkeit der Treue zum empfangenen Auftrag zu bekräftigen. Zwischen allen Einzelabschnitten bestehen vielfältige Bezüge, denn es geht durchgängig darum, wie die gemeindliche Ordnung zum Bollwerk gegen häretische Anfechtungen werden kann.
Im ersten Hauptteil des Briefes (1Tim 2,1–3,16) stellt der Briefschreiber seinen Entwurf einer Kirchenordnung vor. Zu dieser gehören nicht nur die umfangreiche Ämterordnung (1Tim 3,1–13), sondern ebenso Regelungen in Bezug auf das Gebet für die Obrigkeit (1Tim 2,1–7) sowie für den Umgang der verschiedenen Geschlechter in der Gemeinde. Herzstück dieses Gesamtabschnitts wie auch des ganzen Briefes stellen 1Tim 3,14–16 dar, die die theologischen Grundsätze für die Gemeinde als *Haus Gottes* entfalten.
Der zweite Hauptteil (1Tim 4,1–6,2) wendet sich dem Auftrag des Timotheus zu, dessen Dringlichkeit darin begründet ist, dass die gemeindliche Ordnung durch Irrlehren in Gefahr geraten ist (1Tim 4,1–11). Dem soll Timotheus wehren (1Tim 4,12–6,2), indem er – dafür Rückendeckung erhaltend (1Tim 4,12–16) oder ganz persönliche Informationen bekommend (1Tim 5,21–25) – Anordnungen für einzelne Gruppen der Gemeinde erteilt (1Tim 5,1f), darunter die Witwen (1Tim 5,3–16), die Ältesten (1Tim 5,17–20) oder die Sklaven (1Tim 6,1f).

1Tim 1,1f: Die Brieferöffnung: »Paulus« schreibt an »Timotheus«

Wie es typisch ist für antike Briefe, beginnt der 1. Timotheusbrief mit einem sogenannten Präskript: Der Absender nennt seinen Namen und sendet dem Briefadressaten Grüße. Alle paulinischen Briefe folgen dieser Konvention, doch sind ihre Präskripte im Umfang sehr unterschiedlich. Hält Paulus die Eröffnung im 1. Thessalonicherbrief, der Meinung der Exegetinnen und Exegeten nach sein ältester Brief, noch sehr knapp, so ist sie im Römerbrief auf sieben Verse angewachsen und bietet bereits vor dem eigentlichen Briefbeginn ein theologisches Grundsatzprogramm.
Oft nennt Paulus in seinen Präskripten auch Mitabsender (vgl. z. B. 1Kor 1,1 [Sosthenes], 2Kor 1,2 [Timotheus]), um auf diese Weise zu zei-

gen: Er schreibt nicht zum Privatvergnügen, sondern das, was er zu sagen hat, hat offiziellen Charakter.

1 Paulus, Apostel Christi Jesu, gemäß dem Befehl Gottes, unseres Retters, und Christi Jesu, unserer Hoffnung, 2 an Timotheus, das rechtmäßige Kind im Glauben: Gnade, Barmherzigkeit, Frieden von Gott, dem Vater, und Christus Jesus, unserem Herrn.

Das Präskript des 1. Timotheusbriefes reicht wie das der meisten Paulusbriefe über die reine Nennung von Absender und Adressat hinaus und setzt bereits inhaltliche Akzente.
In **V.1** stellt sich der Briefautor als »Paulus« vor. Doch die exegetische Wissenschaft ist sich sicher: Es ist nicht Paulus selbst, der schreibt, sondern hier bedient sich jemand anderes des Namens des großen Apostels. Vermutlich ging er davon aus, dass das, was er zu sagen hat, besser akzeptiert werden würde, wenn die Menschen glaubten, dass es von Paulus selbst käme. Solche Briefe bezeichnet die Wissenschaft als Pseudepigraphen (griechisch: Falschzuschreibung; vgl. die Einleitung).
»Paulus« schreibt an »Timotheus«; diesen Eindruck will zumindest 1Tim 1,1f erwecken. Doch vermutlich ist nicht nur Paulus nicht der Absender dieses Briefes, sondern auch Timotheus nicht sein Empfänger. Folgt man der These, dass dieser Brief pseudepigraphisch ist, dann sind beide Namen nur geborgt. Weder schreibt hier der echte Paulus, noch liest diesen Brief der echte Timotheus, sondern beide Namen stehen als Chiffren. Die antiken Leserinnen und Leser kannten »Timotheus« als Person aus dem engsten Umfeld des Apostels und damit als jemanden, der das, was Paulus zu sagen hatte, bewahren und weitertragen konnte. Vermutlich steht der Name des »Timotheus« genau deshalb im 1. Timotheusbrief: Er ist der, der die Tradition des Paulus weitergibt. Das wird hier mit dem Begriff der *Paratheke* (deutsch: anvertrautes Gut, vgl. S. 140f.) beschrieben (vgl. dazu 1Tim 1,18; 6,20).
Das erklärt auch, warum ein Schreiben des Apostels an einen seiner engsten Vertrauten so gestelzt und formal-korrekt beginnt: »Paulus« bezeichnet seinen Adressaten mit dem formaljuristischen Begriff *rechtmäßiges Kind*. Mit diesem Ausdruck wurde in der Antike der legitime und also erbberechtigte vom illegitimen Nachkommen unterschieden. Ginge es hier um das reale Verhältnis zwischen Paulus und Timotheus, wäre doch wohl die Bezeichnung als »geliebtes Kind« (vgl. 2Tim 1,2; 1Kor 4,17) passender gewesen.
Timotheus steht stellvertretend für alle diejenigen, die das Erbe des Paulus unverfälscht bewahren und sich deshalb als legitime Paulus-Erben und seine *rechtmäßigen Kinder* erweisen. Das Attribut *im Glauben*

spielt dabei auf die gemeinsame Glaubensgrundlage an, die Paulus und Timotheus – beziehungsweise Paulus und seine Nachfolger – verbindet (vgl. 2Tim 1,3–7).

Timotheus zählte unbestreitbar zu den wichtigsten und vertrautesten Mitarbeitern des Paulus; er findet in sechs Paulusbriefen Erwähnung und war, folgt man der Überlieferung der Apostelgeschichte, auch mit ihm gemeinsam auf mehr als einer Missionsreise (Apg 18,5; Apg 20,4f u.ö.; vgl. Röm 16,21). Timotheus stammte ursprünglich aus dem kleinasiatischen Lykaonien, vermutlich aus Lystra. Die aus 2Tim 1,5 bekannten Namen seiner Mutter und seiner Großmutter sind griechisch; hätten sie einen historischen Anknüpfungspunkt, so würde dies zur lukanischen Verortung der Familie im Diasporajudentum passen. Als Paulus ihn kennenlernt, ist er – so beschreibt es zumindest die Apostelgeschichte – bereits Christ; dass Paulus ihn laut der Apostelgeschichte beschneidet (vgl. Apg 16,1–3), zeigt keineswegs, wie oft behauptet, das mangelnde Wissen des Lukas um Details paulinischer Theologie. Timotheus war vielmehr Judenchrist – und auch wenn Paulus gegen die Beschneidung polemisieren kann (vgl. Phil 3,6f u.ö.), so hätte er ihre Gültigkeit für die aus dem Judentum stammenden Brüder nie in Frage gestellt.

Die Art und Weise, wie Paulus selbst von Timotheus spricht, bezeugt das besonders persönliche, ja geradezu familiäre Verhältnis zwischen den beiden: Paulus nennt ihn Bruder und geliebten Mitarbeiter (1Thess 3,2, Phlm 1, 2Kor 1,1; vgl. Kol 1,1), ihm kommt wie Paulus selbst der Ehrentitel *Knecht Jesu Christi* zu (vgl. Phil 1,1) und er kann die Beziehung mit ihm mit der eines Vaters zu seinem Sohn vergleichen (Phil 2,20–22; vgl. 1Kor 4,17: *mein geliebtes und treues Kind im Herrn*).

Die Erwähnung von Timotheus in Hebr 13,23 lässt vermuten, dass Timotheus auch nach dem Tod des Paulus noch längere Zeit wirkte; Euseb weiß, dass Timotheus Bischof von Ephesus geworden sei und unter Nerva ca. 96–98 n.Chr. den Märtyrertod erlitten habe (H.E. III 4,5); dies ist aber sicher spätere Legendenbildung, die ihren Ursprung unter anderem in den Pastoralbriefen hat.

»Timotheus« repräsentiert keinen gemeindlichen Amtsträger oder gar den einen Bischof an der Spitze der Gemeinde im 1. Timotheusbrief, auch wenn diese Position in der Forschung oft vertreten wird, sondern er verkörpert in seiner Person die Weiterführung der apostolischen Autorität in der nachapostolischen Zeit.

Die theologischen Großbegriffe der ersten beiden Verse sind einiger weiterer Schlaglichter wert: Wie in den anerkannt echten Paulusbriefen wird Paulus der Aposteltitel zuerkannt. Dabei galt als *Apostel*, zumindest in der Tradition des lukanischen Doppelwerkes, nur der, der von Jesus Christus selbst in den Dienst gerufen war. Das war vor allem der sogenannte Zwölferkreis, während Paulus, gleichsam als »unzeitige Geburt« (1Kor 15,8), eigentlich zu spät gekommen war. Dass der Briefschreiber in 1Tim 1,1 so stark betont, dass das Apostolat des Paulus auf dem *Befehl Gottes und Jesu Christi* gründe, soll den Gedanken zurückweisen, die Vollmacht, in der er hier schreibt, könnte selbst angemaßt oder von Menschen gegeben sein. Paulus verdankt sein Apostolat vielmehr Gott selbst.

Gott wird als *Retter* tituliert; das betont der 1. Timotheusbrief mehrfach (vgl. 1Tim 1,1; 2,3; 4,10, vgl. den Exkurs S. 56 f.). *Christus Jesus* – ob der Christustitel dem Namen vorangestellt wird oder nachfolgt, spielt inhaltlich keine Rolle – hingegen wird als *Hoffnung* selbst bezeichnet. Hier verdichtet der Autor theologische Grundaussagen, wie sie sich zum Beispiel auch im Titusbrief finden. Wird dort das Erscheinen Christi als Erfüllung der Hoffnung auf das ewige Leben beschrieben (vgl. Tit 2,13; 3,7), so geht der Briefschreiber des längsten Pastoralbriefs noch einen Schritt weiter und bezeichnet Christus als Hoffnung in Person.

Das Briefpräskript schließt in **V.2** mit einem formelhaften dreifachen Wunsch: Die aus den echten Paulusbriefen bekannte Formel *Gnade (und) Frieden* wird hier um die *Barmherzigkeit* ergänzt. Alle drei Begriffe werden auf Gott und Jesus Christus zurückgeführt: *Gnade* erscheint als Ausdruck der heilvollen Zuwendung Gottes, *Friede* als Beschreibung heiler Beziehungen und die *Barmherzigkeit* als Unterstreichung der emotionalen Zuwendung Gottes – dessen Menschenfreundlichkeit gerade im 1. Timotheusbrief ja betont wird (vgl. u.a. 1Tim 2,4).

Nur zwei Verse umfasst das Präskript und doch schreitet es einen gewaltigen theologischen Bogen ab. Die paulinische Autorität wird betont, die Beziehung zu Timotheus klar umrissen und der theologische Horizont aufgespannt, der den ganzen Brief umfasst. Zugleich wird deutlich: Alles, was von Gott zu sagen ist, ist von ihm in Bezug auf die Menschen zu sagen, deren Retter er ist und als deren Hoffnung Jesus Christus in die Welt gekommen ist. Und alles, was Paulus vom Menschen zu sagen hat, ist immer nur zu sagen in dem Wissen um dessen Gottesbeziehung.

1Tim 1,3–20: Timotheus wird zugerüstet

Zwischen Präskript und Briefkorpus stehen einige Abschnitte, die der Zurüstung des Briefempfängers für seinen Dienst dienen. Neben ersten inhaltlichen Schneisen geht es hier auch darum, das Vorbild des Paulus vor Augen zu stellen und Timotheus durch Vertrauensbekundungen zu stärken. Es klingen bereits alle Aspekte an, die im Durchgang des Gesamtbriefes wichtig werden sollen: die Auseinandersetzung mit der Häresie, ihren Inhalten und ihren Verfechtern, die stabilisierende Funktion der Gemeindeordnung und das Ideal der apostolischen Existenz.

1Tim 1,3–7: Timotheus erhält einen Auftrag

In einem brieflichen Zusammenhang würde auf das Präskript eigentlich das Proömium folgen – eine Art Einleitung in den Brief –; doch tritt hier an seine Stelle wie im Titusbrief die konkrete Auftragserteilung an Timotheus. Dies ist in einem Mandatsbrief üblich; in diesem Fall geht es um die inhaltlich-administrative Auseinandersetzung mit *Anderslehrenden*. Von Beginn also, so macht dieser Abschnitt deutlich, greifen die beiden großen Themen des längsten Pastoralbriefs, nämlich Irrlehrerbekämpfung und Gemeindeordnung, ineinander und sind untrennbar verbunden. Die durch den Briefschreiber erteilten Anweisungen sind dabei eingebettet in ein Weltethos, das die Gemeinden auf ihre Konformität mit dieser Welt einschwört.

**3 Ebenso habe ich dich gebeten in Ephesus zu bleiben, als ich nach Makedonien abreiste, damit du einigen befiehlst, dass sie nichts anderes lehren
sollen 4 und sich nicht abgeben sollen mit Fabeln und endlosen Genealogien, welche auch immer unnütze Fragen hervorbringen, mehr als (sie)
den Hausverwalterdienst Gottes (fördern), der im Glauben ist. 5 Das Ziel
aber der Botschaft ist Liebe aus reinem Herzen und gutem Gewissen und
echtem Glauben, 6 wovon einige abgeirrt sind, und haben sich hingewandt
zu leeren Worten, 7 weil sie wünschen, Gesetzeslehrer zu sein, obwohl sie
nicht wissen – weder was sie sagen noch worauf sie so fest bestehen.**

Es gilt, ein Schlaglicht auf die »Gemeinde« zu werfen, deren Situation in diesem Brief in den Blick kommt, denn diese – und nicht der historische Timotheus – dürfte ja der eigentliche Adressat sein. Doch an wen geht dieses Schreiben, wenn weder der Name des Absenders noch des Adressaten real sind? V.3 verrät einen Ortsnamen, *Ephesus*. Vermutlich leben dort die, denen dieser Brief eigentlich gilt – und die sich deshalb angesprochen fühlen, weil »ihr« Ort Erwähnung findet.

Nebenbei nur sei erwähnt, dass in der Forschung immer mal wieder diskutiert wird, ob es nicht in Ephesus eine sogenannte Paulusschule gegeben haben könnte, dass also dort ein zentraler Ort für die Bewahrung der paulinischen Lehr- und Brieftradition gewesen sei. Dies mag denk-

bar sein, wenn man mit dem Begriff »Paulusschule« einen losen Verbund von Menschen bezeichnet, die sich selbst in paulinischer Tradition sehen. Für die Annahme eines fest organisierten und antiken Philosophenschulen vergleichbaren Schulbetriebs finden sich hingegen keine Beweise. Dass aber der 1. Timotheusbrief als Dokument eines Paulusschülers ausgerechnet nach Ephesus zielt, dürfte kein Zufall sein.
Der Briefschreiber verliert keine Zeit, um das zu sagen, was ihm auf dem Herzen liegt: Es geht um Falschlehrer und Falschlehren. Denn solche haben sich offensichtlich in der Gemeinde breit gemacht. Er wirft ihnen vor, dass sie *etwas anderes* lehren. Das hier verwendete griechische Verb ist ein fester Begriff (ein sogenannter Terminus technicus) für Irrlehren und es steht auch in 1Tim 6,3 nochmals. Und auch wenn der Verfasser das nicht ausdrücklich sagt: Maßstab dessen, was richtig ist, ist die Lehre des Paulus – und das, was davon abweicht und deshalb *anders* ist, ist aus seiner Sicht falsch.
Genauer gefüllt wird dieses *Andere* im folgenden V.4: Die Falschlehre besteht aus *Fabeln und endlosen Genealogien.* Die Exegetinnen und Exegeten haben lange diskutiert, ob sich aus diesen beiden Begriffen etwas Genaueres über die Inhalte der bekämpften Irrlehre ableiten lässt. Die Kombination *Fabeln und Genealogien* ist auch sonst in antiken Texten belegt (vgl. u.a. Polybius, Hist IX 2,1–3, und Plato, Tim 22A). Vielleicht bezeichnet sie also als feststehender Ausdruck die Irrlehre insgesamt; dann aber ließe sie sich nicht inhaltlich auswerten.
Die Frage bleibt also: Worum könnte es in den Fabeln gegangen sein und die Genealogien – vielleicht vergleichbar Stammbäumen und Geschlechtsregistern – welcher Personen könnten gemeint gewesen sein? Dass auch alttestamentliche Geschlechtsregister als *Genealogien* bezeichnet werden konnten, passt dazu, dass die Irrlehrer offensichtlich gerne Gesetzeslehrer sein wollen (1Tim 1,7; vgl. 1Tim 1,8–11 zur Bedeutung des Gesetzes). Vielleicht haben auch jüdische Elemente Eingang in diese Irrlehre gefunden?
Gerade die ältere Forschung war sich allerdings sicher: Hinter den Irrlehren, die Paulus hier bekämpft, steht bereits die sogenannte Gnosis mit ihren Äonenspekulationen (vgl. den Exkurs S. 141 f.). Heute weiß man: Die Gnosis ist ein Phänomen, das sich erst in der Mitte des 2. Jahrhunderts voll entfaltete. Wollte man sie in der im 1. Timotheusbrief beschriebenen Gemeinde bereits am Werk sehen, würde das bedeuten, dass auch der 1. Timotheusbrief so spät entstanden sein müsste. Doch all das aus der kurzen Erwähnung von *Fabeln und endlosen Genealogien* abzuleiten, ist ausgesprochen gewagt. Höchstens von gnostisierenden Anklängen und also Tendenzen, die später mal gnostisch werden sollten, wird man ausgehen dürfen. Dass diese jüdische Anklänge enthalten, ist denkbar.

Die Art, wie über diese Irrlehre gesprochen wird, lässt einiges an Polemik erkennen: Es ist nämlich sicher kein Zufall, dass von den *Fabeln* im Plural die Rede ist, während in V.10 ausdrücklich die eine (einzige!) *gesunde Lehre* genannt wird: Zur Irrlehre gehören also viele (verschiedene) und darum beliebige Auswüchse verirrten menschlichen Denkens, während die eine richtige Lehre von Gott selbst kommt und durch Paulus vermittelt wird. Dazu passt, dass die Genealogien als *endlos* disqualifiziert werden. Bei dem entsprechenden griechischen Adjektiv handelt es sich um ein Wort, das zwar im Neuen Testament nur an dieser Stelle steht (ein sogenanntes Hapax legomenon), das aber außerhalb der Bibel stets abschätzig gebraucht wird.
Gegen die Irrlehren führt »Paulus« nun ins Feld, dass sie *unnütze Fragen hervorbringen, mehr als (sie) den Hausverwalterdienst Gottes (fördern), der im Glauben ist.* Der Satz ist im Griechischen schwierig und grammatikalisch unvollständig. Das griechische Substantiv, das hier mit *Hausverwalterdienst* wiedergegeben ist, bezeichnet in paganen Texten der gleichen Zeit eine leitende oder verwaltende Tätigkeit im eigenen Haus oder auch darüber hinaus (so grundlegend bei Xenophon, Oec 3,2–4). Dazu passen die Verwendungen im Neuen Testament, bei denen es jeweils um Fragen der Ordnung geht (vgl. Lk 16,2–4 sowie im Corpus Paulinum 1Kor 4,1; 9,17; Kol 1,25; Eph 1,10; 3,2.9 u.ö.). Das zugeordnete Genitivattribut *Gottes* kann hier entweder als Genitivus subjectivus stehen (Verwalterdienst, dessen Handelnder Gott selbst ist) oder als Genitivus objectivus (Verwalterdienst für Gott). Beide Bedeutungen sollten hier nicht gegeneinander ausgespielt werden, sondern greifen ineinander: Es handelt sich bei der gemeindlichen Organisation immer um einen Dienst für Gott, der deshalb möglich ist, weil der Einzelne durch Gott dazu ermächtigt wird.
Im 1. Timotheusbrief zeigt sich: Der Briefschreiber sorgt sich um eben diese Ordnung der indirekt angesprochenen Gemeinde. Diese ist nämlich durch die Lehrstreitigkeiten gefährdet, die doch nur zu Unordnung führen.
Übrigens ist es typisch für den 1. Timotheusbrief, dass der Autor die Gemeinde zwar durch falsche Inhalte bedroht sieht, aber weniger mit theologischen Argumenten kontert, als vielmehr auf die stabilisierende Wirkung gemeindlicher Organisation setzt. Der Autor des 1. Timotheusbriefes stellt sich die christliche Gemeinde vor wie ein Haus (vgl. 1Tim 3,15), in dem alles wohlgeordnet ist und in dem ein Hausverwalter für Ordnung sorgt. Dieser Verwalterdienst geschieht *im Glauben*, das bedeutet: Der eigene Glaube ist Begleitung und Voraussetzung des angemessenen Handelns für die und in der christlichen Gemeinde.
Mit **V.5** rückt nun ein neues Thema in den Blick: Es geht um die *Botschaft* des Paulus. Der griechische Begriff bezeichnet eigentlich einen

auszuführenden Befehl, steht hier aber für die überlieferte paulinische Lehre. Das Ziel ihrer Bewahrung ist die *Liebe*. Doch meint der griechische Terminus weniger eine herzliche Zuneigung oder gar ein erotisches Verlangen, sondern steht als umfassender Ausdruck für die neue Wirklichkeit des Glaubens. Schon bei Paulus selbst bezeichnet *Liebe* den Ertrag der vom Geist gewirkten endzeitlichen Neuschöpfung (vgl. Gal 5,22); in 1Kor 13 hat der Apostel der Liebe als Verbindung zwischen Gott und Mensch außerdem ein poetisches Denkmal gesetzt: *Wenn ich mit Menschen- und mit Engelszungen redete und hätte die Liebe nicht, so wäre ich nichts ...* (1Kor 13,1, vgl. 13,3.8).

Stärker als in den anerkannt echten Paulusbriefen wird eine solche *Liebe* in den Pastoralbriefen zum Synonym für den Glauben selbst (vgl. 1Tim 1,14; 2,15; 4,12; 6,11; 2Tim 1,13; 2,22; Tit 2,2). Zwar verliert der paulinische Glaubensbegriff so seine typische eschatologische Spannung, doch stehen die Pastoralbriefe damit in einer Entwicklungslinie, die sich auch in anderen frühchristlichen Schriften beobachten lässt: Die Liebe wird immer mehr zum Zentralbegriff (vgl. 1Joh 4,7.16.18; Offb 2,4.19).

Die sich anschließende Dreierreihe *aus reinem Herzen, gutem Gewissen und echtem Glauben* ist wiederum typisch für die Pastoralbriefe (vgl. 1Tim 1,19; 2,15; 4,12; 2Tim 2,2.22; 3,10.16; 4,2; Tit 2,15); entbehrt jedoch nicht einer gewissen Formelhaftigkeit. Die Vermutung liegt nahe, dass dieser Vers nicht nur gegen die Irrlehrer gerichtet ist, sondern grundsätzlichen Wert hat: Christliches Leben ist bestimmt durch den Einklang mit sich selbst (*aus reinem Herzen*) und mit Gott (*aus echtem Glauben*) ebenso wie durch den angemessenen Umgang mit den Mitmenschen (*aus gutem Gewissen*).

Mit **V.6** rückt erneut die Irrlehre ins Zentrum und wieder wird sie kritisiert: Ihr Charakteristikum ist die Hinwendung zu *leeren Worten* – womit sie wiederum der einen *gesunden Lehre* (1Tim 1,10) entgegensteht. Dieser Kontrast fällt im Griechischen noch mehr auf als im Deutschen, weil es sich bei *Wort* und *Lehre* um das gleiche griechische Substantiv handelt, das einmal im Singular und einmal im Plural verwendet wird.

Der 1. Timotheusbrief behauptet in **V.7** von den Irrlehrern, sie täten das alles, *weil sie wünschen, Gesetzeslehrer zu sein*. Bereits die Formulierung zeugt von einer gewissen sprachlichen Distanz gegenüber diesem Anspruch. Der griechische Begriff, der hier mit *Gesetzeslehrer* wiedergegeben ist, findet sich im Neuen Testament neben dem 1. Timotheusbrief nur noch zwei Mal im lukanischen Doppelwerk (Lk 5,17; Apg 5,34) und bezieht sich dort auf jüdische Gesetzeslehrer. Dies könnte nahelegen, dass damit auch hier eine Affinität der Häretiker zum jüdischen Gesetz ausgesagt werden soll; letzte Sicherheit wird man aber nicht gewinnen.

Doch aus Sicht des 1. Timotheusbriefes sind die theologischen Gegner höchstens Möchtegerngesetzeslehrer. Sein Vorwurf: Sie tun dies alles, *obwohl sie nicht wissen – weder was sie sagen noch worauf sie so fest bestehen.*

Über diesen Satz hat die Wissenschaft lange diskutiert: Zielt diese Aussage ins Zentrum der Irrlehre, oder handelt es sich hier nur um eine ironische Spitze ohne inhaltlichen Anhalt an dem, was die paulinischen Gegner tatsächlich sagen? In der Tat fällt auf, dass der unmittelbare Kontext eher polemisch gehalten ist. Der Schreiber verunglimpft seine Gegner, ohne sich zunächst auf eine inhaltliche Auseinandersetzung einzulassen. Dennoch liegt es nahe, dass der Hinweis auf das Gesetz für die Irrlehrerdebatte des 1. Timotheusbriefes zentrale Bedeutung hat. Dies zeigt sich auch daran, dass der Briefschreiber nur an dieser Stelle und in 1Tim 4,3b–5 eine argumentative Widerlegung der Häresie anfügt. Der Autor bietet im Folgenden nämlich eine eigene Gesetzesauslegung – und weist so das Gesetzesverständnis der Gegner zurück. Dies ist für die Forscherinnen und Forscher auch deshalb wichtig, weil man aus dem, was der Briefschreiber hier über seine eigene Vorstellung vom Gesetz äußert, Rückschlüsse darauf ziehen kann, was die Irrlehrer wiederum über das Gesetz gesagt haben.

1Tim 1,8–11:
Der Briefschreiber äußert sich zur Bedeutung des Gesetzes

1Tim 1,8–11 schließt nahtlos an das Vorherige an. Gegen die Argumente der Gegner setzt der Briefschreiber nun eine eigene Gesetzesdefinition, die einige Rückschlüsse auf die Themen zulässt, die in der Gemeinde des 1. Timotheusbriefes offensichtlich zur Diskussion standen.

8 Wir wissen aber: Gut ist das Gesetz, wenn jemand es auf dem Gesetz gemäße Weise gebraucht, 9 weil er dieses weiß, dass dem Gerechten das Gesetz nicht gegeben ist, aber Gesetzlosen und Widerspenstigen, Gottlosen und Sündern, Unheiligen und Geistlosen, Vatermördern und Muttermördern, Mördern, 10 Unzüchtigen, Knabenschändern, Menschenhändlern, Lügnern, den Meineidigen – und wenn etwas anderes der gesunden Lehre entgegensteht 11 gemäß dem Evangelium der Herrlichkeit des seligen Gottes, das mir anvertraut ist.

V.8 knüpft mit der Konjunktion *aber* an V.7 an. *Wir wissen aber,* so beginnt »Paulus« und lässt nun eine eigene Gesetzesdefinition folgen. Der griechische Terminus *Nomos,* der hier für *Gesetz* steht, meint ganz allgemein jede Form rechtlicher Normen, ist jedoch im paulinischen Kontext stets auf das alttestamentliche und also das jüdische Gesetz bezogen. Dies ist vermutlich auch hier der Fall. Die Hauptthese des Verfassers lautet: *Gut ist das Gesetz.* Weil auch der echte Paulus die Güte des Gesetzes betonen konnte (vgl. Röm 7,12.16), ist das keine überraschende Aussage. (Nur in Klammern sei angemerkt: Im Römerbrief ging es Paulus um das Verhältnis von Gesetz und Sünde, das nun allerdings keine Rolle mehr spielt.) Vermutlich sind sich der Briefschreiber und seine Gegner darin sogar einig. Wenn es nämlich stimmt, dass sie *Gesetzeslehrer* sein wollen (1Tim 1,7), dürften auch sie dem Gesetz große Hochschätzung entgegenbringen.

Auffällig ist deshalb die Fortsetzung dieses Verses: Das Gesetz ist dann gut, *wenn jemand es auf dem Gesetz gemäße Weise gebraucht.* Das Gegenbild dazu entfalten **V.9f.** Hierbei handelt es sich um einen sogenannten Lasterkatalog, der aufzählt, welches Fehlverhalten mithilfe des Gesetzes zu identifizieren ist, nämlich: *Gesetzlose und Widerspenstige, Gottlose und Sünder, Unheilige und Geistlose, Vatermörder und Muttermörder, Mörder, Unzüchtige, Knabenschänder, Menschenhändler, Lügner und Meineidige.* Damit erhält das Gesetz eine Funktion, wie sie auch schon Paulus selbst beschreiben konnte (vgl. Röm 3,19); doch beschränkt sich der 1. Timotheusbrief ausschließlich auf diesen eher moralisch-juristischen Sinn: Das Gesetz verliert gegenüber dem Gebrauch in den früheren Paulusbriefen seine theologisch-soteriologische Funktion und wird vor allem als ethischer Maßstab bedeutsam. Es dient zur Überführung fehlerhaften Verhaltens – während *dem Gerechten das Gesetz nicht gegeben ist,* was so viel heißt, wie: Der Gerechte hat das Gesetz nicht nötig.

Auch wenn der Autor des 1. Timotheusbriefes also einen Gedanken aufgreift, den auch Paulus selbst im Römerbrief äußern konnte (vgl. Röm 3,28), bleibt festzuhalten: Die in sich soteriologische und spannungsvolle paulinische Aussage über die Bedeutung des Gesetzes für die Errettung jedes und jeder Einzelnen verliert hier den (offenbarungs-)theologischen Kontext und wird zu einer allgemeingültigen menschlichen Regel verkürzt. Das Gesetz regelt nun das zwischenmenschliche Verhalten. Man könnte also pointiert sagen: Es ist keine theologische Größe mehr, sondern eine rein juristische – und deshalb braucht der Gerechte es nicht. (Wobei noch hinzugefügt werden muss: Auch »Gerechtigkeit« ist dann nicht mehr theologisch qualifiziert als Gerechtigkeit vor Gott, sondern wird eher im strafrechtlichen Sinne verwendet.)

Was aber haben dann die theologischen Gegner über das Gesetz gesagt? Dies aus den wenigen Versen im Umkehrschluss zu erheben, bleibt schwierig: 1Tim 1,4 hatte bereits nahegelegt, dass sich die Irrlehrer in spekulative Auslegungen alttestamentlicher Texte versteigen; 1Tim 6,20 wird den Hinweis auf besondere Erkenntnisse eintragen, die sie zu haben glauben. Verbunden mit der Behauptung, diese Menschen wollten *Gesetzeslehrer* sein (1Tim 1,7), liegt folgende Annahme nahe: Der Briefschreiber pocht hier gerade deshalb auf einen ethisch-moralischen Gesetzesgebrauch, eben weil die Gegner eine allegorisch-spekulative, vielleicht sogar spiritualisierend-mythologische Auslegung des alttestamentlichen Gesetzes vertraten. Dass die Gegner, wie im Titusbrief vorausgesetzt (vgl. Tit 1,10.14; 3,9), dezidiert jüdischen Lehren anhingen, legen die Ausführungen im 1. Timotheusbrief jedoch gerade nicht nahe.

Exkurs: Die gesunde Lehre

Von Wichtigkeit für die theologische Konzeption des 1. Timotheusbriefes ist die den Lasterkatalog zusammenfassende umfassende Formulierung *wenn etwas anderes der gesunden Lehre entgegen steht*. Den Begriff der *gesunden Lehre* kennt man aus den anerkannt echten Paulusbriefen tatsächlich nicht; doch findet er sich im Titusbrief und im 2. Timotheusbrief – und hat von dort aus auch Eingang in den 1. Timotheusbrief gefunden, der sich hier an den Sprachgebrauch der beiden kürzeren Schreiben anlehnt (2Tim 4,3; Tit 1,9; 2,1; vgl. 1Tim 6,3; 2Tim 1,13; Tit 1,13; 2,2.8).

Doch fällt auf, dass die Pastoralbriefe unterschiedliche Termini verwenden können, um den Begriff der *Lehre* zu füllen. So unterscheidet der Titusbrief zwischen dem griechischen Wort *Didache* als Beschreibung der feststehenden Lehrinhalte und dem Terminus *Didaskalia* als Umschreibung der Art und Weise der Lehrvermittlung – nur letzteres Substantiv kann im kürzesten Pastoralbrief mit dem Adjektiv *gesund* kombiniert werden (Tit 1,9; 2,1; sowie 1Tim 1,10; 2Tim 4,3; vgl. die Rede von gesundmachenden Worten in Tit 2,8 [sg.], 1Tim 6,3; 2Tim 1,13). Im 1. Timotheusbrief hingegen fehlt der Begriff *Didache*, so dass das Substantiv *Didaskalia*, dem aufgrund der Häufigkeit seiner Verwendung tatsächlich Leitwortcharakter zukommt (vgl. 1Tim 1,10; 4,1.6.13.16; 5,17; 6,1.3), Inhalt und Form der Belehrung umfasst.

Dass die richtige Lehre stets auch die gesunde ist, ist ein Gedanke, der sich bereits in der antiken Philosophie findet: Schon Galen konnte beschreiben, wie die wahre Philosophie den Menschen vom Laster der Krankheiten heile, und Philo (Abr 223) weiß von Kämpfen der Seele zwischen Leidenschaften und Krankheiten einerseits und den gesunden Gedanken andererseits.

Hinter der Gleichsetzung von Gesundheit und Ausgewogenheit steht die Vorstellung, dass das Gesunde stets das dem allgemeinen Ideal Angemessene ist. In den Pastoralbriefen ist die *gesunde Lehre* der Inbegriff all dessen, woran es festzuhalten gilt. Dabei geht es jedoch, anders als es das Substantiv *Lehre* im Deutschen vielleicht suggeriert, nicht nur um die Festlegung dessen, was inhaltlich korrekt ist, sondern auch um den richtigen Lebenswandel. Angesichts dessen, dass die Irrlehrer als krank im Glauben und Handeln beschrieben werden können (vgl. 1Tim 6,4) – und die Irrlehre im 2. Timotheusbrief sogar mit einem Krebsgeschwür verglichen werden kann (2Tim 2,17) –, ist Gesundheit in den Pastoralbriefen zu einem Normbegriff geworden. Die gesunde Lehre entspricht dem paulinischen Evangelium (vgl. 1Tim 1,11) und leitet zum angemessenen und vernünftigen Verhalten an.

V.11 bietet einen formelhaften Abschluss. Die bereits in V.10 ins Spiel gebrachte *gesunde Lehre* wird hier näher bestimmt. *Evangelium* steht im längsten Pastoralbrief nur an dieser einen Stelle, doch unterstreicht der Rückbezug auf Gott selbst die normative Gültigkeit des Begriffs für das Briefganze. Gott, als *seliger Gott* bezeichnet (vgl. zur Formulierung 1Tim 6,15f sowie die Auslegung z.St.), wird als letztgültig verbindlicher Maßstab und Zeuge der Gültigkeit des Evangeliums eingeführt; gleichzeitig rückt der folgende Relativsatz Evangelium und Apostel eng zusammen: Dass »Paulus« sich hier durch das betonte Personalpronomen *ich* – das im Griechischen anders als im Deutschen auch weggelassen werden könnte, ohne dass dem Satz grammatikalisch etwas fehlen würde – selbst als Sachverwalter dieses Evangeliums einträgt (*das mir anvertraut ist*), verweist bereits voraus auf den folgenden Abschnitt: Dort wird die Bedeutung seiner Person Thema sein. Bereits hier betont der Briefschreiber mit einer Passiv-Konstruktion die Wichtigkeit der Person des Paulus für die Verkündigung; ein Gedanke, der aus den echten Paulusbriefen entlehnt ist (vgl. Röm 2,16; Gal 2,7; 1Thess 2,4, vgl. 1Kor 9,16). Man spricht hier von einem Passivum Divinum: Zwar wird nicht gesagt, dass Gott der Handelnde ist – aber es ist jedem klar. In ähnlicher Weise konnte bereits Paulus selbst von seinem eigenen Auftrag sprechen (vgl. 2Kor 4,1–5).

In der Gemeinde, die der 1. Timotheusbrief im Blick hat, ist es offensichtlich zu theologischen Auseinandersetzungen gekommen. Im Zentrum steht das Gesetz in seinem Gebrauch und seiner Bedeutung. »Paulus« verkörpert dabei die Stimme der Vernunft; diejenigen, die davon abweichen, haben eher schwärmerische Gedanken. Mitten in diese Situation hinein zielt die Mahnung des Briefes nach verantwortlicher Hausverwalterschaft im Namen Gottes in der Gemeinde. Die Gemeinde ist der Ort, an dem Gott selbst auf Erden zugegen ist; dies verlangt nach einer Ordnung, die dem angemessen ist – auch wenn man natürlich über die Frage, wann und wie dies der Fall ist, kontrovers diskutieren kann. Das galt offensichtlich damals und das gilt bis heute.

1Tim 1,12–17: Paulus erscheint als Musterfall des Rettungswillens Gottes

Mit V.12–17 setzt der Briefschreiber syntaktisch und inhaltlich neu an. Dieser Abschnitt wird als Paulusanamnese bezeichnet (Anamnese meint so viel wie Gedächtnis oder Erinnerung) und in der Tat geht es hier um biographische Notizen rund um die Person des Paulus.
Das gehäufte Auftreten solcher fragmentarischen Erinnerungen beziehungsweise persönlicher Notizen hat zur Entwicklung der sogenannten Fragmentenhypothese geführt: Ihre Vertreter gehen davon aus, dass sich Reste verloren gegangener echter Paulusbriefe erhalten und dann Eingang in die pseudepigraphischen Pastoralbriefe gefunden hätten. Doch wirft diese These mehr Fragen auf, als sie beantworten kann. So vermag sie vor allem nicht plausibel zu erklären, wieso von echten Schreiben nur einige wenige persönliche Verse erhalten geblieben wären, wenn alle anderen Elemente verloren gegangen sein müssten. Die Auslegung in diesem Kommentar wird zudem zeigen, dass diese Fragmente von zentraler Bedeutung für die Intention der drei Schreiben sind und also über die Anklänge an den Apostel Paulus hinaus eine wichtige Funktion im Briefganzen haben.
Der Briefschreiber erinnert sich sicher nicht zufällig an den Beginn der Wirksamkeit des Paulus als Apostel. Im Hintergrund steht wohl das Damaskuserlebnis, auch wenn der Begriff hier nicht fällt.

**12 Ich sage Dank dem, der mich gekräftigt hat, Christus Jesus, unserem
Herrn, dass er mich für treu erachtet und in den Dienst gestellt hat –
13 mich, der ich früher ein Lästerer und Verfolger und Gewalttätiger war,
aber ich fand Gnade, weil ich es unwissend im Unglauben getan habe.
14 Überreich aber wurde die Gnade unseres Herrn mit Glauben und
Liebe, die in Christus Jesus sind. 15 Das Wort ist verlässlich und aller Annahme wert, dass Christus Jesus in die Welt gekommen ist, um Sünder
zu retten, unter denen ich (selbst) der Erste bin. 16 Aber deshalb fand ich
Gnade, damit an mir als erstem Christus Jesus aufweist die ganze Geduld
als Muster der zukünftig an ihn Glaubenden zum ewigen Leben. 17 Dem
König der Ewigkeiten, (dem) unvergänglichen, unsichtbaren, alleinigen
Gott, Ehre und Herrlichkeit hin zu den Ewigkeiten der Ewigkeiten. Amen.**

Wie in dem vorangehenden V.11 steht auch in **V.12** das betonte Personalpronomen *ich*. Dies ist umso auffälliger, als dass dieses Pronomen im Griechischen auch weggelassen werden könnte, ohne dass dem Satz grammatikalisch etwas fehlt. Wenn der Briefschreiber hier also zweimal *ich* sagt, dann hat er damit etwas im Sinn: V.11 hatte herausgestellt,

dass es Paulus selbst ist, der mit der Bewahrung des Evangeliums betraut ist; V.12–17 füllen dieses Ich des Paulus nun mit Leben.
Hier schließt sich eine Danksagung an, wobei es Jesus Christus ist, an den sich dieser Dank richtet (üblicher wäre Gott selbst gewesen). Weil Jesus hier als *unser Herr* tituliert wird, werden die Briefleser durch das Possessivpronomen direkt mit in den Dank hineingenommen.
Mit drei Aussagen beschreibt der Briefschreiber das Handeln Christi: Er hat ihn *gekräftigt, für treu erachtet, in den Dienst gestellt.* Dass Christus einen Mitarbeiter stärkt, ist eine durchaus übliche Vorstellung, die sich auch sonst in den Paulusbriefen findet (vgl. Phil 4,13; 2Tim 2,1f). Was eher überrascht: Der Verfasser muss hier ganz ausdrücklich sagen, dass Paulus selbst für *treu erachtet* wurde. Ist das als Anspielung auf eine Vorleistung zu verstehen, die von Paulus erbracht wurde? Wenn ja, würde dies dem Gedanken der Rechtfertigungslehre widersprechen, die als das theologische Erbe des Paulus gilt. Näher liegt es, darin wie in 1Kor 7,25 einen Verweis auf Gottes Barmherzigkeit zu sehen: Die Treue des Paulus wäre dann keine eigene Leistung, sondern ein Geschenk Gottes. Dass Paulus dieses Geschenk nicht verdient haben kann, betont **V.13**. Die Wissenschaftlerinnen und Wissenschaftler sprechen hier von einem Einst-Jetzt-Schema, weil V.12f die Vergangenheit des Paulus und die Gegenwart in so gegensätzlicher Weise schildern.
In einer Aneinanderreihung von drei Substantiven wird in V.13 die Vergangenheit des Paulus in düsteren Farben gemalt: Er war früher – gemeint ist damit vor seiner Hinwendung zum Christentum – *ein Lästerer und Verfolger und Gewalttätiger.* Alle drei Nomen sind im Griechischen eher selten, doch werfen sie alle ein negatives Licht auf den großen Apostel. Mit dem Terminus *Verfolger* wird auf die auch aus der Apostelgeschichte bekannte Christenverfolgung durch Paulus angespielt (vgl. u.a. Apg 8,1–3; 9,1f). Paulus selbst weiß: Als ehemaliger Verfolger der christlichen Gemeinde ist er eigentlich nicht würdig, in den Dienst als Apostel berufen zu werden (vgl. 1Kor 15,7ff), dass dies dennoch geschehen ist, macht ihn zum Vorbild für die bedingungslose Rechtfertigung des Sünders.
Hier nun ist Paulus als *Lästerer, Verfolger* und *Gewalttätiger* das Paradigma eines Frevlers schlechthin – und damit zugleich das Musterbeispiel für die bedingungslose Errettung des Einzelnen durch Gott. Dazu passt, dass es hier nicht ausschließlich um die jüdische Vergangenheit des Apostels geht, die auch sonst im Brief (anders als zum Beispiel im 2. Timotheusbrief) nicht im Fokus steht. So wird Paulus für alle Christinnen und Christen zum Typos für das Heilshandeln Christi. Dieser Vers ist also weniger als historische Reminiszenz zu verstehen, sondern hat vielmehr werbende Wirkung in der Gegenwart: Wenn ein *Lästerer,*

Verfolger und *Gewalttätiger* umkehren kann – dann kann das ein Irrlehrer auch.
Dazu passt auch der V.13 abschließende Relativsatz, der in der Wissenschaft eine intensive Diskussion ausgelöst hat: Warum betont der Briefschreiber hier so, dass Paulus *unwissend im Unglauben* gehandelt habe? Manche Forscher vermuten, so solle das schlechte Licht, das die voranstehenden Aussagen auf Paulus werfen, etwas gedimmt werden – frei nach dem Motto: Er wusste es halt nicht besser! Näher liegt aber die Annahme, dass hier eine typische frühchristliche Aussage über Ungläubige auch auf Paulus übertragen wurde: Unwissenheit galt in der frühen Kirche als Charakteristikum der Heidenwelt – doch wenn Menschen ihre Sünden aus Unwissenheit begehen, dann besteht die Möglichkeit zur Umkehr (vgl. 1Thess 1,10; Apg 14,15; 17,30).
Vielleicht spielt erneut die Debatte mit den Irrlehrern eine Rolle: Während Paulus aus Unwissenheit heraus handelte – und darum gerettet werden konnte –, beharren die Irrlehrer auf ihrem vermeintlichen Wissen und werden deshalb scheitern. So betont der Schreiber: Wer eingesteht, dass sein vermeintliches Wissen schlicht Unwissenheit ist, der erst kann zur Erkenntnis der Wahrheit gelangen und so Rettung erfahren (vgl. 1Tim 2,4).
Liest man die anerkannt echten Paulusbriefe, dann fällt auf: Aus der Sicht des Paulus selbst waren es stets die Heiden, die *ungläubig* waren (vgl. 1Thess 4,5) – über seine eigene, jüdische Vergangenheit hingegen hätte er ein solches Urteil nicht fällen können. Auch als *Lästerer* Gottes hätte er sich niemals bezeichnet. Die historische Erinnerung an Paulus wird hier also der Bedeutung seiner Person für die gegenwärtige Verkündigung untergeordnet. Dies wird auch in V.16 nochmals Thema sein.
V.14 setzt dagegen als Kontrast die *Gnade unseres Herrn*, die *überreich* ist: Diese Betonung der Gnadenhaftigkeit der Schicksalswende ist ein Gedanke, der auch aus den echten Paulusbriefen bekannt ist (vgl. u.a. 1Kor 15,9f; Gal 1,13–16). Der Hinweis auf *Glaube* und *Liebe* ergänzt dazu noch zwei für den Brief wichtige Substantive, die zugleich im Gegensatz zu *Unglauben* und *Unwissenheit* stehen, welche die Vergangenheit des Paulus laut V.13 dominiert hatten. V.14 greift insgesamt V.12f unter umgekehrten Vorzeichen nochmals auf und dient als Überleitung zu V.15, der als das theologische Zentrum des Abschnitts gelten darf.
Die inhaltliche Bedeutung, die **V.15** hat, legt es nahe, die zu Beginn stehende Formel *das Wort ist verlässlich und aller Annahme wert* auf den nachfolgenden Satz und nicht auf den vorangehenden V.14 zu beziehen. Die Phrase findet sich insgesamt fünf Mal in den Pastoralbriefen (1Tim 1,15; 3,1 [beide Male in der langen Form] sowie 1Tim 4,9; 2Tim 2,11; Tit 3,8). Die heutige wissenschaftliche Auslegung vermutet, dass diese

Phrase jeweils auf eine Lehre oder Verkündigung verweist, die in der kirchlichen Tradition bereits fest geprägt ist und auf diese formelhafte Weise als Zitat eingeführt werden soll. Doch gilt dies bei genauerer Betrachtung ausschließlich für 1Tim 1,15; der je einmalige Gebrauch in den beiden anderen Pastoralbriefen legt gerade nicht nahe, dass etwas zitiert wird. Dort wie auch an den beiden weiteren Stellen im 1. Timotheusbrief erscheint die Formulierung lediglich als Bekräftigung.

Die Botschaft von Jesus Christus muss nicht mehr bekannt gemacht, sondern an sie muss nur noch erinnert werden. Dies ist auch hier der Fall. Der als Zitat eingeleitete Glaubenssatz besagt, *dass Christus Jesus in die Welt gekommen ist, um Sünder zu retten, unter denen ich (selbst) der Erste bin.* Übrigens macht der Briefschreiber das ganz geschickt: Er verknüpft eine zentrale Aussage über die Bedeutung Jesu Christi für das Heil der Menschen mit der Person des Paulus. Auf diese Weise macht er den großen Apostel zum lehrhaften Beispiel für alle anderen Christinnen und Christen.

Viel diskutiert worden ist über den V.15 abschließenden Relativsatz *unter denen ich (selbst) der Erste bin.* Die Frage ist: Inwiefern wird Paulus als Erster unter den Sündern bezeichnet? Will der Briefschreiber damit sagen, dass Paulus der Schlimmste von allen war oder dass er zeitlich an der Spitze der bekehrten Sünder stehe, dass also mit ihm die Rettung der Sünder ihren Anfang nahm? Tatsächlich liegt die letztere, zeitliche Interpretation näher, denn sie passt zur futurischen Ausrichtung dieses Abschnitts, wie sie in V.16 deutlich zutage tritt. Entgegen der historischen Richtigkeit stellt der Briefschreiber sein großes Vorbild Paulus an den Anfang des Heilshandelns Christi.

Zwar steht dieser Vers damit scheinbar in deutlichem Gegensatz zu der Stellung, die sich Paulus selbst im Heilsprozess zuweist (vgl. 1Kor 15,8: Er ist eine unzeitige Geburt und damit ein zu spät Gekommener), doch ist die Intention beide Male die gleiche: An der Person des Paulus wird das Paradigma der Rechtfertigung aller dargestellt. Mag er auch zu spät gekommen – eine zeitliche Nachordnung, die im Rückblick der späteren Generation an Bedeutung verloren haben mag – oder ein großer Sünder gewesen sein, so ist er doch derjenige, an dem gezeigt werden kann, dass Gott alle Menschen retten will.

Diese Intention unterstreicht **V.16**; beide Verse werden durch die Wiederholung des Adjektivs *Erster* sprachlich zusammengebunden. V.16 führt den Gedanken von V.15 weiter, indem eine Begründung für das Heilshandeln Christi genannt wird: Paulus wird zum soteriologischen Musterfall und zum Vorbild für alle künftigen geretteten Generationen. *Muster* meint weniger ein moralisches Vorbild, sondern macht Paulus zum Paradigma der voraussetzungslosen Liebe Gottes: An ihm zeigt sich, wie

Gott an Menschen zukünftig wirken wird. Auf diese Weise – und das ist für das Paulusbild des 1. Timotheusbriefes tatsächlich von zentraler Bedeutung – wird Paulus von dem, der das Evangelium predigt, selbst zu einem Teil des gepredigten Evangeliums.
Hatte der Verfasser den Abschnitt mit einem Dank eröffnet, so ist es nur folgerichtig, dass er in **V.17** mit einem Gotteslob, einer sogenannten Doxologie, schließt. Auf diese Weise werden die Aussagen dieser Verse in einen übergreifenden theologischen Rahmen eingefügt. Die Bezeichnung Gottes als *König der Ewigkeiten* greift eine jüdische Kultformel wieder auf (vgl. Jer 10,10 u.ö.), stammt also ebenso wie die Rede von der Alleinigkeit Gottes aus dem monotheistischen Kontext, während die Bezeichnungen Gottes als *unvergänglich* und *unsichtbar* aus dem pagan-hellenistischen Raum bekannt sind. Hier wie auch sonst mischen die Pastoralbriefe also Elemente beider Traditionen, die im frühen Christentum ihren Niederschlag gefunden haben.

Im Zentrum paulinischer Theologie steht die Rechtfertigungslehre, die in der reformatorischen Tradition zum *Articulus stantis et cadentis ecclesiae* werden sollte. Doch bedarf diese Lehre der immer neuen Aneignung und Auslegung. Nicht nur Augustinus oder Martin Luther wären hier als Beispiele zu nennen, sondern dies geschieht auch schon im Neuen Testament selbst, so wie hier im 1. Timotheusbrief.
Der Briefschreiber kleidet, nur wenige Jahrzehnte nach Paulus, dessen Gnadenlehre in ein Gewand, in dem er sie seinen Leserinnen und Lesern vermitteln kann: Der Kontrast zwischen einstigem Unheil und jetzigem Heil wird an der Person des Paulus verdeutlicht. Er wird zum Ersten aller Sünder und damit zum Ersten aller Geretteten. Manchen modernen Leser und manche moderne Leserin mag diese Überhöhung des Apostels vielleicht stören, doch brauchte Glaube Vorbilder und braucht es bis heute.
Ganze Bücher sind geschrieben worden zu der Frage, welche Bedeutung Vorbilder in Bezug auf religiöses Lernen haben – und wo Vorbildhaftigkeit an ihre Grenzen stößt. Auch »Paulus« weiß im 1. Timotheusbrief, dass er alles, was ihm widerfahren ist, nur Gott selbst und seinem Sohn Jesus Christus verdankt – zum Musterfall der Errettung wird er also vor allem dadurch, dass er von sich weg und hin auf die wahre Ursache des Glaubens verweist.

1Tim 1,18–20: Vertrauen und Warnung

Dass die Auseinandersetzung mit den Irrlehrern sich wie ein roter Faden durch den 1. Timotheusbrief zieht, war bereits notiert worden. Hier wie in V. 3–7 sowie 1Tim 4,1–11; 6,20f werden die Andersdenkenden explizit zum Gegenstand des Schreibens. Dies bietet der modernen Exegese die Möglichkeit, Erkenntnisse über die Fragen zu gewinnen, die in der Gemeinde des 1. Timotheusbriefes offensichtlich strittig waren.

[18] Diese Botschaft vertraue ich dir an, (mein) Kind Timotheus, gemäß der vorher ergangenen Prophezeiungen über dich, damit du mit ihnen den guten Kampf kämpfst, [19] weil du Glauben und ein gutes Gewissen hast, welches einige von sich gestoßen und bezüglich des Glaubens Schiffbruch erlitten haben, [20] unter ihnen sind Hymenaios und Alexander, welche ich dem Satan übergeben habe, damit sie erzogen werden, dass sie nicht mehr lästern (sollen).

In **V.18** wird Timotheus erneut als *Kind* angeredet und namentlich genannt – ein besonderer Aufmerksamkeitsmarker (vgl. noch 1Tim 1,2; 6,20). Das ist ein deutliches Indiz für einen thematischen Neueinsatz: Nun geht es erneut um eine *Botschaft*, die »Paulus« Timotheus anvertraut (vgl. 1Tim 1,5). Der griechische Begriff steht eigentlich für einen Befehl, dem Folge zu leisten ist, doch meint er hier die Lehre, die der Briefadressat bewahren und weitergeben soll. Die inhaltliche Entfaltung erfolgt dann ab 1Tim 2,1. Der explizite Hinweis darauf, dass Timotheus diese Botschaft *anvertraut* sei, legt nahe, dass es um konkrete und genau definierte Inhalte geht, die Timotheus weitergeben soll. Der entsprechende griechische Wortstamm wird in 1Tim 6,20 nochmals als Nomen aufgegriffen. Der dort verwendete Terminus Paratheke, zu dem hier das Verb steht, ist ein juristischer Fachbegriff (vgl. die Auslegung z.St.), der die weiterzugebende Lehrtradition als fest umrissene Größe beschreibt. Diese Bedeutungsnuance ist von dort aus auch hier schon einzutragen; der 1. Timotheusbrief wird dadurch zu einem Teil der unverändert weiterzugebenden paulinischen Lehrtradition.
Das ist typisch für die Art und Weise, wie der 1. Timotheusbrief und die Pastoralbriefe insgesamt mit der paulinischen Botschaft umgehen: Nicht Neuakzentuierung in der Gegenwart ist die Aufgabe, sondern getreue Bewahrung. Doch sind die Pastoralbriefe das beste Beispiel dafür, dass Bewahrung ohne Neuauslegung nicht möglich ist. Denn das, was sie unter der paulinischen Lehre verstehen, stellt in sich selbst bereits eine Neuinterpretation und erhebliche Veränderung dar!
Hellhörig werden lässt der Hinweis auf die *vorher ergangenen Prophezeiungen*, an die Timotheus erinnert wird. Worauf wird hier Bezug genommen? Manche Exegetinnen und Exegeten vermuten, damit werde auf eine regelrechte Ordination des Timotheus in ein gemeindeleitendes Amt angespielt: Timotheus stünde dann als Chiffre für die tatsächlichen Amtsträger der angeredeten Gemeinde, die auf diese Weise an die Ein-

setzung in ihren Dienst erinnert werden sollten. Wer so argumentiert, findet einen versteckten Hinweis bereits in 1Tim 1,3, wo Paulus seinen Schüler bittet, in Ephesus zu bleiben, und sieht außerdem Parallelen zu 1Tim 4,14, wo Timotheus daran erinnert wird, dass ihm die Ältesten ebenfalls aufgrund von Prophezeiungen die Hände aufgelegt hätten. Als formale Parallele wird neben 2Tim 1,6 (vgl. die Auslegung z.St.) auch Apg 13,1–3 herangezogen, wo beschrieben wird, wie Barnabas und Saulus für ihre Missionstätigkeit eingesegnet werden.

Allerdings vermögen diese Verse die Beweislast einer solchen Argumentation nicht zu tragen. So geht es bei Barnabas und Saulus gerade nicht um eine Einsetzung in ein gemeindeleitendes Amt. Wenn also diese Szene auch im 1. Timotheusbrief im Hintergrund steht – was durchaus naheliegt –, dann kann daraus nicht mehr abgeleitet werden, als dass Timotheus wie Paulus selbst und andere Paulusmitarbeiter durch einen Handauflegungsritus für seinen Dienst gestärkt wird. Dazu passt, dass Timotheus im 1. Timotheusbrief kein gemeindeleitendes Amt bekleidet – für das er hätte ordiniert werden können –, sondern dass er selbst als historische Person und fiktiver Adressat als Bindeglied zwischen dem Apostel Paulus und der in paulinischer Tradition stehenden Gemeinde fungiert.

Timotheus wird aufgefordert, *den guten Kampf* zu kämpfen. Eine solche Metaphorik war innerhalb der paganen Populärphilosophie zur Darstellung eines ethisch korrekten Lebens weit verbreitet: Die eigene Existenz sei, so sagte man, ein permanenter Kampf gegen die eigenen Begierden. Paulus selbst übernahm dieses Bild in die christliche Tradition und prägte es neu: Nun ging es nicht mehr um den Sieg über innere Widerstände, sondern um den Kampf gegen all die weltlichen Einflüsse, die Gottes Botschaft entgegenstehen (vgl. 1Kor 9,24–27 und öfter). Auch die Pastoralbriefe verwenden diese Metapher als Beschreibung für den christlichen Dienst am Evangelium – entweder des Paulus selbst (2Tim 4,7) oder seiner Schüler und damit aller Christinnen und Christen (1Tim 1,18; 4,7–10; 6,12; 2Tim 2,3–6).

Dass Timotheus für den Kampf, den er nun ausfechten soll, gerüstet ist, begründet der Briefautor in **V.19** mit dem Besitz von *Glauben* und *gutem Gewissen* – Letzteres ist hier wie auch sonst in den Pastoralbriefen für die Gewissheit moralischer Untadeligkeit gebraucht. Doppelt gerüstet kann er sich also in die Auseinandersetzung mit den Irrlehrern wagen, denen – und auch das ist fast stereotyp – beides fehlt. Dieser enge Zusammenhang von Glaube und Ethik – man möchte fast sagen: von Orthodoxie und Orthopraxie – ist für alle drei Pastoralbriefe typisch.

Es ist ein aufschlussreiches Bild, das der Briefautor hier vom Verhältnis zwischen wahrer und falscher Lehre zeichnet: Für ihn ist die Irrlehre immer ein Abfall von der richtigen (paulinischen) Lehre. Die Irrlehre tritt nicht von außen zur Gemeinde hinzu, sondern entsteht aus ihrem Inneren heraus, ist also eine Fehlentwicklung der wahren Lehre. Die Wissenschaft geht heute davon aus, dass es historisch wohl genau umgekehrt war: Es gab nicht von Anfang an die eine richtige Lehre, von der man sich abwenden konnte, sondern umgekehrt schälte sich aus dem Nebeneinander ganz verschiedener frühchristlicher Traditionen erst nach und nach das heraus, was sich als rechtgläubig durchsetzen sollte.

Der Briefschreiber betont: Die Irrlehrer haben den wahren Glauben nicht einfach nur aus Unachtsamkeit verloren, nein, sie haben ihn *von sich gestoßen,* also mit bewusster Gewalt gehandelt. Dieser Vorwurf wiegt schwer: Falsche Lehre und falscher Lebenswandel bedingen einander – und sorgen dafür, dass der Einzelne untergeht. Das Bild des Schiffbruchs ist in der Antike ein Ausdruck für völliges Scheitern (vgl. u.a. Philo, Som II 147, und Kebes von Theben 24,1f).

Unter denen, die gerade im Glauben untergehen, greift der Briefautor in **V.20** zwei namentlich heraus. Die zunächst anonym bleibende Masse der Gegner erhält so ein doppeltes Gesicht; die Namen der beiden Irrlehrer lauten Hymenaios und Alexander, und es ist oft notiert worden, dass beide auch im 2. Timotheusbrief als Gegner des Paulus erwähnt werden (2Tim 2,17; 4,14). Dies fällt besonders deshalb auf, weil der Autor des 1. Timotheusbriefes den Eindruck erweckt, als sei das Problem um diese beiden Männer bereits gelöst. Wie kann es dann sein, dass beide im 2. Timotheusbrief noch Teil der Gemeinde sind? Hymenaios wird in 2Tim 2,17f gar die zentrale Aussage der Gegner in den Mund gelegt, und auch Alexander, in 2Tim 4,14 mit dem Zusatz *der Schmied* versehen, scheint noch aktiv zu sein.

Erklären lässt sich dies durch den Unterschied zwischen Entstehungsreihenfolge und intendierter Lesereihenfolge: Zwar kann der 2. Timotheusbrief vor dem ersten Schreiben entstanden sein, doch er kann in der Biographie des Paulus nur danach eingeordnet werden. Diese Auffälligkeit in Bezug auf 1Tim 1,20 hat die Exegese lange beschäftigt. Man sprach seit De Wette aufgrund der vertauschten Reihenfolge sogar von einem »Hysteronproteron«, eben weil das Spätere zuerst genannt werde und umgekehrt.

Vermutlich ist dem Briefautor tatsächlich ein Fehler unterlaufen: Wenn man davon ausgeht, dass die beiden Timotheusbriefe nicht aus der Feder des Paulus stammen, sondern später von zwei verschiedenen Paulusschülern verfasst worden sind, dann liegt für diese auffällige Nennung von Hymenaios und Alexander folgende Erklärung nahe: Der Verfasser des 1. Timotheusbriefes macht inhaltliche Anleihen an die ihm vorliegende Paulustradition; dabei greift er auch auf die Namen von Paulusgegnern zurück, wie sie ihm aus dem 2.Timotheusbrief bekannt sind. Dass diese Gegner im 1. Timotheusbrief dann bereits entschieden in die Schranken gewiesen worden sind, ist der eigentliche logische Fehler des Autors, der nicht bedacht hat, dass sein Brief zwar *nach* dem 2. Timotheusbrief verfasst ist, aber *vor* ihm in die Biographie des Paulus eingeordnet werden soll. (Nebenbei sei angemerkt: Diese These setzt voraus, dass der 1. Timotheusbrief jünger ist als der 2. Timotheusbrief; das deckt sich durchaus mit anderen Beobachtungen zur Abfassungsreihenfolge der Pastoralbriefe.)

Die Frage ist: Stehen die Namen von Hymenaios und Alexander als Chiffren für die paulinische Gegnerschaft generell oder verkörpern sie reale Persönlichkeiten? Wenn man davon ausgeht, dass der Autor des 1. Timotheusbriefes die beiden Namen aus dem 2. Timotheusbrief übernommen hat, so liegt eher Letzteres nahe: Hymenaios und Alexander waren als Paulusgegner bekannt und finden deshalb auch Eingang in diesen Brief – hier nun als solche Gegner, die bereits am Wirken gehindert worden sind. Das legt es für dieses Schreiben nahe, dass die beiden der Einschätzung des Autors nach tatsächlich reale Häretiker waren, aber ihr Wirken zu seiner Zeit bereits der Vergangenheit angehört.

Zumindest impliziert die Formulierung, Paulus habe sie *dem Satan übergeben*, Letzteres. Fraglich ist, was genau mit dieser Metapher gemeint ist: So wie dieser Vers sich zweier Namen aus dem 2. Timotheusbrief bedient, liegt hier außerdem eine sprachliche Anspielung auf 1Kor 5,2ff vor. Dort fordert Paulus die korinthische Gemeinde auf, einen Mann, der sich mit der Frau seines Vaters eingelassen habe, dem Satan zu übergeben. Auch hier bleibt unklar, was genau diese Formulierung bedeuten soll: Geht es um eine geistliche Bestrafung, einen begrenzten oder unbefristeten Gemeindeausschluss oder gar um eine Hinrichtung, wie manche vermuten? In jedem Fall ist im 1. Korintherbrief mindestens ein dauerhafter Ausschluss aus der Gemeinde angedacht. Dies ergibt sich aus der eschatologischen, das heißt auf das Jenseits ausgerichteten Zielrichtung: Nicht die Wiederaufnahme des reuigen Sünders in die Gemeinde ist das Ziel, sondern seine Rettung im Endgericht.

Im 1. Timotheusbrief findet demgegenüber eine Akzentverschiebung statt: Anders als im 1. Korintherbrief ist es nun »Paulus« allein, der das Urteil an den beiden Gegnern vollstreckt hat – und nicht die Adressaten dazu auffordern muss. Nicht mehr die Rettung im Endgericht wird erwartet, sondern erzieherische Besserung erhofft. Das griechische Verb *erziehen* changiert in der Begrifflichkeit – es kann sowohl Erziehung im Sinne von Wissensvermittlung als auch die (körperliche) Züchtigung meinen. Hier nun geht es weniger um einen Bildungszugewinn der beiden Irrlehrer als vielmehr darum, dass sie für ihr Fehlverhalten zurechtgewiesen werden sollen – und dadurch auch anderen zur Mahnung dienen. Ihr Fehlverhalten: *lästern.* Dass diesem Verb ein Objekt fehlt und es also absolut gebraucht wird, lässt offen, ob Gotteslästerung oder Schmähung eines Menschen gemeint ist. Mag modernen Leserinnen und Lesern dieses Verfahren ebenso wie in 1Kor 5 problematisch erscheinen, so hat es wenigstens ein positives Ziel: Nicht das Verderben der Gegner ist anvisiert, sondern ihre Besserung.

Der 1. Timotheusbrief ist ein Zeugnis für das Ringen um die richtigen Worte, wenn es um die Auslegung und Bewahrung der paulinischen Tradition geht. Für Timotheus kommt dieses Ringen sogar einem Kampf gleich – für die Bewahrung dessen, was er für richtig hält, und gegen diejenigen, die eine andere Lehre vertreten.
Sein Maßstab ist und bleibt die paulinische Lehre, die ihm anvertraut wurde. Mit ihr im Rücken kann er denen entgegentreten, die, wie es im Brief heißt, im Glauben Schiffbruch erlitten haben; die also offensichtlich Falschlehren gefolgt sind. Hier setzt sich Timotheus zur Wehr.
Wie ist das heute? Welche Maßstäbe legen wir an Verkündigungsinhalte an? Als diese Zeilen entstehen, hat sich in der katholischen Kirche gerade #OutInChurch formiert; doch auch in meiner eigenen (evangelischen) Landeskirche war der Umgang mit Homosexualität lange schwierig. Dahinter steht ja auch die Debatte um die Gültigkeit zweier verschiedener Prinzipien – hier stehen nämlich die scheinbar unumstößliche Berufung auf den feststehenden Wortlaut der Schrift und die Orientierung an der Menschenfreundlichkeit Gottes einander gegenüber. Doch schon der 1. Timotheusbrief zeigt, dass man den Wortlaut einer Botschaft verändern muss, um ihr treu zu bleiben.

1Tim 2,1–3,16: Entwurf einer Kirchenordnung

Mit 1Tim 2 beginnen Anweisungen für das Leben innerhalb der christlichen Gemeinde, fast im Sinne einer Kirchenordnung. Dieser Abschnitt reicht bis 1Tim 3,16 und schließt mit einem feierlichen Hymnus ab. Allerdings fällt auf, dass die einzelnen Verse sprachlich, inhaltlich und strukturell sehr unterschiedlich sind; offensichtlich greift der Briefautor auf verschiedene Quellen zurück. Thematisch zusammengehalten werden diese Kapitel durch die Themenangabe des Schlussabschnitts *damit du weißt, wie man sich im Haus Gottes verhalten muss* (1Tim 3,15).
Gerne hat man gerade in der älteren Forschung hier in Anlehnung an eine von Martin Luther geprägte Formulierung von einer »Haustafel« ge-

sprochen, doch kann dies nur zur ungefähren Orientierung, nicht jedoch zur tatsächlichen gattungsgemäßen Einordnung dienen: Eine Haustafel, so wie sie aus dem paganen antiken Kontext bekannt ist, regelt mit direkt erteilten Anweisungen das Verhältnis der einzelnen in einem Haushalt anzutreffenden Stände untereinander (vgl. Kol 3,18–4,1; Eph 5,21–6,9). Die im 1. Timotheusbrief zu findenden Verse nehmen allerdings nicht das antike Haus an sich, sondern die gemeindliche Realität in den Blick und sind deshalb eher als »Gemeindetafel« zu bezeichnen, auch wenn es dafür kein antikes Vorbild gibt. Viele Wissenschaftler wollen einen Bezug auf den Gottesdienst als Mittelpunkt des frühchristlichen Lebens sehen, doch geht es nicht um eine Gottesdienstordnung. Deshalb wird hier der weiter zu fassende Begriff der »Kirchenordnung« gewählt.

1Tim 2,1–7: Das Gebet für die Obrigkeit

Der Themenwechsel von 1Tim 1,20 zu 1Tim 2,1 könnte abrupter nicht sein. Waren gerade noch die Irrlehrer Gegenstand der Beschäftigung, so wendet sich der Briefschreiber nun dem allgemeinen und allumfassenden Gebet zu.

**[1] Ich ermahne nun, dass man vor allen Dingen tue Bitte, Gebet, Fürbitte,
Danksagung für alle Menschen, [2] für die Könige und für alle, die in einer
Machtposition sind, damit wir ein ruhiges und stilles Leben führen können in aller Frömmigkeit und Ehrbarkeit. [3] Dies ist gut und wohlgefällig
vor unserem Retter, Gott, [4] der will, dass alle Menschen gerettet werden
und zur Erkenntnis der Wahrheit kommen. [5] Einer nämlich ist Gott, und
einer ist Mittler zwischen Gott und Menschen, (der) Mensch Christus
Jesus, [6] der sich selbst gegeben hat als Lösegeld für alle, das Zeugnis zu
der eigenen Zeit; [7] zu diesem wurde ich eingesetzt als Verkündiger und
Apostel, ich sage die Wahrheit, ich lüge nicht, als Lehrer der Völker in
Glaube und Wahrheit.**

V.1 mahnt zum umfassenden Gebet für alle Menschen; der Hinweis *vor allem* betont den Stellenwert des Gebets. Der Briefautor verwendet vier verschiedene griechische Begriffe, die als *Bitte, Gebet, Fürbitte* und *Danksagung* jeweils einen etwas anderen Akzent setzen und jedenfalls insgesamt das umfassende Gebet für andere und eben nicht für eigene Belange meinen. Dass dezidiert *alle Menschen* im Blick sind, passt zu dem in 1Tim 2,4 formulierten universalen Heilswillen Gottes, der sich im Amt des einen Mittlers (1Tim 2,5f) konkretisiert: Vier Mal steht in diesen Versen das Indefinitpronomen *alle*; es hat also Leitwortcharakter. Eine enge inhaltliche Parallele hat dieser Text im 1. Clemensbrief, wo die christliche Gemeinde ebenfalls zum umfassenden Gebet aufgefordert wird (1Clem 59–61). Beide Texte greifen als exponiertes Beispiel dafür das Gebet für die Obrigkeit auf.

Mit dem in **V.2** genannten Herrscher ist der römische Kaiser gemeint, der auffällige Plural *Könige* erklärt sich aus der Parallelisierung zu der zweiten Formulierung *alle, die in einer Machtposition sind,* die ebenfalls in der Mehrzahl steht. Dass gerade aufgrund dieser Forderung eine gewisse Nähe zu Röm 13,1–7 besteht, ist oft notiert worden. Als Begründung dient, anders als bei Paulus, jedoch nicht die göttliche Einsetzung der Obrigkeit, sondern der Wunsch nach einem ruhigen und stillen Leben. Auch dies hat wieder eine Parallele zu 1Clem 59–61 sowie zur frühjüdischen Gebetspraxis. So betete man (vgl. u.a. Jer 29,7) im Judentum deshalb für die Obrigkeit, damit dies dem Wohl des eigenen Volkes zugutekam.

Auch der 1. Clemensbrief erhofft sich von dem Gebet für die Herrschenden, dass deren Untadeligkeit sich positiv auf die Lebensbedingungen der christlichen Gemeinschaft auswirke. Vergleichbares klingt im 1. Timotheusbrief an, wenn der Verfasser schreibt, es gehe darum, dass *wir ein ruhiges und stilles Leben führen können.* Mit den beiden Adjektiven werden aus der paganen Philosophie bekannte Tugenden aufgegriffen. So galt die Stille in der Stoa als Attribut vorbildlichen Lebens. Doch geht es dem Autor des 1. Timotheusbriefes gerade nicht um eine weltvergessene Abgeschiedenheit, sondern um ein Leben *in aller Frömmigkeit und Ehrbarkeit* – und das heißt doch: um ein Leben, dessen Lebensführung der Gottesbeziehung angemessen ist.

Immer wieder hat man behauptet, damit habe sich der Briefschreiber weit von Paulus entfernt – doch übersieht man dabei, dass auch Paulus selbst Wert auf die Unanstößigkeit der christlichen Existenz legen und auf ein ruhiges Leben hoffen konnte (vgl. u. a. 1Thess 4,11). Der 1. Timotheusbrief macht daraus ein ekklesiologisches Programm und den griechischen Terminus *Eusebeia* zu einem Leitmotiv.

1Tim 2,3–7 bietet eine umfassende theologische, christologische und soteriologische Begründung für das *in aller Frömmigkeit und Ehrbarkeit* zu führende *ruhige und stille Leben.*

Exkurs: Der Begriff der Frömmigkeit in den Pastoralbriefen

Gerne wird in der Forschung darauf hingewiesen, dass es sich bei dem Substantiv *Frömmigkeit* (griechisch: *Eusebeia*) um ein Leitmotiv aller drei Pastoralbriefe handele. Denn während der griechische Terminus *Eusebeia* in den älteren (anerkannt echten) Paulusbriefen völlig fehlt, tritt er in diesem Schriftenkorpus gehäuft auf. In der Tat entfallen zehn der 14 neutestamentlichen Belege auf die Pastoralbriefe, allerdings acht davon allein auf den 1. Timotheusbrief (1Tim 2,2; 3,16; 4,7f; 6,3.5 f.11) und nur je einer auf den Titusbrief und den 2. Timotheusbrief (2Tim 3,5 und Tit 1,1); weitere Derivate verteilen sich in geringem Umfang auf alle drei Schreiben (2Tim 2,10.16; Tit 2,12 und 1Tim 1,9).

Der Begriff *Eusebeia* stammt aus der griechischen Religiosität und fand von dort aus Eingang in die profan-hellenistische Ethik. Er meint sowohl die Bejahung der allgemein-gültigen gesellschaftlichen Ordnung und ihrer Normen als auch die Ehrfurcht vor der Sphäre des Göttlichen und vor numinosen Kräften. Dazu passt es, dass beide Dimensionen, sowohl die horizontale als auch die vertikale, auch in den Pastoralbriefen koinzidieren. Anders als es der im modernen deutschen Sprachgebrauch eher auf eine gewisse Innerlichkeit zielende und nicht selten abwertend gebrauchte Begriff der *Frömmigkeit* nahelegt, meint *Eusebeia* die nach außen sichtbar werdende Lebensführung der christlichen Gemeinde in ihrer Bindung an Gott.

Dass gerade im 1. Timotheusbrief die christliche *Eusebeia* mit Grundwerten der paganen Umwelt zusammenfällt, ist in der Tat ein typisches Merkmal für das sogenannte bürgerliche Christentum, das zumindest die Vorstellung dieses Briefes sehr prägt. Doch darf *Eusebeia* nicht als sinnentleerte Regelbefolgung missverstanden werden – ein Vorwurf, der den Pastoralbriefen gelegentlich gemacht wurde. 1Tim 3,16 (Christus selbst als Geheimnis der Frömmigkeit) und 1Tim 6,11 (Frömmigkeit als erstrebenswertes Ziel) sprechen hier eine andere Sprache.

Während die auf Denken und Handeln angelegte *Frömmigkeit* als Merkmal christlicher Existenz zum neuen Leitbegriff wird, tritt der Begriff des Glaubens im 1. Timotheusbrief eher zurück und kann (anders als bei Paulus selbst, vgl. Röm 14,22f; 1Kor 13,13; 2Kor 4,13; Gal 2,20; 5,5f u.ö.) als eine Tugend unter vielen verstanden werden (vgl. 1Tim 1,5.14.19; 2,15; 4,12; 6,11, vgl. den formelhaften Gebrauch in 1Tim 1,2.4). Nun ist die *Frömmigkeit* das, was die christliche Existenz, gegebenenfalls in ihrer bürgerlichen Festigung, ausmacht.

Die einzige Verwendung des Terminus im Titusbrief (Tit 1,1) steht an prominenter Stelle im Zusammenhang mit anderen theologischen Großbegriffen. Hier zeigt sich, dass dem Wort auch in diesem Pastoralbrief eine regulative Bedeutung für eine gottgemäße Lebensführung zukommt.

Einen etwas anderen Frömmigkeitsbegriff finden wir im 2. Timotheusbrief. Hier nämlich ist die Rede von der *Eusebeia* mitnichten etwas, das mit einem bürgerlichen Christentum einhergeht. Wer fromm leben will, muss vielmehr bereit sein, Verfolgungen zu erdulden (2Tim 3,12) und in die Leidensnachfolge Christi oder des Paulus einzutreten. In diesem Pastoralbrief steht *Eusebeia* für eine Lebenshaltung, die dem Anspruch eines in Christus gegründeten

Lebens gerecht werden muss. Deshalb warnt der Autor in 2Tim 3,5 auch vor denen, die nur den äußeren Schein der Frömmigkeit haben, ihre innere Kraft aber verleugnen. Zwar ist der Begriff der *Eusebeia* nicht paulinisch, die Art, wie die christliche Existenz, die in diesem Begriff zusammengefasst ist, gefüllt werden kann, ist es aber durchaus.

V.3f enthält eine Begründung für die Forderung des allgemeinen Gebets: *Dieses* sei nämlich *gut und wohlgefällig vor Gott*; eine Formulierung, die hier wie auch an anderen Stellen in der frühchristlichen Briefliteratur der Bekräftigung einer Ermahnung dient (vgl. 1Tim 5,4; Röm 12,1; 1Clem 7,3; 21,1 u.ö.). Wie auch im Präskript wird Gottes Handeln als rettend bezeichnet.

Exkurs: Gott und Christus als Retter in den Pastoralbriefen

Bei der Lektüre der Pastoralbriefe fällt auf, dass das Wortfeld »Retten« sowohl auf Gott selbst als auch auf Jesus Christus bezogen werden kann und dass zudem die Verwendung gegenüber Paulus deutlich an Gewicht gewinnt. Insofern ist es durchaus berechtigt, von einer Retter-Christologie beziehungsweise Retter-Theologie in den Pastoralbriefen zu sprechen – wobei zwischen den Briefen allerdings überraschende Unterschiede bestehen!

So kann der Titusbrief das Rettersein Gottes und Christi eng zusammenbinden (vgl. Tit 1,3f; 2,10–14; 3,4–7). Dass dies bereits im Präskript geschieht, ist durchaus programmatisch und richtungsweisend für die Lektüre des Briefes. Und auch wenn diese Prädikationen allesamt Eingang in traditionelle Formulierungen finden, so wird doch deutlich: Das göttliche Rettungshandeln hat stets einen universalen Horizont und gilt also allen Menschen (vgl. Tit 2,10.13; 3,4.6). Es fällt auf, dass das Wortfeld dazu gebraucht wird, Gott und Jesus Christus einander funktional zuzuordnen. Jesus Christus selbst kann als Retter bezeichnet werden, weil er es ist, der im Auftrag Gottes dessen Rettungswillen verwirklicht.

Der 2. Timotheusbrief spricht hingegen nur von Jesus Christus als Retter (vgl. 2Tim 1,10), nicht jedoch von Gott. Damit rückt er im Sprachgebrauch deutlich näher an Paulus heran (vgl. Phil 3,20) als die beiden anderen Pastoralbriefe. Gott erscheint zwar als Subjekt dieses rettenden Handelns (vgl. 2Tim 1,9; 3,11; 4,17f), nur Christus jedoch ist Retter in Person.

Ein anderes Bild bietet schließlich der 1. Timotheusbrief: Hier tritt die Bezeichnung Christi als Retter erkennbar gegenüber anderen christologischen Hoheitstiteln zurück – im Zentrum steht die Betonung seines Menschseins und seines Mittleramtes (vgl. 1Tim 2,5). Als Mensch ist Jesus Christus Teil des göttlichen Plans zur Rettung aller (vgl. 1Tim 2,3f). Gott allein wird in diesem Brief als Retter tituliert, dabei steht bei zwei von drei Belegen das inkludierende Pronomen *unser* (1Tim 1,1; 2,3; anders 1Tim 4,3). Dass daneben ein etwas unbedarfter Gebrauch des Verbums *retten* fast im Sinne einer menschlichen Selbsterlösungsaussage treten kann (vgl. 1Tim 4,16; 2,15), darf nicht unerwähnt bleiben; dies zeugt von einer gewissen Unbedarftheit im Begriffsgebrauch.

In V.3 dient dieses Gottesprädikat der funktionalen Zuordnung: Gott ist *Retter*, weil er rettend tätig ist. Sein Ziel ist es (**V.4**), *dass alle Menschen gerettet werden und zur Erkenntnis der Wahrheit kommen.* Zwei Aspekte sind dabei beachtenswert. Dies ist zum einen die universale Ausrichtung: *Alle* sollen gerettet werden; sowie zum anderen die Tatsache, dass die Rettung eng mit der *Erkenntnis der Wahrheit* verbunden ist – diese Betonung des noetischen Moments überrascht, nachdem vorher stets die Lebensführung im Fokus stand.

Es liegt nahe, dass darin wiederum antihäretische Spitzen versteckt sind: Die Gnosis unterschied sehr klar zwischen Erwählten und Verworfenen – während hier betont wird, dass Gott die Rettung *aller Menschen* will. Vielleicht weist der Briefschreiber so eine Äußerung der Irrlehrer zurück? Dass in deren Kreisen offensichtlich der Erkenntnisbegriff eine große Rolle spielte (vgl. 1Tim 6,20f sowie die Auslegung z.St.), würde auch erklären, warum *Erkenntnis* und *Errettung* hier so dezidiert parallelisiert werden: Wahre Erkenntnis vermittelt nicht die Häresie, sondern wahre Erkenntnis führt zu Gott und zur Einsicht in seinen universalen Retterwillen.

Mit **V.5f** schließt sich ein sogenanntes Traditionsstück an. Dass diese Verse sprachlich eher holprig anknüpfen und sich auch stilistisch vom Kontext unterscheiden, legt nahe, dass der Autor des 1. Timotheusbriefes sie als fest geprägte Wendungen kannte und hier deshalb einfügte, weil sie ihm passend erschienen. Sie dienen als Begründung (*nämlich*): *Einer nämlich ist Gott, und einer ist Mittler.*

Zweierlei fällt ins Auge: Zum einen wird dieses Traditionsstück eröffnet mit einer dezidiert theologischen Aussage, doch liegt das Gewicht im Folgenden auf der Christologie. Zum anderen steht zweimal das Zahlwort *einer*: *Einer ist Gott* und *einer ist Mittler.* Die antiken Leserinnen und Leser hatten dabei vermutlich sofort Formeln aus ihrer pagan-hellenistischen Umwelt im Ohr: Dort gab es sogenannte »Einer ist Herr«-Akklamationen, doch gemeint war damit nicht Gott als einziger Regent über die Welt, sondern ein menschlicher Herrscher.

Bereits Paulus selbst konnte in seinen Briefen Formulierungen finden, die sich genau dagegen richteten (vgl. 1Kor 8,6). Gerade bei der Formulierung *Einer ist Gott* dürften die aus dem Judentum stammenden frühen Christen auch das grundlegende jüdische »Glaubensbekenntnis«,

das sogenannte Schema Jisrael, mitgehört haben, das ebenfalls die Einzigkeit und Einzigartigkeit Gottes betonte (Dtn 6,4): *Höre, Israel, der HERR ist unser Gott, der HERR ist einer.*
Im Zentrum dieses Traditionsstücks steht allerdings das Mittleramt Jesu Christi. Besonders der Hebräerbrief hat aus dem Mittlerbegriff gleichsam einen christologischen Hoheitstitel gemacht (vgl. Hebr 8,6; 9,15; 12,24). Was also hat es damit auf sich? Vom Griechischen her kann das Substantiv sowohl den neutralen Schiedsrichter als auch den Bürgen oder Zeugen und schließlich auch einen Vermittler bezeichnen, der persönlich für eine Sache eintritt. Letzteres trifft wie im Hebräerbrief auch im 1. Timotheusbrief zu. Dass dieses Mittleramt in V.6 dann allerdings entfaltet werden muss, zeigt: *Mittler* ist noch kein selbstverständlich gebrauchter christologischer Hoheitstitel, sondern bedarf der Erklärung: Jesu Tun ist es, das ihn zum *Mittler* zwischen göttlicher und menschlicher Seite macht.
Noch eine Besonderheit aus V.5 gilt es in den Blick zu nehmen: Was nämlich ebenfalls auffällt, ist der nachklappende Hinweis auf das Menschsein Jesu Christi. Deshalb wird diskutiert, ob der Verfasser des 1. Timotheusbriefes diese Parenthese selbst ergänzt hat. Auf diese Weise wird Jesu Menschlichkeit besonders hervorgehoben – und die Vermutung liegt nahe, dass dies wiederum der Auseinandersetzung mit den Irrlehrern geschuldet ist. Die Irrlehre weist, so die These, die sich im Durchgang durch den Brief immer weiter bestätigt, frühgnostische Anklänge auf. Es ist belegt, dass in gnostischen Kreisen die wahre Menschwerdung Jesu als Sohn Gottes geleugnet und stattdessen nur seine scheinbare Menschlichkeit behauptet werden konnte. Deshalb ist es durchaus denkbar, dass der explizite Hinweis auf Jesu Menschsein eine bewusst gesetzte antihäretische Notiz des Verfassers darstellt.
In **V.6** wird das Mittleramt des Menschen Jesus Christus ausschließlich auf seinen Kreuzestod konzentriert. Das im Tod Jesu vollzogene Erlösungshandeln wird hier gedeutet mit dem Bild einer *Lösegeld*-Zahlung – und konnte auch schon von Paulus selbst beschrieben werden als Kaufhandel (vgl. 1Kor 6,20; 7,23).
Dies ist nur eine von vielen Möglichkeiten, wie das Neue Testament die Bedeutung des Kreuzestodes Jesu umschreiben kann. All diesen Versuchen ist gemeinsam, dass sie etwas zum Ausdruck bringen wollen, was mit menschlichen Worten und menschlichem Verstand eigentlich nicht zu erfassen ist: dass nämlich im Verbrechertod des Sohnes Gottes am Kreuz Gott selbst zum Heil für die Welt am Werk war. Die traditionelle Formel in 1Tim 2,5f kleidet dies in Lösegeld-Metaphorik, eine Vorstellung, derer sich auch das Markusevangelium bedient, wenn es Jesus selbst Worte zur Deutung seines Todes in den Mund legt (vgl.

Mk 10,45 par). An keiner dieser neutestamentlichen Stellen ist allerdings schon im Blick, was in der altkirchlichen Theologie dann diskutiert werden sollte: die Frage, wer hier wem Lösegeld zahlt und für was? Dieser kurze Vergleich darf deshalb nicht zu einer umfassenden soteriologischen Metapher ausgebaut werden, weil man dann Gefahr läuft, hier Vorstellungen einzutragen, die dieser urchristlichen Tradition selbst noch fremd sind.

Vermutlich steht im Hintergrund das sogenannte 4. Gottesknechtslied (Jes 53,11f), das auch sonst vielfältig in der neutestamentlichen Tradition zitiert wird (vgl. u.a. Mk 10,45; Mt 26,28): Beim Propheten Jesaja wird von einem Gottesknecht erzählt, der den stellvertretenden Tod für viele (also eigentlich: *für alle*) erleidet. Der 1. Timotheusbrief greift daraus gleich zwei Gedanken auf: zum einen den des Todes für viele und zum anderen den des stellvertretenden Sterbens (vgl. zu Letzterem außerdem noch 1Petr 2,22–24).

Ohne jeden grammatikalischen Bezug schließt sich dann die Formulierung *das Zeugnis zu der eigenen Zeit* an. Hier bleiben viele Fragen offen: Was genau meint der Begriff *Zeugnis*? Das griechische Substantiv konnte später zum Terminus technicus für das Martyrium, also die Blutzeugenschaft werden; doch ist unsicher, ob das zur Zeit des 1. Timotheusbriefes auch schon galt. Wer ist es also, auf dessen *Zeugnis* hier angespielt wird? Geht es um Jesu Tod am Kreuz oder um das spätere Bezeugen dessen in der christlichen Gemeinde (so u.a. in 2Thess 1,10; 2Tim 1,8; Apg 4,33)?

Die Entscheidung steht und fällt mit dem Verständnis der Zeitangabe *zu der eigenen Zeit*, die sich leider ebenfalls einer eindeutigen Interpretation widersetzt. Ist damit die Lebenszeit Jesu gemeint, innerhalb derer er dann selbst Zeugnis abgelegt hätte, spielt der Begriff auf den *Kairos* als besonders von Gott gefüllte Zeit an (so Tit 1,3) oder geht es um ein endzeitliches Ereignis (so in 1Tim 6,15)?

Der Kontext gibt einen Hinweis darauf, wie diese Angabe zu verstehen sein könnte: Der relativische Satzanschluss in **V.7** *zu diesem wurde ich eingesetzt* ist rückzubeziehen auf das zuvor genannte *Zeugnis* und zeigt damit: Hier geht es um die paulinische Verkündigung, die damit – vergleichbar übrigens Tit 1,3 – gleichsam heilsgeschichtlichen Rang erhält. Paulus selbst ist von Gott, der hier zwar nicht genannt wird, als göttlicher Auctor aber mitzudenken ist, mit seinem Amt betraut und damit in seinem Handeln Teil des göttlichen Heilsplans (vgl. Eph 3,1; 4,13).

Dieses Amt wird mit drei zentralen Titeln näher charakterisiert: Paulus ist *Verkündiger, Apostel* und *Lehrer.* Auch in den anerkannt echten Paulusbriefen spielt der Aposteltitel eine zentrale Rolle für das Selbstbild des Apostels und findet deshalb in allen Präskripten Erwähnung. Der

Terminus *Verkündiger* steht außerhalb der Pastoralbriefe sonst nicht als Bezeichnung für das Wirken des Paulus; da er selbst aber seinen Dienst als *Verkündigen* (vgl. 1Kor 1,23; 9,27; 15,11 u.ö. in anderen Briefen) sowie seine Predigt als *Verkündigung* bezeichnen kann (vgl. 1Kor 2,4; 15,14), lässt sich dieser Titel als sprachliche Verdichtung paulinischer Formulierungen begreifen. Ähnliches gilt für den Begriff des *Lehrers*: Ein Lehrer ist in der paulinischen Tradition jemand, der eine unterweisende Funktion innerhalb einer Ortsgemeinde einnimmt (vgl. 1Kor 12,28ff). Paulus selbst bezeichnet sich in den anerkannt echten Briefen deshalb nie als Lehrer, kann aber seine Tätigkeit als Lehren beschreiben (vgl. 1Kor 4,16ff sowie pseudepigraphisch Kol 1,28; 2,7; 2Thess 2,15), so dass der Übertrag leichtfällt.

Innerhalb dieses Verses im 1. Timotheusbrief kommt dem Lehrertitel in doppelter Weise eine herausgehobene Stellung zu: Zum einen steht vorher in einem Einschub, der zugleich als retardierendes Element fungiert, die betonende Formulierung *ich sage die Wahrheit, ich lüge nicht*; zum anderen wird nur dieses Substantiv durch ein Genitivattribut näher bestimmt: Paulus ist nicht einfach nur Lehrer, sondern er wird hier zum *Lehrer für die Völker*. Vergleichbar der Berufung des Propheten Jeremia, die weit über sein eigenes Volk hinausreichte (vgl. Jer 1,4–10), erscheint auch Paulus als universales Werkzeug Gottes – so wie er auch in der Apostelgeschichte als *Licht für die Heiden* (Apg 13,47) bezeichnet werden kann.

Dass »Paulus« als *Lehrer* tituliert wird, passt dazu, dass das Wortfeld der Lehre gerade im 1. Timotheusbrief eine große Rolle spielt und auffällig häufig vorkommt (vgl. 1Tim 1,19; 4,1.6.13.16; 5,17; 6,1.3). Häufig wird es kombiniert mit dem Adjektiv *gesund* (1Tim 1,10, vgl. 1Tim 4,6; 6,3), eine Verbindung, die der Lehrtradition dieses Briefes den Charakter des Unverdorbenen verleiht. Diese gesunde Lehre des Lehrers Paulus ist für den Autor des 1. Timotheusbriefes bindende Tradition.

Bei 1Tim 2,1–7 handelt es sich um einen theologisch sehr verdichteten Abschnitt, der gleich mehrere zentrale Aspekte anspricht. Da ist zum einen das universale Gebet: Der Brief legt ein Gebet für die Regierenden nahe, um der eigenen Gemeinde einen geschützten Raum zu bieten. Beides fällt auf eigentümliche Weise ineinander und erweckt ein wenig den Eindruck, als geschähe das umfassende Gebet für andere doch nur aus Eigennutz. Ein Vorwurf, der allerdings im Text selbst schon dadurch abgeschwächt wird, dass auch dieses Gebet im umfassenden Heilswillen Gottes für alle Menschen gründet.

Gott will, dass alle Menschen gerettet werden – doch würde er diesen Willen den Menschen aufzwingen? Bis zur Revision 2017 übersetzte die Lutherbibel vorsichtig: Gott will, dass allen *geholfen werde*, dies erscheint gegenüber der

Aussage *gerettet werden* abgeschwächt und hat nicht den soteriologischen Anklang der anderen Formulierung. Bei Luther steht für das griechische Verb, das hier gebraucht wird, sonst meist *selig werden* (vgl. Röm 1,16f). Dies wollte man hier offensichtlich nicht! So bewahrt dieser Brief bei aller Rede von der Macht Gottes und seiner Heilsabsicht für seine gesamte Schöpfung doch dem freien Willen des Menschen einen Raum. Gott will zwar, dass alle gerettet werden – und daraus spricht seine Liebe und Fürsorge für seine Geschöpfe –, doch er respektiert die Freiheit derer, die er geschaffen hat. Und das schließt eben die Freiheit ein, sich gegen ihn entscheiden zu können.

1Tim 2,8–15: Der Briefschreiber regelt das Verhältnis von Männern und Frauen

Hatte 1Tim 2,1–7 das Gebet für alle Menschen und damit die Verantwortlichkeit der Christen für die Welt im Blick, geht es hier nun um das richtige – und das impliziert auch das nach außen angemessene – Verhalten der christlichen Gemeinde. Dass diese Verse mit dem Hinweis auf das Gebet eröffnet werden und dass später noch das Lehren in den Blick genommen wird, hat einige Exegeten dazu veranlasst, darin den Niederschlag einer gottesdienstlichen Ordnung zu sehen. Tatsächlich aber reicht dieser Abschnitt weit über einen solchen liturgischen Kontext hinaus: Im Blick ist nicht nur das korrekte Verhalten im Gottesdienst – so sehr dies auch nach außen gestrahlt haben mag –, sondern das gesamte Leben der christlichen Gemeinde.
Der Abschnitt 1Tim 2,8–15 ist in sich unausgewogen, in sprachlicher und formaler Hinsicht brüchig und im syntaktischen Anschluss oft hart. Dies legt es nahe, dass der Briefschreiber Material ganz unterschiedlicher traditionsgeschichtlicher Herkunft zusammengefügt hat.

8 Ich wünsche nun, dass die Männer an allen Orten beten, indem sie heilige Hände emporheben ohne Zorn und Streit. 9 Ebenso (wünsche ich), dass auch die Frauen sich selbst schmücken in würdiger Kleidung mit Anstand und Besonnenheit, nicht mit Haarflechten und Gold oder Perlen oder einem kostbaren Gewand, 10 sondern, was sich geziemt für Frauen, die ihre Gottesfürchtigket bekunden, durch gute Werke. 11 Eine Frau lerne in Stille mit aller Unterordnung. 12 Zu lehren aber gestatte ich einer Frau nicht, auch nicht über einen Mann zu herrschen, sondern zu sein in Stille. 13 Adam nämlich wurde zuerst erschaffen, danach Eva. 14 Und nicht Adam wurde verführt, die Frau aber, weil sie verführt wurde, ist in Übertretung geraten. 15 Sie wird aber gerettet werden durch das Kindergebären, wenn sie bleiben in Glaube und Liebe und Heiligung mit Besonnenheit.

Der fast gebieterisch klingende Beginn von **V.8** *Ich wünsche nun* zeigt den inhaltlich-argumentativen Neueinsatz gegenüber dem Vorangehenden. Ab V.9 rücken die Frauen der Gemeinde in den Blick; die Anweisungen an die Männer konzentrieren sich hingegen auf diesen einen Satz und auf das Thema Gebet.

Drei Aspekte sind dabei im Fokus: Beten ist überall möglich – Beten soll mit heiligen Händen geschehen – Zorn und Gebet schließen einander aus. Der Hinweis auf das Gebet *an allen Orten* verdankt sich einer frühjüdischen Gottesdienstregel. So galt im Anschluss an Mal 1,11 das Gebet an egal welchem Ort als adäquater Opferersatz und als dem Tempelkult gleichwertig. Die universale Ausrichtung, die diese Anweisung im 1. Timotheusbrief hat, entspricht der bereits in 1Tim 2,1–7 deutlich werdenden umfassenden Ausrichtung. Was Paulus hier zu sagen hat, gilt für *alle Menschen* und *an allen Orten.*

Mit dem Hinweis auf eine angemessene Haltung beim Gebet greift der Briefautor eine zu seiner Zeit typische Gebetsform auf: Damals betete man, wie zeitgenössische Quellen nahelegen, mit zum Himmel erhobenen Armen und mit geöffneten Händen; dies symbolisierte sowohl die Unterwerfung unter den Willen Gottes als auch das Flehen um göttliche Hilfe. Verbunden mit dem letzten Teil des Verses zielt auch diese Anweisung zur äußeren Gebetshaltung letztlich auf die passende innere Haltung: *Heilig* (und damit von Gott gereinigt) soll man beten. Diese Reinheit wurde schon in der jesuanischen Tradition gleichgesetzt mit dem Nicht-Beflecktsein durch Hass und Unversöhnlichkeit (vgl. Mt 5,24). Und wer die Hände zum Himmel hebt, kann mit ihnen nichts Verbotenes mehr tun.

Vor gewisse sprachliche Schwierigkeiten stellt der letzte Doppelausdruck (*ohne Zorn und Streit*), beziehungsweise darin besonders das zweite Substantiv. Der griechische Terminus bedeutet zunächst neutral das Moment berechnenden Überlegens und wird oft mit *Zweifel* wiedergegeben. Denkbar wäre aber auch die Übersetzung als *Streit.* Dies scheint, auch wenn dann eine Dopplung mit dem Substantiv *Zorn* vorläge, hier die passendere Deutung. Denn der Briefschreiber will kaum sagen, dass der (Glaubens-)Zweifel dem Gebet entgegensteht, sondern der innere wütende Aufruhr, von dem man (Mann!) sich enthalten soll.

Wieso eigentlich richtet sich dieser Vers nur an Männer? Gelegentlich findet sich die Erklärung, dass Männer eben leichter reizbar seien und solche Worte deshalb nötig gehabt hätten – doch scheint das eher Küchenpsychologie zu sein als Ergebnis überzeugender Exegese. Näher liegt gerade angesichts der Tatsache, dass in dem Gesamtabschnitt viele traditionelle Elemente verarbeitet wurden, die folgende Annahme: Dem Verfasser des 1. Timotheusbriefes lagen vielleicht nur Anweisungen an die Frauen vor; um jedoch seinem Anspruch einer Kirchenordnung für alle Gemeindeglieder gerecht zu werden, ergänzt er sie um einige Hinweise für die Männer, die er zudem noch betonend voranstellt. Dies würde auch erklären, warum das Gebet bei den sich anschließenden Versen keine Rolle mehr spielt, obwohl der Satz sprachlich durch das elliptische *ebenso* eng an V.8 rückgebunden ist.

Mit V.9f findet ein Themenwechsel statt. V.9 formuliert eine sehr allgemein gehaltene Sittenregel, die auch durch den Hinweis auf die Gottesfurcht in V.10 nur eine sehr oberflächliche Christianisierung erfährt. In **V.9** rücken zunächst Kleidungsfragen und Äußerlichkeiten in den Blick. Dass dabei äußerer und innerer Schmuck einander gegenübergestellt und dem inneren Schmuck der Vorzug gegeben wird, ist ein typischer Topos aus der konservativen hellenistisch-römischen Ethik und deckt sich mit dem auch aus dem antiken Judentum bekannten Ideal der schlichten und tugendhaften – und darum heiligen – Frau (vgl. das Vorbild der Erzmutter Sara in 1Petr 3,6). Der inneren Bescheidenheit soll die äußere entsprechen; eine Frau soll sich auch nicht optisch in den Vordergrund spielen.

Die christliche Begründung (oder vielleicht sogar: die christliche Alternative) benennt **V.10**: *gute Werke*. Wird jede Form von äußerem Schmuck hier als falsch abgelehnt, so betont der Autor, dass die innere Haltung, wie sie sich im nach außen scheinenden Verhalten äußert, den wahren Schmuck der Frau ausmacht. Bei dem griechischen Substantiv, das hier mit *Gottesfürchtigkeit* wiedergegeben wird (*Theosebeia*), besteht große Nähe zu dem für diesen Brief zentralen Begriff der Frömmigkeit (*Eusebeia*).

Auffällig ist, dass der kurze Hinweis *was sich geziemt für Frauen* offensichtlich genügt. Dies zeigt, wie stark im 1. Timotheusbrief die paganen Ideale bereits auf die christlichen Tugendvorstellungen eingewirkt haben. Von dem rebellischen Aufrührertum, das die anerkannt echten Paulusbriefe – zumindest gelegentlich – auszeichnet, ist nichts mehr zu spüren. Richtig ist vielmehr das geworden, was in der Umwelt keinen Anstoß erregt. Das ruhige und stille Leben, das sich die Gemeinde wünscht, hat seine Ursache also nicht nur in der Hoffnung auf die Obrigkeit (1Tim 2,2), sondern auch in der Anpassung an die Maßstäbe der heidnischen Umwelt, die so zu den eigenen werden.

Auch die Tatsache, dass der Autor des 1. Timotheusbriefes hier sehr unbefangen von *guten Werken* sprechen kann, zeigt, dass er sich zumindest sprachlich von seinem großen Vorbild, dem historischen Paulus, entfernt hat. Mehrfach ist im 1. Timotheusbrief und auch im Titusbrief von *guten Werken* die Rede (vgl. u.a. 1Tim 5,10.25; 6,18; Tit 2,7.14; 3,8.14; vgl. zudem 2Tim 2,21; 3,17, wo jeweils der Singular steht). Von der Spannung, die der Rede von Werken (des Gesetzes, vgl. u.a. Röm 3,9–31; Gal 2,16) bei Paulus selbst noch innewohnte, ist nichts mehr zu spüren. Die Frage der Heilsrelevanz ist der Ausrichtung auf eine aktive christliche Weltzugewandtheit gewichen.

Übrigens hat die hier formulierte Regel eine enge strukturelle und sprachliche Parallele in 1Petr 3,3f: Dort geht es darum, dass eine Frau durch ihr Verhalten ihr Bekenntnis zur christlichen Religion glaubwürdig werden lässt – allerdings (und das ist der zentrale Unterschied zu diesem Brief) vor Gott und nicht vor dem Urteil der Umwelt.

Ging es bisher um das Verhalten von Frauen allgemein, so rückt ab **V.11** nun der konkrete gemeindlich-gottesdienstliche Kontext in den Blick. Im Zentrum steht dabei die Frage, ob die Frau an sich – anders als in V.9f steht nun der generische Singular – das Recht hat, sich zu Fragen der Lehre zu äußern oder ob sie besser schweigen soll. Die Antwort des 1. Timotheusbriefes ist eindeutig: *Eine Frau lerne in Stille mit aller Unterordnung. Zu lehren aber gestatte ich einer Frau nicht.*

Zur Zeit der Pastoralbriefe konnte die Stellung und Rolle der Frau von der Gesellschaft durchaus unterschiedlich beurteilt werden. So gab es im Hellenismus neben restriktiven auch eher freiheitlich-gleichberechtigte Stimmen, während innerhalb der jüdischen Tradition die Frau zwar stärker auf das Haus beschränkt war, aber auch dort die Ideale von natürlicher Unterordnung auf der einen Seite und verantwortungsbewusster Liebe und Treue auf der anderen Seite nebeneinanderstanden. Sowohl die anerkannt echten Paulusbriefe als auch die Apostelgeschichte bezeugen, dass es in der Frühzeit der christlichen Kirche Frauen gab, die lehrten oder prophetisch tätig waren (vgl. 1Kor 11,5; Apg 18,26). Von diesem gleichberechtigten Denken hat sich der 1. Timotheusbrief erkennbar entfernt – eine typische Entwicklung innerhalb des Christentums der 3. Generation (vgl. Kol 3,18; Eph 5,22; 1Petr 3,1.5; Tit 2,5; 1Clem 1,3).

Immer wieder ist auf die große inhaltliche Nähe zwischen 1Tim 2,11f und 1Kor 14,33b–36 hingewiesen worden. Schon in diesem früheren Paulusbrief findet sich nämlich eine Äußerung, die die aktive Mitwirkung von Frauen im Gottesdienst strikt ablehnt. Sehr kontrovers diskutiert wird in der Exegese, ob es sich bei diesen Versen aus 1Kor 14 um einen späteren Zusatz innerhalb des 1. Korintherbriefes handelt. Deutlich ist in jedem Fall, dass in 1Tim 2,11–15 eine zugespitzte Neufassung der auch in 1Kor 14 erkennbar werdenden Tradition vorliegt. Konnte man 1Kor 14 noch als allgemeine Ermahnung deuten, nicht dazwischen zu reden, so ist nun eindeutig ein Lehrverbot im Blick. Dass dieses Lehren den gottesdienstlichen Kontext voraussetzt, ist zwar nicht eindeutig gesagt, an dieser Stelle aber stets mitzuhören.

Mit aller gebotenen Vorsicht lassen sich aus den knappen Worten wichtige Erkenntnisse über den frühchristlichen Gottesdienst in der 3. Generation ziehen. Scheint zur Zeit des Paulus noch die freie prophetische Rede dominiert zu haben, so steht nun offensichtlich die lehrhafte Verkündigung im Zentrum der gemeindlichen Versammlung. Dass diese Lehre ausschließlich dem Amtsträger zustand, wird zwar nicht explizit gesagt, liegt aber aufgrund von 1Tim 3,2 nahe (vgl. die Auslegung z.St.). Eine Frau, die *lehre, herrsche* zugleich – so der in V.12 erkennbar werdende Vorwurf – über einen Mann. Hier aber ist damit nicht ihr eigener Ehemann gemeint, sondern es wird die Sorge vor einer Übertrumpfung eines Amtsträgers durch eine Frau formuliert.
Zur Begründung dessen, dass eine Frau weder *lehren* noch über den Mann *herrschen* dürfe, verweist der Autor des 1. Timotheusbriefes nicht allgemein auf die christliche Tradition, sondern bietet einen expliziten doppelten Schriftbeweis. Nur an dieser Stelle wird eine Anordnung mit einer expliziten Begründung versehen; das fällt auf. Dass der Umfang dieser Begründung (V.13f sowie V.15 als versöhnlicher Abschluss) im Grunde den strukturellen Rahmen sprengt, nimmt der Autor um der Wichtigkeit der Aussage willen zumindest billigend im Kauf. Vielleicht liegt auch das daran, dass Frauen für die Irrlehre, die der Autor dieses Briefes so heftig bekämpft, scheinbar besonders empfänglich waren (vgl. 1Tim 5,3–16 sowie die Auslegung z.St.). Vielleicht waren sie dort nicht nur auf das Lernen in Stille beschränkt? Auch wenn dies Spekulation bleiben muss, so könnte es doch erklären, warum der Briefschreiber sich so viel Mühe mit einer argumentativen Begründung für diesen restriktiven Umgang mit den Frauen macht.
Seine Argumentation allerdings ist nicht nur aus heutiger Sicht exegetisch mehr als fragwürdig. **V.13f** spielt auf den zweiten Schöpfungsbericht sowie auf die Sündenfallgeschichte an – der Autor kann erkennbar voraussetzen, dass seine Leserinnen und Leser die wenigen Anklänge verstehen und in seinem Sinne auszulegen wissen: Eine Frau darf weder lehren noch über einen Mann herrschen, denn *Adam wurde zuerst erschaffen, danach Eva.* Auf diese Weise soll die Unterordnung der Frau unter den Mann schöpfungstheologisch begründet werden – eine Auslegungstradition, die es auch im antiken Judentum gab und die im frühchristlichen Denken übernommen wurde (1Kor 14,35; Eph 5,22.24; Kol 3,18; 1Petr 3,1.5). Das meint: Eine Gleich- oder gar Überordnung der Frau würde einen Verstoß gegen Gottes Schöpfungsordnung implizieren, weil dieser durch die Erschaffungsreihenfolge seinen Willen zur Überordnung des Mannes über die Frau unmissverständlich kundgetan habe.
In **V.14** schließt sich an diese schöpfungstheologische Argumentation ein Schriftbeweis an, der die alttestamentliche Versuchungsgeschichte

bemüht: *Und nicht Adam wurde verführt, die Frau aber, weil sie verführt wurde, ist in Übertretung geraten.* Die Quintessenz scheint zu sein: Weil Eva sich leicht verführen ließ und also töricht erschien, ist sie für die Lehre ungeeignet. Nun erhält Eva die alleinige Schuld dafür, dass die Schlange das erste Menschenpaar zum Biss in die verbotene Frucht verleiten konnte. Doch verfehlt dies nicht nur die Intention von Gen 2f, sondern steht auch in Widerspruch zur paulinischen Interpretation der Sündenfallgeschichte (vgl. Röm 5,12–21; 7,7–25): Für Paulus selbst nämlich ist Adams Tat unteilbar; die dadurch in die Welt gebrachte Sünde ist eine totale, das Gottesverhältnis komplett zerstörende Macht. Von dieser Wucht ist in 1Tim 2,14 nichts mehr zu spüren: Evas Sünde begründet ihre Stellung in der Schöpfungsordnung – mehr nicht (mehr). Dass Adam im 1. Timotheusbrief sogar explizit von aller Schuld freigesprochen wird, lässt eine bestimmte frühjüdische Auslegungstradition anklingen, die auch in Jesus Sirach 25,24 (*Von einer Frau [kommt der] Anfang der Sünde, und durch sie sterben wir alle.*) ihren Niederschlag gefunden hat und die in mythologischer Ausschmückung der Sündenfallgeschichte eine auch sexuelle Verführung der Frau durch die Schlange voraussetzt.

Scheinen das Schicksal und die gesellschaftliche Position der Frau durch V.13f unausweichlich festgelegt, so bietet **V.15** plötzlich einen Ausweg: *Rettung durch Kindergebären.* Vielleicht ist es die durch V.14 wachgerufene sexuelle Konnotation, die den Blick nun auf Schwangerschaft und Kindergebären lenkt. Dies mit einer *Rettung* zu verbinden, mutet modernen Leserinnen und Lesern sehr merkwürdig an und ist wiederholt das Ziel massiver (nicht nur feministisch-theologischer) Kritik am Frauenbild der Pastoralbriefe geworden. Tatsächlich zeichnet 1Tim 2,15 das zeitgenössische Bild einer gebildeten und im Haus agierenden Frau und greift es in klischeehafter Verzerrung auf. Allerdings ist die Behauptung, dass eine Frau sich selbst durch das Zur-Welt-Bringen von Kindern erlösen – tatsächlich steht hier das soteriologisch aufgeladene Verb *retten* (vgl. den Exkurs S. 56 f.) – und also von dem seit Eva auf ihr liegenden Fluch befreien könnte, ein für eine christliche Schrift unerträglicher Gedanke. Dass manche Auslegerinnen und Ausleger versuchen, die Schärfe dieser Aussage dadurch abzumildern, dass sie die Formulierung des Kindergebärens pars pro toto für die gesamten Pflichten als Ehefrau, Hausfrau und Mutter verstehen, kann nicht darüber hinwegtäuschen, dass es Selbsterlösung als theologische Aussage nicht geben darf.

Vielleicht steckt aber in diesem überzogenen und missverständlichen Satz erneut eine Spitze gegen die Häresie. Dort wurde eine Heirat – und damit eine Unterordnung unter die antiken Konventionen – offensichtlich abgelehnt (1Tim 4,3, vgl. die Auslegung z.St.). Dazu passt, dass das Kindergebären innerhalb gnostischer Konstruktionen als heilloses, weil dem Irdischen verhaftetes Geschehen galt. Dass eine Frau unter Schmerzen Kinder zur Welt bringt, wurde aufgrund von Gen 3 als Strafe für Evas Übertretung gewertet. Nun lässt der Autor des 1. Timotheusbriefes durchblicken, dass die (eschatologische) Rettung auch der Frauen dadurch zumindest nicht verhindert wird. Mehr kann und darf V.15a nicht meinen. Und in der Tat lenkt V.15b den Blick ja von dem reinen Akt der Fortpflanzung weg hin auf allgemeine Verhaltensregeln: *wenn sie bleiben in Glaube und Liebe und Heiligung mit Besonnenheit.*

Leider vereinfacht es die Deutung von V.15 nicht, dass sowohl der syntaktische als auch der inhaltliche Zusammenhang von V.15b und V.15a unklar bleiben: Wer ist mit denen gemeint, die hier in *Glaube, Liebe* und *Heiligkeit bleiben* sollen? Sind es die in V.15a implizit erwähnten Kinder – so dass dann das reine Kindergebären doch nicht zur eigenen Seligkeit ausreichen würde, sondern auch noch die gelungene Erziehung hinzu käme, die sich in der Frömmigkeit der Kinder äußern würde? Oder sind damit beide Ehepartner in einer christlichen Beziehung gemeint? Dagegen mag man einwenden, dass von einem Mann vorher nicht die Rede war – doch gehören zum Kinderzeugen und damit zu einer Schwangerschaft immer zwei. Denkbar wäre auch, dass erneut, wenn auch mit einem syntaktisch unschönen Anschluss, auf die Frauen Bezug genommen wird, nun im Plural. Da auch von V.9f zu V.11–14 ein Numeruswechsel vollzogen werden konnte, ohne dass damit ein Wechsel der inhaltlichen Bezugsgröße einherging, liegt tatsächlich Letzteres nahe. So schließt also dieser Abschnitt, ganz im Sinne des bürgerlichen Christentums des 1. Timotheusbriefes mit einer sehr realistischen Einschätzung der Ideale, denen die Lebensgestaltung einer Frau in der Antike zu entsprechen hatte. Ob es da ausreicht, dass der Autor sich sicher ist, dass ein solches Leben seinem Heil entgegen geht?

In diesem Abschnitt steckt viel Sprengstoff drin: Weil es eine Frau gewesen sei, die sich von der Schlange habe verführen lassen, werden Frauen nun im Namen des »Paulus« den Männern untergeordnet, auf das Lernen in aller Stille und auf ein Leben gemäß den Idealen der christlichen Bürgerlichkeit beschränkt.

Das hier vertretene vermeintlich christliche Ideal hat über Jahrhunderte zu einem fatalen Umgang mit Frauen und zu ihrer Herabwürdigung im Namen der eigenen Religion geführt. Dagegen ist aufs Heftigste zu protestieren und ist Gott sei Dank auch protestiert worden, nicht nur von der feministischen Theologie. Dabei wird immer wieder auf die Zeitbedingtheit bestimmter biblischer Aussagen verwiesen. Doch ist dies ein schwieriges Argument, weil es die Frage, welche Inhalte nur zeitbedingt und also für uns nicht mehr gültig sind, welche

Elemente hingegen zeitlose Gültigkeit haben, in das Belieben der Auslegerin und des Auslegers zu stellen scheint.
An einer solchen Stelle wie 1Tim 2,8–15 halte ich eine Sachkritik von der Mitte der Schrift her für unerlässlich. Im Zentrum des christlichen Glaubens steht das Heilshandeln Gottes in Jesus Christus, das allen Menschen zugute kommen soll. In Jesus ist die Menschenfreundlichkeit Gottes selbst offenbar geworden – um einen in den Pastoralbriefen gebrauchten Terminus aufzugreifen (vgl. Tit 3,4) –, und dieser umschließt die Gleichwertigkeit aller Menschen angesichts des universalen Heilswillen Gottes. Paulus selbst kann das mit einer traditionellen Formel auf den Punkt bringen, wenn er schreibt: *Hier ist nicht Jude noch Grieche, hier ist nicht Sklave noch Freier, hier ist nicht Mann noch Frau; denn ihr seid allesamt einer in Christus Jesus.* (Gal 3,28) Diese Neuordnung aller Verhältnisse und Hierarchien gründet in der Taufe, durch die der einzelne Christ und die einzelne Christin dieser Welt stirbt und zum neuen Leben mit Christus gelangt.
Dies gilt es gegen die Äußerungen des 1. Timotheusbriefes ins Feld zu führen und also nicht nur die Schrift an der Schrift, sondern auch »Paulus« an Paulus zu messen. Jeder Versuch, solche Äußerungen als biblische und deshalb verbindlich gültige zu verteidigen, muss sich hingegen vorwerfen lassen, nicht mehr *Christum zu treiben*, wie es Luther formulierte. Hinter diese Erkenntnis gibt es meines Erachtens kein Zurück.

1Tim 3,1–13: Die Ämterordnung des 1. Timotheusbriefes

Hatte 1Tim 2 das Leben der gesamten Gemeinde im Blick, so widmet sich 1Tim 3 den Erwartungen gegenüber Amtsträgern – all das nach wie vor unter der leitenden Thematik, wie sie 1Tim 3,15 dann explizit benennt: *damit du weißt, wie man sich im Haus Gottes verhalten soll.* Die Reihenfolge der Nennung – zunächst das Bischofsamt, dann die Diakone – ist sicher als Hinweis darauf zu verstehen, dass der 1. Timotheusbrief auf dem Weg zur verfassten Amtskirche bereits ein gutes Stück vorangeschritten ist. Selbst das sogenannte Mon-Episkopat – also die Vorstellung, wonach ein einziger Bischof allein an der Spitze einer Gemeinde steht – ist hier bereits erkennbar angelegt, wenn auch noch nicht vollständig ausformuliert. Denn es dürfte kein Zufall sein, dass vom Bischofsamt im Singular, von den Diakonen jedoch im Plural die Rede ist.
Dass die Eigenschaften und Qualifikationen, die ein Bischof oder Diakon mitbringen muss, kaum spezifisch christliche Wesenszüge aufweisen, ist immer wieder notiert worden. Im Hintergrund dieses in der christlichen Tradition als »Ämterspiegel« bezeichneten Abschnitts wird die in

der Antike weit verbreitete Gattung der Berufspflichtenlehre erkennbar: Darin werden jeweils die für die unterschiedlichen Berufsstände notwendigen Eigenschaften zusammengefasst. Dahinter steht eine Grundthese hellenistischer populärphilosophischer Ethik, wonach jeder Mensch anstreben sollte, in genau dem Beruf tugendhaft zu sein, den er (oder sie!) ergriffen hat. Dass sich zwischen 1Tim 3,1–7, Tit 1,5–9 sowie vergleichbaren Bischofsspiegeln der frühchristlichen Tradition auffällige Parallelen finden lassen, legt die Vermutung nahe, dass auch der Autor des 1. Timotheusbriefes seine Qualifikationsliste nicht ad hoc gebildet hat, sondern auf eine entsprechende Pflichtenlehre, wie z. B. sogenannte Cura-morum-Listen (vgl. Tit 1,5 und die Auslegung z.St.) zurückgreifen konnte. Dass die Übereinstimmungen mit dem Titusbrief sich auf wenige Formulierungen beschränken, überrascht allerdings.

Dass sich der Autor des 1. Timotheusbriefes im Kontext seines Amtsspiegels auf die beiden Ämter des Bischofs und der Diakone konzentriert und die Ältesten erst in einem späteren Zusammenhang abhandelt – während der Titusbrief Bischöfe und Älteste in einem Atemzug nennen kann (Tit 1,5–9), fällt auf. Deutliche Nähe besteht hingegen zwischen 1Tim 3 und Phil 1,1. Die Vermutung liegt nahe, dass der Briefschreiber eine bereits bestehende Ämter- und Gemeindestruktur aufgreift und in seinem Sinne moderat zu korrigieren versucht (vgl. zu den Witwen und den älteren Männern 1Tim 5,3–20; vgl. den Exkurs S. 237 f.).

1Tim 3,1–7: Der Briefschreiber stellt Regeln für Bischöfe auf

Der Briefautor braucht viele Worte um zu beschreiben, welche Qualifikationen ein Bischof mitbringen muss. Allerdings beschränkt sich das Geforderte über weite Strecken auf allgemeine Sittlichkeit und die Unsträflichkeit des Lebenswandels. Theologische Qualifikationen spielen nur eine marginale Rolle. Dies ist sicher auf die Herkunft des Bischofsspiegels aus den antiken Berufspflichtenlehren zurückzuführen und sollte deshalb nicht zu vorschnellen Schlüssen darüber veranlassen, wie sich der Autor des 1. Timotheusbriefes seine Gemeinde und ihre Organisation vorstellt.

1 Das Wort ist verlässlich: Wenn jemand ein Bischofsamt anstrebt, begehrt er eine gute Aufgabe. 2 Es muss nun der Bischof untadelig sein, einer einzigen Frau Mann, nüchtern, besonnen, sittsam, gastfreundlich, gelehrt, 3 weder ein Trinker noch ein Schläger, sondern gütig, nicht streitsüchtig, frei von der Liebe zum Geld, 4 der dem eigenen Haus gut vorsteht, Kinder hat in Unterordnung, mit aller Ehrbarkeit, 5 (Wenn aber jemand nicht weiß dem eigenen Haus vorzustehen, wie wird er für die

Gemeinde Gottes sorgen?) [6] kein Neubekehrter, damit er nicht verblendet ins Gericht des Teufels falle. [7] Es ist aber nötig, dass er ein gutes Zeugnis hat von denen, die draußen sind, damit er nicht in Schmach hinfalle und in einen Fallstrick des Teufels.

V.1 beginnt mit der auch sonst aus den Pastoralbriefen bekannten Bekräftigungsformel *Das Wort ist verlässlich* und tatsächlich liegt es nahe, diese Phrase hier als Betonung des nun Folgenden zu verstehen. Denkbar (und grammatikalisch ebenso gut möglich) wäre aber auch eine abschließende Bestätigung des vorangegangenen Satzes in 1Tim 2,15).

Die Deutung dieser Phrase als Einleitung impliziert, dass der anschließende Satz in der Gemeinde bekannt und akzeptiert war – und deshalb bestärkend untermalt wird, um als argumentative Grundlage für die folgenden Verse zu dienen: *Wenn jemand das Bischofsamt anstrebt, begehrt er ein gutes Werk.* Der griechische Begriff, der hier mit *Bischofsamt* wiedergegeben wird, ist im Neuen Testament selten. Bereits in der Septuaginta, also der griechischen Übersetzung des Alten Testaments, wird er verwendet im Sinne einer *Amtsobliegenheit* (vgl. Num 4,16 und Ps 108,8 LXX), von da aus fand er auch Eingang in Apg 1,20, wo er entsprechend gebraucht wird.

In 1Tim 3,1 dürfte es sich jedoch um eine von dem griechischen Terminus für Bischof abgeleitete Abstraktbildung mit spezifischem Bezug auf das Bischofsamt handeln – ein begrifflicher Gebrauch, der bereits in der Septuaginta angelegt und deshalb auch hier möglich ist. In V.2 fällt dann auch der Begriff *Bischof* selbst.

Welche Aufgaben genau dieses Bischofsamt umfasst, wird nicht entfaltet; vermutlich war es den Adressaten bekannt. Dass dies spätere Leserinnen und Leser zu Spekulationen nötigt, ist allerdings misslich, zumal aus den sehr allgemein bleibenden Forderungen wenig Erhellendes erhoben werden kann. Der Hinweis auf Tit 1,9, wo die Lehre ausdrücklich als bischöfliche Aufgabe genannt wird, hilft nur begrenzt weiter, wenn man davon ausgeht, dass beide Briefe unterschiedliche Autoren haben und sich an unterschiedliche Gemeinden richten. Dass ein Bischofsamt eine *gute Aufgabe* ist, unterstreicht zumindest, dass es sich um etwas Erstrebenswertes handelt.

Dass laut 1Tim 3 das Bischofsamt als etwas verstanden wird, wonach man *streben* und um das man sich also selbst bewerben kann, hat bereits in der Alten Kirche Kritik an diesem Brief hervorgerufen: Dass ein Bischof gleichsam gewählt werden konnte, schien undenkbar. Deshalb ändern manche alten Bibelhandschriften die zustimmende Formulierung *das Wort ist verlässlich* auch in *das Wort ist menschlich*, um so

ihre Ablehnung auszudrücken. Doch ist diese Lesart deutlich schlechter bezeugt und darum als sekundäre Glättung anzusehen.
Zu überlegen wäre, ob dann die im Folgenden genannten Kriterien für einen Bischof auch eine Art Checkliste für potentielle Kandidaten darstellen. In jedem Fall gilt: Das Bischofsamt als leitendes geistliches Amt in einer Gemeinde reiht sich erkennbar ein in die Reihe bürgerlicher Berufe. Die Frage ist nicht mehr, wie ein Mensch seine geistliche Berufung mit seinen spezifischen Qualifikationen ausfüllen kann, sondern es gilt umgekehrt: Wer ein Bischofsamt anstrebt, muss bestimmte Voraussetzungen mitbringen.
Diese Voraussetzungen werden ab **V.2** entfaltet und haben erneut, wie auch an anderen Stellen des 1. Timotheusbriefes zu beobachten ist, die Außenwirkung und damit die positive Wahrnehmung durch die (pagane) Umwelt im Blick.
Es muss nun der Bischof untadelig sein, so beginnt die Auflistung und nennt damit gleichsam überschriftenartig den Maßstab für alles, was sich anschließt. Dass gleich an zweiter Stelle die Ehesituation angesprochen wird, ist ebenso bezeichnend: Ein Bischof muss *Mann einer Frau* sein – eine Formulierung, deren Deutung sich nach wie vor einem Konsens entzieht. Dass der gleiche Brief von einer Witwe fordern kann, sie müsse *Frau eines Mannes* gewesen sein (so 1Tim 5,9), macht es nicht einfacher.
Die exegetische Wissenschaft hat verschiedene Möglichkeiten diskutiert: Ist damit die Abwehr des Konkubinats (also die Ablehnung heimlicher Geliebter) gemeint oder richtet dieser Vers sich gegen die Vielehe, die sogenannte Polygamie, wie sie im Judentum dieser Zeit durchaus noch belegt war? Oder soll damit eine sogenannte sukzessive Polygamie verhindert werden, wie sie dann vorläge, wenn ein Geschiedener oder ein Verwitweter erneut heiratete? Diskutiert hat man auch die genau umgekehrte Stoßrichtung dieses Verses: Sollen vielleicht unverheiratete Männer vom Bischofsamt ausgeschlossen werden? Immerhin setzen die anschließenden Ausführungen sowie der Vergleich des Bischofs mit einem Haushaltsvorstand die Existenz eigener Kinder voraus. Im Folgenden sollen die einzelnen Möglichkeiten kurz diskutiert werden.
Sollte mit dieser Formulierung die Wiederheirat Geschiedener verboten werden, so würde dies zwar zur jesuanischen Tradition passen, wie sie sich in den Evangelien niedergeschlagen hat (vgl. Mt 5,32; 19,1; Mk 10,11f; Lk 16,18); doch wäre das ein eher spezieller Fall, gekleidet in das Gewand eines sehr allgemeinen Verbots.
Weil bereits Paulus verwitweten Gemeindegliedern nahelegen konnte, dass sie nicht erneut heiraten sollen (vgl. 1Kor 7,8f), wäre auch denkbar, dass hier eine ursprünglich allen Christinnen und Christen gel-

tende Empfehlung auf die Amtsträger zugespitzt wird (vgl. Mk 10,6–9; Mt 5,27–32). Dies würde allerdings nicht zu der generellen Ehefreundlichkeit passen, die die Pastoralbriefe auszeichnet – und in deren Kontext von jüngeren Witwen eine Wiederverheiratung sogar explizit gefordert werden kann.

Deshalb hat wohl die Deutung dieses Verses mit genau umgekehrter Stoßrichtung noch am meisten für sich: Bischof werden kann nur, wer verheiratet ist und einem eigenen Haushalt vorsteht. Vielleicht soll mit dieser Formulierung auf die Güte dieser Ehe angespielt werden. Schließlich zeigt sich im Folgenden nicht nur, dass das moralische Verhalten der ganzen Familie zum Spiegel für die Qualifikation als Bischof werden muss (vgl. V.5), sondern legt die selbstverständliche Erwartung der Gastfreundschaft eines Bischofs nahe, dass er die notwendigen ökonomischen Voraussetzungen dafür mitbringt. Ein Bischof muss also – mit einer Frau und ohne ein Techtelmechtel nebenbei – verheiratet sein.

Die weiteren Adjektive entsprechen, bis auf das letzte, weitestgehend allgemeinen Tugendidealen: *nüchtern, besonnen, sittsam, gastfreundlich, gelehrt*. Der erste Begriff meint zunächst eine geistige *Nüchternheit*, also so viel wie eine Klarheit des Urteils, hat hier aber nicht den eschatologischen Klang, der dem Terminus in den früheren Paulusbriefen eignet (vgl. 1Thess 5,6.8): Der Glaube bewährt sich aus Sicht des Briefautors eben nicht erst in der Krisensituation der Endzeit, sondern in der alltäglichen Gegenwart. Dazu zählt neben der maßvollen Ordentlichkeit (*besonnen*) auch die Bereitschaft zur *Gastfreundlichkeit*: Diese galt gerade in frühchristlichen Gemeinden, wo immer wieder – gleichsam als heilige Pflicht – Wandermissionare zu beherbergen waren (vgl. Tit 1,8; Röm 12,13; 1Petr 4,9; Hebr 13,3). Laut Phlm 22 war damit zunächst der Leiter der (kleinen) Hausgemeinde betraut, eine Aufgabe, die, wie in 1Tim 3,2 erkennbar, zu späterer Zeit auf den Bischof überging.

Einen eigenen Akzent setzt lediglich die letzte Forderung: *Gelehrt* soll ein Bischof sein. Dem hier verwendeten griechischen Wortstamm kommt schon deshalb Gewicht zu, weil die Lehre im 1. Timotheusbrief eine große Rolle spielt: Paulus selbst ist *Lehrer für die Völker* (1Tim 2,7), sein Schüler Timotheus wird mehrfach an die richtige Lehre erinnert (1Tim 4,6.13.16) und Älteste, die sich besonders um die Lehre bemühen, sollen auch besonders geehrt werden (1Tim 5,17). Auch der Bischof soll eine besondere Befähigung zur Lehre haben. Überraschend ist, dass dies nur als eine Eigenschaft unter vielen genannt wird, dass also die große Bedeutung, die das Lehramt als bischöfliche Aufgabe im Titusbrief hat (vgl. Tit 1,9), hier nicht herauszulesen ist.

V.3 setzt die Reihe fort, nun allerdings unter umgekehrten Vorzeichen, denn vier der fünf genannten Eigenschaften sind negativ formuliert: Ein

Bischof soll *weder ein Trinker noch ein Schläger, sondern gütig, nicht streitsüchtig, frei von der Liebe zum Geld* sein. Die Begrifflichkeiten und Erwartungen finden sich teilweise wörtlich auch im Titusbrief und sind durchweg konventionell. Dies gilt auch für die Warnung vor Geldgier, aus der deshalb – auch wenn das immer mal wieder diskutiert wurde – nicht geschlossen werden kann, dass die Episkopen mit der Verwaltung der Gemeindefinanzen beauftragt gewesen seien. Im Hintergrund steht eher die Erinnerung daran, dass schon Paulus dazu aufgefordert hatte, dass die Evangeliumsverkündigung uneigennützig geschehen müsse (vgl. 1Kor 9,11ff).

Ein erhellenderes Licht auf die gemeindliche Organisationsstruktur wirft erst **V.4f**: Dass der Inhaber eines Amtes sich im Privaten bewährt haben muss, ist ein auch in der hellenistischen Pflichtenlehre durchaus gebräuchlicher Topos. Gerade weil die Grundstruktur des antiken Gemeinwesens und die des privaten Hauses einander entsprechen, kann beides miteinander korrelieren. So heißt es auch bei Sophokles (Ant 661f): »Nur wer im eignen Hause sich bewährt, wird auch im Staat als tüchtig sich erweisen.«

V.4 zeigt, besonders in Kombination mit dem als Parenthese gestalteten **V.5**, dass der 1. Timotheusbrief auch die christliche Gemeinde in Analogie zum antiken Haushalt verstanden wissen will, und fragt deshalb fast provozierend: *Wenn aber jemand nicht weiß dem eigenen Haus vorzustehen, wie wird er für die Gemeinde Gottes sorgen?*

Schon Paulus selbst konnte die Gemeinde als eine Art »heiliges Haus« beschreiben (vgl. 1Kor 3,16, Gal 2,9); dies führt der 1. Timotheusbrief weiter fort, wenn er privates Haus und christliche Gemeinde im Verhältnis einer sich steigernden Analogie sieht: So wie sich die Qualität eines antiken Pater familias an der Ordnung seines Haushalts und den wohlgeratenen Kindern messen ließ, so gilt dies ebenso für die gemeindliche Ordnung. Gerade der begründende Zusatz in V.5 zeigt, in welcher Weise V.4 für das ekklesiologische Konzept des 1. Timotheusbriefes eine Schüsselfunktion zukommt. Verwendete Paulus das Bild des Hauses als Metapher für die gemeindliche Realität – etwas, was in 2Tim 2,19–21 ebenfalls gilt –, so vollzieht der Autor des 1. Timotheusbriefes hier eine tatsächliche Gleichsetzung: Die christliche Gemeinde ist geordnet wie ein Haus. An der Spitze steht, quasi als Hausherr und Familienvater, ein Bischof; ihm sind die anderen Hausbewohner bei- und untergeordnet.

V.6 setzt die Reihe der Qualifikationen mit einem überraschenden Kriterium fort: Ein Bischof darf *kein Neubekehrter* sein. Das griechische Substantiv ist ein sogenanntes Hapax legomenon, d. h. ein Wort, das sich im Neuen Testament nur an dieser einen Stelle findet. Wörtlich wäre zu übersetzen: Ein Bischof darf kein »*Neugepflanzter*« sein. Dahinter steckt das auch im Alten Testament verwendete Bild von einer religiösen Gemeinschaft als Pflanzung; besonders bekannt ist das Weinberglied des Propheten Jesaja (Jes 5,1–7). Vergleicht man die christliche Gemeinde mit einer Pflanzung, so sind die einzelnen Christinnen und Christen die Pflänzchen, die zu unterschiedlichen Zeiten eingepflanzt und deshalb unterschiedlich tief verwurzelt sind. Weil andere Pflichtenspiegel sich nur zum Lebensalter äußern, handelt es sich hierbei um eine genuin christliche Bildung. Nicht das Alter eines Amtsträgers ist von Bedeutung, sondern die Dauer seiner Zugehörigkeit zur Gemeinde.

Dies lässt Rückschlüsse auf die Situation des 1. Timotheusbriefes zu: Er richtet sich offensichtlich an Christinnen und Christen einer späteren Generation – denn er spricht in eine Zeit hinein, in der es bereits eine ausreichende Anzahl von Menschen gab, die schon längere Zeit dem christlichen Glauben angehören. Ein solcher Satz wäre aus der Feder des historischen Paulus schon deshalb undenkbar gewesen, weil alle Christen seiner Gemeinden doch noch (durch ihn) Neubekehrte waren. Zwar kann auch Paulus diejenigen besonders hervorheben, die zu den Erstbekehrten gehören (vgl. 1Kor 16,15f), doch greift die hier formulierte dezidierte Ablehnung der Neubekehrten doch weit darüber hinaus. Dass Paulus selbst eine solche Forderung deshalb nicht hätte äußern können, hat der pseudepigraphische Autor des 1. Timotheusbriefes vermutlich nicht bedacht.

Die unmittelbar folgende Begründung verlässt diesen metaphernspendenden Bereich: *damit er nicht verblendet ins Gericht des Teufels falle*. Das hier gebrauchte Verb beschreibt sonst das Verhalten der Irrlehrer (1Tim 6,4; vgl. 2Tim 3,4) und soll wohl davor warnen, den Verlockungen dieser Gegner zu erliegen.

Die Erwähnung des *Teufels* greift biblisch-erbauliche Sprache auf und ist eher formelhaft. Einem sich verfehlenden Bischof droht das *Gericht des Teufels* – doch ist stark zu bezweifeln, dass diese Warnung hätte mit Inhalten gefüllt werden können. Vermutlich dient sie eher dazu, mit geprägter Sprache ein Schreckensszenario zu skizzieren. Dies gilt ebenso für die Warnung vor dem *Fallstrick des Teufels* (vgl. Spr 12,13; Sir 9,3; Tob 14,10f).

V.7 schließt die Liste der bischöflichen Qualifikationen ab und betont erneut, was mit der V.2 eröffnenden Forderung nach Untadeligkeit bereits anklang und was besonders im 1. Timotheusbrief und im Titusbrief immer wieder wichtig wird (vgl. 1Tim 5,14; 6,1; Tit 2,5.8.10): Ein Bischof muss nicht nur im Inneren für seine Gemeinde gut sorgen können, sondern auch nach außen mit gutem Leumund dastehen. Gelingt ihm das nicht, macht er sich in seiner Amtsführung angreifbar.

1Tim 3,8–13: Der Briefschreiber stellt Regeln für Diakone auf

Im unmittelbaren Anschluss an die Regeln für Bischöfe finden sich formal und inhaltlich vergleichbare Regelungen für Diakone (V.8–10.12f) – und für Diakoninnen (V.11).
Neben der konkreten Bedeutung eines Dienstes bei Tisch (vgl. im Neuen Testament u. a. Lk 17,8; Joh 12,2), bezeichnet der griechische Wortstamm in der christlichen Tradition ganz unterschiedliche Weisen des Dienens. So können die Evangelien (und hier besonders die drei Synoptiker Matthäus, Markus und Lukas) auch das Leben und Sterben Jesu insgesamt als Dienst beschreiben. Auch der Apostel Paulus verstand sein eigenes Wirken im umfassenden Sinne als das eines Dieners Christi (vgl. Röm 11,13; 1Kor 3,5; 2Kor 3,3 u.ö.).
So ist es kaum überraschend, dass dieses Wortfeld auch in den Pastoralbriefen eine große Rolle spielt: In 2Tim 1,18; 4,11 bezeichnet es den Dienst zweier Paulusmitarbeiter und im 1. Timotheusbrief steht es sogar sechs Mal – neben vier Vorkommen innerhalb des Diakonenspiegels findet es sich noch in 1Tim 1,12 für das Werk des Paulus sowie in 1Tim 4,6 als Beschreibung der Arbeit des Timotheus. Bereits bei Paulus selbst (Phil 1,1) und in seinem Gefolge dann in der frühen Kirche insgesamt wurde *Diakon* zum Terminus technicus für ein kirchliches Amt.

8 Ebenso (die) Diakone: ehrbar, nicht doppelzüngig, nicht vielem Wein zusprechend, nicht gewinnsüchtig, 9 indem sie das Geheimnis des Glaubens mit reinem Gewissen haben. 10 Auch diese aber sollen zuerst geprüft werden, dann sollen sie dienen, wenn sie ohne Tadel sind. 11 Ebenso (die) Frauen: ehrbar, nicht verleumderisch, nüchtern, treu in allem. 12 Diakone sollen Mann einer Frau sein und den Kindern und den eigenen Häusern gut vorstehen. 13 Die nämlich, die gut gedient haben, erwerben sich selbst eine gute Stufe und viel Freimut im Glauben an Christus Jesus.

Das Nebeneinander beider Ämterspiegel sowie die enge, auch sprachliche Verbindung (V.8: *ebenso*) zeigt deutlich: Bischöfe und Diakone gehören zusammen. Auch der unumstritten echte Philipperbrief nennt sie in einem Atemzug (Phil 1,1) – doch bleibt dort wie hier unklar, wie das genaue Verhältnis zwischen Bischöfen und Diakonen zu beschreiben ist. Handelt es sich bei Letzteren um die Gehilfen der Ersteren? Die Vermutung liegt zwar auch aufgrund der Voranstellung der Bischöfe in Phil 1,1 wie in 1Tim 3 nahe, lässt sich jedoch nicht beweisen.
V.8 und V.12 nennen allgemein-gültige Anforderungen an männliche Diakone, V.11 ergänzt dazu Diakoninnen, während die dazwischen ste-

henden V.9–10 einen explizit christlichen Aspekt eintragen, dabei jedoch eher formelhaft-allgemein bleiben.

Die Anforderungen in **V.8** entsprechen, vergleichbar denen an einen Bischof, den Idealen der Umwelt. Dass explizit vor *Gewinnsucht* gewarnt wird, muss nicht zwingend heißen, dass die Diakone mit der Verwaltung der Gemeindefinanzen betraut waren. Auszuschließen ist es allerdings auch nicht, da die Apostelgeschichte genau darauf abzielt (vgl. Apg 6,1–6). Doch genauere Kenntnisse wird man nicht gewinnen können.

V.9 verknüpft die vorangehenden Forderungen mit dem Hinweis, dass die Diakone *das Geheimnis des Glaubens haben*. Die abschließende Betonung des *reinen Gewissens* unterstreicht nochmals den Aspekt des untadeligen Lebenswandels: Wer ein solches Amt haben will, der darf sich nichts zuschulden kommen lassen. Die Rede vom *Geheimnis des Glaubens* bleibt eher formelhaft. Als *Geheimnis* selbst kann in den Deuteropaulinen sonst Jesus Christus bezeichnet werden (vgl. Kol 2,2; 4,3; Eph 1,9; 3,4). Im Hintergrund steht dort ein sogenanntes Revelationsschema (vgl. 1Tim 3,16); die entsprechenden Anklänge dürften aufgrund der sprachlichen Nähe zu V.16 (*Geheimnis der Frömmigkeit*) auch hier vorliegen, sind aber nur schwach ausgeprägt – niemand würde schließlich sagen wollen, dass man Christus als *Geheimnis des Glaubens* tatsächlich *haben* kann.

In **V.10** ist von einer Prüfung der Diakone die Rede. Die passivisch-imperativische Formulierung *sollen geprüft werden* lässt offen, wer damit beauftragt ist; doch dürfte die Gemeinde angeredet sein. Dass dabei bereits an ein institutionalisiertes Prüfverfahren oder gar eine Art Probezeit gedacht sei, deutet der 1. Timotheusbrief allerdings in keiner Weise an. Maßstab ist erneut die Unbescholtenheit.

Wieso wird in Bezug auf die Bischöfe nicht von einem vergleichbaren Verfahren berichtet? Der knappe Hinweis zu Beginn von V.10 (*auch diese*) genügt nicht, um daraus zu schließen, dass hier eine Parallele zum Bischofsamt bestünde. Dabei müsste die Auswahl der Bischöfe doch eigentlich – gerade wenn der 1. Timotheusbrief bereits andeuten will, dass es nur noch einen Bischof an der Spitze der Gemeinde geben soll – noch viel mehr Sorgfalt erfordern. Manche Wissenschaftlerinnen und Wissenschaftler vermuten, dass jemand sowieso nur dann als Bischof in Frage komme, wenn er sich bereits als Diakon hervorgetan habe und dass deshalb ein erneutes Prüfverfahren überflüssig sei. In diesem Zusammenhang wird auf den Begriff der *Stufe* (V.13) verwiesen, der impliziere, dass das Diakonenamt (nur) ein Schritt auf dem Weg zum Bischofsamt sei. Doch muss dies aufgrund der Unklarheit der genauen Begriffsbedeutung offen bleiben. In jedem Fall gilt für Diakone und Bischöfe: Sie müssen sich im Glauben bewährt haben! Werden die einen geprüft, so darf der andere kein Neubekehrter sein.

V.11 nimmt wie ein Exkurs die Frauen in den Blick – bloß: welche? Sind hier die Ehefrauen der Diakone gemeint (wie ja auch oben in V.4f die Familien der Bischöfe erwähnt wurden) oder spielt der Briefschreiber auf ein eigenes Diakoninnenamt an? Beide Möglichkeiten wurden in der Forschung diskutiert. Dass hier nur von *Frauen* die Rede ist und keine Amtsbezeichnung steht, ermöglicht tatsächlich einen gewissen Interpretationsspielraum. Wären die Ehefrauen der Diakone gemeint, würde man allerdings ein Possessivpronomen erwarten. Außerdem müsste dann erklärt werden, wieso deren Frauen gesonderter Erwähnung wert sind, die der Bischöfe jedoch nicht.
Die Entscheidung fällt deshalb zugunsten der zweiten Variante. Die Eröffnung des Verses (*ebenso [die] Frauen*) stellt die nun ergehenden Anweisungen in unmittelbare Parallelität zu denen an die Diakone, die ja in vergleichbarer Weise in V.8 mit denen an den Bischof zusammengebunden worden waren. Hier geht es also um weibliche Diakone! Bereits Paulus selbst nennt ein solches Amt (vgl. Röm 16,1f) und der Statthalter Plinius bestätigt um die Jahrhundertwende die Existenz von Diakoninnen in kleinasiatischen Gemeinden (vgl. Plinius, Briefe X 97). Man kann also konstatieren, dass der 1. Timotheusbrief, der sich ja sonst durch ein eher restriktives Frauenbild auszeichnet, ein weibliches Amt in der Gemeinde kennt (zur Frage, ob die Witwen ebenfalls ein Amt oder einen Stand darstellen, s. u. die Auslegung von 1Tim 5,3–16).
Ebenso wie bei den männlichen Amtskollegen bleiben die hier formulierten Anweisungen oder Erwartungen eher allgemeiner Natur – kurz zusammengefasst: Würdigkeit, Wahrhaftigkeit, Zuverlässigkeit. Genauso wenig wie bei den anderen Amtsträgern lassen sich daraus gesicherte Erkenntnisse über Amtsstruktur und Aufgabenbereich gewinnen. Was allerdings auffällt, ist: Die Existenz von Diakoninnen wird hier gleichsam versteckt thematisiert. Das passt zu der auch sonst im 1. Timotheusbrief zu beobachtenden Tendenz, die Rolle von Frauen in der Gemeinde zurückzudrängen (vgl. dazu 1Tim 2,11–15; 5,3–16).
Dies alles lässt die begründete Hypothese zu, dass die reale Situation in der Gemeinde, an die sich der 1. Timotheusbrief richtet, tatsächlich noch anders aussieht: Es ist denkbar, dass es dort Frauen in gemeindlichen Ämtern und also mit einem gewissen Einfluss gab. V.11 wäre dann gleichsam als eine Art Kapitulation vor der Macht des Faktischen zu werten: Der Autor muss benennen, was er eigentlich gerne ändern würde, aber nicht verleugnen kann.

V.12 wendet sich wieder den männlichen Diakonen zu und trägt Amtseigenschaften nach, die sich auf das Ehe- und Familienleben beziehen und die deshalb nur an die Männer gerichtet sein können. Die Ehefrauen begegnen gleichsam als Objekt dieser Forderung. Die auffällige Paralleli-

tät zu dem vergleichbaren Vers im Rahmen des Bischofsspiegels war bereits benannt worden (1Tim 3,4). Umso deutlicher fällt ins Auge, dass die explizite Übertragung von der privathäuslichen auf die gemeindliche Leitungsfunktion (1Tim 3,5) fehlt. Dies lässt vermuten, dass die Diakone nicht unmittelbar zur Gemeinde*leitung* berufen waren und dieser Vergleich deshalb nicht gezogen werden musste.
Viele Diskussionen hat **V.13** ausgelöst. Waren vorher Regeln und das richtige Verhalten der Amtsträger Thema, so trägt dieser Vers nun einen auf eine zukünftige Belohnung ausgerichteten Aspekt in den Amtsspiegel ein: Die Ämterparänese – aber erstaunlicherweise eben nur die an die Diakone – gipfelt in einer Lohnverheißung: Wer sein Amt gut ausgeübt habe, erwerbe sich eine *gute Stufe.* (So die wörtliche Widergabe, in den geläufigen Übersetzungen liest man meist *Ansehen* oder *Rang,* was bereits eine Interpretation darstellt.)
Was genau ist mit dieser *Stufe* ausgesagt? Sie ist in jedem Fall etwas, das die Diakone aus eigener Kraft erreichen können; ein von Gott kommendes Geschenk kann also nicht gemeint sein. Das griechische Substantiv stammt ursprünglich aus dem Bauwesen und bezeichnet zunächst tatsächlich eine Schwelle oder Treppenstufe (vgl. in der LXX 1Sam 5,5; 2Kön 20,9–11; Sir 6,36), kann aber in der Alten Kirche bei Euseb auch als Begriff für den Rang eines Bischofs verwendet werden (H.E. III 21). Würde man dies auf den 1. Timotheusbrief übertragen, so bedeutet das, dass ein Diakon, der sein Amt gut ausübt, die Chance hätte, zum Bischof aufzusteigen. Dann hätte es bereits zur Abfassungszeit des 1. Timotheusbriefes eine Ämterhierarchie gegeben habe, bei der das Diakonenamt dem des Bischofs eindeutig untergeordnet war.
Da sich dies jedoch für die Zeit und die Gemeinde des 1. Timotheusbriefes nicht sicher beweisen lässt, hat man auch andere Möglichkeiten diskutiert, wie die *gute Stufe* verstanden werden kann. Bedenkenswert ist dabei der Hinweis, dass das griechische Adjektiv nicht eine innerliche Güte meint, sondern v.a. etwas nach außen hin sichtbar Werdendes bezeichnet. Dann wäre die *gute Stufe* gleichzusetzen mit der Überschreitung der Schwelle nach außen und also auf die öffentliche Wahrnehmung der guten Amtsführung der Diakone bezogen. Dies wiederum würde mit dem Abschluss des Bischofsspiegels korrelieren, der ebenfalls auf die Außenwirkung des Amtsträgers zielt.
Diesem Erwerb der *guten Stufe* an die Seite gestellt ist die Verheißung von *viel Freimut im Glauben an Jesus Christus.* Das Substantiv steht im paganen Kontext allgemein für die Freimütigkeit der Rede und beschreibt in den Paulusbriefen (vgl. 2Kor 3,12; 7,4; Phlm 8; Phil 1,20 u.ö.) die Grundhaltung in der eigenen Predigt und damit auch das Verhältnis zwischen Amtsträger und Gemeinde. Dazu passt, dass hier

nochmals ausdrücklich der (gemeinsame) Glaube an Jesus Christus erwähnt wird. Ein Diakon kann also, so könnte man diesen Vers zusammenfassen, sich den Respekt und die Achtung der Gemeinde durch seinen für jedermann sichtbaren Glauben an Jesus Christus selbst erwerben.

Die christliche Gemeinde konsolidiert sich. Anders kann man den Eindruck, den die beiden Ämterspiegel des 1. Timotheusbriefes machen, nicht beschreiben. An die Stelle des charismatisch geprägten Zusammenspiels vielfältiger Geistesgaben, wie es in einigen paulinischen Gemeinden geherrscht zu haben scheint (vgl. 1Kor 12), tritt nun eine hierarchische Gemeindeordnung. Es gibt Ämter und wer ein solches Amt innehaben möchte, der muss sich dafür qualifizieren. Wie ist das heute? Welche Fähigkeiten muss jemand mitbringen, der im Gemeindekontext hauptamtliche Verantwortung übernehmen möchte? Die im Brief genannten Ideale bleiben über weite Strecken allgemeinen Sittlichkeitsvorstellungen verhaftet. Doch wer darüber angesichts des scheinbar freiheitlichen paulinischen Geistes, wie er durch andere Schreiben weht und hier nun völlig fehlt, die Nase rümpft, der darf nicht vergessen: Das wäre und ist heute nicht anders. Auch von gegenwärtigen Inhaberinnen und Inhabern eines geistlichen Amtes wird moralische Integrität erwartet – und diese bemisst sich oft an den Maßstäben der eigenen Umwelt. Ja, an Geistliche werden oftmals noch strengere Maßstäbe angelegt, als dies vielleicht für andere Menschen in leitenden Funktionen gilt. Die Pastoralbriefe behaupten nun: Dies geschieht zu Recht so. Das Ansehen einer Gemeinde steht und fällt mit dem (moralischen) Ansehen eines Geistlichen – mag er nun Bischof, Diakon, Pastor oder Pfarrer genannt werden. Die aktuelle Austrittswelle, die die katholische Kirche überspült, belegt das eindrücklich. Das in der Tat unverzeihliche Fehlverhalten von Geistlichen erschüttert die Glaubwürdigkeit der gesamten Institution.

Der antike erste Brief an Timotheus fordert die Untadeligkeit nicht nur des Amtsträgers, sondern auch seiner Familie. Auch im evangelischen Christentum gab es (und gibt es in den Köpfen mancher Gemeindeglieder bis heute) das Ideal des evangelischen Pfarrhaushalts. Doch ist dieses Ideal schon länger einem Wandel unterworfen. Das Leben in evangelischen Pfarrhäusern ist so bunt wie die Gesellschaft geworden. Familien in allen Konstellationen leben dort. Doch tut dies der glaubwürdigen Verkündigung des Evangeliums keinen Schaden.

Der 1. Timotheusbrief wirft auch die Frage danach auf, wo es geboten ist, dass Christinnen und Christen sich anpassen – und wo es umgekehrt geboten ist, dass sie genau das nicht tun, sondern im Namen ihrer Botschaft und im Namen ihres Gottes bestehenden Ordnungen widersprechen. Dies auszutarieren ist bis heute eine bleibende Herausforderung.

1Tim 3,14–16: Grundsätze für die Gemeinde als Haus Gottes

Dieser kurze Abschnitt, der sich an die Ämterspiegel anschließt, ist zu Recht als die theologische – genauer: als die christologische und ekklesiologische – Mitte des 1. Timotheusbriefes bezeichnet worden. Tatsächlich entfalten diese Verse Gedanken zur Gemeindekonzeption dieses Briefes und zur Bedeutung des Glaubens an Jesus Christus in grundsätzlicher Weise. Nur hier finden sich zudem die theologischen Großbegriffe *Haus Gottes* und *Ekklesia* (*Versammlung*), die für das ekklesiologische Modell des 1. Timotheusbriefes (wenn auch nicht für die Pastoralbriefe insgesamt) zentrale Bedeutung haben.

[14] Dies schreibe ich dir, während ich hoffe, dass ich in Kürze zu dir
komme; [15] wenn ich aber später komme, damit du weißt, wie man sich
im Haus Gottes verhalten muss, welches ist die Versammlung des leben-
digen Gottes, Säule und Fundament der Wahrheit. [16] Und anerkannter-
maßen groß ist das Geheimnis der Frömmigkeit: Er ist offenbart im Fleisch, er wurde gerechtfertigt im Geist, er erschien den Engeln, er wurde verkündet unter den Völkern, er wurde geglaubt in der Welt; er wurde aufgenommen in Herrlichkeit.

V.14 überrascht zunächst mit dem Hinweis, dass der Briefschreiber »Paulus« hofft, *in Kürze* persönlich vorbeikommen zu können (vgl. zu diesem Motiv noch 1Kor 4,19 und Phil 2,19.24). Obwohl er also mit einer zeitnahen persönlichen Begegnung rechnet, hat er den 1. Timotheusbrief verfasst. Dieser kurze Satz verrät viel über die pseudepigraphische Plausibilisierungsstrategie des 1. Timotheusbriefes: Das Schreiben suggeriert, eigentlich nur eine kurze Zeit überbrücken zu wollen. Wenn Paulus jedoch, obwohl er mit seinem baldigen Besuch rechnet, all diese Anweisungen noch schriftlich erteilt, dann bedeutet das: Das, was hier gesagt wird, muss unbedingt fixiert werden und die Anweisungen, die dieser Brief enthält, sind genau die, die Paulus selbst auch mündlich äußern würde, wäre er vor Ort.

V.15 unterstreicht, dass diese Informationen dann gelten, wenn Paulus sich verspäten sollte. Und weil die realen Leserinnen und Leser ja wissen, dass Paulus nicht mehr kommen kann, erkennen sie: Mit diesem Brief halten sie sein Vermächtnis in den Händen. Wie sie sich verhalten sollen, kann ihnen nicht mehr Paulus persönlich sagen, doch sein Brief teilt es ihnen an seiner Stelle mit. Auf diese Weise ersetzt das schriftliche apostolische Zeugnis die persönliche Anwesenheit des Apostels. Das Ziel alles bisher im Brief Geschriebenen wird nun explizit genannt: *damit du weißt, wie man sich im Haus Gottes verhalten muss.*

Mit dem Terminus *Haus Gottes* wird auf den Punkt gebracht, was im 1. Timotheusbrief bereits mehrfach anklang: Die christliche Gemeinde muss man sich vorstellen wie ein Haus und ihre Struktur in Anlehnung an einen antiken Haushalt – so wie ja auch die antike Polis als politische Größe nach diesem Muster gedacht und organisiert werden konnte. Damit bündelt dieser Vers die vorangegangenen Anweisungen an gemeindliche Amtsträger, in denen bereits mehrfach der eigene Haushalt und die Organisation der Gemeinde parallelisiert worden waren (vgl. u. a. 1Tim 3,4 f.12).

Nun wird ausgesprochen, was bereits seit 1Tim 1,4 – wo von der *Hausverwalterschaft* die Rede war – immer mitschwang: Eine christliche Gemeinde funktioniert wie ein Haus. Damit greift der Briefschreiber eine Metapher auf, die wir auch aus anderen neutestamentlichen Schriften kennen (vgl. 1Petr 4,17; Hebr 3,6; 1Kor 3,16; 2Kor 6,16; Eph 2,20–22; 1Petr 2,5), und baut sie aus. Die Wissenschaft hat in Bezug auf die Pastoralbriefe insgesamt dafür den Terminus Oikos-Ekklesiologie geprägt – und zumindest in Bezug auf den 1. Timotheusbrief hat sie damit Recht (zu 2Tim 2,19–21 s. u.).

Doch vermag die Metapher nicht nur des *Hauses,* sondern bewusst des *Hauses Gottes* noch viel mehr zu leisten als nur eine Parallelisierung von ökonomischer und gemeindlicher Realität. Mit dem hier verwendeten griechischen Begriff *Oikos Theou* kann in der Septuaginta der Tempel als Wohnort Gottes bezeichnet werden (vgl. Hos 8,1; 9,8.15; Jer 12,7; Sach 9,8 u.ö. sowie neutestamentlich Mk 2,26 parr, Mk 11,17). Und auch die neutestamentliche Briefliteratur versteht die christliche Gemeinde als von Gottes Geist bewohnten endzeitlichen Tempel (vgl. 1Kor 3,9.16f; 2Kor 6,16; Eph 2,20ff; Hebr 3,6; 10,21f; 1Petr 2,5).

Als Terminus für *Tempel* könnte auch der griechisch eindeutig zuzuordnende Ausdruck *Naos* stehen. Indem sich der Autor des 1. Timotheusbriefes bewusst für den deuteoffeneren Begriff *Haus Gottes* entscheidet, gelingt ihm eine Verbindung zweier unterschiedlicher Aspekte: Einerseits versteht er seine Gemeinde – wie einen Tempel – als ausgesonderten und heiligen Ort, andererseits aber ist für sie auch die ökonomische Struktur prägend. Ein geschickter Schachzug!

An diese Gleichsetzung der Gemeinde mit dem Haus Gottes schließt sich eine zweite, doppelte Charakterisierung an: Das Haus Gottes ist *die Versammlung des lebendigen Gottes, Säule und Fundament der Wahrheit.* Hier trifft der Autor eine doppelte definitorische Aussage über das Wesen der Kirche. Als Versammlung, griechisch *Ekklesia,* ist die Gemeinde der Ort der lebendigen Gegenwart Gottes. Umstritten ist, ob die so verstandene Kirche noch mit den Gläubigen identisch ist oder ob sie bereits eine ihnen gegenübertretende institutionelle Größe sui generis darstellt. Die dichten Formulierungen lassen noch beides zu; der Weg zur sich verfestigenden Amtskirche ist in jedem Fall aber bereits angebahnt.

Der Vergleich der christlichen Gemeinde mit *Säule und Fundament der Wahrheit* hat zu vielen unterschiedlichen Deuteversuchen geführt. Zunächst stellt sich die Frage nach den Bezügen innerhalb des Satzes: Soll mit diesem Ausdruck die Gemeinde als Versammlung oder aber die Hausmetapher näher erläutert werden? Ersteres liegt vom griechischen Satz her deshalb näher, weil dann grammatikalische Kongruenz besteht. Dann aber wird nicht das Haus Gottes, sondern die Gemeindeversammlung als *Säule und Fundament der Wahrheit* bestimmt. Auch die genaue inhaltliche Bestimmung lässt verschiedene Deutemöglichkeiten zu: *Säule und Fundament*, wie auch in der Übersetzung in diesem Kommentar zu lesen, werden ausgehend von der bereits eingeführten Hausmetaphorik häufig als Teile eines Gebäudes verstanden. Dies legt sich vom griechischen Urtext her jedoch nicht zwingend nahe und böte innerhalb dieses Verses insofern eine gewisse Dopplung, als dass ja gerade vorher bereits die Gemeinde mit einem Haus insgesamt verglichen worden war.

Welchen Sinn würde es also machen, die Gemeinde hier dann nochmals mit zwei Gebäudeteilen gleichzusetzen – zumal dann erneut zu fragen wäre: wieso nur mit einer einzelnen Säule? Wie könnte eine einzige Säule ein Gebäude stützen? Nun ist immer mal wieder aufgefallen, dass der griechische Begriff, der hier für *Säule* steht, in der Septuaginta ein Fachbegriff für die Gegenwart Gottes in der Feuersäule (Ex 13,21f; 14,19.24 u.ö.) ist. Auch Paulus selbst kann die drei herausgehobenen Repräsentanten der Jerusalemer Urgemeinde als *Säulen* bezeichnen (vgl. Gal 2,9). Vermutlich geht es im 1. Timotheusbrief bei diesem Ausdruck weniger um die Stabilität eines Hauses als mehr um das Moment der öffentlichen Sichtbarkeit, so dass sich zusammenfassend sagen lässt: Das Verhalten der christlichen Gemeindeversammlung dient der Sichtbarmachung der Wahrheit Gottes.

Neben den Begriff der Säule tritt der des *Fundaments*. Das griechische Substantiv findet sich innerhalb des Neuen Testaments nur an dieser einen Stelle und ist auch sonst im antiken Griechisch nicht belegt. Wörtlich meint der Terminus *das Festgewordene* (vgl. einen ähnlichen Sprachgebrauch in 1Kön 8,13 LXX: *Fundament der Wohnung Gottes*): Die Gemeinde dient also nicht nur als sichtbares Zeichen der Wahrheit, sondern auch als ihr fester und verlässlicher Grund.

Die christliche Gemeinde im 1. Timotheusbrief ist also eine feste Gründung und eine weithin sichtbare Säule – und sie ist beides, weil die durch die *Wahrheit* (Genitivus qualitatis) bestimmt ist. Anders als zum Beispiel in 1Kor 3,11 oder Eph 2,20, wo es bei vergleichbarer (Bau-)Metaphorik um die Frage danach geht, wer das Fundament dieses (Kirchen-)Baus ist, steht die Sichtbarmachung der Wahrheit im Zentrum: Gerade weil die Gemeinde den Heilswillen Gottes sichtbar macht und die Erkenntnis seiner Wahrheit ermöglicht, ist sie selbst eine feste und durch die Wahrheit bestimmte Gründung. (Nur in Klammern sei hier angemerkt, dass sich auch die Qumrangemeinde mit sehr ähnlicher Metaphorik beschreiben konnte: Auch sie weiß sich als feste Gründung in Wahrheit [1QS VIII 5], deren Fundamente nicht wanken [1QS VIII 8].)

In **V.16** zitiert der Briefverfasser einen ihm überlieferten traditionellen Hymnus, der, so vermutet die Forschung, aus dem gottesdienstlichen Kontext stammt und dort auch in der Gemeinde des 1. Timotheusbriefes seinen Platz fand. Die Einleitung ist jedoch eine Eigenbildung des Autors: *Und anerkanntermaßen groß ist das Geheimnis der Frömmigkeit.* Damit bietet dieser Vers die christologische Begründung der ekklesiologischen Aussage des vorangegangenen Verses: Die *Wahrheit,* die die christliche Gemeinde in ihrer Existenz sichtbar macht, ist selbst *das große Geheimnis* und die das Leben der Kirche bestimmende Kraft (hier liegt ein sogenannter Genitiv des Zwecks vor).

Erneut steht der Begriff der *Frömmigkeit,* eines der Leitmotive des 1. Timotheusbriefes (vgl. den Exkurs S. 54–56). *Frömmigkeit* meint in diesem Brief einen dem christlichen Glauben (und damit zugleich den antiken Tugenden) gemäßen Lebenswandel, und kommt damit dem überraschend nahe, was in der Gemeindefrömmigkeit bis heute mit »Glauben« als Inhalt und Inbegriff christlicher Existenz bezeichnet werden kann. Die formelhafte Verwendung *Geheimnis der Frömmigkeit* und der Vorausverweis auf V.16b zeigen, dass diese Frömmigkeit grundlegend durch das Christusgeschehen bestimmt und gefüllt wird. *Anerkanntermaßen groß* ist es, weil seine Größe und Besonderheit zumindest in christlichen Kreisen unumstritten sind.

V.16b füllt das nun inhaltlich. Überraschend ist der relativische Anschluss, da es im vorangehenden Halbvers kein grammatikalisches maskulines Bezugswort gibt. Worauf bezieht sich dann aber *Er* oder, wörtlich im Griechischen, *der*?

Einige alte Bibelhandschriften behelfen sich hier, indem sie entweder zu *das* ändern, so dass die Rückbindung an *Geheimnis* aufgrund der Genuskongruenz möglich wäre, andere hingegen ersetzen *der* durch das Substantiv *Gott.* (Anders als es im Deutschen den Anschein hat, werden im Griechischen alle drei Möglichkeiten sehr ähnlich geschrieben.) Doch muss *der* tatsächlich als die bestbezeugte und deshalb richtige Lesart gelten – der Verfasser des Briefes hat den grammatikalischen Fehler vielleicht sogar bewusst in Kauf genommen, um die Einfügung seines Zitats deutlich zu machen. Und auch wenn das Relativpronomen ohne Bezug bleibt, so kann kein Zweifel daran bestehen, dass der Hymnus selbst das Heilsgeschehen um Jesus Christus zum Inhalt hat.

Er ist offenbart im Fleisch, er wurde gerechtfertigt im Geist
er erschien den Engeln, er wurde verkündet unter den Völkern,
er wurde geglaubt in der Welt, er wurde aufgenommen in Herrlichkeit.

Der Hymnus zeichnet sich durch Parataxe aus, ein schlichtes Nebeneinander von Hauptsätzen. Weil dies ebenso wie die Voranstellung der Verben eher semitischem als griechischem Sprachgebrauch entspricht, könnte das ein Hinweis auf das Alter des Traditionsstücks sein. Der Hymnus gliedert sich in drei Strophen mit jeweils zwei Zeilen. Er zeichnet das Christusgeschehen nach, doch geht es hier, anders als in anderen frühchristlichen Christushymnen (vgl. Phil 2,6–11; Kol 1,15–20; Hebr 1,3f) nicht um die (Chronologie der) Stufen des Weges Jesu; vielmehr steht das Offenbarungsmotiv im Vordergrund. Die drei Strophen bestehen jeweils aus einem Gegensatzpaar, in dem himmlische und irdische Sphäre einander gegenübergestellt werden – jedoch nicht, um ihren bleibenden Kontrast, sondern um die wechselseitige Bezogenheit auszusagen: In Strophe (1) geht es um Jesu Erscheinung in der Welt und ihre himmlische Beglaubigung durch seine Erhöhung, in (2) um die Proklamation seiner Macht im himmlischen und irdischen Bereich und in (3) schließlich um die Anerkennung und Durchsetzung seiner himmlischen Herrschaft auch im irdischen Bereich. Gewisse inhaltliche Nähen bestehen zu Röm 16,26; 1Petr 1,20f und IgnEph 19,2 f.
Durch die Verwendung des Begriffs *Geheimnis* in der Hymnuseinleitung wird der kurze poetische Text dem sogenannten Revelationsschema zugeordnet. Dieses Schema stammt ursprünglich aus der jüdischen Apokalyptik und wird vor allem von den Deuteropaulinen aufgegriffen. Dabei geht es darum, der früheren Verborgenheit des Heilswillens Gottes die gegenwärtige Offenbarung – im christlichen Kontext stets bezogen auf das Christusgeschehen – entgegenzusetzen (vgl. Kol 1,26f; Eph 3,5.9f; 2Tim 1,9f; Tit 1,2f u.ö.).
Die erste Strophe stellt die zwei Sphären von Fleisch und Geist einander gegenüber (vgl. noch Röm 1,3f); in beiden ist Jesus Christus in sich steigernder Intensität wirksam: Jesus ist *geoffenbart im Fleisch*; das Passiv ist hier als Passivum divinum zu verstehen. Jesu gesamtes irdisches Wirken kann als Offenbarung oder Erscheinung verstanden und mit diesem knappen Satz zusammengefasst werden. Dem tritt die *Rechtfertigung* durch Gott ergänzend zur Seite, ebenfalls als Passivum divinum formuliert, wobei die geistliche Sphäre ausdrücklich benannt ist. Damit wird

nicht nur Jesu Aufnahme in die himmlische Sphäre beschrieben, sondern sie wird zugleich gedeutet: Rechtfertigung meint so viel wie seine Ins-Recht-Setzung. Durch die Auferweckung Jesu hob Gott das (Fehl-) Urteil der Menschen über seinen Sohn auf (vgl. Apg 2,24.32; 10,40; Röm 4,25 u.ö.) und beglaubigt damit rückwirkend die Rechtmäßigkeit seines irdischen Wirkens.

Das mittlere Gegensatzpaar stellt wiederum die irdischen und die himmlischen *Völker* einander gegenüber, vor denen die Macht Christi proklamiert wird. Logisches und grammatikalisches Subjekt ist dabei Jesus Christus selbst. *Erscheinen* ist in der hier verwendeten griechischen Verbform (Aorist) neutestamentlich stets auf das nachösterliche Selbstzeugnis des Auferstandenen bezogen (vgl. u.a. 1Kor 15,5–8; Lk 24,34), meint aber an dieser Stelle ein rein himmlisches Geschehen, das wiederum als Ermöglichungsgrund für sein irdisches Pendant dient: Christus kann deshalb den irdischen *Völkern verkündigt* werden, weil er seine himmlische Macht bereits offenbart hat. Mit dem Verb *verkündigen* wird ein heilsgeschichtliches Schlüsselwort gebraucht: Die Verkündigung des Heilsgeschehens unter den (Heiden-)Völkern ist die Aufgabe der christlichen Gemeinde in der Welt. Ihr Handeln wird also auf diese Weise in den göttlichen Plan eingeordnet. Dass Christus den Völkern bereits verkündigt ist (Vergangenheitsform), impliziert zugleich: Gottes Heilshandeln in der Welt ist nun endgültig und unwiderruflich offenbar.

Die dritte und letzte Strophe des Hymnus dreht sich um die Anerkennung der himmlischen Herrscherstellung Jesu im irdischen Bereich. Dass auch hier wieder der Aorist als griechisches Vergangenheitstempus steht, zeigt: Das Ziel der Anerkennung von Person und Werk Jesu unter den Völkern (*in der Welt*) wurde, so kann es der Hymnus vollmundig behaupten, bereits erreicht. Das Fehlen des sonst für die paulinische Tradition zentralen eschatologischen Vorbehalts überrascht: Soll tatsächlich gesagt werden, dass sich der gesamte Kosmos bereits unter der Herrschaft Jesu befinde? Eine solche Aussage bedarf noch der zukünftigen Bestätigung, es handelt sich also um eine doxologische Vorwegnahme, wie sie nur der Hymnus wagen kann. Zugleich zeigt diese Zeile, welche Funktion im heilsgeschichtlichen Geschehen die christliche Gemeinde sich selbst zuerkennt: In ihrem *Glauben* ist die Herrschaft Christi bereits Realität – die Gemeinde bekannt das stellvertretend für die gesamte Menschheit.

Auch dieser Hymnus selbst, der, so vermutet die Forschung, im frühchristlichen Gottesdienst gesprochen wurde, ist Teil dieses Bekenntnisses zum Christusgeschehen. Die letzte Zeile schließt dessen Darstellung ab. Die *Herrlichkeit* bezeichnet hier den Herrschaftsbereich Gottes, in den

Jesus *aufgenommen* wurde – das griechische Verb beschreibt sonst das Himmelfahrtsgeschehen, steht hier jedoch grundsätzlich für die Erhöhung Jesu.

Der Urgrund alles christlichen Denkens, Redens und Tuns ist Jesus Christus. Dies bekennt der Briefautor in diesem Hymnus. Alles ekklesiologische Handeln muss christologisch rückgebunden sein. Ohne die Vergewisserung von Anfang und Ziel der eigenen christlichen Existenz verliert die Botschaft der Kirche ihr Profil.
Jesus Christus kommt in mehrfacher Hinsicht eine Brückenfunktion zu. Im Heilsgeschehen rund um seine Person verbinden sich die irdische und die himmlische Welt, Vergangenheit und Zukunft, Gott und Mensch. 1Tim 3,16 spannt einen Bogen, in den die christliche Gemeinde bis heute eingezeichnet ist. Denn noch immer kommt sie vom Heilsgeschehen her, wie es in Jesus von Nazareth Gestalt gewann – und läuft zu auf die endzeitliche Vollendung im Reich Gottes.
In dieser Zeit dazwischen zeigt sich die christliche Existenz in Glaubensinhalten und der Lebensgestaltung in einer untrennbaren Verbindung. So kann der Brief sowohl vom *Geheimnis der Frömmigkeit* als auch vom *Geheimnis des Glaubens* reden und beides in Jesus Christus begründen. Er bleibt die Mitte alles christlichen Lebens.

1Tim 4,1–11: Die Ordnung ist in Gefahr

Bereits in 1Tim 3 hatte der Briefschreiber umfangreiche Anweisungen für gemeindliche Ämter erteilt, in 1Tim 5 wird sich der Blick dann auf die verschiedenen Stände der Gemeinde richten. Dazwischen stehen zwei kurze Abschnitte, aufgrund derer sich die Dringlichkeit der brieflichen Maßnahmen erklären lässt. Denn: Die Ordnung ist in Gefahr, weil sich Menschen in der Gemeinde ausbreiten, die nicht das lehren, was aus Sicht des Autors richtig ist. Dies spricht er hier nun direkt an (1Tim 4,1–5) und ermuntert Timotheus zu einem Leben in Frömmigkeit (1Tim 4,6–11).

1Tim 4,1–5: Timotheus muss sich mit Irrlehren auseinandersetzen

Bereits in 1Tim 3,14–16 hatte der Briefschreiber Timotheus direkt angeredet (*damit du weißt*), das setzt sich in den folgenden Kapiteln fort. Was »Paulus« mitteilt, dreht sich zunächst wieder um das Thema, das im ganzen Brief stets mitzuhören ist und nun explizit benannt wird: die Irrlehrer. Dass der Briefautor nicht nur auf die Autorität des gemeindeleitenden Amtes zur Abwehr der Irrlehrer pocht, sondern eine inhaltliche Widerlegung bietet, ermöglicht Rückschlüsse auf das, was die Gegner tatsächlich sagen. Läge in diesen Versen wie an vielen anderen Stellen ausschließlich stereotype Polemik vor, wäre dies nicht so einfach möglich.

**1 Der Geist aber sagt ausdrücklich, dass in späteren Zeiten einige vom
Glauben abfallen werden, weil sie sich an verführerische Geister und Leh-
ren von Dämonen halten, 2 durch die Heuchelei von Lügenrednern, Ge-
brandmarkten am eigenen Gewissen, 3 indem sie verbieten zu heiraten,
sich von Speisen zu enthalten, welche Gott geschaffen hat zum Empfang
mit Danksagung für die Gläubigen und für die, die Wahrheit erkannt
haben. 4 Denn jedes Geschöpf Gottes ist gut und nichts ist verwerflich,
wenn es mit Danksagung angenommen wird. 5 Es ist nämlich geheiligt
durch (das) Wort Gottes und (das) Gebet.**

Hatte 1Tim 3,16 in einem christologischen Hymnus das Geheimnis der Frömmigkeit und damit den Inhalt des die Gemeinde verbindenden Glaubens thematisiert, so nimmt **V.1** nun die Möglichkeit der Abwendung von diesem Glauben in den Blick. In V.1–V.3a zitiert der Briefschreiber eine Aussage, die als Ausspruch *des Geistes* eingeleitet wird (vgl. Apg 13,2); eine Prophezeiung also (vgl. dazu auch Mk 13,22; Apg 20,29f; 2Thess 2,3).

Dass der Briefschreiber auf vermeintlich *spätere Zeiten* voraus verweist, passt in das Denken seiner Zeit: Häresien sind ein Phänomen, das man damals mit der als unmittelbar bevorstehenden Endzeit in Verbindung brachte (vgl. Mk 13,5 f.21–23; 2Thess 2,3.9–11; Apg 20,29–31 sowie in den Pastoralbriefen selbst 2Tim 3,1–9; 4,3). Es handelt sich um einen durchaus traditionellen Topos, der hier aber nahezu vollständig entapokalyptisiert wird: Weder resultiert aus dem Auftreten von Irrlehrern die Einsicht, dass die Parusie nahe ist (2Thess 2,3) oder muss sich die Gemeinde in dieser endzeitlichen Bewährung als würdig erweisen (Lk 22,31; Offb 2,11; 3,21), noch handelt es sich dabei um eine von Gott selbst verhängte Drangsal (Mt 24,6ff).

Dies legt es nahe, dass die explizite Erwähnung einer geistgewirkten Prophezeiung weniger als apokalyptisches Motiv fungiert, sondern vor allem dazu dient, die Fiktion der paulinischen Verfasserschaft aufrecht zu erhalten. Nur so kann nämlich erklärt werden, warum der Apostel Paulus die aus seiner Sicht in der Zukunft liegende Bedrohung nicht nur zu erkennen, sondern sogar zu analysieren vermochte – nämlich mit-

hilfe des (Heiligen) Geistes. Das Futur verstärkt also die Autorenfiktion. Dass »Paulus« in V.7 dann in das Präsens wechselt, verrät den Briefautor als Kind einer späteren Zeit – in der die angeblich von dem historischen Paulus angekündigten Häresien bereits Gegenwart sind.
Dass der Briefschreiber von den gegnerischen Lehren durchgängig in der Mehrzahl spricht, dürfte Absicht sein: So wird die eine wahre Lehre auch sprachlich den vielen – und deshalb ja auch irgendwie beliebigen – Falschlehren entgegengesetzt. Seine Beschreibung dieser Irrlehren wird im Verlauf dieser Verse immer konkreter. Dass *verführerische Geister und Lehren von Dämonen* zum Abfall vom Glauben verleiten, dürfte zunächst noch stereotyper Polemik geschuldet sein und kennt man auch aus anderen Schriften (vgl. 2Kor 4,4; 11,3.13f). Auch der Hinweis darauf, dass es *einige* seien, die dieser Irrlehre folgten, lässt noch keine inhaltlichen Erkenntnisse zu.
Höchstens kann man aus der Tatsache, dass die Hinwendung zu den dämonischen Lehren mit der Abwendung vom Glauben einhergeht, schließen, dass die Irrlehre tatsächlich in der Gemeinde des 1. Timotheusbriefes selbst entstanden ist: Wer sich ihr zuwendet, *fällt* damit zugleich von dem richtigen *Glauben ab*, verlässt also einen Heilsstand, den er doch bereits erreicht hatte.
Auch **V.2** bedient sich zunächst noch eher typischer Polemik: Das alles wird verursacht *durch die Heuchelei von Lügenrednern, Gebrandmarkten am eigenen Gewissen*. Dennoch kann man daraus erkennen: Diejenigen, die in der Gefahr stehen, vom richtigen Glauben abzufallen, tun dies, weil sie dazu verführt wurden. In der Gemeinde gibt es also nicht nur solche Menschen, die unschuldige Opfer dieses Irrsinns werden, sondern auch solche, die diese Lehre wider bessere Einsicht vertreten; dies meint der Ausdruck *Heuchelei von Lügenrednern*.
Die zweite Formulierung des Verses, die von *Gebrandmarkten am eigenen Gewissen* spricht, ist auffällig: Gebrandmarkt zu werden war eine Strafe für Kriegsgefangene oder Sklaven, die dann ihr Brandmal als Schandzeichen tragen mussten. Auch Zwangsarbeiter konnten so stigmatisiert werden, um kenntlich zu machen, wem sie gehören. Und schließlich kannte man das Brandmarken auch als medizinisch notwendiges Ausbrennen einer Wunde zur Abtötung der Infektion. Überträgt man Letzteres auf diesen Vers, dann würde das implizieren: So wie das Narbengewebe der gebrandmarkten Wunde unempfindlich geworden ist, so ist es auch das Gewissen der Irrlehrer. Die zahlreichen begangenen Sünden, so könnte man den Gedankengang des Schreibers hier weiterspinnen, haben dafür gesorgt, dass das Gewissen so vernarbt ist, dass es bei Unrecht und Falschlehren keine Regung mehr zeigt. Statt des guten Gewissens, das sie von sich gestoßen haben (vgl. 1Tim 1,19), haben die Irrlehrer nun ein

vernarbtes Gewissen ohne jedes Gespür für das, was sittlich richtig und moralisch geboten ist.

Mit **V.3a** gewinnen die vorher sehr allgemein gehaltenen Aussagen an Konkretion: Die Irrlehrer *verbieten zu heiraten* und gebieten, *sich von Speisen zu enthalten.* Beides zeigt, dass die Gegner eine rigoristische Askese vertraten, die sich sowohl auf Sexualität als auch auf Speiseregeln bezog. Dagegen bietet V.3b–5 eine recht ausführliche Widerlegung, wobei die in V.3b geäußerte These in V.4f begründend entfaltet wird. Es fällt auf, dass der Briefautor sich lediglich gegen die rigoristischen Speisevorschriften seiner Gegner wendet, seine eigene Haltung zur Ehe aus seiner Argumentation jedoch höchstens indirekt hergeleitet werden kann.

Zunächst einmal aber ist festzustellen, dass die Gegner mit ihrer distanzierten Haltung zur Ehe innerhalb der urchristlichen Tradition keineswegs allein dastehen: Dass die frühen Wandermissionare ebenfalls ehelos lebten, steht zu vermuten und hat noch in der Offenbarung des Johannes einen Nachhall gefunden (vgl. Offb 14,4). Schon Jesus selbst hatte für einen eschatologisch motivierten Eheverzicht eintreten können (Mt 19,12), auch Paulus konnte sich hier zurückhaltend äußern (vgl. 1Kor 7,7ff). Eine besonders radikale Weiterführung hat diese paulinische Position übrigens in den (nicht kanonisch gewordenen) Paulusakten gefunden: Dort wird die Ablehnung der Ehe beziehungsweise des Vollzugs des geschlechtlichen Akts selbst zum Mittelpunkt der paulinischen Botschaft.

Der 1. Timotheusbrief, der ebenfalls in der Tradition des paulinischen Erbes steht, vertritt nun die entgegengesetzte Position und argumentiert mit der Güte der Schöpfung. Dass der Briefschreiber sich dabei ausschließlich gegen die Nahrungsaskese der Gegner, nicht jedoch gegen ihre Ablehnung der Ehe richtet, dürfte darin begründet sein, dass er sich nur dafür auf eine Äußerung des historischen Paulus stützen konnte. Denn dieser hatte sich zwar positiv zur Befreiung von Speisetabus geäußert (vgl. 1Kor 10,30; Röm 14,14), die Ehe jedoch nicht grundsätzlich bejaht.

Es fällt auf, dass der Autor des 1. Timotheusbriefes das Gewicht der paulinischen Argumentation nicht unerheblich verschiebt. Hatte Paulus betont, man dürfe alles essen, solange man es nur mit gutem Gewissen tue – und damit Fragen nach reinen oder unreinen Speisen zum Adiaphoron erklärt –, so entscheidet in **V.3** Essen oder Nichtessen über wahren und falschen Glauben. Schließlich habe Gott, so argumentiert der Brief, alle Speisen geschaffen und dies wüssten alle die, *die die Wahrheit erkannt haben.* Mit der Ablehnung von Speisetabus steht und fällt also der wahre Glaube.

Diese Argumentation legt im Umkehrschluss nahe, dass die Lehre der Gegner von einer gewissen Schöpfungsfeindlichkeit geprägt war: Offensichtlich lehnten sie bestimmte Speisen ab, weil sie die Schöpfung insgesamt nicht als gut betrachteten. Dass »Paulus« hier sehr nachdrücklich Gen 1,31 und damit die erste Schöpfungserzählung ins Spiel bringt, unterstreicht den Eindruck, dass auch die Gegner des Briefschreibers sich auf das Alte Testament berufen, dieses aber falsch auslegen. Offensichtlich pflegten sie eine aus Sicht des Briefschreibers falsche Nahrungsaskese. Dies passt zu der bereits mehrfach geäußerten Vermutung, dass es sich bei den Gegnern um Verfechter einer frühen Form der Gnosis handelt, die durch Abkehr von der als böse und dunkel verstandenen materiellen Welt erhofften, den Zugang zur göttlichen Lichtwelt zu erlangen (vgl. den Exkurs S. 141 f.).

Während die Gegner, die im Titusbrief auftreten, selbst aus dem Judentum stammen und dieses Merkmal zum Gegenstand der Auseinandersetzung wird (vgl. Tit 1,10–16), zielt der 1. Timotheusbrief in eine andere Richtung: Die Irrlehrer leugnen die Güte der Schöpfung Gottes. Deshalb entgegnet der Briefschreiber in **V.4**: *Denn jedes Geschöpf Gottes ist gut und nichts ist verwerflich, wenn es mit Danksagung angenommen wird.* Der wiederholte Hinweis auf die *Danksagung* zeigt, welche Haltung von den wahren Gläubigen in Bezug auf die Schöpfung und ihre Gaben erwartet wird: Wer sich der Gaben der Schöpfung im Wissen darüber bedient, wem er sie verdankt, der entspricht den Erwartungen des Schöpfers.

V.4 bringt eine grundsätzlich positive Haltung zu Gottes Schöpfung zum Ausdruck: Jedes Element der Schöpfung ist gut – dies entspricht der positiven Grundhaltung des 1. Schöpfungsberichts, wie sie dann prägend für die gesamte jüdisch-christliche Tradition werden sollte. Doch ergänzt dieser Vers in einem zweiten Teil den wesentlichen reziproken Aspekt: Nicht nur die Haltung Gottes gegenüber seiner Schöpfung ist wichtig, sondern auch die umgekehrte Haltung der Menschen gegenüber den empfangenen Gaben. In V.3–5 wird drei Mal die Dankbarkeit erwähnt; das zeugt insgesamt von einem positiven Weltbild des Verfassers und einem großen Optimismus in Glaubensdingen.

V.5 betont abschließend die Bedeutung des Dankgebetes, das dafür sorge, dass alles *geheiligt durch (das) Wort Gottes und (das) Gebet* sei. Eine Heiligung kann sonst neutestamentlich nur über Menschen ausgesagt werden (2Tim 2,21; Röm 15,16; 1Kor 1,2; 6,11; 1Kor 7,14), die Ausweitung auf alle Lebensbereiche ist jedoch folgerichtige Konsequenz davon: Auf diese Weise werden alle Dinge des alltäglichen Gebrauchs der Sphäre des endzeitlichen Heils zugeordnet. Durch das Wort Gottes – dies meint durch die Rückbindung alles Handelns an das Evangelium – und durch das (Tisch-)Gebet, wie es für die frühe Christenheit typisch war, ereignet sich das Heil durch die göttliche Zusage und die Antwort des menschlichen Dankgebets.

Gottes Schöpfung ist sehr gut, dieses Urteil der ersten Schöpfungsgeschichte steht wie eine Überschrift über der gesamten biblischen Tradition. Der Mensch als Gottes Geschöpf ist aufgefordert, sich angemessen zu verhalten. Der 1. Timotheusbrief umschreibt das mit der Haltung der Dankbarkeit: Was Gott geschaffen hat, darf und muss dankbar aus seiner Hand genommen werden. Dazu gehört die Fülle der Speisen ebenso wie das Geschenk der Gemeinschaft in der Ehe.
Blickt man mit den Erfahrungen der Neuzeit auf diese Verse, so impliziert Dankbarkeit noch weit mehr: Verantwortlichkeit. Wer sich in Dankbarkeit von Gott selbst geschaffen weiß, und weiß, dass er oder sie in diese Welt gestellt ist, um ihre Fülle zu genießen, der muss zugleich an die Bewahrung dieser Welt denken. Gott hatte den Menschen beauftragt, seinen Garten Eden zu bewahren, doch bereits Adam und Eva waren, folgt man der biblischen Tradition, an Gottes Geboten gescheitert. Zig tausendfach ist das seither wieder geschehen. Die bleibende Herausforderung, sich der dankbar empfangenen Gabe durch das eigene verantwortliche Handeln als würdig zu erweisen, gilt angesichts des Klimawandels umso dringlicher. Meine Freiheit als Geschöpf Gottes muss immer die Freiheit für andere meinen. Dass sonst viel mehr auf dem Spiel steht als nur die Frage nach der richtigen Nahrung oder der Einstellung zur Ehe, hat bereits der Autor des 1. Timotheusbriefes zu Recht aufgezeigt.

1Tim 4,6–11: Timotheus soll sich in Frömmigkeit üben

Hatten die vorangegangenen Verse die inhaltliche Bedrohung durch die Irrlehre entfaltet, so erklärt der Briefschreiber nun seinem Adressaten, welches seine Rolle im Disput mit der Häresie sein wird. Diese Beauftragung hat zwei Pole – zum einen die Lebensführung des Timotheus und zum anderen seine inhaltliche Auseinandersetzung mit der Irrlehre.

6 Wenn du dies den Geschwistern zu bedenken gibst, wirst du ein guter Diener Christi Jesu sein, indem du dich nährst von den Worten des Glaubens und der guten Lehre, der du gefolgt bist. 7 Die unheiligen und altweiberhaften Fabeln aber weise zurück. Übe dich selbst aber zur Frömmigkeit. 8 Die körperliche Übung ist nämlich zu wenigem nützlich, die Frömmigkeit aber ist zu allen Dingen nützlich, weil sie die Verheißung des Lebens, des jetzigen und des zukünftigen, hat. 9 Verlässlich ist das Wort und aller Annahme wert: 10 Für dieses nämlich arbeiten und

kämpfen wir, weil wir unsere Hoffnung gesetzt haben auf den lebendigen Gott, der ist der Retter aller Menschen, und zwar gewiss der gläubigen.
11 Diese Dinge ordne an und lehre.

V.6 macht deutlich, wie sich der Briefschreiber die Widerlegung der Irrlehre vorstellt: nämlich unter Verwendung der Worte und Argumente des »Paulus«, wie er sie zuvor entfaltet hatte. Timotheus soll all das *zu bedenken* geben, wobei dieses Verb weniger die autoritäre Unterweisung als das gemeinsame Betrachten des Überlieferten meint. Auf ein solches gemeinschaftliches Miteinander deutet auch die Bezeichnung der Gemeinde als *Geschwister* hin – worin die in 1Tim 5,1f beschriebenen Relationen bereits anklingen.
Dann wird Timotheus *ein guter Diener Christi Jesu* sein. Im Griechischen steht hier wörtlich *Diakon*, doch ist davon auszugehen, dass weniger an den in 1Tim 3 belegten Amtsbegriff gedacht ist, als vielmehr an eine auch aus anderen Paulusbriefen bekannte Vorstellung, wonach der Apostel seine Aufgabe für Jesus Christus und seinen Glauben gleichsam als Diener (des Evangeliums) versieht (vgl. Kol 1,25).
Timotheus soll diese Lehre nicht nur weitergeben, sondern aus ihr heraus leben, er soll ihr *folgen* und sich aus ihr *nähren*. Mit den beiden Verben ist nicht nur der gedankliche Nachvollzug der Lehrinhalte gemeint, sondern ihre Übernahme, die das ganze Leben betrifft – die christliche Lehre ist genauso wichtig und notwendig wie Nahrung.
Mit **V.7a** kommt der Briefschreiber erneut auf die Irrlehre zurück, deren Gegensatz zur gesunden Lehre nicht größer sein könnte. Der (einen!) guten Lehre stehen zahlreiche *Fabeln* entgegen, die gerade nicht gut sind, ganz im Gegenteil. Das griechische Substantiv würde wörtlich *Mythen* heißen, doch schwingt dort im Deutschen stets der Versuch einer erzählerischen Welterklärung mit – während das, was der Briefschreiber hier zurückweist, ohne jeglichen inhaltlichen Tiefgang zu sein scheint. Dies bringt er durch die Unterstellung zum Ausdruck, diese Geschichten seien nur alten Frauen gemäß; dieser Begriff *altweiberhaft* hat in der gesamten Antike einen abwertenden Beiklang. Während also das zweite Adjektiv sich auf die Inhalte der Fabeln fokussiert, hat das erste ihre Auswirkungen im Blick: Sie sind *unheilig*, ein Terminus, der in der Antike das Profane und Weltliche im Unterschied zum Heiligen bezeichnen konnte. Neutestamentlich kommt dieser Begriff fast ausschließlich in den Pastoralbriefen vor (1Tim 1,9; 4,7; 6,20; 2Tim 2,16) und ist dort immer der richtigen Lehre entgegengesetzt. Spätestens ab Mitte des 2. Jahrhunderts konnten *Mythen* auch Teil gnostischer Äonenspekulationen werden, eine Form der Lehre, gegen die sich der Briefschreiber hier aufs Heftigste verwehrt!

Timotheus soll diese Fabeln *zurückweisen;* was wohl leichter gesagt als getan ist. Denn wo innerhalb des gemeindlichen Lebens könnte der Ort zur inhaltlichen Auseinandersetzung mit den Gegnern sein? Vermutlich wird dies im Gottesdienst stattfinden müssen, in dem vielleicht deshalb so großen Wert auf die Lehrtätigkeit und die Ordnung gelegt wird (vgl. dazu 1Tim 2,8–15).

Es überrascht, dass sich **V.7–9** nun unvermittelt dem persönlichen Verhalten des Apostelschülers zuwendet (*Du aber*). Der Briefschreiber bemüht ein Bild aus dem Sport, um auszudrücken, was er von Timotheus erwartet. Körperliche Ertüchtigung galt in der griechischen Antike als Teil des Erziehungsideals. Man bildete nicht nur den Geist, sondern auch den Körper und bezwang das, was ihn sonst leicht hätte beherrschen können – Triebe und Begierden. Etwas anders akzentuiert das Judentum der damaligen Zeit: Als Ziel des (Lebens-)Wettkampfes galt nicht das Niederringen menschlicher Triebe, sondern der Gehorsam gegen Gottes Willen. Wie ist also diese Metaphorik im 1. Timotheusbrief zu verstehen? In Nähe zum paulinischen Ideal (vgl. u. a. 1Kor 9,24–27) oder im Sinne eines populärphilosophischen Moralismus?

Übungsziel des Timotheus ist die *Frömmigkeit,* ein Begriff, der im 1. Timotheusbrief die vom Evangelium bestimmte konkrete Lebensgestaltung meint (vgl. den Exkurs S. 54–56). Timotheus soll also in seiner Lebensführung die christliche Botschaft des Evangeliums abbilden. **V.8** liefert die Begründung (*nämlich*) dafür. Nachdem an Timotheus vorher noch die Aufforderung zum Sich-Einüben ergangen war, betont dieser Vers nun, dass eine ausschließlich körperliche Übung nur *zu wenigem nütze* sei. Ganz zu vernachlässigen ist der eigene Körper als Teil der guten Schöpfung Gottes zwar nicht, doch geht es eben nicht um seine Bezwingung und Knechtung, sondern um die Ausrichtung des gesamten Lebens und Handelns auf ein anderes Ziel.

Steht im Hintergrund erneut eine gegenteilige Position der Häresie? Immer wieder ist zu beobachten, dass die Irrlehrer asketische Tendenzen hatten. Im Grunde konnten sie sich damit sogar auf Paulus berufen (vgl. 1Kor 9,27), so dass der Briefautor, der vorgibt, Paulus selbst zu sein, in gewisse argumentative Nöte kommt: Deshalb erklärt er vielleicht die körperliche Übung nicht für völlig unnütz (*zu wenigem nützlich*), stellt ihr aber die Einübung in die Frömmigkeit überbietend gegenüber (*zu allen Dingen nützlich*).

V.8 begründet abschließend, warum dies so ist: Weil nämlich die Frömmigkeit *die Verheißung des Lebens, des jetzigen und des zukünftigen, hat.* Frömmigkeit meint also die Bereitschaft, sich auf Gottes lebensschaffende Verheißungen einzulassen. Der Hinweis auf das zukünftige Leben überrascht, weil das eschatologische Moment im 1. Timotheusbrief sonst eher in den Hintergrund tritt. Doch stehen hier vermutlich die Auswirkungen dieser Verheißung auf die Gegenwart im Fokus: Wer so lebt, wie es von Timotheus als Vorbild und Repräsentant erwartet wird, der erfährt schon jetzt, was versprochen ist, nämlich die Erkenntnis der Wahrheit und das Geheimnis der Frömmigkeit. *Frömmigkeit* erweist sich also einmal mehr als die Art und Weise, wie ein Mensch in seinem Leben dem göttlichen Heilsgeschenk entsprechen soll.

Mit all dem steuert dieser Abschnitt auf seinen Spitzensatz in **V.10** zu, dessen Gewicht durch die Bekräftigungsformel in **V.9** *verlässlich ist das Wort und alles Annahme wert* (vgl. noch 1Tim 1,15; 3,1; 2Tim 2,11; Tit 3,8) nochmals unterstrichen wird: *Für dieses nämlich arbeiten und kämpfen wir, weil wir unsere Hoffnung gesetzt haben auf den lebendigen Gott, der ist der Retter aller Menschen, besonders der gläubigen.* Damit liefert dieser Vers eine theologische Interpretation des Wettkampfmotivs. Der christliche Wettkampf, das wird damit endgültig deutlich, unterscheidet sich sowohl von der populärphilosophisch geforderten Selbstkasteiung zur Unterjochung der eigenen Begierden als auch von der häretischen Askese als Versuch der Selbstrettung durch Verzicht (s. o. zu 1Tim 4,3).

Der Kampf, den ein Christ oder eine Christin kämpfen, gründet vielmehr in der *Hoffnung* auf Gottes universalen Heilswillen. Diesen Kampf gewinnt ein Mensch nicht aufgrund eigener Leistung, sondern deshalb, weil es einen objektiven Ermöglichungsgrund dafür gibt, *den lebendigen Gott.* Eng verbunden mit dem Glauben an diesen Gott ist die Gewissheit seines universalen Rettungswillens. Schon in 1Tim 2,4 konnte der Autor behaupten, dass Gott wolle, dass alle Menschen gerettet werden und zur Erkenntnis der Wahrheit kommen. Hier nun bekräftigt er das erneut. Das griechische Adverb, das hier verwendet wird, wird in der Regel superlativisch übersetzt, dann hieße es *besonders der gläubigen.* Doch legt sich wie auch in 1Tim 5,17 ein bekräftigend-assertorisches Verständnis nahe – es geht gerade nicht darum, einzelnen Menschen eine besondere Nähe zum Heil zuzusprechen, sondern die des umfassenden Heilswillens Gottes zu vergewissern, die sich im Glauben darauf verlassen. Schließlich steht der damit zutage tretende Universalismus in explizitem Kontrast zum Exklusivismus der Irrlehrer und deren individualistisch-selbsterlösendem Konzept (vgl. den Exkurs S. 141 f.).

V.11 dient als formelhaft-zusammenfassender Abschluss des Abschnitts. Stand vorher die Lebensführung des Timotheus und mit ihm aller Christinnen und Christen im Fokus, so geht es nun wieder um seine Lehrautorität: Das, was Paulus ihm hier mitgeteilt hat, soll er nicht für sich behalten, sondern weitergeben.

Gott will, dass alle Menschen gerettet werden! Die Existenz der christlichen Gemeinde in der Welt wird zur zeichenhaften Vorabdarstellung der eschatologischen Gemeinschaft aller Geretteten. Doch steht Gottes Wille zur Rettung die menschliche Möglichkeit der Ablehnung dieses Heilsangebots entgegen. Das macht das Neue Testament immer wieder deutlich und dies entfaltet Paulus selbst in Röm 9–11 in Bezug auf sein eigenes jüdisches Volk, dessen Nichtannahme der Christusbotschaft ihm schmerzlich vor Augen steht.
Wie kommen also Gottes Wille und der Wille des Menschen zusammen? Eigentlich müsste Gottes Wille doch so unendlich viel größer und mächtiger sein, dass der Mensch darauf nur entsprechend reagieren kann. Und doch tut er es nicht. Denn Gottes Rettungswille und sein Geschenk geschöpflicher Freiheit korrespondieren miteinander. Deshalb kann es nur die Aufgabe der christlichen Gemeinden sein, immer wieder werbend auf diesen Gott hinzuweisen, der sich in Jesus Christus in die Welt begeben und ihren Bedingungen hingegeben hat.
Der 1. Timotheusbrief mahnt am Beispiel des Timotheus immer wieder die Notwendigkeit der Verkündigung an. Für die Ausübung dieses Auftrags kann Timotheus vom Evangelium zehren, gleichsam geistliche Speise; doch darf er nicht vergessen, dass auch er, der er sich in den Dienst Gottes gestellt hat, unter den Bedingungen dieser Welt lebt und leben muss. Geistliche und körperliche Praxis gilt es deshalb in eine gute Balance zu bringen. Dass der Brief dies so betont, zeigt, wie sehr er die Realität der christlichen Existenz in diesem Äon im Blick hat – ein Vorbild auch für uns heute, die wir viele Jahrhunderte später noch immer mit der werbenden Verkündigung des Heilswillens Gottes betraut sind.

1Tim 4,12–6,2: Anordnungen für einzelne Gruppen in der Gemeinde

Nachdem der Brief in 1Tim 3 eine umfangreiche Ämterordnung für Bischöfe und Diakone entworfen hatte, rücken nun, unabhängig von gemeindlichen Amtsstrukturen, die verschiedenen Gruppierungen der Gemeinde in den Blick: Ältere und Jüngere (1Tim 5,1f), Älteste (1Tim 5,17–20), Witwen (1Tim 5,3–16) und Sklaven (1Tim 6,1f). Timotheus wird instruiert, wie mit ihnen umzugehen sei und wie sie sich in die Gemeinde einzufügen hätten. Dafür erhält er zunächst Rückenstärkung durch den Briefschreiber (1Tim 4,12–16) und zwischendurch weitere persönliche Ermahnungen (1Tim 5,21–25).

1Tim 4,12–16: Timotheus erhält Rückenstärkung

Die Anweisungen an Timotheus finden in 1Tim 4,12–16 eine fast nahtlose Fortsetzung. Unter ganz verschiedenen Gesichtspunkten und in eher loser Aneinanderreihung wird hier entfaltet, was von Timotheus als Apostelschüler – und damit von allen Christinnen und Christen – erwartet wird.

12 Niemand soll dich verachten wegen deiner Jugend, sondern werde ein
Vorbild für die Gläubigen im Wort, im Wandel, in der Liebe, im Glauben,
in der Reinheit. 13 Bis ich komme, mache weiter mit dem Vorlesen, der
Ermahnung, der Lehre. 14 Vernachlässige nicht die Gnadengabe in dir,
die dir gegeben ist aufgrund von Prophezeiungen mit der Auflegung der
Hände der Ältestenschaft. 15 Diese Dinge bedenke sorgfältig; in ihnen
lebe, damit dein Fortschritt allen offenbar werde. 16 Achte auf dich selbst
und die Lehre, bleibe in diesen Dingen. Wenn du dies nämlich tust, wirst
du sowohl dich selbst retten als auch die, die dich hören.

Auffälligerweise wird diese Reihung mit einer Anweisung eröffnet (**V.12**), die sich nur mittelbar an Timotheus richtet: Eigentliche Adressaten sind nämlich diejenigen, die ihm als dem Repräsentanten des Paulus gegenüberstehen: *Niemand soll dich verachten wegen deiner Jugend! Jugend* ist allerdings nicht nur heute, sondern war auch in der Antike ein weit gefasster Begriff: Im Hellenismus galt man bis zum 40. Lebensjahr als jung, öffentliche Ämter durfte man erst mit 50 Jahren bekleiden. Doch sagt der Hinweis auf Timotheus' Jugend nichts darüber aus, wie alt er tatsächlich gedacht ist, sondern speist sich sicher aus Angaben in den anerkannt echten Paulusbriefen, die von Timotheus' jugendlichem Alter wissen (vgl. 1Kor 16,10f; Phil 2,22) und aus der Tatsache, dass Timotheus in diesem Brief als *Kind* angeredet wird (vgl. 1Tim 1,2.18), was ebenfalls das Bild eines jungen Mannes weckt.

Der zweite Halbvers richtet sich unmittelbar an Timotheus und unterstreicht dessen Vorbildfunktion. Dass die hier gebotenen Beispiele typisch sind für Tugendkataloge und weniger aufgrund tatsächlicher inhaltlicher Aussagekraft als vielmehr aufgrund ihrer rhetorischen Wirkung eingesetzt wurden, passt: Timotheus soll als *Vorbild* christlicher Existenz im umfassenden Sinne dienen. Der griechische Begriff Typos (*Vorbild*) meint die Form, die prägend wirken kann, weil sie selbst bereits geprägt ist.

Dass er ein solcher Typos, ein Vorbild, ist, kann auch Paulus von sich behaupten – und seine Gemeinde sogar explizit zur Nachahmung auffordern (vgl. Phil 3,17; 1Thess 1,7; vgl. außerdem 2Thess 3,9; 1Petr 5,3).

Dies gilt nun auch für Timotheus. Er soll sich so verhalten, wie er möchte, dass es auch die anderen tun. *Wort* und *Wandel* sind zwei typische Komponenten des christlichen Zeugnisses in der Welt (vgl. 1Petr 3,1); nimmt der eine Terminus auf das Evangelium Bezug, so impliziert der andere, dass sich der Umgang mit diesem Evangelium in der eigenen Lebensführung widerspiegeln muss. Diesen ethischen Impetus unterstreicht auch die Reihung von *Liebe, Glaube* und *Reinheit*. Geschwisterliche *Liebe* und der *Glaube* als ungeteilte Hingabe stehen in den Pastoralbriefen insgesamt als christliche Grundtugenden (vgl. 1Tim 1,5.14; 2,15; 6,11; 2Tim 1,13; 2,22; 3,19; Tit 2,3) und werden nun um die *Reinheit* ergänzt, womit die alleinige Ausrichtung des gesamten Denkens und Fühlens auf den Willen Gottes gemeint ist (vgl. 1Tim 5,2) – damit geht immer ein Fernhalten von allem einher, was von Gott trennt und also unrein macht.

V.13 dient der Untermalung der pseudepigraphischen Fiktion. Timotheus soll all das tun, bis »Paulus« eintreffen wird – dabei ist der echte Paulus doch nach allem, was die Wissenschaft heute sagen kann, zu diesem Zeitpunkt bereits tot. Bis zum zeitnah erwarteten Eintreffen des Apostels (vgl. 1Tim 3,14) soll Timotheus tun, was Paulus an seiner Stelle tun würde: *Vorlesen, Ermahnung, Lehre*. Diese drei Substantive nehmen Bezug auf den Gottesdienst als den Ort, an dem sie stattfinden. Leider schildert der 1. Timotheusbrief einen solchen Gottesdienst nicht ausführlich – dabei hätten spätere Leserinnen und Leser gerne mehr erfahren über das, was für den Autor so selbstverständlich ist, dass es keiner weiteren Worte bedarf. So bleibt nur, aus den versprengten Erwähnungen und knappen Hinweisen ein stimmiges Gesamtbild zu konstruieren.

Der erste Terminus bezieht sich auf das *Vorlesen* heiliger – und das heißt zunächst alttestamentlicher – Schriften. Doch schon eine Notiz im 1. Thessalonicherbrief zeugt davon, dass unter bestimmten Bedingungen auch paulinische Briefe im Gottesdienst zu Gehör gebracht werden konnten (vgl. 1Thess 5,27); im jüngeren Kolosserbrief scheint das schon zur Regel geworden zu sein (vgl. Kol 4,16). Vermutlich spielt der 1. Timotheusbrief ebenfalls auf diese Möglichkeit an. Will er so als vermeintlich echter Paulusbrief selbst zum Teil des Gottesdienstes werden?

Der mit *Ermahnung* (vgl. 1Kor 14,3; Röm 12,8) übersetzte Begriff kann schon bei Paulus selbst die Anrede an die Gemeinde im Gottesdienst meinen (1Thess 1,3) und auch in der Apostelgeschichte die Predigt bezeichnen (Apg 13,15; vgl. Hebr 13,22, wo von den *Worten der Mahnung* die Rede ist). Während die deutsche Übersetzung stets das Moment der Zurechtweisung impliziert, ist im Griechischen die Ermutigung mitzuhören. Zum

Christsein gehört immer auch die gegenseitige Bestärkung zum richtigen Handeln und die Gewissheit der Befähigung dazu.
Das größte Gewicht dürfte aber hier wiederum auf der *Lehre* liegen – einem zentralen Begriff im 1. Timotheusbrief, mit dem die Gesamtheit der von Paulus empfangenen und weiterzugebenden Überlieferung gemeint ist (vgl. 1Tim 1,10; 4,6.16; 6,1.3).
V.14 setzt neu an und erinnert Timotheus an den Empfang einer *Gnadengabe,* die ihm *gegeben ist aufgrund von Prophezeiungen mit der Auflegung der Hände der Ältestenschaft.* Was hat es damit nun auf sich – und warum wird dies ausgerechnet hier erwähnt? Timotheus wird auf typische innergemeindliche Aufgaben angesprochen und zum Handeln ermahnt. Ist die *Gnadengabe,* die er empfangen hat, seine Zurüstung dafür? Der Kontext legt es nahe. Doch in welchem Akt genau hat er sie erhalten?
V.14 beschäftigt die Wissenschaft schon lange: Was ist das für ein Ritus, der hier geschildert wird? Die Geste der Handauflegung ist auch aus anderen neutestamentlichen Kontexten bekannt: So heilte Jesus durch Handauflegung, konnte auf diese Weise Tote auferwecken oder auch ganz einfach den Segen spenden (vgl. Mt 19,13–15; Lk 4,40 u.ö.). Die Apostelgeschichte erzählt davon, dass der Heilige Geist im Kontext der Taufe durch Handauflegung verliehen werden konnte (Apg 8,17–19; 19,6, vgl. Hebr 6,2), kann aber auch beschreiben, wie jemand mit dieser Geste und unter Gebet zu einem besonderen Dienst beauftragt wurde (vgl. Apg 6,6; 13,3). Die Mehrheit der Wissenschaftlerinnen und Wissenschaftler vertritt die Meinung, dass im 1. Timotheusbrief damit ein Ordinationsritus beschrieben werde, Timotheus also hier als Paradigma des formal korrekt in sein Amt eingesetzten Amtsträgers präsentiert werde.

Exkurs: Die Pastoralbriefe als Beleg für einen Ordinationsritus?

Immer wieder hat die exegetische Forschung versucht, in den Pastoralbriefen – beziehungsweise in den beiden Timotheusbriefen – Belege dafür zu finden, dass bereits das Neue Testament einen Ordinationsritus kenne.
Als Beleg dafür gelten dann nicht nur 1Tim 4,14 und 2Tim 1,6, sondern auch 1Tim 5,22 (wo Timotheus davor gewarnt wird, jemand anderem vorschnell die Hände aufzulegen) sowie der Hinweis auf die Prophezeiungen, die laut 1Tim 1,18 dem Wirken des Timotheus vorausgegangen sind. Während Timotheus in Tim 1,18; 4,14; 2Tim 1,6 jeweils auf seine eigene Ordination angesprochen werde – für deren Ablauf dann sogar 1Tim 6,13–16 als vermeintlicher Rest eines gottesdienstlichen Ordinationsformulars ausgewertet werden kann –, sei in 1Tim 5,22 seine Verantwortung als Ordinator im Blick.

Folgende Elemente gelten als konstitutiv für eine solche Ordination: Die Übergabe der Lehrtradition (1Tim 3,2; 2Tim 2,2), das Bekenntnis des Ordinanden (1Tim 6,12) und der verkündigende Zuspruch an ihn (1Tim 4,14), die Handauflegung als zentraler Akt (1Tim 4,14; 2Tim 1,6), aus der Kraft, Liebe und Weisheit resultieren (2Tim 1,7) und die mit der Verleihung eines Amtscharismas einher gehe. Da als ursächlich Handelnder Gott gedacht sei, könne offenbleiben, wer es letztlich sei, der die Hände auflege (Paulus [2Tim 1,6], die Ältesten [1Tim 4,14] oder Timotheus [1Tim 5,22]). Manche Ausleger vermuten allerdings aufgrund dieser disparaten Angaben auch, dass die Pastoralbriefe eine bereits bestehende Ordnung vorsichtig korrigieren wollen: So sei es zu ihrer Zeit noch der Normalfall gewesen, dass die Ordination von einem Ältestengremium (1Tim 4,14) vollzogen worden sei, doch sei eine Übernahme der Verantwortung dafür durch den Bischof (1Tim 5,22) angestrebt gewesen.

Bereits das Alte Testament kann davon berichten, dass Menschen (genauer: nur Männer) für einen speziellen Dienst ausgesondert und geweiht worden seien. So habe Mose zu seiner Unterstützung 70 Älteste eingesetzt (vgl. Num 11,24f) und schließlich auch Josua zu seinem Nachfolger berufen (vgl. Num 27,15–23; Dtn 34,9). Letzteres geschieht durch Handauflegung – ein Ritus, der in der Antike als kraftspendend galt und der auch sonst im frühchristlichen Kontext für die Beauftragung zum Dienst am Evangelium belegt ist (vgl. Apg 6,6; 13,1–3; vgl. Einsetzungsrituale ohne explizite Erwähnung der Handauflegung in Apg 14,23; 20,28). Große Nähe besteht auch zur Handauflegung, wie sie im Kontext der christlichen Taufe vollzogen wurde (vgl. Apg 8,17f; 19,1–6).

Rituale mit Handauflegung waren im Urchristentum also durchaus verbreitet. Dennoch gehen nicht wenige Forscherinnen und Forscher davon aus, dass der Ritus in den Pastoralbriefen eine besondere Bedeutung habe: Hier gehe es um die Einsetzung in ein gemeindeleitendes Amt und nicht um einen eher allgemein zu fassenden geistlichen Zuspruch. Die Notwendigkeit der Entwicklung eines solchen Ordinationsformulars – und also der formalisierten Einsetzung von Amtsträgern – lasse sich aus dem Umgang der Pastoralbriefe mit ihrer eigenen Tradition und ihrem Nachdenken über ekklesiologische Strukturen erklären: Die Weitergabe des paulinischen Erbes brauche die ritualisierte Beauftragung des Amtsträgers, der für die Bewahrung dieser Lehre einstehe. Dafür werde ihm dann ein Amtscharisma verliehen, welches eine Zuspitzung der in der Taufe bereits empfangenen Gnadengabe darstelle. Entwickelt habe sich die Ordination, so vermuten es die Wissenschaftler, zeitlich und inhaltlich parallel zur jüdischen Gelehrtenordination, die nach der Tempelzerstörung 70 n. Chr. an Bedeutung gewann.

Soweit der Mainstream heutiger Auslegung. Es bleibt aber eine offene Frage, ob in den Pastoralbriefen tatsächlich von einer Ordination die Rede ist.

Wie im Folgenden zu zeigen sein wird, strapaziert die Deutung auf ein Ordinationsformular die biblischen Belege über das gebührliche Maß hinaus – und ist auch bei Sichtung aller Stellen keineswegs zwingend. Denn in keinem der Pastoralbriefe sollen Timotheus oder Titus in eine gemeindliche Ämterhierarchie eingeordnet werden; im 2. Timotheusbrief kommt noch hinzu, dass dort überhaupt keine Ämterfragen thematisiert werden. Welchen Sinn soll es dann haben, gerade am Beispiel der Person des Timotheus ein Ordinationsritual zu schildern? Und warum ist ausgerechnet die Ältestenschaft beteiligt, also eine Gruppe, die doch sonst im Brief nur marginale Erwähnung findet? Nur 1Tim 5,17–20 nennt nämlich Älteste (oder genauer: ältere Männer) und reiht diese also gerade nicht ein in den Ämterspiegel in 1Tim 3 (vgl. die Auslegung z.St.). Hier nun ist überraschend von dieser Gruppe so die Rede, als handele es sich um eine feste Größe. Der griechische Terminus *Presbyterion*, hier mit Ältestenschaft übersetzt, steht neutestamentlich nur noch zwei Mal im lukanischen Doppelwerk (vgl. Lk 22,66; Apg 22,5). Dass er also bereits Terminus technicus geworden ist, wird man nicht sagen können. Worauf er an dieser Stelle genau verweist, muss deshalb letztlich offen bleiben. Doch liegt es näher, darin kein gemeindeleitendes Gremium, sondern lediglich eine aufgrund von Alter und Stand gemeinsam benennbare Gruppe zu sehen.

Es hilft beim Verständnis dieses Verses weiter, wenn man ihn vom Begriff des Charismas (deutsch: *Gnadengabe*) aus entfaltet: Dieser Terminus findet sich neutestamentlich nur bei Paulus sowie in Schriften, die von seiner Theologie beeinflusst sind. Aus Paulus' Sicht verfügt jede Christin und jeder Christ über solche Gnadengaben; sie gründen in der von Gott verliehenen Gnade (1Kor 7,7; 12,4.9.28–30 u.ö.). Der Begriff der *Gnadengabe* sagt dabei zunächst noch nichts über deren Ausprägung; so können auch kontinuierliche Taten oder vermeintlich profane Begabungen ein Charisma sein (vgl. Röm 12,6; 1Kor 7,7; 12,7; 1Petr 4,10). Erst der Epheserbrief identifiziert ein solches Charisma mit einem konkreten Amt (vgl. Eph 4,4–16), doch darf dies gerade nicht unreflektiert auf den 1. Timotheusbrief übertragen werden.

Die Annahme liegt nahe, dass 1Tim 4,14 auf das paulinische Verständnis zurückgreift: Timotheus hätte dann durch Handauflegung das Geschenk einer *Gnadengabe* erhalten – und damit etwas, was andere Christinnen und Christen auch haben und woraufhin sie ebenfalls ansprechbar sind. Eine wie auch immer geartete Amtsgnade wäre dann aber gerade nicht im Blick.

Auch der Hinweis darauf, dass in diesem Kontext *Prophezeiungen* erfolgen würden, spricht eher gegen eine Ordination – immerhin werden, das hat 1Tim 3 ja breit entfaltet, zukünftige Amtsträger wegen ihrer moralischen Integrität und ihrer persönlichen Eignung ausgewählt. Ein enthusiastisch-pneumatisches Element wäre da völlig fehl am Platz. (Und die Deutung des griechischen Begriffs auf einen tröstenden Zuspruch, wie sie gelegentlich zu finden ist, ist doch wohl eher eine Verlegenheitslösung.)

Der Hinweis auf die Prophezeiungen ist im Griechischen allerdings mehrdeutig. Grammatikalisch kann es sich entweder um einen Genitiv Singular (*durch eine Prophezeiung*) oder um einen Akkusativ Plural (*aufgrund von Prophezeiungen*) handeln. Letzteres würde implizieren, dass die Prophezeiungen der Handauflegung zeitlich vorausgingen und damit auch kausal vorgeordnet wären, Ersteres hingegen hat die Konstruktion vor Augen, wonach die Handauflegung von einer Prophezeiung begleitet wird. Die hier gewählte Übersetzung *aufgrund von Prophezeiungen* liegt näher, weil in 1Tim 1,18 bereits von früher ergangenen Prophezeiungen die Rede war (vgl. die Auslegung z.St.). Dies wird nun wieder aufgegriffen.

Es überrascht außerdem, dass als Handelnde eine Versammlung von Ältesten genannt wird, das Presbyterium. Die weitere Auslegung des 1. Timotheusbriefes wird noch zeigen, dass die Ältesten in dieser Gemeinde, anders zum Beispiel als in der des Titusbriefes, gerade kein eigenes Amt innerhalb der gemeindlichen Ämterhierarchie repräsentieren, sondern vor allem als Stand angesprochen werden. Wieso sind dann aber gerade sie mit der Handauflegung betraut und nicht Paulus selbst wie in 2Tim 1,6?

Vermutlich lehnt sich dieser Vers an Schilderungen an, wie sie von Paulus in der Apostelgeschichte überliefert werden – wo er selbst durch Handauflegung für eine Aufgabe zugerüstet wird. Auf ein vergleichbares Ereignis in Timotheus' eigener Biographie wird nun angespielt. Wie in Apg 13,1–3 von Saulus und Barnabas berichtet, die aufgrund eines Wortes des Heiligen Geistes ausgesondert wurden, wird auch Timotheus an seine eigene Beauftragung zum Dienst erinnert. Die *Gnadengabe*, die er dabei empfangen hat, meint dann kein fest umrissenes Amtscharisma, sondern die Beauftragung für eine spezielle Aufgabe.

V.15 schließt daran eher lose an und kann als emphatische Bekräftigung des Vorangehenden verstanden werden. Auch hier wird wieder ausdrücklich die Außenwirkung ebenso wie die Übereinstimmung von Lehre und Leben angesprochen. **V.16** formuliert zum Abschluss dieses Kapitels eine doppelte Aufgabe und ein doppeltes Ziel – und macht in dieser Zweipoligkeit nochmals das zentrale Anliegen der Amtstheologie des Verfassers deutlich: Es geht um Leben und Lehre. Für beides soll Timotheus mit seiner gesamten eigenen Existenz einstehen – dann wird er selbst zum Retter. Damit ist keineswegs an eine wie auch immer geartete Selbsterlösung gedacht, sondern an eine Gewissmachung: Timotheus darf der rettenden Botschaft ruhig zutrauen, dass sie nicht nur bei anderen wirkt, sondern auch bei ihm selbst.

Sie predigen Wasser, aber sie trinken Wein! Allzu oft hat man dies Menschen vorgeworfen, die hauptamtlich im Dienst der Kirche stehen. Der 1. Timotheusbrief betont, dass das nicht sein darf: Wer Seelsorge betreibt und die frohe Botschaft verkündigt, der muss sich in Haltung und Lebensführung am Evangelium messen lassen. Das gilt nicht nur um der Außenwirkung der christlichen Gemeinschaft willen, sondern auch, weil Leben und Wirken doch nicht auseinanderklaffen dürfen, sondern ineinandergreifen müssen.
Was dies nun in der Konkretion bedeutet, wird jede Generation austarieren müssen. Denn nicht das Pochen auf den Buchstaben des Gesetzes ist es, das den evangelischen Glauben ausmacht, sondern die Gewissheit eines Lebens aus der Gnade Gottes, das mit der eigenen Lebensgestaltung auf diese Gnade antwortet. Hier soll deshalb nicht bestimmten Moralvorstellungen das Wort geredet werden, sondern einer Grundhaltung, die in sich den Widerschein der Liebe Gottes und des Kreuzes Christi hat. Und wer sich in einer solchen Grundhaltung zum Dienst berufen weiß, der kann diesen Dienst auch als Geschiedener oder Wiederverheirateter tun, als alleinstehender Mensch oder als Mensch mit homosexueller Orientierung. All das entscheidet nicht darüber, ob jemand in seinem Leben die christliche Lehre abbildet. Sondern das entscheidet sich daran, ob die unterschiedlichen Lebensumstände auf der Grundlage von Gnade und Liebe gelebt und gestaltet werden.

1Tim 5,1f:
Anweisungen für die einzelnen Altersgruppen in der Gemeinde

1Tim 5 umfasst fast ausschließlich Mahnungen in Bezug auf einzelne gemeindliche Gruppierungen: zunächst im Hinblick auf Menschen älteren und jüngeren Alters, dann in Bezug auf die sogenannten wahren Witwen und schließlich nochmals im Hinblick auf ältere Männer. Die Verse formulieren Erwartungen zum respektvollen Umgang innerhalb der Gemeinde. Als Hinweise für die richtige Behandlung von Menschen aus dem eigenen Umfeld gehören Sätze wie 1Tim 5,1f zum Standardrepertoire populärer hellenistischer Moralphilosophie und haben sicherlich von dort aus Einlass in den 1. Timotheusbrief gefunden.

1 Einen älteren Mann fahre nicht an, sondern ermahne ihn wie einen Vater, jüngere Männer wie Brüder, 2 ältere Frauen wie Mütter, jüngere Frauen wie Schwestern in aller Keuschheit.

Zunächst nimmt der Briefschreiber in **V.1** das Verhältnis von Timotheus zu den älteren und jüngeren Männern in den Blick. Die Gemeindeglieder erscheinen hier als Angehörige einer großen Familie: Den älteren Männern soll Timotheus den Respekt des erwachsenen Kindes gegenüber dem Vater entgegenbringen, während der Verweis auf die brüderliche Zugehörigkeit zu den jüngeren Männern erneut auf das jugendliche Alter des Timotheus anspielt (vgl. 1Tim 4,12a). Den Respekt, den er (trotz seines jugendlichen Alters!) von den anderen Gemeindegliedern erwarten darf, soll er ihnen auch erweisen – was aber nicht ausschließt, dass er auch mit allem Respekt kritisch auf Probleme oder Fehlverhalten hinweist.

Nebenbei sei angemerkt: Dass die Gemeinde wie eine große Familie in einem antiken Haus organisiert ist, sagt noch nicht, dass der angeredete Timotheus die Rolle des Hausvaters beziehungsweise Gemeindeleiters übernimmt – ganz im Gegenteil, denn er scheint ja auf einer Stufe mit den jüngeren Männern zu stehen. Und auch grundsätzlich muss man festhalten, dass es an dieser Stelle weniger um gemeindliche Strukturen als vielmehr um geschwisterliche Solidarität geht.

Die Hinweise zum Umgang mit den Frauen in **V.2** sind analog zu V.1 aufgebaut: Ältere Frauen sind wie die eigene Mutter zu behandeln, jüngere Frauen wie Schwestern. Der explizit ergänzte Hinweis auf die *Keuschheit* meint keine pauschale Diskriminierung von Sexualität – ein Gedanke, der dem 1. Timotheusbrief tatsächlich fremd wäre –, sondern will davor warnen, das innergemeindliche Miteinander durch solche Gedanken oder das entsprechende Verhalten bestimmt sein zu lassen.

1Tim 5,3–16: Die Witwen – Amt oder Stand?

1Tim 5,3–16 gehört zu den Texten aus den Pastoralbriefen, um die am intensivsten gerungen und über die am heftigsten diskutiert wird. Im Zentrum der Debatte steht dabei die Frage: Geht es in den ab V.3 thematisierten Witwenregeln um ein gemeindliches Amt oder nicht? Konkret gefragt: Sind die *wirklichen Witwen* (V.3) eine Gruppe von Frauen, die von der Gemeinde versorgt werden muss – oder sind es Frauen, die für die Gemeinde arbeiten? (Dass eine gewisse inhaltliche Analogie zu Apg 6 besteht, wo die Frage des Umgangs mit den Witwen in der Gemeinde ebenfalls ein strittiges Thema war und institutionell gelöst werden musste, sei erwähnt, trägt für die Diskussion in Bezug auf den 1. Timotheusbrief aber leider nur wenig aus). Vier Anweisungen strukturieren den Abschnitt (V.3.9 f.11a.16), der insgesamt viele polemische Neben- und Untertöne enthält – und damit verrät, dass der Autor wohl

sehr genau weiß, worüber er schreibt, wenn er zwischen Witwen und *wirklichen Witwen* unterscheidet.
Die Diskussion entzündet sich unter anderem an dem Hinweis auf die *erste Treue* (V.12), aus der man sogar auf die Existenz einen Amtsgelöbnisses für Witwen schließen wollte, an der Bedeutung des Verbes *aufführen* (V.9) sowie an der Frage, ob es sich bei dem ununterbrochenen Gebet um eine Aufgabe handelt, mit der eine Witwe betraut ist (V.5).
In diesem Kommentar wird die These vertreten, dass es sich bei den *wirklichen Witwen* nicht um ein gemeindliches Amt handelt, sondern dass ihre Versorgung im Zentrum steht. Es gilt also begrifflich zu unterscheiden zwischen einem Witwen*amt* – das der 1. Timotheusbrief nicht kennt – und einem Witwen*stand*, für den der Autor besondere Regularien entfaltet. Damit lassen sich zwar nicht alle offenen Fragen beantworten, doch hat diese Lösung noch die größte Wahrscheinlichkeit und die stärkere argumentative Plausibilität für sich.
Wenn sich der 1. Timotheusbrief mit der Frage der Versorgung von Witwen beschäftigt, so reiht er sich damit ein in die Zeugnisse der antiken christlich-jüdischen Tradition, die genau das zum Thema haben. Die Hilfeleistung gegenüber Bedürftigen insgesamt stellte in den christlichen Gemeinden eine wichtige Aufgabe dar (vgl. Apg 6,1; 9,39.41; Jak 1,27) – besonders in einer Zeit, in der es kein soziales Fürsorgenetz gab. Das Witwentum war in der Antike ein besonders hartes Frauenschicksal, das aber durchaus viele und auch junge Frauen traf. Eine verwitwete Frau war, des Schutzes durch ihren männlichen Vormund und Versorger beraubt, häufig nicht nur mittellos, sondern auch rechtlos. Wenn sie keine Kinder (Söhne!) hatte, die für ihren Unterhalt aufkamen, konnte eine Witwe nur darauf hoffen, wieder in ihrer Herkunftsfamilie Aufnahme zu finden. Im Alten Testament konnten Witwen und Waisen deshalb zum Typus des bedürftigen Menschen schlechthin werden; ihre Versorgung wurde immer wieder und stets sehr nachdrücklich eingefordert und galt als Pflicht jedes Israeliten (vgl. Dtn 14,29 u.ö.).

3 Ehre Witwen, die wirklich Witwen sind. 4 Wenn aber irgendeine Witwe Kinder oder Enkel hat, sollen sie zuerst lernen, in dem eigenen Haus fromm zu leben und den Eltern Dank zurückzugeben. Dies ist nämlich wohlgefällig vor Gott. 5 Die aber, die wirklich Witwe ist und alleingelassen, hat ihre Hoffnung auf Gott gesetzt und bleibt in Bitten und Gebeten bei Nacht und Tag. 6 Die aber, die ausschweifend lebt, ist lebendig tot. 7 Und diese Dinge gebiete, damit sie untadelig seien. 8 Wenn aber jemand seine Angehörigen und besonders (seine) Hausgenossen nicht versorgt, hat er den Glauben verleugnet und ist schlechter als ein Ungläubiger. 9 Als Witwe soll aufgeführt werden, wer nicht weniger als

**60 Jahre geworden ist, Frau eines Mannes, [10] wenn sie bezeugt wird in guten Werken, wenn sie Kinder groß gezogen hat, wenn sie gegenüber Fremden gastfreundlich war, wenn sie Heiligen die Füße gewaschen hat, wenn sie Bedrängten beistand, wenn sie jedem guten Werk nachging.
[11] Jüngere Witwen aber weise ab. Wenn sie nämlich ihren Begierden nachgeben Christus zuwider, wollen sie heiraten, [12] obwohl sie (dann) unter das Urteil fallen, dass sie die erste Treue gebrochen haben. [13] Daneben lernen sie aber auch als Faule in die Häuser zu laufen, nicht aber nur faul, sondern auch geschwätzig und mitteilsam, weil sie über Dinge reden, die nicht nötig sind. [14] Ich wünsche nun, dass jüngere (Witwen) heiraten, Kinder gebären, den Haushalt führen und dem Widersacher keinen Anlass geben für eine Beschimpfung. [15] Schon nämlich haben sich einige abgewandt hinter dem Satan her. [16] Wenn aber eine gläubige Frau Witwen hat, helfe sie ihnen, so dass nicht die Gemeinde beschwert werde, damit sie denen helfen kann, die wirklich Witwen sind.**

Mit **V.3** werden die Ermahnungen zum Umgang mit den verschiedenen Personengruppen der Gemeinde aus 1Tim 5,1f nahtlos fortgesetzt. Zwar herrscht in diesem Abschnitt insgesamt die Stilform der vermittelten Anrede vor – womit indirekte Anweisungen gemeint sind, die an nicht direkt angesprochene Dritte ergehen –, doch wird Timotheus mehrfach direkt angeredet. Dies erhöht die Aufmerksamkeit der Leserinnen und Leser.

Ging es vorher allgemein um verschiedene Altersgruppen, so wird nun eine Gruppe besonders hervorgehoben – die Witwen, genauer: die *wirklichen Witwen*. Wer genau zu dieser Gruppe dazugehört, erläutern die folgenden Verse, deren genaues Verständnis allerdings in der Exegese für viel Diskussion sorgt. Die erste Schwierigkeit zeigt sich schon gleich in diesem Vers: Was ist mit dem Begriff *ehren* gemeint? Das griechische Verb meint zunächst ganz allgemein die Bezeugung von Ehrerbietung, ist aber in der heidnischen Umwelt des 1. Timotheusbriefes bereits als Begriff für eine Entlohnung bekannt und wird in späterer Zeit als entsprechender Terminus technicus in Kirchenordnungen gebraucht. Dass dieser Sprachgebrauch hier allerdings auch schon vorauszusetzen ist, legt der Text nicht nahe; es geht also noch nicht um eine institutionalisierte Entlohnung. (Manche Kommentatoren behaupten zwar, eine Versorgung von Witwen sei so selbstverständlich gewesen, dass sie nicht erwähnt werden müsse, deshalb könne es nur um ein bezahltes Amt gehen; doch ist dies ein Rückschluss, der so einfach nicht gezogen werden kann.)

Und wieso sollte der 1. Timotheusbrief, der von einer gewissen restriktiven Grundhaltung nicht nur gegenüber Frauen und ihren Aufgaben (vgl. 1Tim 2,13–15; 5,13), sondern auch gegenüber jeder Form pneumatisch-asketischer Lebenshaltung geprägt ist (vgl. 1Tim 4,1–5), nun ausgerechnet für ein rein weibliches Amt, dessen einzige Aufgabe zudem das Gebet zu sein scheint (1Tim 5,5), eine Entlohnung in Aussicht stellen? Dies alles legt es nahe, dass *ehren* eher so etwas meint wie *Respekt bezeugen vor der Lebensleistung* und deshalb die Übernahme materieller Verantwortung impliziert. Die Nähe zum Gebot der Elternehrung aus dem Dekalog (Ex 20,12) ist offensichtlich.

Dies alles gilt mit der Einschränkung, dass dies nur auf Frauen zutreffe, die *wirklich Witwen* sind. Offensichtlich musste sich der Verfasser, dieser Umkehrschluss liegt nahe, in seiner Gemeinde mit Frauen auseinandersetzen, die gerne zu diesem Witwenstand gehört hätten, sich seiner jedoch nicht würdig erwiesen hatten. Deshalb stellt der Briefautor strikte Regeln auf, die genau festlegen sollen, wer Zugang zu dem sicher aufgrund der Gewissheit materieller Absicherung sehr begehrten Kreis erhält.

Die den **V.4** einleitende antithetische Konjunktion *aber* verrät, dass nun die Frauen im Blick sind, auf die das Kriterium der wirklichen Witwenschaft gerade nicht zutrifft. Umstritten ist das Subjekt der Formulierung *sie sollen lernen*: Sind damit die (Enkel-)Kinder der Witwen angeredet oder die Witwen selbst (auch wenn das Pronomen dann nur in einer Constructio ad sensum auf das im ersten Versteil genannte singularische Substantiv zurückbezogen werden kann)? Letztgenannter Bezug würde folgende Deutung implizieren: Bevor eine Witwe sich in den gemeindlichen Witwenstand aufnehmen lässt, soll sie sich zunächst an ihre weiblichen Pflichten erinnern und sich in ihrer eigenen Familie nützlich machen – und damit die Unterstützung, die sie selbst von ihren Vorfahren erfahren hat, im Sinne eines Generationenvertrags an ihre Nachkommen weitergeben. Ihr religiöse Pflicht würde die Witwe dann dadurch erfüllen, dass sie ihrer Familie treu bleibt. Dann wären diese Verse so zu deuten, dass sich eine Witwe zunächst im privaten Umfeld bewähren muss, um später einmal als wirkliche Witwe gelten zu können.

In diesem Kommentar jedoch soll die These vertreten werden, dass sich die Aufforderung ebenso wie in V.8 an die Nachkommen einer Witwe richtet: In beiden Versen geht es um die Möglichkeit der Übernahme von Versorgungspflichten durch die eigene Familie; V.16 weitet dies auf wohlhabende Frauen aus, die sich um fremde Witwen kümmern. In V.4 und V.8 werden die eigenen Kinder an das Elternehrungsgebot aus dem Dekalog (vgl. Ex 20,12; Dtn 5,16) erinnert und dazu gemahnt, die selbst erlebte Fürsorge zurückzugeben.

Dies impliziert: Wenn eine Frau nach dem Tod ihres Mannes nicht völlig allein zurückbleibt, sondern noch eingebunden ist in ein Netz aus fami-

liären Strukturen, dann gebührt diesem der Vorrang vor der gemeindlichen Fürsorgepflicht; auf diese Weise wird die Gruppe der *wirklichen Witwen* beschränkt Es ist übrigens typisch für den 1. Timotheusbrief, im eigenen Haus den allerersten Bezugspunkt einer Frau zu sehen (vgl. oben 1Tim 2,15 u.ö.); das zeigt sich auch hier.
Dass der Briefautor ausdrücklich schreibt, es gehe darum, sich *im eigenen Haus als fromm* zu erweisen, ist eine für die Pastoralbriefe typische Aussage: Menschliche Versorgungspflichten fallen für den Autor unmittelbar mit dem Willen Gottes zusammen. Eine solche religiöse Konnotation des ethisch richtigen Verhaltens bekräftigt die Formulierung, dies sei *wohlgefällig vor Gott.* Gottes Retterwillen, der allen Menschen gilt (vgl. 1Tim 2,4; 4,10, vgl. den Exkurs S. 56 f.), beweisen Christinnen und Christen aus Sicht des Briefautors gerade im Alltäglichen.
Mit **V.5** wendet sich der Autor wieder den Charakteristika einer *wirklichen Witwe* zu: Ihr Hauptmerkmal ist die Einsamkeit – sie hat gerade keine Familie, wo sie Aufnahme findet. Eine solche Einsamkeit ist allerdings keine freiwillig gewählte Lebensform, sondern Schicksal. Doch gelingt es einer wirklichen Witwe, diese Situation ins Positive zu wenden: Denn sie *hat ihre Hoffnung auf Gott gesetzt und bleibt in Bitten und Gebeten bei Nacht und Tag.* Im Hintergrund steht hier erkennbar das frühchristliche Witwenideal, wie es zum Beispiel Hanna verkörpert und wie es auch Eingang ins lukanische Doppelwerk gefunden hat (vgl. Lk 2,36–38): Hanna ist nach kurzer Ehe den Rest ihres langen Lebens allein geblieben und hat sich ausschließlich dem unablässigen Gebet im Tempel gewidmet.
Wer davon ausgeht, dass sich hinter der wirklichen Witwenschaft ein gemeindliches bezahltes Amt verberge, der erkennt im Gebet dessen (einzige) Aufgabe und sieht darin das unablässige, Tag und Nacht andauernde (Fürbitt-)Gebet für die Gemeinde. Dies sei einer Witwe deshalb möglich, weil sie keine familiären Pflichten habe und sich aufgrund einer Entlohnung für diesen Gebetsdienst nicht um ihr Auskommen sorgen müsse. Manche Auslegungen wollen aufgrund dieses Verses im Witwenamt sogar die Etablierung einer gemeindlich geduldeten asketisch-pneumatischen Lebensgestaltung entdecken. Doch ist eine solche Interpretation keineswegs zwingend und auch nicht plausibel: Wieso sollte ein Briefautor, der permanent versucht, den Einfluss asketischer Lebensführung und pneumatischer Elemente in seiner Gemeinde zurückzudrängen, ein solches Amt nicht nur ausführlich erläutern, sondern auch noch – anders als die Leitungsämter (vgl. 1Tim 3)! – mit dem Anreiz einer Bezahlung versehen? (Nebenbei gefragt: Würden sich nicht Bezahlung und Charismatikertum sowieso ausschließen? Aber das ist vielleicht ein allzu moderner Gedanke!)

Dass **V.6** zu dem zuvor beschriebenen hohen Ideal ein negatives Kontrastbild entwirft, ist ein bewährtes paränetisches Schema. Hier ergeht (indirekt formuliert) eine deutliche Warnung an alle Witwen: Ein *ausschweifendes Leben* führt dazu, dass man schon zu Lebzeiten (*geistlich*) *tot* ist (so auch in Offb 3,1). Der Widerspruch ist klar: Wer seine Gottesbeziehung vernachlässigt, um sich ganz den Freuden des irdischen Lebens hinzugeben, dem fehlt das, was wirklich *lebendig* macht. Wer sich jedoch, wie die wirkliche Witwe, solchen irdischen Genüssen entsagt, der findet im Gebet eine erfüllte Gottesbeziehung.

V.7 unterbricht die etwas unsystematische Aufzählung von Ge- und Verboten für wirkliche Witwen und appelliert an Timotheus. Der Anspruch der *Untadeligkeit* wird daneben explizit nur noch an die Bischöfe gestellt (vgl. 1Tim 3,2). Daraus schließen zu wollen, dass beide Gruppierungen als Amtsträger eine besonders exponierte Stellung innehätten, würde diesem Adverb allerdings zu viel Gewicht aufbürden. Was man aber sagen kann: Wie auch sonst im 1. Timotheusbrief geht es wieder um die Außenwirkung der christlichen Gemeinde. Die *Untadeligkeit* der Witwen macht es Außenstehenden unmöglich, über eine vermeintliche moralische Laxheit der frühen Christen zu spotten.

V.8 greift die bereits in V.4 angeklungenen familiären Beziehungen von Witwen wieder auf, wendet sie aber insofern ins Negative, als dass es nun um diejenigen geht, die diesen Pflichten nicht nachkommen, die also nicht den in V.7 formulierten Anspruch der Untadeligkeit erfüllen. Und wieder stellt sich die Frage: Sind hier die Witwen auf ihre Fürsorgepflicht gegenüber ihrer Familie angesprochen oder sind es umgekehrt die Kinder oder andere Familienangehörige, die mit dem Indefinitpronomen *jemand* gemeint sind und ermahnt werden.

Die formale Unausgeglichenheit des gesamten Abschnitts erschwert es, zu einer eindeutigen Deutung zu gelangen. Die über die Konjunktion *aber* erfolgende kontrastierende Rückbindung an V.7 könnte nahelegen, dass hier die Witwen gemeint sind. Ihnen würde der Verfasser dann vorwerfen, sich lieber in den – offensichtlich auch mit einem gewissen Ansehen verbundenen – Witwenstand aufnehmen zu lassen, anstatt der in der Antike vornehmsten Pflicht einer Frau nachzukommen, nämlich der Fürsorge für die eigene Familie. Dass sie damit gerade nicht dem christlichen Ideal der Untadeligkeit entsprechen würden, würde dann zeigen, was schon mehrfach zu beobachten war: Gesellschaftliche Normvorstellungen und christliches Familienethos koinzidieren.

Auch eine Deutung des Verses als Hinweis in Richtung der Familienangehörigen ist aber denkbar und vielleicht sogar plausibler: Dann nämlich würde die sogenannte Witwenregel an drei Stellen unterbrochen von Hinweisen darauf, wie Witwen auch versorgt werden könnten. V.4

und V.8 nehmen dabei die eigene Familie in die Verantwortung, V.16 spricht von der Möglichkeit der Witwenversorgung durch vermögende Frauen.

Geht man davon aus, dass es in diesen Versen tatsächlich nicht um ein Amt, sondern um die Frage nach der Versorgung der Witwen geht, dann ist durchaus verständlich, warum der Autor immer wieder zwischen Fragen der Unterhaltsverpflichtung und Kriterien für *wirkliche Witwen* hin- und herspringt. Er versucht so auf doppelte Weise die Anzahl derer zu begrenzen, die von der Gemeinde unterhalten werden sollen: Zum einen schöpft er alle anderen Möglichkeiten der Versorgung aus und zum anderen stellt er umfangreiche Kriterien dafür auf, wer überhaupt in den gemeindlichen Witwenstand aufgenommen werden darf.

Letzteres ist dann in **V.9f** wieder Thema; hier werden weitere Kriterien für *wirkliche Witwen* entfaltet. Die Satzkonstruktion ist unpersönlich gehalten (Imperativ 3. Person – eine Form, die es im Deutschen so gar nicht gibt), zielt aber erkennbar auf denjenigen, der dafür Verantwortung trägt, dass in der Gemeinde alles seinen geregelten Gang geht. Der Hinweis, dass eine Witwe *aufgeführt werden* solle, setzt die Existenz eines regelrechten Verzeichnisses voraus.

Bei dem dafür verwendeten Verb handelt es sich um ein sogenanntes Hapax legomenon, das heißt, es kommt im Neuen Testament nur an dieser einen Stelle vor, wird in der paganen Umwelt allerdings als Terminus technicus für die militärische Musterung verwendet. An dieser Stelle hat nun die begründete Vermutung einiges für sich, dass es hier um eine Versorgungsliste geht. Auch Apg 6,1 zeugt ja von dem Versuch, den gemeindlichen Umgang mit Witwen institutionell zu regeln – eine solche Liste erscheint als plausible Lösung.

Doch wer darauf Platz finden will, für den gelten strenge Kriterien: Zunächst einmal muss eine Witwe das Alter von *60 Jahren* erreicht haben. Dies meint weniger eine konkrete Altersangabe, sondern impliziert in der Antike den Übertritt ins Greisenalter und damit den Moment, in dem eine Frau keine aktiven Verpflichtungen mehr in der Familie und im Haus wahrnimmt. Die frühchristliche Schrift Didaskalia nennt hingegen 50 Jahre als Maßstab. Beides zielt darauf, dass eine Frau in dem Alter tatsächlich keine familiären Verpflichtungen wie kleine Kinder mehr haben kann und deshalb wohl kein Interesse an einer Wiederverheiratung mehr haben dürfte.

Mehr Kopfzerbrechen bereitet die Frage, was sich hinter der Formulierung verbirgt, wonach eine Witwe *Frau eines Mannes* gewesen sein sollte; eine vergleichbare Forderung war auch gegenüber einem (angehenden) Bischof erhoben worden (vgl. 1Tim 3,2, sowie die Auslegung z.St.). In Bezug auf eine Witwe kann es hier nicht um das Verbot einer

Affäre oder von Polyandrie gehen – beides wäre im antiken Moralkodex völlig undenkbar gewesen –, doch kann sich diese Einschränkung nicht gegen die sukzessive Mehrehe richten, weil der Briefautor jüngeren Witwen die Wiederheirat geradezu gebietet. Wie bei männlichen Amtsträgern dürfte diese Formulierung hier deshalb für die Führung einer guten Ehe stehen, die von Verlässlichkeit und Treue gegenüber dem Ehepartner und der Familie gekennzeichnet war.

Übrigens war die Widerheirat verwitweter Frauen ein Thema, das in der Antike nicht unumstritten war: Zwar galt es in Judentum und Hellenismus für Witwen als geboten, wieder zu heiraten, doch kursierte im römischen Reich schon länger das Ideal der vidua univera, also die Vorstellung einer lebenslangen Treue zu nur einem Mann – auch über dessen Tod hinaus. Inschriften auf Grabmälern loben solche Frauen und auch in die christliche Tradition hat dies, wie die Belege bei Paulus (vgl. 1Kor 7,8f.34) sowie die Schilderung der Hanna in Lk 2,36–38 zeigen, Eingang gefunden.

Ein wenig spitzfindig könnte man nun allerdings anfragen: Wenn eine wahre Witwe eine gute Ehe geführt und also rechtschaffene Kinder großgezogen haben muss, warum kümmern sie sich dann nicht um die alt gewordene und bedürftige Mutter, so wie es ihre Pflicht gewesen wäre? Eine Antwort darauf gibt der Text nicht.

V.10 formuliert weitere Anforderungen, die zwar über die vorausgehenden formalen Kriterien hinausreichen, inhaltlich aber dem entsprechen, was man in der Antike auch sonst von Frauen erwartete. Die zeitliche Struktur des Verses zeigt, dass es um Tugenden geht, die in der Vergangenheit liegen: Die Witwen sollen jetzt ein *Zeugnis in guten Werken* haben (Präsens), weil sie all die anderen erwähnten Dinge bereits zuvor getan haben (Vergangenheit).

Es ist sicher kein Zufall, dass die Erziehung der Kinder an erster Stelle steht; schließlich galt das Dasein als Hausfrau und Mutter in der Antike als eine der vornehmsten Pflichten der Frauen. Daher dürfte diese Anforderung dem Autor fast wie selbstverständlich aus der Feder geflossen sein, ohne dass er selbst den Widerspruch zu V. 4 bemerkt: Dort war ja eindeutig formuliert, dass eine wirkliche Witwe nur eine solche ist, die kinderlos ist. Wie passt beides zusammen? Manche Wissenschaftlerinnen und Wissenschaftler sehen in den in V.10 erwähnten Kindern Waisenkinder, durch deren Versorgung eine Witwe sich früher selbst als wohltätig hervorgetan habe. Doch legt nichts in diesem Vers eine solche sehr enge Interpretation nahe. Vermutlich bedient sich der Briefautor hier eher typischer antiker Topoi, um das Bild einer vorbildlichen Frau zu entwerfen – und bemerkt nicht, dass er sich dabei selbst widerspricht.

Auch die Forderungen nach *Gastfreundschaft* und dem *Beistand von Bedrängten* (vgl. 1Thess 3,9; 2Kor 1,6; 7,7) sind schon fast typologisch. Die hier erwähnte *Fußwaschung* – also die Reinigung und Pflege der von der Reise oft strapazierten Füße der Gäste – dient als konkrete Veranschaulichung und hat im Christentum aufgrund des vorbildlichen Handelns Jesu eine besondere Bedeutung (vgl. 3Joh 5–8; Joh 13,14–17); *Heilige* steht als Synonym für die Mitchristinnen und Mitchristen. Der fast refrainartig wirkende Abschluss *wenn sie jedem guten Werk nachging* dient als summarische Abrundung und macht deutlich, dass es sich bei den vorangegangenen Nennungen nur um exemplarische Beispiele handelt.

(Nur in Klammern sei darauf hingewiesen: Manche Auslegungen wollen aus dem Fehlen von Bedürftigkeit als Kriterium schließen, dass es hier nicht um Versorgung gegangen sein könne. Doch ist erstens fast vorauszusetzen, dass eine Witwe ohne Versorger materielle Probleme hat – und ist das zweitens kein Kriterium, das auf einer Eigenleistung basiert, worum jedoch diese Verse kreisen.)

Man hat übrigens versucht, aus den Anforderungen, die in V.9f an die Witwen gestellt werden, darauf zu schließen, welche gemeindlichen Aufgaben eine Witwe gehabt haben könne. Dass dies nicht gelingen will, unterstreicht die These, dass die Beschreibung eines organisierten Witwenamtes vom Autor gar nicht intendiert war. Und selbst wenn, so würden, wie bereits in Bezug auf Bischöfe und Diakone zu beobachten, Amtstugenden und Amtsaufgaben nur sehr begrenzt miteinander korrespondieren. Schon dass die Frauen im Greisinnenalter sein sollen, sollte hier zur Vorsicht mahnen. Mehr als das unablässige Gebet (V.5) sollte und konnte man offensichtlich nicht mehr fordern.

Ab **V.11** nimmt Paulus nun diejenigen Witwen in den Blick, die nicht als wirkliche Witwen gelten können – schon aufgrund ihres jüngeren Alters: Doch es scheint, als habe der Briefautor über deren Ausschluss vom Witwenstand aufgrund ihres Alters hinaus auch sonst gute Gründe sie abzuweisen. Der Brief kolportiert im Folgenden einige Vorurteile gegenüber jüngeren Frauen: Sie würden das Leben als Witwe nicht aushalten, sondern würden ihren *Begierden nachgeben* und wieder *heiraten wollen*. Nicht der Heiratswunsch an sich ist aus Sicht des Briefautors das Problem – er kann das in V.14 geradezu fordern –, sondern er wäre es dann, wenn diese jüngeren Witwen bereits zum offiziellen Witwenstand gehören würden. Dann nämlich müssten sie sich den Vorwurf gefallen lassen, ihre frühere (oder: *erste*) *Treue* gebrochen zu haben (**V.12**).

Was verbirgt sich hinter der Formulierung *erste Treue* in V.12? Der griechische Terminus meint das zeitlich ältere und darum wichtigere Gelübde. Damit ist wohl kaum ein Ehegelöbnis gemeint, sondern eher eine Art lebenslanges Versprechen, das mit der Aufnahme in den Witwenstand abgelegt wurde und das die jüngeren Witwen bei der Aussicht auf eine erneute Heirat bereit wären aufzukündigen. Deshalb fordert der Briefautor, dass sie ein solches Gelübde erst gar nicht leisten sollen. Mit all dem zeigt der 1. Timotheusbrief übrigens eine deutliche Nähe zur syrischen Didaskalia (Kap. XIV), die sich diesem Thema ebenfalls zuwendet.

Doch der Briefautor unterstellt den jungen Frauen nicht nur, nicht Herrinnen über ihre sexuellen Begierden zu sein (und deshalb der Möglichkeit einer zweiten Ehe nicht widerstehen zu können), sondern greift in **V.13** noch weitere Klischees auf. So wenig dies jungen Christinnen tatsächlich gerecht zu werden vermag, so sehr zeigt diese Polemik, wogegen der Briefschreiber glaubt anschreiben zu müssen: Junge Witwen seien nicht ausgelastet und würden faul und geschwätzig – wobei die Formulierung, wonach *sie lernen, faul zu sein,* bereits eine satirische Spitze darstellt. Die Sorge des Briefautors liegt offensichtlich darin begründet, dass diese jungen Frauen ihre Müßigkeit nicht in angemessener Weise zum Wohl der Gemeinde einsetzen.

Dass sie *über Dinge reden, die nicht nötig sind,* könnte eine Anspielung auf die Verbreitung von Irrlehren enthalten – so jedenfalls wird dieser Ausdruck im Titusbrief gebraucht (vgl. Tit 1,11) – und passt dazu, dass der Autor besondere Sorge davor hat, dass sich gerade die Frauen von den Irrlehrern überzeugen lassen (vgl. 2Tim 3,6). Allerdings: Hätte der Briefschreiber sicher gewusst, dass es jüngere Witwen gab, die seinen Gegnern auf den Leim gegangen waren, hätte er es wohl nicht bei vorsichtigen Andeutungen belassen. Vielleicht ist dies also nur seiner eigenen vorurteilsbehafteten Sorge geschuldet.

Der Autor zeichnet damit das genau entgegengesetzte Bild zu dem Ideal einer christlichen Frau, das er oben in 1Tim 2,11.15 entworfen hatte: Diese soll in der Stille (und zu Hause) lernen und sie soll ganz in ihrer Rolle als Mutter aufgehen.

Die Aufforderung zur Wiederheirat in **V.14** ist im Grunde nichts weiter als die logische Schlussfolgerung aus dem Vorangehenden: Weil die jüngeren Witwen aus all den genannten Gründen nicht darauf hoffen können, in den Stand der *wirklichen Witwen* aufgenommen zu werden, sollen sie wieder heiraten. Der Briefautor kleidet dies in eine autoritative Anweisung. Durch das hier gewählte *Ich* führt der Verfasser sogar die Autorität des Paulus selbst ins Feld, in dessen Namen der Brief geschrieben sein will. Dabei hatte der Apostel selbst doch verwitweten Frauen nahegelegt, eher nicht mehr zu heiraten (vgl. 1Kor 7,8f.39f)!

In der Tat muss man also konstatieren: Der Briefschreiber hat sich weit von seinem Vorbild entfernt – doch kann man angesichts seiner gemeindlichen Situation gut verstehen, warum er so argumentiert: Anders als in den paulinischen Gemeinden spielt für den 1. Timotheusbrief und seine Adressaten die eschatologische Naherwartung keine Rolle mehr, die es aber gewesen war, die die paulinische Argumentation prägte. Mit dem Schwund der Naherwartung gewann der eschatologische Vorbehalt, der das paulinische Denken auszeichnete, allerdings leicht asketisch-rigoristische und weltverneinende Züge. Dies jedoch ist auch das, was die Irrlehrer auszeichnet, gegen die sich der Schreiber abgrenzen muss.

Der Häresie stellt der Briefautor deshalb in V.14 eine bewusst weltbejahende Aussage gegenüber: Für ihn erfüllen junge Frauen ihren der Schöpfung gemäßen Auftrag und leben ihren christlichen Glauben, wenn sie *heiraten, Kinder gebären, den Haushalt führen.* Dass es dabei auch um den Gedanken der werbenden Lebensführung geht, zeigt die Fortführung des Verses. Für den Autor des 1. Timotheusbriefes ist ganz klar: Nicht das Außerordentliche, sondern das Ordentliche, also das Normale und den Sitten Entsprechende, ist das Richtige und soll deshalb den christlichen Glauben prägen.

Alles andere könnte den *Widersacher* zu übler Nachrede oder *Beschimpfung* veranlassen – die hier befürchtete Reaktion (vgl. 1Kor 4,12; 1Petr 2,23; 3,9) legt nahe, dass mit diesem Gegner keine Dämonen, sondern wie auch sonst im Neuen Testament ein menschlicher Feind gemeint ist (vgl. u. a. 1Kor 16,9; Phil 1,28).

Erst mit **V.15** kommt dann der Teufel als widergöttliche Macht ins Spiel – allerdings in einem eher formelhaften Ausdruck. Der Autor konstatiert: *Schon nämlich haben sich einige abgewandt hinter dem Satan her,* ohne dass der unmittelbare Zusammenhang mit dem Vorangehenden deutlich würde. Die Tendenz ist klar: Auch bei den Witwen, die dem hohen Ideal nicht gerecht werden können, besteht die Gefahr, sich aus dem Bereich des wahren Glaubens zu entfernen. Dass sie dies terminologisch und inhaltlich in die Nähe der Häresie rückt, ist typisch für den 1. Timotheusbrief: Der Briefschreiber kann alles, was er als Fehlverhalten interpretiert, mit den Irrlehrern in Verbindung bringen.

V.16 macht dann erneut die Frage einer außerinstitutionellen Witwenversorgung zum Thema, die bereits durch V.4 und V.8 aufgeworfen war. Die Möglichkeit, dass eine Frau mittellose Witwen versorgt, setzt die Existenz wohlhabender Frauen in der christlichen Gemeinde voraus. Offensichtlich bildete die Gemeinde des 1. Timotheusbriefes stärker noch als das Christentum zur Zeit des Paulus den gesellschaftlichen Durchschnitt ab, auch wenn auch dieser bereits vermögende Frauen im Kontext christlicher Gemeinden kennt (Röm 16,1f; vgl. Apg 16). Wie bereits in V.4 und V.8 geht es auch hier darum, alternative Versorgungsmöglichkeiten zu finden und also die Zahl der gemeindlich zu unterstützenden Witwen so gering wie möglich zu halten.

Man darf sich dies als einen Dreischritt vorstellen: Zunächst ist die eigene Familie in der Pflicht, dann wird eine private Lösung versucht – und erst dann springt die Gemeinde ein (und das nur dann, wenn eine Witwe die hier ausführlich entfalteten Kriterien erfüllt). Noch deutlicher kann wohl kaum gemacht werden, dass es nicht um ein Amt, sondern um eine Versorgungseinrichtung geht. Wenn Timotheus in V.2 aufgefordert wird, ältere Frauen wie Mütter zu ehren, so ist es doch nur folgerichtig, dass er und mit ihm die Gemeinde gegenüber verwitweten Frauen (ohne Kinder) die Aufgabe der Elternehrung übernimmt und für ihre Versorgung aufkommt.

Die Fürsorge gegenüber Bedürftigen ist bis heute eine der Aufgaben christlicher Gemeinden und christlicher Kirchen. Vielfach ist es gerade dieses karitative Wirken, das kirchenferne Menschen wahrnehmen und wertschätzen, zeigt sich darin doch, wie das Vorbild Jesu im konkreten Gemeindeleben Gestalt gewinnen kann.
Doch ist dies eine Aufgabe, die zugleich auch herausfordert: Wer dauerhaft auf Fürsorge angewiesen ist und sie mehrfach in Anspruch genommen hat, verlernt vielleicht, eigene Ressourcen zu aktivieren. Pastorinnen und Pastoren, die eine Handkasse verwalten, um Menschen unbürokratisch helfen zu können, können ein Lied davon singen.
Der 1. Timotheusbrief ist ein Zeugnis des Ringens um genau solche Fragen: wer der Hilfe wirklich bedarf, wie eine als Hilfe verstandene Einrichtung gegen Missbrauch geschützt werden kann und wie man konkrete Maßstäbe entwickeln kann, die weder diskriminieren noch zu sehr einengen. Ob dem Brief Letzteres wirklich gelungen ist, sei dahingestellt – doch bleibt er gerade darin ein Ansporn, sich diesem Thema auch in der Gegenwart zu stellen.
Noch ein zweiter Gedanke ist in diesem Abschnitt wichtig, nämlich der des Dienstes von älteren Frauen in der Gemeinde. Gerade diese sind es vielfach doch, die das Rückgrat der Gemeinde bilden und in ihrem ehrenamtlichen Dienst unermüdlich sind. Dies weiß auch der Briefschreiber – und er weiß zugleich, dass die Kräfte dieser Frauen auch irgendwann schwinden. Vielleicht täte auch in der Gegenwart der wachsame Blick gut, dass solche unschätzbaren Mitarbeiterinnen sich nicht selbst überschätzen, sondern die Erfahrung machen dürfen: Sie sind auch dann willkommen, wenn sie selbst nicht mehr so können, wie sie gerne wollen.

1Tim 5,17–20: Regeln für den Umgang mit »Ältesten«

Stärker noch als die Hinweise zu den Witwen widersetzt sich dieser kurze Abschnitt einer eindeutigen Einordnung: Geht es um Anweisungen für ein gemeindeleitendes Amt – so dass zu den in 1Tim 3 angesprochenen Bischöfen und Diakonen als drittes Amt noch eine Gruppe von Ältesten treten würde – oder hat der Briefautor nur eine weitere aufgrund des Alters gesondert angeredete Gruppe vor Augen? Und bis zu welchem Vers reichen diese Anordnungen? Nur bis V.20 oder bis einschließlich V.25?

Zugunsten welcher Position auch immer die Entscheidung ausfällt: Es lassen sich nicht alle Fragen zufriedenstellend beantworten. Denn 1Tim 5,17–25 ist ein in sich inhomogener Abschnitt, der zwischen Anweisungen, persönlichen Ermahnungen, weisheitlichen Sentenzen und Begründungen aus der Schrift changiert. Dem Autor gelingt es nur mühsam, diesen disparaten Stoff zusammenzuhalten – und nicht alle Hinweise an seine Leserschaft sind heute noch zu erhellen.

In diesem Kommentar soll nun mit aller begründeten Vorsicht die These vertreten werden, dass es in V.17–20 um ältere Männer mit Leitungsfunktion geht, während ab V.21 ein neues Thema einsetzt. Offensichtlich stellt der Autor der aus Bischof und Diakonen bestehenden gemeindlichen Doppelspitze eine weitere einflussreiche Gruppe an die Seite. Warum er dies gleichsam versteckt im Anschluss an Anweisungen für verschiedene Altersgruppen tut, lässt sich nur noch vermuten.

17 Die Älteren aber, die auf gute Weise vorstehen, sollen zweifacher Ehre wertgehalten werden, und zwar gewiss die, die sich mühen in Wort und Lehre. 18 Es sagt nämlich die Schrift: Dem dreschenden Ochsen sollst du nicht das Maul verbinden, und: Wert ist der Arbeiter seines Lohnes.
19 Gegen einen Älteren nimm keine Klage an, außer wenn es (nicht) zwei oder drei Zeugen gibt. 20 Die, die sündigen, weise vor allen zurecht, damit auch die Übrigen Furcht haben.

V.17 eröffnet ein neues Feld. Es geht um ältere Männer, hier eingegrenzt durch den Zusatz *die auf gute Weise vorstehen*. In vielen deutschen Bibelübersetzungen findet sich hier der Terminus technicus »Älteste«, womit in der Regel die Vorstellung eines gemeindeleitenden Amtes verbunden ist, wie man es auch aus anderen frühchristlichen Schriften kennt (vgl. u. a. Apg 14,23; Tit 1,5; 2Joh 1; 3Joh 1; Offb 4,4). Doch täuscht diese Übersetzung darüber hinweg, dass der in V.17 verwendete griechische Begriff identisch ist mit dem in 1Tim 5,1 gebrauchten und als Komparativ *Ältere* zunächst lediglich eine Altersbezeichnung darstellt. Vermutlich verwendet der Autor bereits in 1Tim 5,1 bewusst nicht den Positiv, um hier erneut darauf Bezug nehmen zu können. Nun geht es also (wieder) um ältere Männer – dieses Mal aber um solche, die eine besondere Funktion haben. Während sich V.1f grundsätzlich mit den verschiedenen Altersgruppen der Gemeinde beschäftigt hatten, regeln

V.3–16 und V.17–20 zwei Sonderfälle: den der Witwen und den der älteren Männer, die eine verantwortliche Funktion ausüben.
Schon bei Paulus selbst konnte mit dem Verb *vorstehen* die Aufgabe der Gemeindeleitung umschrieben werden (vgl. Röm 12,8; 1Thess 5,12), allerdings meint es dort stärker das Moment des fürsorglichen Sich-Annehmens, während der Begriff im 1. Timotheusbrief auch in den Bischofsspiegel Eingang findet und dort eine Funktion im privaten Haushalt mit der Tätigkeit in der Gemeinde parallelisiert.
Wenn aber beide Gruppen – Bischöfe und Älteste – die gleiche Aufgabe haben, ist zu fragen, ob die Bischöfe aus den hier angesprochenen Reihen der Älteren stammen? Denkbar wäre es. Dann würde dieser Vers den Versuch darstellen, zwei verschiedene Begrifflichkeiten für gemeindeleitende Ämter miteinander in Beziehung zu setzen. Vielleicht existierten in der Gemeinde, die der Briefschreiber vor Augen hat, bereits presbyteriale Strukturen (vgl. Apg 14,23; 15,6, 21,18) – und der Verfasser hat es sich zum Ziel gesetzt, diese *Ältesten* vor allem auf ihren möglichen Einsatz als Bischöfe hin in den Blick zu nehmen. Dies würde dazu passen, dass der Begriff Ältester eher einen *Stand*, der Begriff Bischof jedoch ein *Amt* beschreibt (vgl. den Exkurs S. 237 f.).
Deutet sich damit an, dass der 1. Timotheusbrief den Versuch einer gemeindlichen Neuordnung darstellt? Dann würde er nicht nur die Strukturen beschreiben und systematisieren, die bereits vorhanden sind, sondern sie auch in seinem Sinne zu verändern versuchen. Die Überlieferung der Apostelgeschichte legt es bei aller gebotenen Vorsicht in Bezug auf die Historizität der in ihr überlieferten Traditionen nahe, dass die christliche Gemeinde in Ephesus – wo der Brief ja hinzielt (vgl. 1Tim 1,3) – zur Zeit des Lukas durch eine Presbyterialverfassung geprägt war (vgl. Apg 20,17ff). Möchte der Briefschreiber dies vielleicht zugunsten der im hellenistischen Kontext gängigeren Episkopalverfassung ändern? Aus den Reihen der älteren Männer hebt der Autor des 1. Timotheusbriefes jedenfalls diejenigen hervor, die eine leitende Funktion einnehmen und die dies – und das darf als zweite Näherbestimmung nicht unterschätzt werden – *auf gute Weise* tun.
Die den Vers abschließende appositionelle Wendung beschreibt dann, wie diese Leitungsfunktion ausgefüllt werden soll: Sie besteht aus Verkündigung (*Wort*) und *Lehre*. Das Adverb ist hier, wie bereits in 1Tim 4,10, wo der identische Begriff steht, nicht superlativisch, sondern assertorisch-unterstreichend gebraucht: Der Fokus (*und zwar gewiss*) liegt auf denen, *die sich mühen in Wort und Lehre*. Das griechische Verb steht innerhalb der Paulusbriefe mehrfach als Beschreibung für eine gemeindeleitende Tätigkeit (vgl. 1Thess 5,12; 1Kor 16,16 u.ö.) und dürfte von dort aus auch hier Eingang gefunden haben.

Von zentraler Bedeutung ist die Tatsache, dass der Briefschreiber Leitungsfunktion und Verantwortung für Wort und Lehre parallelisieren kann. Wie passt das dazu, dass letzterer Themenkomplex in 1Tim 3, als es um die Charakterisierung eines Bischofs ging, gerade keine herausragende Rolle gespielt hat?

Jeder eindeutigen Auslegung hat sich bisher die Formulierung widersetzt, die so charakterisierten Männer sollen *zweifacher Ehre wert gehalten* werden. Der griechische Ausdruck ist in vielerlei Hinsicht mehrdeutig: Zunächst muss deshalb geklärt werden, was das mit *Ehre* wiedergegebene Substantiv für Implikationen hat. Meint es lediglich eine – wie auch immer genauer zu fassende – Wertschätzung oder tatsächlich einen Lohn? (Der deutsche Terminus »Honorar« erinnert noch daran, dass beides eng miteinander verbunden werden konnte.)

Doch ist tatsächlich denkbar, dass von einer Entlohnung in dem eher amtlich anmutenden Bischofs- und Diakonenspiegel nicht die Rede war, eine solche Bezahlung jetzt jedoch selbstverständlich vorausgesetzt würde? Bereits 1Tim 5,3 hatte gezeigt, dass sich für diesen Wortstamm innerhalb dieses Briefes eher ein Verständnis im Sinne einer nicht materiell zu füllenden Ehrerbietung nahelegt (vgl. u. a. Joh 4,44; Röm 12,10; 1Thess 4,4; 1Petr 3,7); 1Tim 6,1f wird das bestätigen. Auch in V.17 dürfte es daher nicht um eine Bezahlung, sondern eher um eine Häufung von Funktionen und Vorzügen gehen.

Wenn dem so ist, stellt sich dann allerdings die Frage, inwiefern eine solche *Ehre* im streng numerischen Sinne zu verdoppeln wäre. Und wenn ja: Doppelt so viel wie wer? Wie die Witwen, wie die Ältesten ohne zusätzliche Aufgaben – oder wie die Ältesten, die ihre Aufgabe schlecht machen? Eine besonders kreative Position behauptet, solche Ältesten erhielten beim Abendmahl die doppelte Ration. Doch wird das durch nichts im Brief gedeckt. Vermutlich ist in V.17 insofern eine *doppelte Ehre* gemeint, als dass die Presbyter als ältere Männer zum einen aufgrund ihres Alters zu ehren sind und zum anderen aufgrund ihrer Lehrfunktion.

Ob man also aus diesen wenigen und sich jeder eindeutigen Interpretation entziehenden Worten wirklich schließen kann, dass der Dienst am Evangelium, wie gelegentlich zu lesen ist, zum Beruf werde, erscheint doch fraglich. Tatsächlich muss die genaue Deutung offenbleiben – und man kann nur konstatieren, dass der Briefschreiber auf Strukturen und Relationen anspielt, die nicht mehr bis ins Letzte erhellt werden können. Auch das in **V.18** anschließende, mit der knappen Formulierung *es sagt nämlich die Schrift* eingeleitete Doppelzitat hilft an diesem Punkt nicht weiter. Zwar könnte der explizite Hinweis auf den *Lohn*, dessen *ein Arbeiter würdig* ist, zur materiellen Vereindeutlichung des Begriffs *Ehre* aus V.17 herangezogen werden, doch darf dieser Vers im Hinblick hierauf nicht überstrapaziert werden und kann also keineswegs als sicherer Beweis für eine wie auch immer zu verstehende Entlohnung gewertet werden.

Aufschlussreich ist V.18 allerdings aus anderen Gründen. Das erste Zitat stammt aus Dtn 25,4 und wird von Paulus selbst bereits in 1Kor 9,8–14 angeführt, um die Frage des apostolischen Unterhaltsanspruchs zu regeln. Der Autor des 1. Timotheusbriefes übernimmt diese kurze bildliche Sentenz allerdings nicht von Paulus direkt, sondern zitiert sie anders als dieser dem korrekten Wortlaut der Septuaginta folgend – vielleicht kannte er diese Variante aus dem geflügelten christlichen Sprachgebrauch? Wie auch Paulus in 1Kor 9 führt der Briefverfasser als zweites ein Herrenwort zur Untermauerung seiner Argumentation an. Während Paulus jedoch lediglich fast summarisch auf die jesuanische Tradition verweist (vgl. 1Kor 9,14), füllt der 1. Timotheusbrief diese Lücke. Er vermutet wohl, dass Paulus auf Lk 10,7 und damit auf einen Vers aus der Logienquelle angespielt haben könnte und trägt diesen nun ein: *Wert ist der Arbeiter seines Lohnes.* Spannenderweise geht es im Kontext dieses Zitates nun aber gerade nicht um eine Entlohnung, sondern vielmehr um das genaue Gegenteil: um die Besitzlosigkeit der Jesusmissionare, denen es lediglich erlaubt ist, Gastfreundschaft in Anspruch zu nehmen, nichts jedoch darüber hinaus. Auch in 1Kor 9,9 geht es eher um Versorgung als um Bezahlung; dies liegt auch an dieser Stelle nahe.

Wenn der Autor des 1. Timotheusbriefes Lk 10,7 wirklich als Jesuslogion kennt, dann würde in diesem Brief ein Jesuswort als heilige *Schrift* zitiert. Dies ist nicht, wie manche Wissenschaftlerinnen und Wissenschaftler vermuten, ein Versehen gewesen und heißt auch nicht, dass die Einleitung nur auf das erste der beiden Zitate bezogen werden dürfe, sondern könnte nahelegen, dass es zur Zeit des 1. Timotheusbriefes bereits eine wie auch immer geartete schriftliche Tradierung von Jesusworten gegeben haben könnte, die innerhalb der christlichen Gemeinden in Umlauf waren. Bezeichnete das Substantiv *Schrift* auch im Urchristentum zunächst nur die Schriften des Alten Testaments, so wäre dann bereits der Beginn der Übertragung dieser Zuschreibung auch auf genuin christliche Texte erkennbar. Das wäre ein Beleg dafür, dass es sich beim 1. Timotheusbrief um einen sehr jungen Brief handelt. Gesichert ist all das jedoch nicht.

Zusammenfassend ist festzuhalten: Am meisten Wahrscheinlichkeit hat es für sich, dass der Briefschreiber in V.17f versucht, die presbyteriale und die episkopale Ordnung zusammenführen, deshalb einige Älteste aufgrund ihrer Qualifikationen hervorhebt und dieser Gruppe gegenüber eine besondere, nicht finanziell zu quantifizierende Ehrerbietung in Aussicht stellt.

Mit V.19f wendet sich dieser kurze Abschnitt einer anderen Frage im Umgang mit den älteren Männern zu. Hier wird, nachdem in V.17 von denen die Rede war, die ihrer Aufgabe besonders gut nachkommen, die Möglichkeit des Versagens in den Blick genommen – und der Umgang damit ganz konkret geregelt.

Zunächst wird in **V.19** festgelegt, unter welchen Umständen eine Klage gegenüber einem Ältesten berechtigt ist. Der Briefschreiber verweist hier ausdrücklich darauf, dass die Aussage von mindestens zwei oder drei Klägern vorliegen müsse. Damit greift der Briefautor eine Regelung auf, wie sie in Dtn 19,15 als allgemeine Regel für Gerichtsverfahren formuliert ist (vgl. Mt 18,16) und erklärt sie zur verbindlichen Norm. Übertragen auf die Gemeinde des 1. Timotheusbriefes heißt das: Weder sollen Älteste vorschnell angeklagt werden, noch soll Fehlverhalten unaufgedeckt bleiben. Vermutlich war beides tatsächlich eine reale Gefahr: Dass diesen Männern eine besondere Stellung zukam, konnte sowohl zu unangemessener Rücksicht als auch zu Neid führen.

Auch **V.20** hat noch die Älteren im Blick, die sich verfehlt haben, und nicht etwa, wie manchmal auch vermutet wird, bereits alle Christinnen und Christen der Gemeinde. Wer von diesen Älteren *sündigt*, soll *zurechtgewiesen* werden. Das hierfür verwendete griechische Verb kann auch eine inhaltliche Widerlegung meinen (so gebraucht in Tit 1,9, vgl. Tit 1,3), so dass durchaus diskutiert werden könnte, ob die hier angesprochene *Sünde* in einer Verbreitung falscher Lehren bestanden haben könnte. Die Zurechtweisung geschieht allerdings in erster Linie, so scheint es, *damit auch die Übrigen Furcht haben.* Der Begriff der Furcht meint ebenso die Abschreckung wie den Ruf in den Gehorsam (vgl. 1Petr 1,17). Weitere Maßnahmen, gar Kirchenzuchtverfahren, sind nicht vorgesehen. Eine Zurechtweisung scheint ausreichend zu sein.

Menschen, die ein gemeindliches Amt bekleiden, stehen stets im Fokus der Öffentlichkeit, denn auf ihnen ruht ein besonders wachsames Auge. Dies gilt auch hier. Der 1. Timotheusbrief versucht vermutlich – mehr als Wahrscheinlichkeiten wird man bei einem so umstrittenen und komplexen Abschnitt nicht äußern können –, presbyteriale und episkopale Ordnung zusammenzuführen. Die gemeindlichen Bischöfe sollen wohl aus den Reihen der älteren Männer kommen, die sich dafür als würdig qualifiziert haben und die deshalb der doppelten (aber nicht materiell qualifizierten) Ehre für wert befunden werden.

Doch rücken schnell diejenigen in den Blick, die einer solchen positiven Wertschätzung nicht würdig sind. Hier muss der Autor konkrete Regeln vorgeben,

wie mit ihnen umzugehen ist: Weder soll man vorschnelle Klagen annehmen, noch soll man sich scheuen, ihnen ihr Fehlverhalten vorzuhalten.
Angesichts der aktuellen Debatte um Missbrauchsvorwürfe besonders innerhalb der katholischen Kirche (aber leider eben auch in anderen christlichen Gemeinschaften) drängt sich sofort der Gedanke auf, wie wenig diese knappen Anweisungen des 1. Timotheusbriefes dort Berücksichtigung finden. Wie sehr wünschte man sich, dass die Klagen und Anklagen der Opfer stärker Gehör finden würden und dass nicht der Verdacht von Vertuschung im Raum stehen müsste. Gleichzeitig darf aus dem Fehlverhalten Einzelner (und seien es auch viele Einzelne) kein Generalverdacht gegenüber allen Geistlichen und Hauptamtlichen erwachsen. Doch fällt dies vielleicht umso schwerer, weil noch keine schonungslose Aufklärung und keine strenge Zurechtweisung der schuldig Gewordenen erfolgt. Die Prämisse des 1. Timotheusbrief lautet: Kein Generalverdacht gegen alle, keine Anklagen aus eigenem Interesse – aber auch keinerlei Vertuschungsversuche. Dies müsste unbedingt auch heute gelten.

1Tim 5,21–25: Persönliche Anweisungen für Timotheus

Wurden die vorangehenden Verse durch das gemeinsame Thema – nämlich den Umgang mit älteren Männern in gemeindeleitender Funktion (1Tim 5,17–20) – zusammengehalten, so wird 1Tim 5 durch eine Reihe lose verbundener Einzelermahnungen abgeschlossen.

21 Ich beschwöre dich vor Gott und Christus Jesus und den auserwählten
Engeln, damit du diese Dinge befolgst ohne Vorurteile, und nichts tust
gemäß (deiner) Vorliebe. 22 Die Hände lege nicht (zu) schnell auf, habe
aber keinen Anteil an fremden Sünden. Dich selbst halte rein. 23 Trinke
nicht länger nur Wasser, sondern nimm auch etwas Wein wegen deines
Magens und deiner zahlreichen Schwächen. 24 Die Sünden von einigen
Menschen sind offensichtlich, weil sie ihnen vorausgehen zum Gericht;
einigen folgen sie aber auch hinterher. 25 Ebenso sind auch die guten
Werke vorher offenbar, und die, bei denen es anders ist, können (doch)
nicht verborgen bleiben.

Der eröffnende **V. 21** dient als Scharnier zum vorangehenden Abschnitt und hat eindringlich-appellativen Charakter. Der Briefschreiber wendet sich erneut direkt an Timotheus und zieht, gleichsam um den Ernst seiner Ausführungen zu unterstreichen, eine himmlische Trias heran: *Gott, Christus Jesus* und die *auserwählten Engel* ruft er als Zeugen an. Dass Gott und Jesus Christus gemeinsam mit weiteren himmlischen Wesen genannt werden können, belegen weitere frühchristliche Zeugnisse (vgl.

Offb 1,4f; 14,6–20; Kol 2,18; IgnTrall 5,2; IgnSm 6,1) und es ist sicher kein Zufall, dass sie alle ebenso wie der 1. Timotheusbrief in den kleinasiatischen Raum weisen.

Vielleicht gab es auch in der Gemeinde des 1. Timotheusbriefes Tendenzen zur Engelverehrung, gleichsam eine Art Volksfrömmigkeit neben der offiziellen Theologie, die auch der Briefschreiber aufgreift. Engel übten ja nicht nur damals eine besondere Faszination aus! Dies würde jedoch implizieren, dass man dieser Trias nicht zu viel theologisches Gewicht beimessen sollte. Wichtiger ist vielmehr, dass Timotheus erneut auf den Ernst der Verantwortung angesprochen wird: Unparteilichkeit wird zur Pflicht.

Dies gilt auch in dem in **V.22** angesprochenen Spezialfall. Bereits seit der Alten Kirche ist umstritten, welche genaue Funktion die *Handauflegung* hier hat: Geht es um einen Ritus zur Buße (wozu die explizite Thematisierung der fremden Sünden passen würde) oder wird auf den Ordinationsritus angespielt, den man dann auch in 1Tim 4,14 zu erkennen glaubt?

Beide Deutungen bringen gewisse Probleme mit sich: Zum einen gibt es keine weiteren Belege für die Existenz eines solchen Bußritus in neutestamentlicher Zeit. Zum anderen kann auch die Deutung auf eine Ordination keineswegs als gesichert gelten. Sie lässt sich auch für 1Tim 4,14 nicht wirklich plausibel machen (vgl. den Exkurs S. 98 f.); zudem ist hier die Situation eine grundsätzlich andere: Weder gehen mit dieser Handauflegung Prophezeiungen einher, noch geht es um die Verleihung eines Charismas. Außerdem ist es nun Timotheus selbst, der diesen Ritus vornimmt.

Auch wenn frühchristliche Bußriten in der Alten Kirche erst ab dem 3. Jahrhundert n. Chr. sicher belegt sind (vgl. u. a. Euseb, H.E. VII 2, und Didaskalia 10), soll eine solche Interpretation hier mit aller gebotenen Vorsicht vertreten werden. Vorbereitet durch die Hinweise zum richtigen Umgang mit den sich verfehlenden älteren Männern rückt nun also, so lautet die These dieses Kommentars, der Umgang mit sündigen Gemeindegliedern insgesamt in den Blick. Dazu passt, dass auch V.24f sich erneut dem Thema Sünden widmen und ebenfalls alle Gemeindeglieder und nicht nur eine Teilgruppe zum Gegenstand haben.

Eine eindeutige Deutung wird zugegebenermaßen dadurch erschwert, dass nicht der Ritus selbst Thema ist, sondern ausschließlich seine falsche Handhabung: Timotheus wird davor gewarnt, *vorschnell die Hände aufzulegen*. Dies würde in der hier vertretenen Deutung die Warnung davor implizieren, Menschen verfrüht wieder in die Gemeinde aufzunehmen. Wird dieser Hinweis so interpretiert, dann passen auch die folgenden Aufforderungen: *Habe aber keinen Anteil an fremden Sünden.*

Dich selbst halte rein. Würde Timotheus vorschnell Sündenvergebung zusprechen, so würde ihm das dann eine Mitschuld geben, wenn sich ein nicht wirklich Bußfertiger erneut versündigen sollte.
Schon die Jesustradition weiß um die kirchliche Vollmacht hinsichtlich der Sündenvergebung: *Welchen ihr die Sünden erlasst, denen sind sie erlassen; welchen ihr sie behaltet, denen sind sie behalten!* (Joh 20,23; vgl. Mt 9,8; 18,18) Mag auch ein formalisiertes Ritual erst deutlich später belegt sein, so zeigen dieser und andere Belege doch, dass bereits neutestamentlich die kirchliche Bevollmächtigung zur Sündenvergebung oder zu ihrer Verweigerung gedacht werden kann – eine Vorstellung, die auch in diesem eher späten Schreiben im Hintergrund steht.
Die abschließende Ermahnung zur Reinhaltung fasst das Vorherige zusammen. Dass diese Reinheit auf die Lauterkeit des Denkens zielt und keine körperliche Askese meint, zeigt der Einschub von **V.23**. Hier findet sich eine ausdrückliche Erlaubnis zum Weingenuss. Der Hinweis *wegen deines Magens und deiner zahlreichen Schwächen* passt dazu, dass Wein in der Antike als Heilmittel durchaus geschätzt war. Zwar kannte sowohl die pagane Umwelt als auch das zeitgenössische Judentum die Enthaltsamkeit vom Alkohol, doch wird solchen asketischen Tendenzen hier ihre Grundsätzlichkeit genommen – vielleicht weil das etwas wäre, was wiederum ein typisches Element der Irrlehre ist, gegen die sich der Autor so heftig wehrt.
An dieser wie auch an anderer Stelle zeigt sich: Das gesellschaftlich akzeptierte Mittelmaß ist das Maß aller Dinge. Weder sinnloser Weingenuss (vgl. die Warnung in Röm 14,21; 1Petr 4,3) noch rigide Askese sind das, was einen verantwortlichen Christen oder eine verantwortliche Christin auszeichnen sollten. Der goldene Mittelweg vielmehr ziemt der gesunden Lehre. Am Beispiel des Timotheus wird deutlich gemacht, dass der Wein eine gute Gabe Gottes ist, die für Menschen mit einem kranken Magen und anderen gesundheitlichen Problemen – das hier mit *Schwäche* wiedergegebene Substantiv kann auch eine Krankheit meinen (vgl. Lk 5,15; Joh 11,4; Apg 28,9; Gal 4,13) – hilfreich sein kann. Damit wird also weniger etwas über Timotheus und seine gesundheitliche Konstitution ausgesagt, sondern er wird wie so oft als biographisch gestaltetes Beispiel für korrektes Verhalten herangezogen.
Bei den diesen Abschnitt abschließenden **V.24f** handelt es sich um ein in weisheitlichem Stil gehaltenes Spruchpaar, das hier – wie es im 1. Timotheusbrief oft am Ende von Sinnabschnitten zu beobachten ist (vgl. 1Tim 1,16f; 2,15; 4,10.16; 6,19) – den eschatologisch geweiteten Horizont einträgt: Die Vorstellung einer menschlichen Gerichtsverhandlung wird auf die Perspektive des göttlichen Endgerichts übertragen, in dessen Zusammenhang alle den göttlichen Richtspruch erwarten.

Während die in V.25 formulierte Gewissheit, dass im Endgericht bisher verborgene gute Werke endgültig aufgedeckt werden, zum Grundbestand urchristlicher Paränese gehört (vgl. Mt 25,34–40; 1Kor 4,5; Offb 14,13), trägt V.24 den gleichen Gedanken zunächst unter umgekehrtem Vorzeichen ein. Dies ist eine begründende Wiederaufnahme des in V.22 formulierten Gedankens: Weil nicht alle Sünden unmittelbar erkennbar sind, muss man bei der Wiederaufnahme reuiger Sünder Vorsicht walten lassen. Vorschnelle Bußfertigkeit kann mit mangelnder Bußbereitschaft einhergehen. Wirklich offenbar macht all das jedoch erst das Endgericht – ein mahnender und für alle verantwortlichen Entscheidungsträger zugleich tröstender Gedanke: Das letztgültige Urteil kommt allein Gott zu.

Wer im Glashaus sitzt, sollte nicht mit Steinen werfen, so sagt der Volksmund. Und der Verfasser des 1. Timotheusbriefes hätte ihm recht gegeben. Vorschnelle Urteile über andere Menschen führen allzu leicht zu Unterstellungen, die einmal im Raum, nicht mehr zurückgenommen werden können. Umgekehrt führt Begünstigung Einzelner zu Missstimmungen und Unmut. Nichts von alldem ist wirklich dem Evangelium Gottes dienlich – und nichts davon ziemt sich für einen Menschen in einer verantwortlichen Position (innerhalb der christlichen Gemeinde). Der abschließende Verweis auf das göttliche Urteil im Jüngsten Gericht ist dabei sehr entlastend. Nicht uns kommt ein endgültiges Urteil zu, sondern dies liegt bei Gott. Und bevor wir uns also allzu viele Gedanken darüber machen, wie Gott wohl andere Menschen beurteilen wird, sollten wir uns vielleicht fragen, was sein Blick auf unser Leben zutage fördern könnte.
Dies alles führt der Brief in diesen knappen und unzusammenhängenden Versen vor Augen. Der Hinweis auf den angemessenen Umgang mit Alkohol ist dabei angenehm konkret und pragmatisch. Auch solche Fragen gilt es also in der Verantwortung für sich selbst und für seine Mitchristinnen und Mitchristen zu regeln.

1Tim 6,1f: Der Briefschreiber äußert sich zur Sklavenfrage

Mögen V.1f formal noch zu dem Großabschnitt ab 1Tim 4,12 gehören, so wirken sie doch fast wie ein Anhang. Der Verfasser wendet sich der Sklavenfrage zu, die tatsächlich in frühchristlichen Briefen häufiger eine Rolle spielt.
Immer wieder ist darauf hingewiesen worden, dass hier wie auch bei anderen neutestamentlichen Sklavenparänesen die Haustafeltradition im Hintergrund stehe (vgl. Kol 3,22–25; Eph 6,5–8). Allerdings fällt im Vergleich zweierlei auf: Zum einen fehlt das für Haustafeln typische

Moment der Reziprozität, wonach zwei aufeinander bezogene Personengruppen wechselseitig zum angemessenen Umgang angehalten werden. Zum anderen werden die Ermahnungen eingebunden in den größeren Kontext des christlichen (Gemeinde-)Lebens insgesamt (vgl. 1Tim 6,1f; Tit 2,9, IgnPol 4,3).

Übrigens hinterfragt kein einziger der frühchristlichen Autoren, ob es eigentlich richtig ist, dass es das System der Sklaverei gibt. Paulus selbst konnte den Sklavenstand als Realität der gegenwärtigen Welt beschreiben, die für ihn vor dem Hintergrund der eschatologischen Ausrichtung der christlichen Existenz ihre absolute Bedeutung verliert. So zitiert er in Gal 3,27f eine christliche Taufformel, wonach in der Gemeinde *nicht Sklave noch Freier* seien, sondern *alle eins* seien *in Jesus Christus* – die christliche Taufe hebt die Unterschiede auf. In 1Kor 7 wendet Paulus sich ebenfalls der Sklavenfrage zu, dort steht die Existenz als Sklave unter dem eschatologischen Vorbehalt des neuen Lebens: Jede und jeder soll in dem Stand bleiben, in dem er oder sie berufen ist, so die grundsätzliche Erkenntnis. Zwar räumt Paulus Sklavinnen und Sklaven das Recht darauf ein, freizukommen, doch er kann die Relativierung der Unterschiede zwischen Herrn und Sklaven mit dem Paradox jeder christlichen Existenz begründen: *Denn wer im Herrn als Knecht berufen ist, der ist ein Freigelassener des Herrn; desgleichen wer als Freier berufen ist, der ist ein Knecht Christi* (1Kor 7,22).

Andere frühchristliche Traditionen konnten den Sklavenstand dadurch aufwerten, dass sie darin einen am Vorbild Christi orientierten Leidensgehorsam (1Petr 2,18) oder eine Grundform christlicher Existenz erkannten (vgl. Kol 3,24; Eph 2,6.8; 1Petr 2,19; IgnPol 4,3) oder die von Gott gegebene patriarchale Ordnungsstruktur verwirklicht sahen (so Did 4,11; Barn 19,7). Auch die stoische Philosophie beschäftigte sich mit der Sklaverei und sah in ihr nur ein äußerliches Gefängnis, das aufgrund der Überwindung durch die wahre innere Freiheit keine Rolle mehr spiele.

1 Alle, die Sklaven unter dem Joch sind, sollen ihre eigenen Herren aller Ehren wert halten, damit nicht der Name Gottes oder die Lehre verspottet werden. 2 Die aber gläubige Herren haben, sollen sie nicht gering achten, weil sie Brüder sind, sondern sollen ihnen umso mehr dienen, weil sie gläubig und geliebt sind und sich um Wohltätigkeit bemühen. Dies lehre und gebiete.

Weder hier noch sonst im Neuen Testament wird das System der Sklaverei generell in Frage gestellt: Es geht keinem einzigen der frühchristlichen Autoren darum, ausgehend von der lebensverändernden Botschaft des Evangeliums grundsätzlich zu fragen, ob ein Mensch einen anderen als Eigentum besitzen darf. In 1Tim 6,1f sind die Sklavenhalter nicht einmal im Blick, sondern die indirekt vermittelten Anweisungen richten sich lediglich an die Sklaven selbst und sind ausgesprochen pragmatisch: Es geht nur darum, dass ein möglicherweise unangemessenes Verhalten der Sklaven – nicht der Sklavenhalter! – ein schlechtes Licht auf die christliche Gemeinde werfen würde.

Vermutlich gehörten zunächst die Sklaven zur christlichen Gemeinde, die zusammen mit ihren Herren getauft wurden – so belegt ja die Apostelgeschichte die Praxis, ganze Häuser zu taufen (vgl. Apg 11,14; 16,15.31–34). Dass es hingegen christliche Sklaven in nichtchristlichen Häusern gab, dürfte zunächst noch die Ausnahme gewesen sein (vgl. Apg 16,16–22). Dies änderte sich erst später, als das Christentum unter den bei Sklaven besonders beliebten Kulten nach und nach immer wichtiger wurde. Dann wurde die Tatsache zum Problem, dass das Christentum grundsätzlich – aufgrund seiner Ablehnung anderer Kulte – als eher subversiv galt. Das war natürlich eine Tendenz, die die Gesellschaft unter Sklaven besonders ungern sehen wollte.

Die Sklaven werden nicht als Stand in einem Haus, sondern als Gruppe innerhalb der Gemeinde angesprochen. Dass zwischen beidem enge Verbindungen bestehen, zeigen diese Verse: Das Verhalten der Sklaven in dem Haus, in dem sie dienen, hat Auswirkungen darauf, wie die Gemeinde nach außen dasteht.

V.1 richtet sich, vermittelt über die Person des Briefempfängers, wörtlich an die, die *unter dem Joch* sind – eine rein deskriptive Terminologie. Ihre Aufgabe ist es, *die eigenen Herren der Ehre wert zu halten.* Der griechische Begriff *Ehre* kann in der Sprache der urchristlichen Paränese grundsätzlich das einem Christen angemessene Verhalten umschreiben (vgl. Röm 12,10; 13,7; 1Petr 2,17; 3,7) und findet sich hier als spezielle Forderung an Sklaven, während es in 1Tim 5,3.17 in Bezug auf Witwen sowie ältere Männer verwendet wird.

Auffällig ist die emphatische Betonung, ein Sklave müsse sich dem *eigenen* Herren unterordnen – im Griechischen steht hier nicht das übliche Possessivpronomen, sondern ein Adjektiv. Soll damit betont werden, dass es nur um das Verhältnis zwischen Sklave und Herr im eigenen Haus geht, nicht jedoch um das gemeindliche Miteinander, bei dem Sklaven und Herren dann doch zu Brüdern werden? Durch nichts gibt der Text allerdings zu erkennen, dass ihm die paulinische Formulierung aus Gal 3,28 bekannt ist. Dass an emanzipatorische Tendenzen wohl nicht gedacht ist, sollte vor einer Überinterpretation warnen.

Die Erwartungshaltung gegenüber den Sklaven wird begründet mit dem aus dem 1. Timotheusbrief hinlänglich bekannten Hinweis auf die

Außenwirkung des Verhaltens der Gemeindeglieder. Damit erinnert der Vers an Tit 2,10, wo es ebenfalls um den Zusammenhang zwischen Sklaverei und christlicher Lehre geht – allerdings fällt auf, dass dies im Titusbrief mit positiver, hier jedoch mit negativer Stoßrichtung entfaltet wird. Erkennbar ist der 1. Timotheusbrief von der Sorge geprägt, in der christlichen Gemeinde könne irgendetwas geschehen, was das Christentum in ein schlechtes Licht rücken würde. Und dass dies durch die emanzipatorischen Tendenzen der Irrlehrer schon geschieht, macht es aus Sicht des Briefschreibers nicht gerade einfacher (vgl. zu den Inhalten der gegnerischen Lehre die Auslegung von 1Tim 4,1–5).

Mit **V.2** wird die in V.1 eher allgemein gehaltene Sklavenparänese auf einen spezielleren Fall eingeschränkt: Es geht um christliche Sklaven mit christlichen Herren – also um eine Situation, in der sich Menschen in der Gemeinde als Geschwister begegnen, die in ihrem privaten Haus in einem Herr-Knecht-Verhältnis zueinander stehen. Dass der Briefautor dies ansprechen muss, lässt schon vermuten, dass es zu Schwierigkeiten kam. Eventuell kann man aus V.2a – *Die aber gläubige Herren haben, sollen sie nicht gering achten, weil sie Brüder sind* – sogar den Umkehrschluss ziehen, dass die Sklaven ihre Herren auch außerhalb der Gemeinde als *Brüder* betrachtet hätten und es ihnen gegenüber deshalb an der nötigen Ehrerbietung hätten mangeln lassen.

Der Briefautor hält dagegen: Die Sklaven sollen ihren Herren besonders gut dienen, nicht *obwohl*, sondern *weil* sie ebenfalls Christen sind. Die Begründung: Die Herren seien nicht nur Brüder, sondern auch *gläubig und geliebt.* Letzteres kann nicht, wie es die deutsche Übersetzung nahelegt, die persönliche emotionale Verbundenheit meinen – das wäre ja fast zynisch! Sondern hier soll darauf hingewiesen werden, dass die Christinnen und Christen aufgrund der Heilstat Christi und seiner darin aufscheinenden Liebe zu den Menschen durch ein (fast objektiv zu nennendes) Band der Liebe miteinander in Beziehung stehen. Diese Begrifflichkeit lehnt sich an altorientalische Vasallenverträge an (vgl. Dtn 28), wo der Terminus *Liebe* vor allem Loyalität impliziert. Eben diese sollen auch die Sklaven in ihrem Stand verwirklichen. Und sie sollen es deshalb tun, weil – so die thetische Feststellung – die Herren *sich um Wohltätigkeit bemühen.* Dies impliziert so viel wie: Wenn ein christlicher Herr danach strebt, seinem Glauben gemäß zu leben, dann kann auch ein Sklave seinen Beitrag dazu leisten. Ein solches Bemühen wird also auf beiden Seiten vorausgesetzt.

Menschen begegnen einander auf verschiedenen Ebenen; das Beispiel von Sklaven und Herren verdeutlicht dies besonders drastisch: Als Sklaven zu Selbstaufgabe und persönlicher Unterordnung verpflichtet, stehen sie mit ihren Herren

als Christen im Gottesdienst gemeinsam vor ihrem Gott und feiern zusammen Abendmahl. Dies scheint uns fast undenkbar und stellt dennoch für den Briefautor als Menschen seiner Zeit anscheinend kein Problem dar.
Doch werfen diese zwei Verse ein Thema unübersehbar auf, das bis heute in christlichen Kirchen eine wichtige Rolle spielt: Das Verhältnis von Macht und Geschwisterlichkeit. Christinnen und Christen sind Geschwister vor ihrem Herrn und zugleich eingebunden in hierarchische Strukturen, die eine Begegnung auf Augenhöhe manchmal unmöglich machen. Hier wäre es befreiend, wenn weniger die vorsichtige Position des 1. Timotheusbriefes als vielmehr der revolutionäre Ruf des Paulus gelten würde: Es sind alle eins in Christus – und das gilt es zu verwirklichen!

1Tim 6,3–21: Allgemeine Schlussmahnungen: Treue zum Auftrag

1Tim 6 bietet umfangreiche Schlussmahnungen, die aus vielfältigen Traditionen bestehen und ganz unterschiedliche Ermahnungen zum Inhalt haben. Im Hintergrund steht, wie auch sonst im 1. Timotheusbrief, das Thema Häresie. Vor der dunklen Folie dessen, was die Irrlehrer tun, rücken abschließend wieder Erwartungen an die christliche Gemeinde in den Blick. Dabei fällt auf, dass V.6–10 sowie V.17–19 vom Thema Geld dominiert werden. V.11–16 unterbrechen diesen Zusammenhang und begründen den Auftrag an Timotheus mit der durch die Schlussdoxologie emphatisch hervorgehobenen Erinnerung an seine Taufe. Die beiden Kapitel und Brief beschließenden Verse V.20f fallen durch ihre stichwortartige Kürze auf und dienen, ganz klassisch, als Recapitulatio des Briefinhalts. Dass in diesen beiden Versen wie auch sonst im Schlusskapitel enge Bezüge zum Proömium bestehen, folgt den Stilgesetzen antiker Rhetorik und dient der abschließenden Affektbeeinflussung und Gedächtnisauffrischung.

1Tim 6,3–10: Abschließendes zur Irrlehre

Nach 1Tim 1,3–11 und 4,1–5 kommt der Briefautor im Schlusskapitel zum dritten Mal auf die Irrlehre zu sprechen. Es fällt auf, dass die Polemik hier ihren Höhepunkt erreicht. Der ganze Abschnitt zeichnet sich durch affektgeladene Sprache aus: Es ist unübersehbar, dass es dem Autor nicht mehr um eine wie auch immer geartete inhaltliche Auseinandersetzung mit der falschen Lehre geht, sondern um die Verurteilung der Motivation derer, die sie vertreten. Mit wenigen Pinselstrichen zeichnet der Briefschreiber ein Bild, das deutlich zeigt: Größer könnte der Kontrast zwischen wahrer und falscher Lehre und vor allem zwischen deren Vertretern nicht sein.

3 Wenn jemand etwas anderes lehrt und sich nicht an die gesunden Worte unseres Herrn Jesus Christus und die der Frömmigkeit gemäße Lehre hält, 4 so ist er aufgeblasen, weil er nichts weiß, sondern ein ungesundes Bedürfnis nach Streitigkeiten und Wortgefechten hat, aus denen Neid, Streit, Lästerungen, böse Verdächtigungen, 5 Zänkereien von Menschen entstehen, die im Verstand zerrüttet sind und die der Wahrheit beraubt worden sind, weil sie meinen, ein Gewinn sei die Frömmigkeit. 6 Es ist aber ein großer Gewinn die Frömmigkeit mit Genügsamkeit. 7 Wir haben nämlich nichts mitgebracht in die Welt, so dass wir auch nichts mit hinausnehmen können. 8 Wenn wir aber Nahrungsmittel und Kleidung haben, werden wir uns an diesen Dingen genug sein lassen. 9 Die aber wünschen reich zu sein, fallen in Versuchung und Verstrickung und viele dumme und schädliche Begierden, welche auch immer die Menschen versinken lassen in Verderben und Verdammnis. 10 Wurzel nämlich alles Schlechten ist die Geldliebe, nach der einige gelüstet hat, so dass sie abgeirrt sind vom Glauben und sich selbst durchbohrt haben mit vielen Schmerzen.

Einem Kameraschwenk gleich rücken nun die Irrlehrer ins Bild. Wieder geht es grundlegend um den Gegensatz zwischen wahrem und falschem Christentum (vgl. 1Tim 1,3–5 versus 1Tim 1,6f sowie 1Tim 4,1–5 versus 1Tim 4,6f). Wurde in V.2b Timotheus noch zum Lehren aufgefordert, nimmt **V.3** eine doch eigentlich unmögliche Möglichkeit in den Blick: *Wenn aber jemand etwas anderes lehrt!* Dabei ist aus Sicht des 1. Timotheusbriefes doch klar: Es kann nur eine einzige wahre Lehre geben, ein Lehrpluralismus ist undenkbar. Neben diese korrekte, weil *der Frömmigkeit gemäße Lehre* treten dabei als zweite Instanz noch *die gesunden Worte unseres Herrn Jesus Christus.*
Sind diese beiden Größen synonym gebraucht? Es fällt auf, dass der griechische Terminus *Logos* als Beschreibung der (einen) wahren Lehre sonst in den Pastoralbriefen stets im Singular und meist ohne Genitivattribut gebraucht wird (vgl. u. a. 1Tim 1,5; 5,17). Dies legt es nahe, dass der Plural *Worte* hier bewusst platziert ist. Die Näherbestimmung durch den Genitiv *unseres Herrn Jesus Christus* lässt deshalb die begründete Vermutung zu, dass der Briefschreiber auf bestimmte Herrenworte an-

spielt, die in der Gemeinde normativ in Gebrauch waren. Einen ähnlichen Eindruck hatte man bereits aufgrund von 1Tim 5,18 gewinnen können. Eventuell lag sogar bereits eine schriftliche Sammlung vor. Dann jedoch würden die *Worte* Jesu sowie die ebenfalls genannte *Lehre* zwei verschiedene Inhalte bezeichnen – die allerdings beide als kirchenordnende Weisungen fungieren, also inhaltlich zu unterscheiden, in ihrer Funktion aber eng miteinander verbunden wären. *Gesund* sind die Worte Jesu deshalb, weil sie sich im Lebensvollzug der Gemeinde bewährt haben (vgl. 1Tim 1,10), während die der Frömmigkeit gemäße *Lehre* die Grundlage für das christliche Miteinander darstellt (vgl. dazu S. 41 f.).

V.4f schildert im Kontrast dazu die Irrlehrer als Menschen, die durch und durch krank und verdorben sind. Dies wird hier mit überbordender Terminologie im Stil eines Lasterkatalogs entfaltet, wobei zwischen Symptomen und Ursachen der Krankheit nicht unterschieden wird. Generell stehen dabei Begriffe im Zentrum, die auf das zerstörte gemeinschaftliche Miteinander abzielen. Nur an dieser einen Stelle innerhalb der Pastoralbriefe werden die gesunde und die kranke Lehre begrifflich unmittelbar gegenübergestellt!

Der Lasterkatalog folgt dabei dem Modell einer sogenannten Filiationsreihe (vgl. Gal 5,6; 2Petr 1,5–7), bei der das sichtbare Fehlverhalten eines Menschen auf eine (unsichtbare) falsche Grundhaltung zurückgeführt wird. Allerdings fällt auf, dass diese Struktur nicht stringent durchgehalten wird und wohl nur als rhetorisches Mittel dient, nicht jedoch inhaltlich ausgewertet werden kann. Deutlich tritt allerdings zutage, was dem Autor auch schon vorher wichtig war zu betonen: Die Irrlehrer sind keine unschuldigen Opfer, sondern selbst verantwortlich! Sie sind *aufgeblasen*, dabei *wissen* sie gar *nichts*.

Die Gegner sind, so V.5, in ihrem *Verstand zerrüttet* und *der Wahrheit beraubt*. Diese Parallelisierung zeigt, dass es nicht um intellektuelle Unfähigkeit geht, sondern um sittlich-geistliche Verderbtheit. Wer sich von Gottes Wahrheit trennt, dem bleibt zwangsläufig nur leeres Geschwätz (vgl. 1Tim 1,6) – oder wie es hier heißt: *Streitigkeiten, Wortgefechte, Neid, Streit, Lästerungen, böse Verdächtigungen* und *dauerhafte Zänkereien*. Der letztgenannte Begriff stellt im Griechischen eine ungewöhnliche Wortzusammensetzung dar: Zu dem Substantiv wird eine Vorsilbe ergänzt, die das zeitlich dauerhafte Moment zum Ausdruck bringt und wohl nochmals zum nachdrücklichen Unterstreichen des Fehlverhaltens dient.

Der Schwerpunkt dieser Reihe liegt auf dem Abschluss in V.5c: *weil sie meinen, ein Gewinn sei die Frömmigkeit*. Dass man seinen Gegnern vorwirft, nur am Geld interessiert zu sein, ist ein häufig vorkommendes polemisches Motiv. Im Hintergrund steht vermutlich die seit Sokrates und Platon verbreitete Erwartung, dass ein ehrenwerter Philosoph auf eine Bezahlung für seine Dienste verzichten müsse – auch Paulus selbst musste sich ja gegen Vorwürfe wehren, er wolle sich durch seine apostolische Tätigkeit bereichern (vgl. 1Thess 2,5; 2Kor 12,16–18). Allerdings konnte Paulus die Tatsache, dass er auf jede finanzielle Unterstützung durch die Gemeinden verzichtete, umgekehrt auch als Schwäche ausgelegt werden (vgl. 1Kor 9,11.18; 2Kor 11,7ff).

In der Tat dürfte es bei frühchristlichen Wanderpredigern schwierig gewesen sein, überzeugte Missionare von Scharlatanen zu unterscheiden. Es ist sicher kein Zufall, dass die Didache darauf insistiert, dass ein wandernder Verkündiger nicht länger als drei Tage in einer Gemeinde bleiben dürfe. Doch auch wenn die Unterstellung von Gewinnsucht seit dem 2. Jahrhundert zum Standardrepertoire kirchlicher Ketzerpolemik gehörte, dürfte dieser Vorwurf im 1. Timotheusbrief nicht bloß stereotyp sein, sondern durchaus eine gewisse inhaltliche Berechtigung haben. Nicht umsonst steht er an betonter Schlussstellung – und wird ab V.6 einer indirekten Widerlegung gewürdigt. Offensichtlich war es den Gegnern also tatsächlich gelungen, aus dem, was sie lehrten, Gewinn zu ziehen. Darüber, wie genau dies geschah, schweigt der Brief allerdings.

In **V.6** erfolgt – durch die Darlegung der rechtgläubigen Gegenposition – eine Art antithetische Kommentierung des Vorausgegangenen. Hier geht es wieder um die *Frömmigkeit*: Sie ist kein Mittel zum Gelderwerb, sondern verschafft nur dann einen *großen Gewinn,* wenn man sie richtig einzusetzen weiß – nämlich *mit Genügsamkeit.* Der hier verwendete Begriff kann in der Stoa zwar so viel wie *sich selbst genügen* bedeuten, meint jedoch eher Genügsamkeit im alltagssprachlichen Gebrauch (vgl. 2Kor 9,8). Welchen *Gewinn* man allerdings durch die so verstandene Frömmigkeit erwirbt, bleibt ungesagt. Nahe liegt es aufgrund von 1Tim 4,8, auch an dieser Stelle das Versprechen einer Verheißung des gegenwärtigen und des zukünftigen Lebens mitzuhören. Weil dies jedoch im Stil einer weisheitlichen Sentenz vorgetragen wird, darf diese Aussage nicht im Sinne einer vom Briefautor intendierten Selbsterlösung verstanden werden. Der Grundgedanke ist vielmehr: Frömmigkeit erschließt den wahren Wert des Lebens (vgl. V.7) und verhilft, wenn sie mit Genügsamkeit gepaart wird, auch zu einem auskömmlichen Leben (V.8).

Was diese polemische Antithese impliziert, wird in **V.7** entfaltet: Hier wird eine Volksweisheit zitiert, die biblisch und außerbiblisch belegt ist (vgl. Hiob 1,21; Lk 12,20; Mt 6,19). Heute würde man es anders sagen (»Das letzte Hemd hat keine Taschen!«), aber das Gleiche meinen: *Wir* *haben nämlich nichts mitgebracht in die Welt, so dass wir auch nichts mit hinausnehmen können.* Angesichts des Todes als des einzig unbestechlichen Maßstabs verliert jeder irdische Reichtum an Bedeutung. Diese Aussage bereitet die in V.8 folgenden Aussagen vor und ist also deren argumentative Grundlage.

Auch **V.8** bleibt auf einer grundsätzlichen Ebene: Nahrung und Kleidung sind die einzigen lebensnotwendigen Güter und deshalb ausreichend (vgl. Gen 28,20; Dtn 10,18; Sir 29,21; Jak 2,15). Dieser Gedanke findet sich auch sonst in der christlichen Tradition, überrascht im 1. Timotheusbrief aber durch seinen Rigorismus. Zwar konnte Jesus Vergleichbares fordern (vgl. Lk 12,22–32; Mt 6,25–34), doch liegt es dort nahe, stets den eschatologischen Grundton Jesu selbst mitzuhören. Dieser ist dem Autor des 1. Timotheusbriefes abhanden gekommen – allerdings teilt er mit der jesuanischen Tradition eine positive Gestimmtheit gegenüber der Schöpfung als guter Gabe Gottes. Dies steht hier vielleicht im Hintergrund; daneben könnte aber auch eine aus der Popularphilosophie bekannte Maxime eine Rolle spielen: Auch dort gab es die Forderung, wonach man sich mit Nahrung und Kleidung bescheiden und nicht nach weiterem Luxus trachten sollte. Die futurische Formulierung in V.8b hat imperativischen Charakter und benennt die verbindliche Begrenzung dessen, wonach der Mensch streben solle.

Im Kontrast dazu macht nun **V.9** erneut den Umgang mit Reichtum zum Thema: Wer sich nämlich nicht genügen lässt an dem in V.8 beschriebenen Minimum, lässt sich allzu leicht bezirzen. Es fällt auf, dass die hier und in V.8 formulierte Radikalität in deutlicher Spannung zum positiven Weltverhältnis des 1. Timotheusbriefes sonst steht; dies und die drastische Wortwahl dieser Verse legen nahe, dass der Autor gegen ihm vor Augen stehende, ganz reale Erfahrungen anschreiben muss.

Die Sucht nach Reichtum wird einem Menschen zum Fallstrick – und dies liegt daran, dass diese *Begierde* aus ihm kommt und ihn deshalb gefangen nimmt. Der Gedanke erinnert grundsätzlich an Röm 7,7–25 und die dort entfaltete Vorstellung, dass der Mensch durch seine inneren Triebe selbst versklavt werden kann; allerdings ist der den Kontext im Römerbrief noch beherrschende Bezug zu Sünde und Gesetz hier ausgeblendet. Die Begierde erscheint nicht mehr als eine den Menschen vollständig beherrschende Macht, sondern als etwas, was dumm und schändlich ist – und also, hat man das erkannt, doch wohl überwunden werden kann.

Die den Vers abschließende zweite Metapher greift das Bild eines sinkenden Schiffes auf und kann im 1. Timotheusbrief wie auch sonst in der frühchristlichen Tradition als Ausdruck für das völlige diesseitige oder jenseitige Scheitern stehen (vgl. 1Tim 1,19 sowie Lk 12,20).

Mit **V.10a** zitiert der Briefschreiber erneut aus der hellenistischen Popularphilosophie seiner Zeit – auch dort nämlich galt die Geldliebe als Wurzel allen Übels. Auch die jesuanische Tradition konnte davor warnen, dem Mammon zu dienen und darüber Gott zu vernachlässigen (vgl. Mt 6,24), während die paulinische Tradition Habgier sogar mit dem falschen Götzendienst gleichsetzen konnte (vgl. Kol 3,5; Eph 5,5). Diese Verbindung, zu der auch noch die Unzucht ergänzt werden konnte (vgl. 1Thess 4,3–6; 1Kor 5,10f; 6,9), ist biblisch breit bezeugt: Begierde bezog sich entweder auf Geld und Macht oder auf Sexualität. Erst die spätere kirchliche Tradition verengte das und machte die sexuelle Verfehlung zur Grundsünde schlechthin.
Was daraus resultiert, formuliert **V.10b**, wenn auch mit syntaktisch holprigem Anschluss. Solche Menschen fügen sich, so ist dieser Vers wohl zu paraphrasieren, durch ihr Fehlverhalten selbst Schmerzen zu. Insgesamt fällt die Radikalität dieser Formulierungen auf, die so gar nicht zum Kontext des 1. Timotheusbriefes passt. Dies bestätigt die bereits in Bezug auf V.5 geäußerte Vermutung, dass hier im Hintergrund eine reale und mit aller Schärfe geführte Auseinandersetzung mit den Häretikern steht. Zugleich zeigen V.17–19, dass der Autor sich gegen mögliche asketische Missverständnisse dieses Rigorismus sicherheitshalber zur Wehr setzt.

Haste was, dann biste was, so sagt es der heutige Volksmund. Doch das Neue Testament warnt genau davor, diesen Wunsch, etwas haben zu wollen, zum Mittelpunkt des eigenen Trachtens und Denkens zu machen. Jesus selbst wird die Aussage in den Mund gelegt, wonach man nicht zwei Herren dienen könne, sondern sich für seinen Gott oder den Mammon entscheiden müsse (vgl. Mt 6,24).
Tatsächlich steht der christliche Glaube doch für eine Umkehrung der Werte – also gerade nicht dafür, den allzu weltlichen Maßstab für Erfolg auch an die eigene Existenz anlegen zu müssen. Manchmal bin ich mir nicht sicher, wie ernst ich das selbst eigentlich nehme.

1Tim 6,11–16:
Motivation durch die Erinnerung an das eigene Bekenntnis

Der sich nun anschließende Abschnitt überrascht angesichts des Themenwechsels. Auch durch die Sprachwahl und das auffällige Pathos der Formulierungen heben sich diese Sätze vom Kontext ab. Das Bild, das sie vom christlichen Leben zeichnen, ist geprägt durch den Gegensatz zu den Irrlehrern und gewinnt daraus seinen situativen Bezug. Doch greifen diese Sätze ins Grundsätzliche, indem sie Timotheus auf das Urdatum seiner christlichen Existenz ansprechen. Viele Exegetinnen und Exegeten wollen in dem Ereignis, auf das hier angespielt wird, einen Ordinationsritus sehen. Doch wird die Auslegung zeigen, das dies nicht plausibel zu machen ist. Näher liegt es deshalb, wie im Folgenden zu begründen sein wird, an die Taufe zu denken, so dass mit Timotheus jeder Christ an das erinnert wird, was am Anfang seiner christlichen Existenz stand.

11 Du aber, o Mensch Gottes, fliehe diese Dinge. Folge aber Gerechtigkeit,
Frömmigkeit, Glaube, Liebe, Geduld, Sanftmut. 12 Kämpfe den guten
Kampf des Glaubens, ergreife das ewige Leben, zu dem du berufen bist
und bekannt hast das gute Bekenntnis vor vielen Zeugen. 13 Ich gebiete
(dir) vor Gott, der alle Dinge lebendig macht, und vor Jesus Christus,
der bekannt hat vor Pontius Pilatus das gute Bekenntnis, 14 dass du be-
wahrst das Gebot makellos, untadelig bis zur Erscheinung unseres Herrn
Jesus Christus, 15 die zu seinen eigenen Zeiten zeigen wird der selige und
alleinige Herrscher, der König der Könige und Herr der Herren, 16 der
allein Unsterblichkeit hat, der wohnt in einem unzugänglichen Licht, den
keiner von den Menschen gesehen hat und den keiner zu sehen vermag.
Ihm sei Ehre und ewige Macht, amen.

V.11 geht so grundsätzlich weiter, wie V.10 aufgehört hatte. *Fliehe diese Dinge* – so fasst der Briefschreiber zusammen, was vorher genannt war und was abzulehnen ist. V.11a hat deshalb Schwellencharakter und verbindet beide Abschnitte miteinander. Auffällig ist die Anrede als *Mann Gottes*, die sich in den Pastoralbriefen noch in 2Tim 3,17 findet und aus dem Alten Testament bekannt ist (vgl. 1Sam 2,27; Dtn 33,1; Ps 90,1). Dort meint sie stets einen durch Gottes Auftrag besonders ausgezeichneten Menschen und es gibt keinen Grund, hier eine andere Bedeutungsnuance – etwa eine pneumatische Begabung im Sinne der hellenistischen Mystik – anzunehmen. Nicht um eine besondere Geistbegabung des Timotheus geht es hier, sondern um seine Auszeichnung durch die Berufung unter Gottes Auftrag.
Der Tugendkatalog in **V.11b–12** steht in direktem Kontrast zu dem in V.4f entfalteten Lasterkatalog. Geprägt ist er durch drei imperativische Weisungen, wobei die dritte durch einen Relativsatz hervorgehoben wird. Der erste Imperativ *folge* wird durch eine Reihung von sechs Substantiven entfaltet. Die Aufzählung von *Glaube, Liebe* und *Geduld* passt zu der paulinischen Trias Glaube, Liebe, Hoffnung (vgl. 1Thess 1,3; 1Kor 13,13 u.ö.), der Autor ersetzt allerdings den letzten Terminus durch den Begriff der Geduld. Schon bei Paulus selbst ist *Geduld* eine Eigenschaft, die aus der Hoffnung erwachsen kann (vgl. 1Thess 1,3;

Röm 5,3–5). Ergänzt werden dazu *Gerechtigkeit, Frömmigkeit* und *Sanftmut,* wodurch dieser Vers ein umfassendes Idealbild christlicher Existenz bietet.

Der zweite Imperativ *kämpfe* in **V.12** nimmt erneut das bekannte Bild des Wettkampfes als Metapher für das Glaubensleben auf (vgl. 2Tim 2,5; 4,7f). Paulus konnte damit seine eigene apostolische Existenz umschreiben (1Kor 9,24–27; Phil 3,12.15), nun rücken, vermittelt über die Person des Timotheus, auch andere Christinnen und Christen in den Blick. Die Kampfmetapher bringt die Kompromisslosigkeit des eigenen Einsatzes für den *guten Kampf des Glaubens* zum Ausdruck: Es geht um den Kampf, welcher der Glaube ist – die griechische Wendung ist hier als Genitivus appositivus, d. h. als erläuternder Genitiv, zu interpretieren –, und der als Bewährungsprobe verstanden werden muss. *Das ewige Leben,* das Timotheus laut dem dritten Imperativ *ergreifen* soll, dürfte dem Siegespreis entsprechen (2Tim 4,8; 1Kor 9,25), dessen Wert die Mühen des Kampfes erst lohnend macht (vgl. 1Tim 1,16).

Der V.12 abschließende Relativsatz entfaltet diesen letzten Imperativ durch zwei Näherbestimmungen und hat durchaus anamnetischen Charakter, erinnert er Timotheus doch an das Urdatum seiner christlichen Existenz. Die passivische Formulierung *zu dem du berufen bist* lässt das handelnde Subjekt zwar offen, doch bleibt kein Zweifel, dass dies hier Gott selbst ist (Passivum divinum). Die zweite Aussage spielt dann auf die Inpflichtnahme des Timotheus und damit auf dessen eigene Reaktion an: Er hat *das gute Bekenntnis vor vielen Zeugen bekannt.*

Umstritten ist, auf welche Situation dieses *gute Bekenntnis* Bezug nimmt. Drei verschiedene Thesen wurden in der Exegese diskutiert: Wird damit auf die Taufe als Beginn jeder christlichen Existenz angespielt, meint es die Ordination als Amtsträger oder geht es um ein konkretes Ereignis in der Biographie des historischen Timotheus? Letzteres wird heute nicht mehr vertreten, da kaum plausibel gemacht werden kann, welche Relevanz eine solche Aussage im Kontext des 1. Timotheusbriefes hätte. Viele Exegetinnen und Exegeten wollen allerdings eine Anspielung auf die Ordination des Timotheus erkennen und sehen in V.13–16 eine Ordinationskatechese, die in deren Rahmen – eventuell von dem das Zeremoniell leitenden Geistlichen – vorgetragen wurde.

Die Argumente für einen Ordinationsritus werden allerdings weniger aus dem Text als aus dem Kontext gewonnen: So enthielten die Pastoralbriefe noch viel mehr Anspielungen auf eine solche Ordination (vgl. 1Tim 1,18; 4,14; 5,22; 2Tim 2,2), außerdem seien durch Timotheus vermittelt immer die Amtsträger angeredet und schließlich sei das Glaubenskampfmotiv eines (vgl. 1Tim 1,18; 4,10), das sich nur in Bezug auf die Gemeindeleiter, nicht jedoch auf die christliche Gemeinde fände.

Doch sind diese Argumente keineswegs überzeugend und deshalb die Annahme, dass der 1. Timotheusbrief überhaupt ein Ordinationsritual kennt, nicht zwingend (vgl. den Exkurs S. 98 f.). Die meiste Plausibilität hat deshalb die These für sich, dass Timotheus – und vermittelt durch ihn alle Christinnen und Christen – hier an seine Taufe erinnert wird: V.11a markiert die Schwelle zwischen dem alten Leben und der neuen christlichen Existenz und in V.13 kann man eine Vorform des christlichen Taufsymbols entdecken, also des Bekenntnisses, das bei der Taufe abgelegt wurde. In V.11b und V.12 lässt sich eine exemplarische Taufermahnung finden. Dazu passt, dass die Hoffnung auf das ewige Leben bereits urchristlich eng mit der Taufe als Übertritt in den Herrschaftsbereich Gottes verbunden wurde.

In **V.13** wird an *Jesus Christus* erinnert, *der bekannt hat vor Pontius Pilatus das gute Bekenntnis*. Hier liegt vermutlich eine traditionelle Glaubensformel vor, zu der der Briefautor *das gute Bekenntnis* ergänzt hat, um die Parallelität zwischen den in V.12 und V.13 dargestellten Geschehen zu verdeutlichen. Das griechische Verb, das hier mit *bekennen* wiedergegeben ist, wurde in späterer Zeit zum Terminus technicus für das Blutzeugnis, also das Martyrium für den eigenen Glauben. Doch ist diese Fachsprache für die Zeit des 1. Timotheusbriefes noch nicht vorauszusetzen, so dass es in erster Linie um das Wortzeugnis Jesu vor Pontius Pilatus geht, das auch die Passionsüberlieferung der Evangelien kennt (vgl. Mk 15,1–5 parr). Mit seinem unerschrockenen Einstehen für seine eigene Überzeugung wird Jesus Christus zum Vorbild für das (Tauf-) Bekenntnis der Christen.

Jesus Christus ist der Urtyp eines Bekennenden und gleichzeitig, so legt es die Aufnahme dieser Formel an dieser Stelle nahe, auch der den Inhalt des Bekenntnisses Normierende. Vermutlich bestanden christologische Akklamationen zur Zeit des 1. Timotheusbriefes tatsächlich im Wesentlichen aus der Ausrufung von Hoheitsprädikationen. Ein Beispiel dafür stellt das Bekenntnis dar, das Paulus in Röm 10,9 zitiert: *Denn wenn du mit deinem Munde bekennst, dass Jesus der Herr ist, und glaubst in deinem Herzen, dass ihn Gott von den Toten auferweckt hat, so wirst du gerettet.*

Neben die Erwähnung Christi tritt hier noch die Anspielung auf die schöpferische Macht Gottes, *der alle Dinge lebendig macht*. Dies dürfte nicht nur als Erinnerung an Gottes Schöpfungswirken am Beginn der Welt, sondern auch als Anspielung auf seine endzeitliche Neuschöpfung dienen, auf die hin die christliche Taufe empfangen wird und auf die V.14 dann (erneut) Bezug nimmt.

Timotheus wird an das erinnert, was er in seiner Taufe versprochen hat – und muss sich durch dieses damals gegebene Versprechen jetzt wieder in die Pflicht nehmen lassen. Das V.13 eröffnende Hauptverb unterstreicht diese Verbindlichkeit: Paulus *gebietet* Timotheus *vor Gott* und erinnert damit auch sprachlich an dessen Bekenntnis, das er *vor vielen Zeugen* (V.12c), aber letztlich doch vor Gott abgelegt hat.

V.14 dient als eine Art Ausführungsbestimmung für das Vorangehende: Das *Gebot*, das Timotheus *makellos* und *untadelig* bewahren soll, umschreibt als Formalbegriff das Wirken des Timotheus, die beiden Adjektive charakterisieren seinen persönlichen Lebenswandel.

Die Formulierung *bis zur Erscheinung unseres Herrn Jesus Christus* begrenzt diesen Auftrag scheinbar zeitlich, doch zeigt der 1. Timotheusbrief nicht mehr die eschatologische Spannung, die die anerkannt echten Paulusbriefe noch prägte. Die Rede von der Wiederkehr Christi – hier mit dem aus dem Hellenismus bekannten und dort das glanzvolle Aufstrahlen einer Gottheit meinenden Begriff *Epiphanie* beschrieben – dient lediglich der heilsgeschichtlichen Verortung des Auftrags. Die paulinische Zerrissenheit zwischen dem »schon jetzt mit Christus gestorben« und »noch nicht auferweckt« (vgl. grundlegend Röm 6,1–11), die erwartungsvolle Spannung angesichts der Wiederkunft Christi und der Auferstehung aller spielt im 1. Timotheusbrief nicht mehr die Rolle, die sie noch in den früheren Paulusbriefen hatte. Auch das Moment des Schreckens und der Plötzlichkeit ist verloren gegangen (vgl. 1Thess 5,2 sowie 1Thess 4,13–18). Dass die Epiphanie *zu seinen eigenen Zeiten* geschehen wird, zeichnet dieses Endzeitgeschehen ein in einen von Gott entworfenen (Zeit-)Plan.

Hinter dieser Formulierung des 1. Timotheusbriefes wird die in der frühen Christenheit weit verbreitete Vorstellung erkennbar, dass die verschiedenen (Heils-)Epochen von Gott festgesetzt und nicht beliebig oder zufällig sind. Anders als bei der Verwendung des gleichen Wortfeldes in 2Tim 4,1 liegt an dieser Stelle jegliche Initiative dafür bei Gott, der in **V.15b–16** mit zahlreichen Gottesattributen umschrieben wird. Hierbei handelt es sich um einen liturgisch stilisierten Lobpreis, der sieben Gottesprädikationen aus Hellenismus und Judentum aneinanderreiht. Gott erscheint als *seliger und alleiniger Herrscher* (vgl. Lk 1,52; Sir 46,5 u.ö.). Das hier mit *selig* wiedergegebene Adjektiv ist neutestamentlich in der ganz überwiegenden Mehrzahl der Verwendungen auf Menschen bezogen, die glücklich oder selig gepriesen werden können. Ausnahmen bilden neben 1Tim 6,16 noch 1Tim 1,11 und Tit 2,13, wo von der *seligen Hoffnung* die Rede ist, deren Erscheinen die Gläubigen erwarten. Dies wirft auch Licht auf die Verwendung in diesem Kontext, die wohl, in Aufnahme paganer Gottesattribute, die Erwartung eines selig machenden, d. h. die Erfüllung des Lebens schenkenden Gottes zum Ausdruck bringen konnte.

Die Bezeichnung Gottes als *König der Könige* und *Herr der Herren* stammt ursprünglich aus dem orientalischen Hofstil (vgl. Ez 26,7; Dan 2,37), hat jedoch von dort schon früh Eingang in die biblischen Gottesprädikationen gefunden. Inwiefern dem Satz im 1. Timotheusbrief auch ein gegen die Königsverehrung gerichtetes Moment innewohnt, muss allerdings offenbleiben. Denkbar wäre dies allerdings auch für die folgende Formulierung, die nur Gott allein – und eben keinem weltlichen Herrscher – Unsterblichkeit zuerkennt. Der Hinweis auf das unzugängliche Licht, in dem Gott wohnt, meint nicht das Medium der Offenbarung (vgl. 1Joh 1,9), sondern unterstreicht die Unmöglichkeit der Gottesschau: Genauso wenig wie die Sonne kann man Gott selbst direkt anschauen (vgl. schon alttestamentlich Ex 33,18–23). Die doxologische Abschlusswendung fasst das Voranstehende zusammen und schließt mit bekräftigendem *Amen* ab.

Bereits im 1. Timotheusbrief hat die unmittelbare Naherwartung nachgelassen, die noch die Verkündigung Jesu selbst prägte und die auch in den früheren (und anerkannt echten) Paulusbriefen noch elementar war. Das Ende der Welt lässt auf sich warten, das musste der Briefschreiber bereits erkennen und das gilt heute, fast 2000 Jahre später, umso mehr. Und doch kann und darf der christliche Glaube nicht davon absehen, dass die Realitäten dieser Welt nicht das letzte Wort haben. Die Erinnerung daran hat auch der Schluss des 1. Timotheusbriefes bewahrt: Gott selbst hält den Lauf dieser Welt in seiner Hand! Darauf zu vertrauen, ist Teil des christlichen Bekenntnisses. Denn im Bekenntnis zur Größe und Unermesslichkeit Gottes liegt auch die Hoffnung auf eine Zukunft, die ganz von ihm und seinem Wesen und Wirken bestimmt ist.
Durch die Taufe werden bis heute Christinnen und Christen überall auf der Welt mit hineingenommen in eine Gemeinschaft, die diese eschatologische Hoffnung bekennt. Martin Luther selbst hat davon gesprochen, wie wichtig es sei, jeden Tag neu aus der Taufe zu kriechen – und also sein Leben aus der Vergewisserung seiner christlichen Existenz heraus zu gestalten. Getauft zu sein impliziert die Zugehörigkeit zu Gott, den Eintritt in den Verfügungsbereich seiner Macht und die Erwartung, dass Gott selbst das eigene Leben vollenden wird.

1Tim 6,17–19: Richtigstellung zum Thema Reichtum

Fast wie ein Fremdkörper wirkt 1Tim 6,17–19 im Zusammenhang des Schlusskapitels. Nach der emphatischen Schlussdoxologie in V.15f hätte man jetzt (nur noch) den Briefschluss erwartet. Doch zuvor wendet sich der Briefschreiber erneut einem Thema zu, das er eigentlich schon in V.3–10 grundlegend behandelt hatte: dem Reichtum. Manche Auslegerinnen und Ausleger wollen deshalb in dem ersten Abschnitt eine ausschließlich an die Amtsträger ergehende Paränese sehen, während nun, gehalten im Stil indirekter Vermittlung, alle wohlhabenden Gemeindeglieder in den

Blick rücken würden. Doch ist es nicht zwingend nötig, eine so scharfe Unterscheidung der Adressierung vorzunehmen. Näher liegt nämlich die Vermutung, dass der Briefschreiber sich gezwungen sah, seine allzu rigoristischen und darum leicht asketisch misszuverstehenden Äußerungen aus 1Tim 6,3–10 im Sinne seiner sonst vertretenen, eher gemäßigt zu nennenden Ethik zu korrigieren. Diese Verse entfalten deshalb positive Möglichkeiten für den Umgang mit Geld; dass sie hier nachklappen, nimmt der Autor um der Aussageabsicht willen in Kauf.

17 Die Reichen in der jetzigen Zeit ermahne, dass sie nicht stolz sein und nicht auf die Ungewissheit des Reichtums hoffen sollen, sondern auf Gott, der uns alle Dinge reichlich zum Genuss gewährt, 18 dass sie Gutes tun, reich sind an guten Werken, freigiebig sind, mit anderen teilen, 19 so dass sie sich selbst Schätze sammeln als guten Grund für das Kommende, damit sie ergreifen das wirkliche Leben.

Der Briefschreiber betont in **V.17**: Weder diese Welt noch irdischer Reichtum sind per se böse. Durch den Hinweis auf die *jetzige Zeit* deutet der Briefschreiber allerdings an, dass es auch eine zukünftige Welt geben wird – und dass das, was gegenwärtig geschieht, sich von deren Maßstab her messen lassen muss. Reichtum bietet deshalb keinen Anlass für Stolz und damit auch nicht dafür, sich einen bestimmten Rang innerhalb der Gesellschaft zu sichern. Denn, dies zeigt die zweite Begründung, Reichtum ist nur ein unsicheres Gut (*Ungewissheit des Reichtums* ist ein Genitivus qualitatis). Wer seine Hoffnung auf den Reichtum setzt, wird spätestens bei seinem Tod enttäuscht werden. Denn schon V.7 hatte ja deutlich gemacht: Man kann nichts aus dieser Welt mit hinausnehmen. Stattdessen gilt es, auf Gott zu hoffen, denn allein dieser kann das ewige Leben verheißen. Und gerade, weil nicht nur jenseitig, sondern auch diesseitig alles von Gott reichlich geschenkt ist – wieder klingt der positive Blick auf Gottes Schöpfungswirklichkeit an, der auch schon in 1Tim 4,1–5 grundlegend Thema war (vgl. Ps 104,27f; 145,15f) –, kann ein Reicher seinen Reichtum im Sinne dieses Schöpfergottes einsetzen.
Wie das geht, entfaltet **V.18**: Ein Reicher soll *Gutes tun, reich an guten Werken* sein, *freigiebig* sein und *mit anderen teilen*. Der Verfasser des 1. Timotheusbriefes ist, das wird auch hier wieder deutlich, ein Pragmatiker. Anders als es Lukas in der Apostelgeschichte (Apg 2,44f) beschreibt, fordert er nicht dazu auf, zugunsten der Gemeinde alles aufzugeben – sondern er ermuntert dazu, den eigenen Reichtum für andere einzusetzen.
Spannenderweise nimmt die in **V.19** anschließende Begründung gerade nicht in den Blick, welchen Gewinn das für die Gemeinde bedeutet, son-

dern fokussiert ganz auf das zukünftige Ergehen des angesprochenen reichen Menschen: Auf diese Weise kann er *sich selbst Schätze sammeln als guten Grund für das Kommende.* Damit weist diese Argumentation eine große Nähe zur lukanischen Reichenparänese auf (vgl. Lk 12,16–21; 16,1–14). Aus dem unsicheren Reichtum kann also durchaus eine sichere Grundlage werden. Die Vorstellung, dass man sich einen Schatz im Himmel sammeln könne, ist ein aus dem Judentum stammendes Motiv (vgl. u. a. Tob 4,9), das auch im Urchristentum breite Verwendung finden konnte (vgl. u. a. Mk 10,21; Lk 12,33). Was der Autor nicht sagt, was aber immer wieder durchscheint: All dies setzt eine gewisse (innere) Distanz zum (eigenen) Besitz voraus. Christliche Existenz heißt auch aus Sicht des Briefautors »Haben als hätte man nicht« – so konnte schon Paulus selbst diese Paradoxie beschreiben (vgl. 1Kor 7,29–31). Wenn diese Grundhaltung gelingt, dann wird Reichtum sinnvoll eingesetzt. Zur Gefahr wird er also nicht per se, sondern nur dann, wenn er dazu führt, dass man glaubt, nicht mehr auf Gott vertrauen zu müssen.

Haben, als hätte man nicht! Denn: Alles, was man hat, verdankt sich der Gnade Gottes. Wer weiß, dass weltlicher Besitz ebenfalls nur ein Geschenk Gottes ist, der bewahrt die innere Distanz dazu, die den verantwortlichen Einsatz eigener Güter für andere möglich macht. Der 1. Timotheusbrief fügt sich nahtlos ein in die frühchristlichen Traditionen, die eben genau das fordern: einen Umgang mit Reichtum im Dienst für andere und kein Anhäufen eigener Schätze. Dass er dabei Maß bewahrt, macht es einfacher oder vielleicht sogar überhaupt erst möglich, diesen Ratschlägen zu folgen. Der vorangehende Abschnitt hatte ja mit der großen Schlussdoxologie gezeigt, dass Gott selbst den Lauf der Welt umfängt. Nun gilt es, diesem Bekenntnis durch das eigene Handeln zu entsprechen.

1Tim 6,20f: Schlussmahnung und Schlussgruß

Der knappe Schluss des 1. Timotheusbriefes ist ohne Analogie innerhalb der paulinischen Briefsammlung. Das Fehlen jedes persönlichen Elements ist auch deshalb auffällig, weil sich gerade in einem pseudepigraphischen Brief die Fingierung biographischer Notizen im Postskript angeboten und aufgrund der Parallelen in vergleichbaren Schreiben nahe gelegen hätte (2Thess 3,17; Kol 4,18, vgl. Gal 6,11). Auch 2Tim 4,19–22 und Tit 3,12–15 zeichnen sich durch umfangreichere Postskripte aus – was besonders dann auffällt, wenn man tatsächlich davon ausgeht, dass die drei Briefe als Einheit konzipiert worden sind. Wie wäre es dann zu erklären, dass sie so unterschiedlich enden?

Nimmt man jedoch wie dieser Kommentar an, dass alle drei Schreiben von unterschiedlichen Autoren stammen, dann lassen sich diese Differenzen leichter deuten: Anders als die Verfasser von 2. Timotheusbrief und Titusbrief kann der Schreiber des 1. Timotheusbriefes auf ausführliche persönliche Schlussgrüße verzichten, so wie er auch sonst ohne biographische Elemente zur Untermauerung der Autorfiktion auskommt.
Die beiden Verse schließen den Brief ab, indem sie zentrale Themen nochmals erwähnen und so in Erinnerung rufen.

20 O Timotheus, das anvertraute Gut bewahre, meide aber das unheilige Geschwätz und die Widersprüche der fälschlich so genannten Gnosis, 21 zu der sich einige bekennen und vom Glauben abgeirrt sind. Die Gnade sei mit euch.

Schon die nach 1Tim 1,2.18 erste erneute namentliche Anrede des Adressaten in **V.20** betont die Wichtigkeit des Verses. Die Aufforderung *das anvertraute Gut bewahre* greift auf 1Tim 1,18 zurück, weil dort das entsprechende Verb Verwendung findet. Hier steht nun das Nomen *Paratheke*. Es entstammt aus dem attischen Depositalrecht und meint dort das dem Erben oder Verwalter rechtsverbindlich zur Bewahrung anvertraute Gut. Ging es zunächst um materielle Besitztümer, so konnte diese Vorstellung auf geistige Güter und Werte übertragen werden. Diese Bedeutungsnuance liegt auch an dieser Stelle beziehungsweise in den Pastoralbriefen insgesamt nahe (vgl. noch 2Tim 1,12.14; 2,2).
Dass die sonstige frühchristliche Literatur den Begriff nicht kennt, lässt vermuten, dass das Substantiv bewusst gewählt wurde, um die verbindliche Festlegung einer Tradition unter Berufung auf ihren Ursprung zu beschreiben. Doch wer genau ist dann in der Vorstellung des 1. Timotheusbriefes der Urheber der Paratheke? Ist es der Apostel Paulus oder ist es Gott selbst, so dass Paulus schon der erste Erbe wäre? 1Tim 1,18; 6,20 implizieren, dass Paulus derjenige ist, der das Gut deponiert, während die Paratheke in 2Tim 1,12 das Paulus anvertraute Gut ist, das er selbst als erster Verwalter weitergibt. Vermutlich war es so, dass dieser Begriff aus dem 2. Timotheusbrief Eingang in den 1. Timotheusbrief gefunden hat und dort stärker mit der Person des Paulus verbunden wird, als es bisher der Fall war. So wird dieser zu der hinter der Lehrtradition stehenden Autorität schlechthin. Indem diese Begrifflichkeit im 1. Timotheusbrief zu Beginn und Schluss Verwendung findet, rahmt die damit verbundene Vorstellung das ganze Schreiben und wird deshalb zu einem Leitmotiv für das Verständnis des Briefes insgesamt.
Doch welche Inhalte sind es genau, die tradiert werden sollen? Das christliche Evangelium, die paulinischen Briefe insgesamt oder, ganz exklusiv

verstanden, nur die Aussagen des 1. Timotheusbriefes selbst? 1Tim 1,11 hatte betont, dass »Paulus« *gemäß dem Evangelium der Herrlichkeit des seligen Gottes, das mir anvertraut ist* beauftragt ist. Der Apostel gibt das ihm anvertraute Evangelium laut dem 1. Timotheusbrief in Gestalt einer *Paratheke* weiter. Das heißt: Das Evangelium erhält durch Paulus – und damit durch seine Interpretation – normative Gestalt. Dann aber ist alles das, was Paulus lehrt und was seine Schüler von ihm gelernt haben, Teil dieser *Paratheke*. Dazu zählen aus Sicht des Briefschreibers auch (aber eben nicht nur) die Pastoralbriefe – also vermutlich sowohl der 2. Timotheusbrief und der Titusbrief, auf die der Briefschreiber bereits zurückblicken kann, als auch sein eigenes Schreiben.

Dass der Briefautor die paulinische Tradition unter dem Begriff der *Paratheke* zusammenschließen und als rechtlich verbindliche und einzig gültige Gestalt des Evangeliums begreifen kann, stellt einen wichtigen Schritt auf dem Weg zum Verständnis auch der Paulusbriefe als Heilige Schrift dar.

Der zweite Teil des Verses entfaltet im Gegenüber zu dem positiven Auftrag zwei Dinge, die Timotheus vermeiden soll – und zeigt dadurch erneut, wie dringlich die Mahnung zur Bewahrung ist: *das unheilige Geschwätz und die Widersprüche der fälschlich so genannten Gnosis.* Da im Postskript typischerweise die zentralen Briefthemen erneut Erwähnung finden, darf auch die Irrlehre nicht fehlen. Aufmerken lässt hier weniger die stereotype Polemik (*das unheilige Geschwätz*) als vielmehr die Formulierung *Widersprüche der Gnosis*. Der Begriff *Gnosis* meint zunächst *Erkenntnis*; ein Thema, das im 1. Timotheusbrief sicher nicht zufällig immer wieder eine Rolle spielt (vgl. u.a. 1Tim 2,4f), greift an dieser Stelle jedoch eine Selbstbezeichnung der Gegner auf, die ihre Lehre wohl tatsächlich als *Erkenntnis* betrachteten.

Das erstgenannte griechische Substantiv könnte auch mit *Antithesen* wiedergegeben werden, was dann eine Anspielung auf den Titel des Hauptwerkes des Markion (ca. 85–160 n.Chr.) wäre, dessen Theologie manche Berührungspunkte mit gnostischen Irrlehren aufweist (vgl. Tertullian, Marc I 19; IV 1). Das hat besonders die ältere Forschung elektrisiert: Wendet sich der 1. Timotheusbrief tatsächlich schon gegen eine Art markionitischer Gnosis und gibt das – als pseudepigraphischer Brief natürlich nur sehr vorsichtig – tatsächlich selbst zu erkennen?

Exkurs: Die Gnosis

Als Gnosis wird eine spätantike Geistesströmung bezeichnet, die zu einer der in der Alten Kirche am intensivsten bekämpften Irrlehren werden sollte. Vermutlich ab Ende des 1. Jahrhunderts fand sie Eingang in die christlichen

Gemeinden, wodurch wir heute – da sie dort als Häresie in vielen Schriften widerlegt wurde – Kenntnisse über ihre Inhalte haben, zumindest vermittelt durch die Worte derer, die sie bekämpft haben.
Glaubte man früher, die Gnosis sei eine ursprünglich jüdische Irrlehre, so weiß man heute: Ihre Entstehung verdankt die Gnosis den Einflüssen ganz verschiedener antiker Religionen und Vorstellungen; der Fachbegriff lautet synkretistisch. Vielleicht entwickelten sich die ausgeformten gnostischen Mythen, die das Bild der Gnosis bis heute prägen, sogar erst in der Auseinandersetzung mit dem frühen Christentum und seinen Lehren.
Gnosis bedeutet so viel wie *Erkenntnis*; damit trägt diese Irrlehre ihr Wesensmerkmal bereits im Namen: Die Erkenntnis über die wahre menschliche Bestimmung ermöglicht Erlösung. Diese Erkenntnis beinhaltet folgende Einsichten: Die materielle Welt ist nicht an sich gut, sondern ist nur das Ergebnis der Schöpfung durch einen niederen Gott, einen sogenannten Demiurgen; Geschichten über diesen glaubte man im Alten Testament zu finden. Heil ist möglich durch Erlösung aus dieser Welt. Denn der Mensch an sich gehört nicht dieser niedrigen Welt an, sondern trägt in sich einen Lichtfunken, der ihn als Angehörigen einer anderen Welt ausweist. Das weiß er jedoch nicht aus sich selbst, sondern das teilt ihm ein Bote aus einem Lichtreich mit – gesandt von dem dem bösen Demiurgen übergeordneten Gott. Anders als das Christentum, das den universalen Heilswillen Gottes betont, ist die Gnosis in sich esoterisch und elitär; sie richtet sich nur an wenige Auswählte, eben die, die über die notwendige Erkenntnis verfügen. Wer erkannt hat, dass er selbst Teil der Lichtwelt ist, wer also Gnostiker ist, der ist nach dieser Vorstellung bereits erlöst, und bringt das durch eine Abwendung von der bösen, von Materie beherrschten Welt zum Ausdruck.
Der antike Theologe Markion, Verfasser eines Werkes namens Antithesen und aus Sicht der älteren Forschung der gnostische Erzketzer schlechthin, teilt mit den Gnostikern die dualistische Auffassung im Blick auf die Schöpfung, aber nicht deren Lehre von der Erlösung. Heute weiß man zudem, dass er die Gültigkeit des Alten Testaments für den gnostischen (christlichen?) Glauben negierte.
Mag sich aus den Äußerungen des 1. Timotheusbriefes über die Briefgegner kein gnostisches Lehrsystem erheben lassen, so fällt doch auf, dass die Häresie, die der Briefautor widerlegen will, tatsächlich Anklänge an gnostische Irrlehren enthält: Der Autor wendet sich gegen spekulative Gesetzesauslegungen und damit gegen einen bestimmten Umgang mit dem Alten Testament insgesamt (vgl. 1Tim 1,4), er betont die Menschlichkeit Christi (1Tim 2,5) und die Universalität des Heilswillens Gottes (vgl. 1Tim 2,4); zudem drängt er rigoristisch-asketische Tendenzen zurück (vgl. 1Tim 4,1–5), wie sie aus der Abwertung dieser materiellen Welt insgesamt entstehen – und er nennt schließlich die Irrlehre bei ihrem Namen: Erkenntnis = Gnosis.

Wenn es im 1. Timotheusbrief tatsächlich um Markion und seine Lehre ginge, würde dies allerdings implizieren, dass der Brief erst Mitte des 2. Jahrhunderts entstanden sein könnte. Doch vermag diese eine knappe Notiz die Last der Beweise für eine solche These nicht zu tragen. Hinzu kommt: Das Schreiben lässt keine eindeutige Auseinandersetzung mit der markionitischen Form der Gnosis erkennen – die offensichtliche Hochschätzung des alttestamentlichen Gesetzes durch die Gegner (vgl. 1Tim 1,4.8–11) spricht sogar ausdrücklich gegen einen Bezug auf Markion, da dieser das Alte Testament als Offenbarung des bösen Schöpfergotts ablehnt. Aus den Anspielungen des Briefautors kann man nur allgemein auf gnostisierende Tendenzen der Häretiker schließen.

Näher liegt es deshalb, auch aufgrund der Parallelität der beiden Substantive *Geschwätz* und *Widersprüche,* beides auf mündliche Äußerungen der Gegner zu beziehen. Letzteres würde sich dann entweder abschätzig gegen die rhetorische Technik des Argumentierens richten (1Tim 6,4) oder eine Polemik gegen die Widersprüchlichkeit derer darstellen, die sich doch selbst der Erkenntnis rühmen.

Die Formulierung *fälschlich sogenannte Gnosis* lässt folgende Rückschlüsse zu: Dass diese Gnosis, also Erkenntnis, zu Unrecht so bezeichnet wird, legt die Vermutung nahe, dass der Briefschreiber hier einen Selbstanspruch seiner Gegner aufgreift – die also ihre eigene Lehre durchaus als Gnosis bezeichnen konnten – und diesen bewusst relativiert: Die Erkenntnis, die die Gegner haben wollen, ist nur eine scheinbare.

Dass bereits eine Irrlehre namens *Gnosis* existiert, muss allerdings noch nicht zwingend auf ein voll entwickeltes gnostisches Lehrsystem hinweisen, wie man es aus späteren Jahrhunderten kennt. Auch in Korinth konnten die paulinischen Gegner ihre Lehre als *Erkenntnis* bezeichnen (vgl. 1Kor 8,1.7). Offensichtlich handelt es sich auch im 1. Timotheusbrief um eine von den Gegnern bevorzugte Bezeichnung ihrer Lehre. Dazu passt, dass V.21 davon spricht, dass sich die Irrlehrer zu dieser Lehre *bekannt haben,* diese *Erkenntnis* also tatsächlich als zentral betrachteten.

Man wird inhaltlich also nicht mehr sagen können, als dass die Gegner des 1. Timotheusbriefes Züge tragen, die später gnostisch wurden, ohne dass sie es zur Abfassung des Briefes notwendigerweise schon gewesen sein müssen. Aus dem Briefverlauf lässt sich kein ausgeformtes gnostisches System erheben, sondern lediglich festhalten, dass die Gegner offensichtlich aus dualistischen Motiven asketische Praktiken pflegten und das alttestamentliche Gesetz auf eine spekulative (und das heißt doch: recht großzügige) Weise auslegten. Dennoch: Nachdem die Häre-

sie bereits den ganzen Brief hindurch Thema war, wird sie nun endgültig beim Namen genannt.
Diese Häresie ist aus Sicht des Verfassers offensichtlich nicht nur ein theoretisches, sondern bereits ein praktisches Problem. Zwar legt er die Worte zu ihrer Widerlegung bereits Paulus selbst, also einer vergangenen Generation, in den Mund, doch ist auch in **V.21** unverkennbar, dass sie ein Phänomen seiner eigenen Gegenwart ist. Dass das Urteil hier, gerade im Vergleich zum Vorangehenden, überraschend moderat ausfällt, dürfte ein Hinweis darauf sein, dass der tatsächliche Bruch der realen Gegner mit der Gemeinde noch nicht vollzogen ist. Alle Polemik des Briefes scheint also darauf zu zielen, diese Menschen für die wahre (paulinische) Lehre zurückzugewinnen. Dadurch, dass Timotheus hier abschließend nochmals vor der Irrlehre gewarnt wird, erfährt der ganze Briefinhalt eine pointierte Zusammenfassung.
Der überraschend kurze Schlussgruß in V.21 ist in der knappest möglichen Form gehalten; entsprechend unpersönlich wirkt er. Der auffällige Plural (*Die Gnade sei mit euch!*) weist über die Adressatenfiktion hinaus auf die reale Zielgruppe: Nicht Timotheus, der Paulusbegleiter, ist der eigentliche Empfänger dieses Briefes, sondern es sind die Gemeinden, die schon den ganzen Brief hindurch immer wieder indirekt angeredet waren. Dieser Gemeinde und ihren Leitern ist das aufgegeben, was hier scheinbar Timotheus anvertraut wurde, nämlich die korrekte Bewahrung der unverfälschten (paulinischen) Lehre.

Der 1. Timotheusbrief insgesamt zeugt, davon zeugt auch der kurze Schlussabschnitt, von der bleibenden Aufgabe aller Christinnen und Christen, die christliche Heilsbotschaft immer wieder neu in die eigene Gegenwart hinein zum Sprechen zu bringen. Dies kann, das wurde mehrfach deutlich, nicht nur durch unveränderte Bewahrung passieren, sondern braucht die vorsichtige und maßvolle Anpassung bei gleichzeitigem Festhalten an den unveränderlichen und unverzichtbaren Kernpunkten dieser Botschaft.
Die eigene Zeit und die paulinische Tradition sind gleichsam die zwei Brennpunkte einer Ellipse, innerhalb derer die Briefempfängerinnen und Briefempfänger und bis heute alle Gemeindeglieder stehen. Jede Übersetzung des anvertrauten Gutes muss auf die neue geschichtliche und kulturelle Situation reagieren, muss sich aber auch davor hüten, das Evangelium dabei zu verflachen oder zu neutralisieren – so attraktiv eine neue Lehre eventuell auch klingen mag. Doch ist dies offensichtlich genau das, was die Irrlehrer des 1. Timotheusbriefes getan haben. Die Auseinandersetzung mit ihnen durchzieht den ganzen Brief und erinnert uns heute daran, wie leicht es ist, solchen Verlockungen nachzugeben. Doch ob die Art, wie der Brief reagiert – nämlich polemisch – wirklich die richtige ist?

Kommentierung
des 2. Timotheusbriefes

Einleitung

Das Neue Testament überliefert zwei Briefe des Paulus an Timotheus, einen sechs Kapitel umfassenden sogenannten 1. Timotheusbrief sowie den kürzeren Abschiedsbrief des auf seinen Prozess wartenden Apostels.

Die Bezeichnung 2. Timotheusbrief, die sich für diesen Brief eingebürgert hat, ist allerdings insofern irreführend, als dass dieses Schreiben durch nichts erkennen lässt, dass es um den anderen Brief an Timotheus weiß. Die Bezeichnung als 2. Brief an Timotheus kommt daher, dass wir hier erkennbar den letzten in der Biographie des Paulus zu verortenden Brief vor uns haben. Kurz vor seinem Tod abgefasst, kann er nur nach dem 1. Timotheusbrief stehen und kommt seinem Testament gleich: »Paulus« blickt hier seiner *Opferung* (2Tim 4,6) bereits ins Auge. Dies ist ein von dem pseudepigraphischen Autor sehr geschickt gewählter Schachzug, denn dadurch bekommt der Inhalt des Briefes eine kaum überbietbare Relevanz. Wenn das, was hier zu sagen ist, so wichtig ist, dass Paulus es kurz vor seinem Tod unbedingt noch sagen muss, dann wird der Briefinhalt wirklich zu seinem Vermächtnis, dem es unbedingt Folge zu leisten gilt. Argumente braucht es da fast nicht mehr – und tatsächlich kann der Autor auch fast keine bieten, weil sich auch seine Gegner, wie noch zu zeigen sein wird, auf den Apostel Paulus berufen können.

Versucht man eine literarische Einordnung des Briefes, so handelt es sich am ehesten um ein Testament mit Elementen eines Freundschaftsbriefes. »Paulus« schreibt an sein *geliebtes Kind* (2Tim 1,2) und erinnert an all das, was sie emotional und biographisch verbindet (vgl. 2Tim 1,3–5). Gleichzeitig vertraut er Timotheus seine Lehre als Erbe, genauer als Paratheke (vgl. 2Tim 1,12.14; 2,2), an, so dass der Brief tatsächlich Züge eines Testaments erhält. Die Briefform des 2. Timotheusbriefes dient auch der Selbstlegitimation des Verfassers. Wer diesen Brief besitzt, zählt zu den wahren Erben des Paulus (2Tim 2,2).

Im Vergleich zu den beiden anderen Pastoralbriefen fällt auf: Der Brief bedient sich zur Unterstreichung der Autorfiktion sehr vieler biographischer Elemente und wagt Konkretionen, die heutige Leserinnen und Leser in der Tat herausfordern: Wie soll man damit umgehen, dass all diese Angaben nicht historisch sind, sondern Teil einer geschickten Autorsuggestion? Was bedeutet es für den Wahrheitsanspruch dieses Schreibens, dass sich der Verfasser zu seiner Untermauerung so sehr auf pseudepigraphische Fiktion stützt? Damit erweist er sich jedenfalls als Kind seiner Zeit: So war auch im zeitgenössischen Judentum fiktive Testamentenliteratur durchaus verbreitet, in die auch biographische Details aufgenommen werden konnten. Ein prominentes Beispiel stellen die sogenannten »Testamente der zwölf Patriarchen« dar, eine jüdisch-christliche Schrift, die den zwölf Söhnen Jakobs und also den Stammvätern Israels letzte Worte im Angesicht ihres Todes in den Mund legt. Dass im Falle des Apostels Paulus solche letzten Worte eine Briefform erhalten, lag auf der Hand.

Innerhalb des 2. Timotheusbriefes spielt das Thema Leiden eine zentrale Rolle: Der Apostel Paulus leidet und die realen Adressatinnen und Adressaten – die hier durch den fiktiven Empfänger Timotheus hindurch angesprochen werden – sollen seine Botschaft nicht nur weitergeben, sondern auch bereit sein, sie mit ihrer Lebensgestaltung zu bezeugen.

Von zentraler Wichtigkeit ist die einzige inhaltliche Aussage, die sich im 2. Timotheusbrief über die immer wieder genannten Gegner und ihre Theologie finden lässt: Diese Andersdenkenden und Abweichler behaupten, dass die Auferstehung (aller Christinnen und Christen) bereits geschehen sei (vgl. 2Tim 2,18). Dies ist eine Vorstellung, die uns heute fremd ist, doch handelt es sich hierbei um ein durchaus denkbares Missverständnis von Aussagen aus den echten Paulusbriefen, das sich auch im Kolosser- und im Epheserbrief als zwei anderen Schreiben der paulinischen Tradition niedergeschlagen hat (vgl. Eph 2,6; Kol 3,1). Dazu passt, dass der Autor des 2. Timotheusbriefes kaum Argumente aufbieten kann, um diese Aussage zu widerlegen, sondern sich stattdessen mit Polemik behelfen muss – auch seine Gegner konnten nämlich paulinische Theologie als Basis ihrer Gedanken ins Feld führen.

Es fällt außerdem auf, dass es dem Briefautor nicht leicht fällt, die Gruppe der Andersdenkenden abzugrenzen – offensichtlich lässt sich nicht genau sagen, wer alles dazu gehört und wer nicht. Genau wie Timotheus und seine Nachfolgerinnen und Nachfolger sind auch sie Teil der sich selbst als paulinisch verstehenden Gemeinschaft. Dazu passt auch die Art und Weise, wie der 2. Timotheusbrief die Gemeinde mit einem Haus vergleicht: In einem Haus gibt es nämlich ganz verschiedene Gefäße, wertvolle und weniger wertvolle (2Tim 2,19–21). So scheint es aus seiner Sicht auch in der Gemeinde zu sein.

Es hat den Anschein, als ziele dieser Pastoralbrief mitten hinein in einen Diskurs innerhalb der Paulusschule – ohne dass man aufgrund dieses Briefes eindeutig sagen könnte, wann dieser Diskurs stattfand und wo genau er vonstattenging. Eine Verortung im kleinasiatischen Raum legt sich allerdings aufgrund der Namenstraditionen und der Nähe der bekämpften Gegnerschaft zu den Ideen aus Kolosser- und Epheserbrief ebenso wie aufgrund der vermutlichen Lokalisierung der Paulusschule selbst in Ephesus durchaus nahe. Anders als im 1. Timotheusbrief (vgl. 1Tim 1,3) unterbleibt allerdings eine explizite Lokalisierung.

Gegen eine schwärmerische Auslegung paulinischer Aussagen betont der 2.Timotheusbrief ein konservatives Verständnis paulinischer Theologie. Nur wer sich demgemäß verhält, der gehört zu den wahren Erben des Paulus. Dass dieses Christentum – anders als in der exegetischen Auslegung oft geschehen – dennoch nicht bürgerlich genannt werden darf, wird aufgrund der vielfältigen Verweise auf das Leiden am und für das Evangelium deutlich.

Die korrekte Bewahrung der Paulustradition ist das Thema, um das der ganze 2. Timotheusbrief kreist: Präskript (2Tim 1,1f), Proömium (2Tim 1,3–5) und umfangreiche Schlussgrüße inklusive Postskript (2Tim 4,9–18.19–22) rahmen ein Briefkorpus, das aus drei Teilen besteht (2Tim 1,6–2,13; 2,14–3,9; 3,10–4,8), wobei die Gefahr durch Andersdenkende der alles beherrschende Grundton ist. Selbst wenn diese Bedrohung nicht Thema ist, so ist sie da – und ist also doch Thema.

Zunächst teilt der Briefschreiber Timotheus mehrfach mit, was er tun soll (2Tim 1,6–2,13) und beschwört ihn, das anvertraute Gut – ein für die Vorstellungswelt des 2. Timotheusbriefes zentraler Begriff – zu bewahren (2Tim 1,6–14). Dafür malt er ihm Beispiele vorbildlichen und abschreckenden Verhaltens vor Augen (2Tim 1,15–18) und stellt auch sich selbst als Vorbild hin, nicht jedoch ohne auf den zu verweisen, dessen Weg er damit nur nachzeichnet, nämlich Jesus Christus (2Tim 2,8–13).

Im Mittelteil des Briefkorpus rücken stärker die christliche Gemeinschaft insgesamt und ihre Gefährdung durch Andersdenkende in den Blick (2Tim 2,14–3,9). Paulus entwirft hier das Bild einer starken christlichen Gemeinschaft, in der Platz ist für alle, die sich ihr wieder anschließen wollen, auch wenn sie zwischenzeitlich vom Weg abgeirrt waren (2Tim 2,14–21). Angesichts von Bedrohungen, die zur Endzeit gehören, aber schon gegenwärtig präsent sind, ist der Zusammenhalt der Glaubenden unabdingbar (2Tim 3,1–9).

Im letzten Hauptteil (2Tim 3,10–4,8) blickt der Briefschreiber voraus auf die baldige Hinrichtung des Paulus und bestellt deshalb sein Feld: Er regelt seine Nachfolge, indem er Timotheus und mit ihm allen Leserinnen und Lesern zunächst sich selbst als Vorbild und die Heiligen Schriften als Glaubensquellen vor Augen stellt (2Tim 3,10–17) und in einem zweiten Schritt dann Timotheus zum unermüdlichen Dienst trotz aller Widrigkeiten auffordert (2Tim 4,1–8).

Die Schlussgrüße (2Tim 4,9–22) zeigen ein weitgespanntes Netzwerk von Mitarbeitenden, die mit der paulinischen Mission beauftragt waren und es zur Zeit des Timotheus noch immer sind. Auch mit dem Tod des Paulus wird also Timotheus nicht ins Bodenlose fallen, sondern hat ein Netz, das trägt. Mit diesem Ausblick endet das Schreiben.

2Tim 1,1f: Die Brieferöffnung: »Paulus« schreibt an »Timotheus«

Antike Briefe haben in der Regel ein festes Eröffnungsformular; dies gilt auch für die Schreiben, die von Paulus selbst oder seinen Schülern stammen. Ein sogenanntes Präskript besteht typischerweise aus drei Teilen: einer Absenderangabe, einer Adressatenangabe und einem Eingangsgruß. Paulus hat diese Dreiteilung zur speziellen Form der Eröffnung eines Apostelbriefes weiterentwickelt – ein Formular, das auch im 2. Timotheusbrief stilbildend gewirkt hat.

1 Paulus, Apostel Christi Jesu durch den Willen Gottes gemäß der Verheißung des Lebens, das in Christus Jesus ist, 2 an Timotheus, geliebtes Kind. Gnade, Erbarmen, Frieden von Gott, dem Vater, und von Christus Jesus, unserem Herrn.

Das übliche dreiteilige Präskript wird vom Verfasser des 2. Timotheusbriefes durch eine religiös konnotierte Näherbestimmung von Absender und Adressat erweitert. In **V.1** bezeichnet sich der Briefschreiber, der sich den Namen des Paulus geliehen hat, als *Apostel Christi Jesu durch den Willen Gottes*. Das stimmt wörtlich mit der Eröffnung der beiden Korintherbriefe überein (1Kor 1,1; 2Kor 1,1; vgl. Kol 1,1; Eph 1,1) und greift mit der Erwähnung des Apostolats einen auch Paulus selbst wichtigen Gedanken auf. Für ihn ging mit der Bezeichnung als Apostel die Gewissheit einher, von Jesus Christus in den Dienst der Evangeliumsverkündigung berufen zu sein (vgl. u.a. 1Kor 9,1; 15,5–8; Gal 1,15f). Dennoch ist es auffällig, dass der Briefschreiber den Titel auch in diesem Brief so prominent platziert. Denn: Wäre das gegenüber dem *geliebten Kind Timotheus* (V.2) wirklich nötig gewesen? Offensichtlich empfindet der Schreiber die Nennung als unverzichtbar – was zeigt, dass die Situation, in die hinein dieser Brief zielt, ein autoritatives Auftreten nötig macht. Nicht Timotheus ist es, der sich hinter die Ohren schreiben soll, dass Paulus ein bevollmächtigter Apostel ist, sondern diejenigen, die den Brief ebenfalls lesen, sollen es tun.

Die Rückführung des Aposteltitels auf den *Willen Gottes* entspricht inhaltlich den Präskripten in 1Tim 1,1 und Tit 1,3. Damit wird betont: Das ganze Leben des Paulus ist bestimmt von Gottes heilsgeschichtlichem Plan.

Schnell ist man geneigt, den Zusatz *Verheißung des Lebens, das in Christus Jesus ist* als floskelhafte Formulierung abzutun – doch könnte gerade im 2. Timotheusbrief noch mehr dahinterstecken. Immerhin ist dieser Brief zu Recht als das Testament des Paulus bestimmt worden und vor diesem Hintergrund ist die *Verheißung des Lebens, das in Christus Jesus ist* als Maßstab und Kennzeichen des paulinischen Apostolats insgesamt zu werten: Auf diese Weise wird dem gegenwärtigen Leiden (am Dienst für das Evangelium, vgl. 2Tim 1,8.10–12) das eschatologisch verheißene zukünftige Leben entgegengesetzt: Wer jetzt leidet, dem ist dereinst die Herrlichkeit verheißen. Das gegenwärtige Leiden geschieht für einen höheren Zweck – ein Gedanke, der im 2. Timotheusbrief immer wieder aufscheinen wird.

Vielleicht steckt darin sogar schon eine kleine Spitze gegen diejenigen, mit denen sich der Briefschreiber theologisch auseinandersetzen muss und die mit der Behauptung, dass die Auferstehung aller bereits geschehen sei (2Tim 2,18; vgl. die Auslegung z.St.) das gegenwärtige Leiden, von dem der Brief auch zeugt, allzu leichtfertig beiseite schieben?

Dass hier nicht von Jesus Christus, sondern von *Christus Jesus* gesprochen wird – übrigens die typische Reihenfolge in den Pastoralbriefen (vgl. allein in 2Tim 1,1.2.9.10.13; 2,1.8.10; 3,12.15; 4,1) – impliziert keinen Bedeutungsunterschied: *Christus* heißt als Titel »der Gesalbte« und kann dem Namen vor- oder nachgestellt werden.

In **V.2** wendet sich der Briefschreiber nun seinem Adressaten zu, dem *geliebten Kind*. Als solches konnte auch Paulus selbst Timotheus bezeichnen (vgl. 1Kor 4,17) – und in der Tat gehörte Timotheus zu den engsten Vertrauten des Heidenapostels (vgl. 1Kor 16,10; Phil 2,19–23; 1Thess 3,2). Folgt man allerdings der Überlieferung in Apg 16,1–3, so hat Timotheus nicht durch Paulus selbst zum Glauben gefunden, sondern gehörte bereits zur christlichen Gemeinde, als Paulus ihn kennenlernte (vgl. dazu S. 33). Dennoch zielt die Anrede des Timotheus als *geliebtes Kind* erkennbar auf eine geistliche Kindschaft, begründet in der engen Zusammenarbeit im Dienst am Evangelium und der gemeinsamen Reise- und Missionstätigkeit. Dies passt auch zu dem den ganzen 2. Timotheusbrief durchziehenden Duktus enger Freundschaft zwischen Briefschreiber und Briefempfänger, der zur Bezeichnung dieses Briefes insgesamt als Freundschaftsbrief geführt hat (vgl. dazu S. 147 f.).

Das Präskript schließt mit einer Segensformel, die drei Segensgüter – *Gnade, Erbarmen, Frieden* – benennt und auf *Gott* als *Vater* und *Jesus Christus* als *unseren Herrn* zurückführt. Durch den Hinweis *unser Herr* werden die Leserinnen und Leser mit hineingenommen in alles Folgende: Sie stehen gemeinsam mit dem Apostel unter dem Segen des einen Gottes und seines Sohnes.
Der dreifache Wunsch bricht zugleich die Hoffnung auf das universale Heilshandeln Gottes, das aus seiner *Gnade* resultiert, herunter auf das persönliche und individuelle Wohlergehen, welches in der Antike mit dem Begriff eines umfassenden *Friedens* bezeichnet werden konnte. Der Wunsch nach *Erbarmen* trägt dabei die Hoffnung auf die Hilfe Gottes selbst ein.

2Tim 1,3–5: Proömium: Ein Dank an Gott

Anders als in den beiden anderen Pastoralbriefen schließt sich im 2. Timotheusbrief, den antiken Gepflogenheiten folgend, an das Präskript ein Proömium an. Hierbei handelt es sich um eine Art Einleitung in das Briefkorpus, das in der paulinischen Tradition in der Regel aus einem Dank oder einem Lobpreis Gottes besteht.

3 Dank sage ich Gott, dem ich diene von den Vorfahren her mit reinem Gewissen, wie ich unablässig das Gedenken an dich bewahre in meinen Gebeten bei Nacht und Tag, 4 wobei ich mich danach sehne, dich zu sehen, indem ich mich deiner Tränen erinnere, damit ich mit Freude erfüllt werde, 5 mich erinnernd an den ungeheuchelten Glauben in dir, der zuerst in deiner Großmutter Lois und in deiner Mutter Eunike wohnte, ich bin aber überzeugt, dass er auch in dir ist.

Es passt zum Duktus des Gesamtbriefes, dass bereits am Beginn die (Glaubens-)Tradition in den Fokus rückt – und zwar sowohl in Bezug auf den Glauben des »Timotheus« als auch auf den des »Paulus«.
Immer wieder muss der Briefschreiber auf das Problem aufmerksam machen, dass nicht alle mehr in der richtigen Tradition der »gesunden Lehre« stehen, sondern Einzelne aus dieser ausgebrochen sind. Ihm ist jedoch wichtig zu sagen: Nur wer die paulinische Lehre so versteht, wie sie in diesem Schreiben dargelegt wird, kann von sich behaupten, ein wahrer Nachfolger des großen Apostels zu sein und sich ebenso wie der Briefempfänger Timotheus als dessen geliebtes Kind (2Tim 1,2) fühlen.

Der ganze Brief ist durchzogen von der Auseinandersetzung mit oder besser gesagt der Abgrenzung von Menschen, die das anders sehen. Die exegetische Tradition hat sich angewöhnt, hier von »Gegnern« oder »Irrlehrern« zu sprechen, doch ist diese Begrifflichkeit für die Situation am Ende des 1. Jahrhunderts n.Chr. irreführend. Die Bezeichnung einer theologischen Position als »Häresie« schließt ja die Annahme ein, es gäbe bereits eine unumstritten richtige, gar kirchlich gewordene Lehre, von der man abweichen könne. Die Situation, in der die Pastoralbriefe entstanden sind, ist aber geprägt von einem gemeinsamen Ringen um das, was einmal kirchliche Lehre werden könnte. Das, was allzu leicht »Irrlehre« genannt wird, stellt dabei eine durchaus ernstzunehmende Stimme in diesem Chor der Meinungen dar.

Hinzu kommt im 2. Timotheusbrief noch die Schwierigkeit, dass die Andersdenkenden mitnichten Menschen sind, die als gegnerische Gruppe klar identifiziert werden könnten. Es fällt dem Briefschreiber vielmehr erkennbar schwer, zwischen den aus seiner Sicht rechtgläubigen Christinnen und Christen und den Abweichlern zu unterscheiden. Offensichtlich finden sie sich beide in den gleichen Gemeinden wieder und sehen sich beide in der paulinischen Tradition (vgl. 2Tim 2,18, vgl. die Auslegung z.St.). Dies mag auch der Grund sein, warum der Briefschreiber immer wieder auf Polemik oder subtile Unterstellungen setzt. Letzteres zeigt sich bereits hier im Proömium, wenn er die Kontinuität der (Glaubens-)Tradition betont, in der Paulus und Timotheus stehen – und in die auch diejenigen aufgenommen werden können, die seiner Auslegung der paulinischen Lehre folgen.

Immer wieder ist in der Forschung übrigens darauf hingewiesen worden, dass die Gestaltung dieser Verse Anklänge an Röm 1,8–17 und an Phil 1 aufweise; vermutlich hat der Briefschreiber bei diesen beiden Schreiben Anleihen gemacht. Besonders die bis in den Versduktus hinein deutlich werdende Nähe zum Proömium des Römerbriefes ist auffällig: Schreibt Paulus dort an eine ihm unbekannte Gemeinde und hier ein Paulusschüler an einen von dessen engsten Mitarbeitern, so ist beiden Briefen doch gemeinsam der Dank für den gemeinsamen Glauben, den Dienst am Evangelium, das Gedenken ohne Unterlass und sogar der Wunsch, durch ein Wiedersehen getröstet zu werden.

Vergleicht man 2Tim 1,3–5 mit den typischen Stilelementen eines Proömiums, so fällt auf, dass **V.3** nicht direkt ein Dankgebet eröffnet, sondern eher einen Bericht über ein dankendes Gedenken einleitet. Dass Inhalt und Grund des Dankes erst in V.5 genannt werden, bindet die ganze Satzkonstruktion eng zusammen. *Dank sage ich Gott* – doch gilt dieses Gedenken zunächst Paulus selbst und seinem Dienst. Das hier verwendete griechische Verb kann jede Form von christlichem (vgl. Apg 24,14; 27,23;

Röm 1,9) oder jüdischem (vgl. Ex 3,12; 7,16) Kult und Gottesdienst (und sogar den heidnischen Götzendienst, vgl. Dtn 4,28; Jos 24,14f; Röm 1,25) bezeichnen. In jedem Fall ist damit ein Dienst gemeint, den bereits die *Vorfahren* des Paulus ausgeübt haben: Wenn Paulus also Gott dient, so tut er das genauso, wie es seine Vorfahren getan haben. Auch für den historischen Paulus selbst war ja unbestritten, dass seine Indienstnahme durch Jesus Christus seiner Zugehörigkeit zum jüdischen Glauben und zum jüdischen Volk keinen Abbruch getan hatte, auch wenn er selbst um das Neue weiß, das das Bekenntnis zu Christus in seine Glaubensbiographie einträgt (vgl. Röm 9,3–5; 2Kor 11,22).
Der Verfasser des 2. Timotheusbriefes möchte Paulus in eine ungebrochene Glaubenstradition einzeichnen und übersieht dabei, dass Paulus selbst sich durchaus kritisch mit seiner Herkunft auseinandersetzen konnte (vgl. Phil 3,5–8, wo Paulus betont, dass er die Vorzüge seiner jüdischen Herkunft um Christi willen für Dreck erachte). Der 2. Timotheusbrief möchte die Kontinuität stark machen und verzichtet deshalb auf die Erwähnung jeglicher Diskontinuität. Der 1. Timotheusbrief setzt dagegen einen ganz anderen Akzent und betont die radikale Abkehr des Paulus von all dem, was sein früheres Leben ausgezeichnet hatte (vgl. 1Tim 1,13). Wer beide Stellen zu harmonisieren sucht und in beiden die Ambivalenz des paulinischen Rückblicks auf die eigene Biographie wahrnimmt, verweist auf die doppelte Mustergültigkeit des Paulus, der einmal als Musterbeispiel einer unverdienten Begnadigung (1Tim 1,13) und einmal als Vorbild einer traditionsgebundenen Glaubensexistenz (2Tim 1,3) erscheint.
Der Hinweis, dass Paulus Gott *mit reinem Gewissen* diene, meint hier wie auch sonst in den Pastoralbriefen die Gewissheit moralischer Untadeligkeit (vgl. 1Tim 1,5.19; 4,2; Tit 1,15 u.ö.).
Im zweiten Teil des Verses richtet sich der Blick nun auf den Briefempfänger und dessen innige Beziehung zum Briefschreiber: Zwischen beiden herrscht eine enge Verbindung, unablässig gelten die Gedanken dem Freund und geistlichen Kind und ist dieser auch der Inhalt des paulinischen Gebetes.
V.4 lässt den Grund dafür erahnen: Timotheus geht es nicht gut. Der Verfasser weiß um seine Tränen, ohne dass der Leser oder die Leserin den genauen Grund für diese erfährt. Ob damit auf Abschiedstränen wegen der Trennung des Timotheus von Paulus angespielt wird, bleibt unklar, wäre jedoch aufgrund des bewussten Kontrasts zur Freude angesichts des Wiedersehens zumindest denkbar.
In **V.5** folgt dann der Inhalt des Dankes, auf den der Autor bereits in V.3 Bezug genommen hatte: Es geht um den *ungeheuchelten Glauben* des Timotheus, an den er sich gerne erinnert. Es ist übrigens typisch für

paulinische Briefe, dass Glauben das Thema des Proömiums ist; über den angeredeten Timotheus hinaus dürften sich hier auch die realen Leserinnen und Leser auf ihren eigenen Glauben hin angesprochen fühlen. Bei Paulus selbst meint Glauben stets eine endzeitliche Gabe Gottes (vgl. Röm 10,8–17); im 2. Timotheusbrief ist eher eine menschliche Haltung impliziert. Nur deshalb kann dieser hier als *ungeheuchelt* charakterisiert werden (eine Beschreibung, die sich bei Paulus selbst nur in Bezug auf den Liebesbegriff findet, vgl. Röm 12,9; 2Kor 6,6).
Dieser Glaube – und das eint Timotheus in V.5 mit »Paulus« in V.3 – hat bereits die Vorfahren geprägt. Nur hier im Neuen Testament kann man erfahren, wie Mutter und Großmutter des Timotheus hießen, nämlich Lois und Eunike. Die Apostelgeschichte oder andere Paulusbriefe kennen beziehungsweise nennen diese Namen nicht; inwiefern sie historisch zutreffend sind, kann deshalb nicht überprüft werden.
Mit ihrer Erwähnung greift der Brief die Notiz aus Apg 16,1–3 auf, wo es heißt, dass bereits die Mutter des Timotheus gläubig (und also der christlichen Gemeinde zugehörig) gewesen sei, doch finden sich dort keine Angaben über seine Großmutter. Insgesamt zeichnet dieser Vers das Bild von Timotheus als eines Christen einer späteren Generation: *Zuerst* seien seine Mutter und bereits seine Großmutter Christinnen gewesen, er selbst sei also in diesem Glauben aufgewachsen. Dies sagt weniger etwas über die Glaubensbiographie des historischen Timotheus als über die Zeit, aus der der 2. Timotheusbrief stammt. Für seinen Verfasser ist der christliche Glaube offensichtlich bereits etwas, was man von den Vorfahren übernimmt (vgl. 2Tim 3,15). Hier sind wir erkennbar in einer Zeit angekommen, die nicht mehr die des Paulus ist. Auch an anderer Stelle kann der Brief davon sprechen, dass die Inhalte des christlichen Glaubens selbst bereits Gegenstand einer länger andauernden Überlieferungstradition sind (vgl. 2Tim 1,12f; 2,2; 3,14b–15).

Der gemeinsame Glaube kann ein starkes Band sein, das Menschen über große Entfernungen hinweg eint. Das weiß auch der Autor des 2. Timotheusbriefes, der deshalb das Bild dieser Freundschaft im Glauben, die Timotheus und Paulus verbindet, für seine eigene Zeit heraufbeschwört. Auch heute wissen sich Menschen verbunden als weltweite Gemeinschaft von Christinnen und Christen, doch zugleich wird es immer weniger selbstverständlich, von diesem Glauben zu reden. Der eigene Glaube scheint zur Privatsache schlechthin geworden zu sein. Dabei tut es gut, das zeigt die Eröffnung des 2. Timotheusbriefes, sich der geistlichen Kindschaft zu vergewissern und sich daran zu erinnern, mit welchen Menschen man sie teilt.
Der Brief erinnert auch daran, dass zu dieser Gemeinschaft nicht nur Menschen christlichen Glaubens gehören, sondern dass wir als Christinnen und

Christen untrennbar mit unseren jüdischen Geschwistern verbunden sind. Wir teilen den Glauben an den gleichen Gott, uns verbinden die Schriften der hebräischen Bibel und wir stehen auf dem Fundament der Geschichte Israels. Dies gilt es, sich in Dankbarkeit in Erinnerung zu rufen.

2Tim 1,6–2,13: Timotheus wird mitgeteilt, was zu tun ist

Mit 2Tim 1,6 beginnt das bis 2Tim 4,8 reichende Briefkorpus. Der erste größere Abschnitt endet mit 2Tim 2,13; er lässt sich unterteilen in die drei Unterabschnitte 2Tim 1,6–14; 1,15–18; 2,1–13, die jeweils mit Ermahnungen an Timotheus beginnen.

2Tim 1,6–14:
Timotheus soll alles tun, um das anvertraute Gut zu bewahren

Der erste Abschnitt des Briefkorpus wird von Mahnungen und Ermahnungen dominiert; hier finden sich viele Aspekte, die im Verlauf des Briefes immer wieder bedeutsam werden sollen, unter anderem auch die Auseinandersetzung mit Andersdenkenden, die den ganzen Brief durchzieht. Schon hier spricht der Verfasser an, was für ihn wichtig ist: wie die richtige Lehre weitergegeben wird und welche Bedeutung die Person des Paulus dabei hat.

**6 Aus diesem Grund erinnere ich dich, dass du neu belebst die Gnaden-
gabe Gottes, die in dir ist durch die Auflegung meiner Hände. 7 Denn
nicht hat uns Gott gegeben einen Geist der Furcht, sondern der Kraft und
der Liebe und der Besonnenheit. 8 Schäme dich nun nicht des Zeugnisses
von unserem Herrn und auch nicht meiner, der ich sein Gefangener bin,
sondern leide mit für das Evangelium gemäß der Kraft Gottes, 9 der uns
gerettet hat und berufen mit heiligem Ruf, nicht gemäß unserer Werke,
sondern gemäß dem eigenen Ratschluss und Gnade, die uns gegeben
wurde in Christus Jesus vor ewigen Zeiten, 10 die aber nun offenbart wor-
den ist durch die Erscheinung unseres Retters Christus Jesus, der näm-
lich den Tod zunichte gemacht hat, ans Licht gebracht hat aber Leben
und Unvergänglichkeit durch das Evangelium, 11 für das ich eingesetzt
worden bin als Verkündiger und Apostel und Lehrer. 12 Deshalb leide ich**

auch all dies, aber ich schäme mich nicht, ich weiß nämlich, auf wen ich vertraue und ich bin gewiss, dass er fähig ist, das mir anvertraute Gut bis zu jenem Tag zu bewahren. [13] Halte fest das Urbild der gesunden Worte, welche du von mir gehört hast in Glaube und Liebe, die in Christus Jesus sind. [14] Das schöne anvertraute Gut bewahre durch den Heiligen Geist, der einwohnt in uns.

V.6 ist als Begründung (*aus diesem Grund*) eng mit dem Vorangehenden verbunden. Der gemeinsame Glaube, der sowohl die Familie des Paulus als auch die des Timotheus prägt, ist der Ermöglichungsgrund für das, was Timotheus nun tun soll – nämlich die *Gnadengabe Gottes* wieder *beleben*, die bereits in ihm wohnt.

Doch was genau hat es mit dieser Gnadengabe auf sich? Im Griechischen steht der Begriff *Charisma*, der in den Paulusbriefen immer dann verwendet wird, wenn beschrieben werden soll, welche persönliche Auswirkung die Gnade Gottes auf das eigene Leben hat. Paulus selbst kann das ewige Leben als jedem Christen und jeder Christin geschenkte Gnadengabe des Heils bezeichnen (vgl. Röm 6,23) oder damit umschreiben, welche besonderen Befähigungen jeder und jedem einzelnen Gläubigen durch die Gnade Gottes zuteil werden (vgl. 1Kor 12). 2Tim 1,6 ergänzt dazu einen dritten Gedanken: Hier ist mit *Gnadengabe* der (durch die Handauflegung vermittelte) persönliche Zuspruch als gnädiges Geschenk Gottes gemeint – ein Zuspruch, der aber nicht nur Timotheus gilt, sondern allen Christinnen und Christen gewährt wird.

Zu viel Diskussion unter den Wissenschaftlerinnen und Wissenschaftlern hat die Frage geführt, welche Bewandtnis es mit der *Handauflegung* hat, von der hier die Rede ist. Handauflegungen begegnen als ritualisierte Handlungen auch sonst im Neuen Testament (vgl. Apg 14,23; 1Tim 4,14; 5,22 sowie Apg 6,6; 8,15–17; 9,12–17; 13,1–3; breit belegt ist auch die Handauflegung als Bestandteil einer Krankenheilung) und können im Kontext von Amtseinsetzungen stehen. Doch legt sich das für 2Tim 1,6 gerade nicht nahe, da Timotheus hier mitnichten als Amtsträger angesprochen wird. Der 2. Timotheusbrief ist vielmehr ein inniges Abschiedsschreiben des auf seinen Tod wartenden Paulus an seinen Freund Timotheus. Nichts im Briefkontext selbst nötigt deshalb zu der in der Kommentarliteratur immer wieder zu findenden Annahme, hier werde auf die Einsetzung des Timotheus als Gemeindeleiter in Ephesus oder gar als Bischof Bezug genommen. Dann aber ist die Gnadengabe auch kein Amtscharisma.

Am nächsten liegt vielleicht die Annahme, dass Timotheus hier an den Beginn seines Wirkens mit Paulus erinnert wird. An diesem Anfang hat, wenn die Tradition der Apostelgeschichte zutrifft (vgl. Apg 16,1–3), nicht die Taufe gestanden, da Timotheus bereits vor seiner Begegnung mit Paulus Christ war; allerdings ist die Frage nach der Historizität der lukanischen Angaben über die frühe Christenheit umstritten. Vielleicht spielt der Briefschreiber mit dem Ritus der Handauflegung auf eine gemeinsame Glaubenserfahrung und eine sehr persönliche Zeremonie an, durch die Timotheus in seinem Glauben gestärkt und bekräftigt wurde. An diese soll er sich erinnern, um auch das Gefühl zu erinnern, das ihn damals beseelte und deshalb seine Gabe und seine Gewissheit neu zu entfachen (vgl. den Exkurs S. 98 f.).

Dass es sich bei dieser Gnadengabe um ein Geschenk Gottes handelt, ergänzt **V.7** mit dem Hinweis auf Gottes positiven Geist (vgl. Röm 8,15–17). Das griechische Substantiv *Pneuma* meint zum einen den von Gott verliehenen Geist, kann jedoch auch die einem Menschen innewohnende Haltung meinen. V.7 erinnert deshalb an die Geistesgaben, die Christinnen und Christen durch Gottes Geist geschenkt bekommen (vgl. Kor 12). Dies gilt auch für die hier geschilderten Auswirkungen des Geistes, nämlich *Kraft, Liebe* und *Besonnenheit.* V.7 rückt also die persönlichen Aussagen aus V.6 in einen allgemeingültigeren Kontext. Alle drei Begriffe begegnen auch sonst innerhalb der frühchristlichen Literatur, sie zeichnen ein umfassendes Bild der Eigenschaften, die ein Mensch christlichen Glaubens haben soll. So findet sich *Liebe* in 1Tim 1,5 als Ziel der Unterweisung, während hingegen in Tit 2,11 *Besonnenheit* als Erziehungsziel christlicher Ethik genannt wird. Gott selbst ist es, der diese Eigenschaften ebenso wie die *Kraft* verleiht, um all die Leiden und Entbehrungen zu ertragen, die mit dem Evangelium einhergehen.

Wie der ganze Abschnitt, so nimmt auch **V.8** Elemente aus Röm 1 auf. So knüpft die Ermahnung an Timotheus, *schäme dich nicht,* unmittelbar an Röm 1,16a an. Anders als dort ist es hier jedoch nicht nur das Evangelium, dessen man (im Römerbrief: Paulus selbst) sich nicht zu schämen braucht, sondern Timotheus soll sich weder des Zeugnisses von Jesus Christus noch des gefangenen Apostels schämen.

Das Sich-Nicht-Schämen ist ein typisches Motiv in urchristlichen Bekenntnissen und geht, so vermutet die Wissenschaft, zurück auf das Jesuswort, wonach er selbst sich zu denen bekennen werde, die ihn bekennen, und die verleugne, die ihn verleugnen (vgl. Mk 8,38; Lk 9,26). Auch der Heidenapostel selbst musste die Erfahrung machen, dass die christliche Botschaft gesellschaftlich nicht akzeptiert wird, sondern nur Spott auslöst – und damit Beschämung bei denen, die sie verkündigen (vgl. 1Kor 1,23).

Die an Timotheus ergehende Aufforderung reicht jedoch noch weiter: Nicht nur die Botschaft selbst könnte ein Grund sein, sich schämen zu müssen, sondern auch die Person des Paulus. Der Brief setzt voraus, dass der Apostel bei seiner Abfassung im Gefängnis ist; eine Situation, wie sie auch im Philipperbrief, im Philemonbrief sowie in den späteren Paulusbriefen an die Epheser und an die Kolosser erkennbar wird. Gerade angesichts dieser unwürdigen Gefangenschaft – und Gefängnisaufenthalte in der Antike waren unwürdig – wird seine Person zum Prüfstein für die rechte Lehre und Nachfolge: Als Apostelschüler muss der Empfänger bereit sein, wie sein Vorbild um der wahren Lehre willen zu leiden (vgl. 2Tim 1,12–14; 3,10f).

Doch wofür lohnt es sich zu leiden? Nicht (nur) aus Solidarität mit Paulus, sondern (auch) um des Christuszeugnisses, also des Evangeliums willen. Im Vergleich mit den anerkannt echten Paulusbriefen fällt die explizite enge Verbindung des *Zeugnisses von unserem Herrn* und des Bekenntnisses zu dem gefangenen Paulus auf. Ruft Paulus selbst in den früheren Paulusbriefen zum Leiden mit Christus auf (vgl. Röm 8,17; Phil 1,29; 1Kor 12,26 u.ö.), wird Timotheus nun zum Mitleiden mit Paulus ermahnt. Dass das Evangelium so eng an die Person des Paulus gebunden ist, erklärt sich aus der Eigenart des 2. Timotheusbriefes: Er stellt sich als allerletzter Abschiedsbrief des Paulus kurz vor seiner Hinrichtung dar (vgl. 2Tim 4,6–8) und ist dabei sowohl schriftlicher Beweis der engen Zusammengehörigkeit zwischen ihm und seinem Schüler Timotheus als auch Testament des großen Apostels, in dem er letztmalig seinen Willen und die Basis seiner Lehre mitteilt.

In **V.9–10** zitiert der Briefautor einen kurzen älteren Text, die Wissenschaft spricht hier von einem sogenannten Traditionsstück. Dass diese Verse »traditionell« sind, erkennt man auch daran, dass sie vor allem aus Partizipien bestehen – was in der deutschen Übersetzung allerdings nur schlecht deutlich gemacht werden kann. Wörtlich müsste man die Verse wiedergeben mit *uns gerettet habend und gerufen habend mit heiligem Ruf*. Gott selbst ist das Subjekt dieses Handelns.

Weil es hier um eine Größe geht, die einst verborgen war und jetzt offenbar wird, bezeichnet man diesen traditionellen Abschnitt auch als »Revelationsschema« (vgl. dazu Röm 16,25f; 1Kor 2,6–10; Kol 1,26f; Eph 3,4–7.8–11). Allerdings fällt auf, dass die frühere Verborgenheit hier nicht so explizit erwähnt wird; zwar bleibt also das Spannungsgefüge von Einst und Jetzt durch das Formschema erhalten, das Interesse des Briefautors liegt aber erkennbar auf der gegenwärtigen Offenbarung.

Der kurze Abschnitt wird mit einer theologischen Spitzenaussage eröffnet: *Gott hat uns gerettet und berufen mit heiligem Ruf*. Das Pronomen *uns* umfasst nicht nur Briefempfänger und Briefschreiber, sondern alle Christinnen und Christen; immer wieder ist im 2. Timotheusbrief ja zu beobachten, dass er über den Adressaten Timotheus hinaus in einen breiteren Kreis von Lesenden zielt.

Gott wird hier als *Retter* bezeichnet. Das ist eine Zuschreibung, die sich im Neuen Testament eher in den jüngeren Texten findet. Sie stammt aus dem griechischen Vorstellungsraum und zeugt deshalb davon, dass der 2. Timotheusbrief von hellenistischen Denkmustern beeinflusst ist. In V.10 wird dann Christus selbst *Retter* genannt; auf diese Weise malt der Briefautor mit nur wenigen Pinselstrichen ein Bild, dessen theologische Grundaussage in dem Ineinander von Theologie und Christologie besteht: Gott hat sich als der geoffenbart, der das Heil der Menschen will – und Jesus Christus hat es gewirkt.

Zunächst jedoch ruht der Blick in V.9b auf den Vorbedingungen, die erfüllt werden müssen, damit Gott Menschen retten und berufen kann. Und ganz im Sinne paulinischer Theologie sagt dieser Halbsatz: Es gibt keine. Nicht *unsere Werke* ermöglichen Errettung, sondern sie geschieht allein aufgrund der *Gnade* Gottes und *gemäß dem eigenen Ratschluss*. Hier zeigt sich allerdings, dass der Werkbegriff gegenüber Paulus eine gewisse Akzentverschiebung erfahren hat. War dort von *Werken des Gesetzes* die Rede (vgl. Gal 2,15–21) und stand damit die Frage nach der Einhaltung der Tora auch durch Christen im Raum, so ist hier eher auf ethisch gute Taten angespielt (vgl. Tit 3,5; Eph 2,9f), deren Verdienstcharakter eine klare Absage erteilt wird.

Dass eine solche Entscheidung Gottes bereits vor aller Zeit gefallen ist, ist eine Vorstellung, die sich sowohl im Alten Testament als auch in den frühjüdischen Schriften findet und die auch im Neuen Testament immer mal wieder aufscheint (vgl. Jes 14,26; 25,1; 1QS II 22f; 3,6; Röm 8,28; 9,11; Eph 1,11).

Dass dieses Geschenk *vor ewigen Zeiten* mit der Person Jesu Christi gleichgesetzt wird, überrascht vielleicht. Doch kennen auch andere neutestamentliche Schriften die Vorstellung einer ewigen Vorzeitigkeit Christi vor dessen Menschwerdung. Der Fachbegriff dafür lautet *Präexistenz*; der Johannesprolog am Beginn des Johannesevangeliums ist ein bedeutendes Zeugnis für diesen Gedanken: *Im Anfang war das Wort, und das Wort war bei Gott und Gott war das Wort. […] Und das Wort ward Fleisch und wohnte unter uns und wir sahen seine Herrlichkeit […]* (Joh 1,1.14). Diese Idee prägt auch V.9b: Bereits bevor Gott in Jesus Mensch wurde, existierten beide göttlichen Personen gemeinsam und waren bereit, zum Heil der Menschen zu wirken.

V.10 wendet den Blick ins Jetzt: Jetzt lebt die christliche Gemeinde in der Sphäre der göttlichen Heilswirklichkeit – was das bedeutet, wird in V.10b sowohl positiv als auch negativ entfaltet: Das Heilsgeschehen hat *den Tod zunichte gemacht, ans Licht gebracht aber Leben und Unvergänglichkeit*. Gottes Unvergänglichkeit (vgl. 1Kor 15,42–54; Röm 8,21) strahlt also auf die Existenz der christlichen Gemeinde in der eigentlich doch vergänglichen Welt aus. Wie dies alles geschehen kann, sagt V.10a: durch die *Erscheinung unseres Retters Christus Jesus.*

Wieder stehen hier Begriffe, wie sie typisch sind für die griechische Sprach- und Gedankenwelt. Der Begriff *Epiphanie* findet sich innerhalb des Neuen Testaments tatsächlich fast nur in den Pastoralbriefen (die einzige Ausnahme bildet 2Thess 2,8; vgl. dem gegenüber 1Tim 6,14; 2Tim 1,10; 4,1.8; Tit 2,13; als Verb ausgedrückt: Tit 2,11; 3,4). *Epiphanie* meint das Erscheinen und Sich-Zeigen Jesu mit dem Ziel eines helfend-heilenden Handelns. Mit dieser Konnotation wird der Begriff auch im Hellenismus verwendet und von anderen Göttern ausgesagt; er findet sich zudem auch im Kaiserkult.

Der Begriff war also aus der Umwelt bekannt, dennoch gelingt es dem 2. Timotheusbrief, bemerkenswerte eigene Akzente zu setzen: Die Erscheinung Jesu ist etwas, was bereits vergangen ist – und was sich wieder ereignen wird. So kann *Epiphanie* das gesamte irdische Wirken Jesu (und nicht nur sein punktuelles Eingreifen) auffassen: Als Jesus von Nazareth ist Jesus Christus bereits erschienen und wird am Ende aller Zeiten zur Vollendung wieder erscheinen. Die Gegenwart des Timotheus und seiner Mitlesenden lässt sich deshalb bestimmen als Zwischenzeit zwischen diesen beiden Epiphanien und damit als besonders herausgehobene Zeit.

Dass damit immer Leiden einhergeht, wird auch in der sonstigen neutestamentlichen Verwendung des Revelationsschemas deutlich (vgl. Eph 3,3.13; Kol 1,24–29) und trägt der 2. Timotheusbrief durch den Kontext ein (vgl. 2Tim 1,8.12). Durch Jesus Christus ist die Heilssphäre Gottes dennoch bereits eröffnet. Dass dies ohne menschliches Zutun geschah und es allein Gott als Handelnder ist, der diese Zeit bestimmt und prägt, greift typisch paulinische Gedanken auf. Dem Verfasser gelingt es, sie in die Gedanken- und Sprachwelt seiner Zeit zu übersetzen; das ist eine Leistung, die nicht unterschätzt werden sollte. Mag der 2. Timotheusbrief auch nicht aus der Feder des Paulus stammen – hier zeigt sich, dass sein Verfasser sehr wohl in der paulinischen Nachfolge steht und sich dessen als würdig erweist.

Am Schluss von V.10 rückt nochmals die Frage in den Blick, wie dieses Heil eigentlich geschehen ist und wie es zu den Menschen kam und kommt. Der Hinweis *durch das Evangelium* stellt statt der Theologie nun die Ekklesiologie und Soteriologie, also die Lehre von der Kirche und von der Heilsvermittlung, ins Zentrum. Die Forschung vermutet, dass dieser Hinweis vom Briefschreiber selbst zu dem ihm vorliegenden Traditionsstück ergänzt wurde, um so auch die Überleitung zu V.11 zu schaffen.

V.11 spitzt den Hinweis *durch das Evangelium* auf die Person des Paulus zu. Dass die Gemeinde davon weiß, dass sie in einer Zwischenzeit

lebt, verdankt sie nicht irgendeiner Verkündigung, sondern der paulinischen: Paulus ist dafür eingesetzt als *Verkündiger, Apostel und Lehrer.* Überhaupt kann im 2. Timotheusbrief gar nicht oft genug betont werden, welche Bedeutung der große Apostel für die Offenbarung dieser Botschaft hat. Hier nun wird das *Ich* des Paulus durch drei Substantive näher bestimmt; doch zeigen die gewählten Begriffe bei aller Verehrung des Heidenapostels: Er ist nicht der Autor des Evangeliums, sondern sein Diener. Auch seine Rolle im Heilsgeschehen ist begrenzt.
Sein Auftrag ist ihm von Gott gegeben – hier liegt ein sogenanntes Passivum Divinum vor, als dessen handelndes Agens Gott nicht genannt, aber mitzuhören ist. Die Aufgabe des Paulus ist es, dieses Evangelium Gottes weiterzugeben. Dies tut er auf die oben benannte dreifache Weise: Er *verkündet* die rettende Kernbotschaft des Evangeliums, ist als *Apostel* tätig (zum Apostelbegriff vgl. oben 2Tim 1,1) und wirkt als *Lehrer* – wobei auf diesem letztgenannten Begriff das Achtergewicht liegt. Tatsächlich spielt die Lehre auch innerhalb des 2. Timotheusbriefes eine große Rolle; der ganze Brief ist durchzogen von dem Bemühen, richtige und falsche Lehre voneinander abzugrenzen, so die Andersdenkenden als solche zu identifizieren und sie auf den richtigen Weg zurückzuführen. Paulus selbst ist als der Lehrer par excellence der Garant dieser wahren Lehre und ihr autoritativer Bezugspunkt (vgl. 1Tim 2,17; 2Tim 3,10).
V.12 schließt grammatikalisch eher lose an und erinnert erneut an das Leiden des Paulus; vermutlich eine Anspielung auf seine gegenwärtige Inhaftierung in Rom (vgl. 2Tim 1,17, dazu s. u.). Doch war bereits notiert worden, dass die Erfahrung von Leiden immer auch zur Offenbarung des einst verborgenen Geheimnisses gehört und Teil des Revelationsschemas ist (s. o., vgl. Eph 3,3.13; Kol 1,24–29). Damit einher geht die Gewissheit des Leidenden, von Gott die Kraft zur Erduldung all dessen zu erhalten. Der Autor bildet in V.12 keine Ausnahme.
Der Hinweis *aber ich schäme mich nicht* greift einen Gedanken aus 2Tim 1,8 erneut auf. »Paulus« weiß genau, in wem all das gründet, was er verkündigt, und wer ihm die Kraft zum Handeln schenkt. Denn auch wenn der Gottesbegriff oder der Name Christi nicht fallen, so ist doch klar, dass sie den Bezugspunkt bilden. Gott selbst ermöglicht es Paulus, seinen Dienst *bis an jenen Tag* zu vollziehen – damit wird hier zugleich eine eindeutig eschatologische Perspektive eingetragen. Die Zeit des 2. Timotheusbriefes ist die Zeit dazwischen und als solche besonders qualifiziert.
Was im Deutschen nicht auf den ersten Blick auffällt, ist die Fachterminologie, die sich hinter der Rede vom *anvertrauten Gut* in V.12 und V.14 versteckt. Der griechische Terminus *Paratheke* ist ein feststehender Ausdruck aus dem antiken Erb- und Depositalrecht, der hier ebenso wie das

zugehörige Verb Verwendung findet (vgl. in der gleichen Kombination neben 2Tim 1,12.14 noch 1Tim 1,18; 6,20, vgl. die Auslegung z.St.).
Was genau der Inhalt dieser Paratheke ist, ist in der exegetischen Forschung Gegenstand intensiver Diskussionen gewesen: Ist die Paratheke mit dem Evangeliumsbegriff identisch oder umfasst der Terminus vielleicht die gesamte Lehre, die in diesem Brief weitergegeben werden soll – soll so also der Brief selbst zur Paratheke werden?
Der Briefschreiber legt besonderen Wert darauf, dass Paulus bestimmte Lehrinhalte an Timotheus übergeben und diesen zur unveränderten Weitergabe aufgefordert habe (vgl. neben 2Tim 1,13f v. a. 2Tim 2,2). Der auf seine Hinrichtung wartende Apostel regelt letzte Fragen und dazu gehört auch die Weitergabe seiner Lehre, die er dadurch absichert, dass er auf ihren göttlichen Ursprung verweist.
Wichtig für das Verständnis ist die hier vorausgesetzte Struktur: Paulus wurde etwas anvertraut (V.12), das er nun an Timotheus weitergibt (V.14). Von der griechischen Grammatik her wäre es bei der Formulierung *das anvertraute Gut* sowohl möglich, in Paulus den Besitzer dieses Gutes (Genitivus subjectivus) oder den zu sehen, dem es übergeben wurde (Genitivus objectivus). Der Kontext legt Letzteres nahe: Denn Gott selbst ist das inhaltliche und syntaktische Zentrum dieses Verses und deshalb auch als derjenige zu denken, der Paulus den Inhalt seiner Verkündigung mitgeteilt hat (vgl. in der frühjüdischen Literatur noch 2Makk 3,22).
Was Paulus also Timotheus anvertraut, ist selbst göttlichen Ursprungs und deshalb dauerhaft gültig. Doch meint dies wohl kaum nur den Inhalt des 2. Timotheusbriefes, sondern sicher die Gesamtheit der paulinischen Lehre. Der Briefschreiber hatte Kenntnis mehrerer Paulusbriefe – und auf diese dürfte er hier auch anspielen und ihre Lektüre als das Erbe des Paulus den Leserinnen und Lesern anempfehlen.
Was der Briefautor allerdings nicht reflektiert, ist die Tatsache, dass er einerseits zur unveränderten Bewahrung der paulinischen Tradition auffordert und gleichzeitig mit dem 2. Timotheusbrief ein deutliches Zeugnis dafür bietet, wie sehr die Tradition für die eigene Gegenwart angepasst werden muss.
V.13 steht als dazwischengeschaltete Ermahnung an Timotheus: Er soll *festhalten das Urbild der gesunden Worte*. Der hier mit *Urbild* wiedergegebene griechische Begriff lautet *Hypotyposis*, womit die prägende Form bezeichnet wird, von der her das Geformte seine Gestalt erhält. Der gleiche Begriff steht auch in 1Tim 1,16, dort wird jedoch Paulus selbst als Urbild bezeichnet, während es in 2Tim 1,13 um die *gesunden Worte* geht. Dies unterstreicht die Beobachtung, dass das Paulusbild im 1. Timotheusbrief stärker überhöht ist, als es in den beiden ande-

ren Pastoralbriefen der Fall ist. Zwar bindet auch der 2. Timotheusbrief gesunde Lehre und Evangelium eng an die Person des Paulus zurück, doch bleibt dieser stets der von Gott eingesetzte Diener und gewinnt nicht selbst soteriologische Relevanz (eine Trennlinie, die der Verfasser des 1. Timotheusbriefes nicht immer so scharf einzuhalten vermag; vgl. S. 43–47).

Die Rede von der *gesunden Lehre* (hier: *gesunde Worte*) ist übrigens in leichten Variationen typisch für alle drei Pastoralbriefe (1Tim 1,10; 2Tim 4,3; Tit 1,9; 2,1; vgl. noch 1Tim 6,3f; 2Tim 1,13; Tit 1,13; 2,2.8; vgl. den Exkurs S. 41 f.).

Immer wieder können medizinische Ausdrücke zur Umschreibung der christlichen Lehre eingetragen werden – die eigene Position ist *gesund,* die der Gegner krank (vgl. 1Tim 6,4) oder gar einem Krebsgeschwür gleichzusetzen (vgl. 2Tim 2,17f). Damit zeigt sich der Verfasser des 2. Timotheusbriefes einmal mehr als Kind seiner hellenistischen Zeit: Für diese war es nämlich typisch, stets das Richtige und Maßvolle für gesund zu halten – und alles davon Abweichende als krank zu bezeichnen. So konnte die stoisch-kynische Popularphilosophie von der gesunden und kranken Lehre der als Seelenärzte verstandenen Philosophen sprechen.

Dass die Pastoralbriefe die paulinische Lehre als *gesund* erklären, impliziert ihre Einbindung in die Regeln und Maßstäbe der antiken Welt, wodurch der revolutionäre Charakter, den man dem paulinischen Evangelium gerne unterstellt, verloren gegangen sei. Dies fällt allerdings im 1. Timotheusbrief noch stärker auf als im 2. Timotheusbrief, wo immer wieder der Zusammenhang zwischen Lehre und Leiden betont wird.

Diese gesunde Lehre wurde Paulus von Gott zur Bewahrung anvertraut und in diese Nachfolge soll Timotheus nun eintreten. Das Begriffspaar *Glaube und Liebe* findet sich noch häufiger in den Pastoralbriefen (vgl. 2Tim 1,13; 2,22; 3,10, sowie 1Tim 1,5.14; 2,15; 4,12; 6,11), dies gilt auch für die *in Christus*-Formel, die sich hier anschließt (vgl. 2Tim 1,1.9.13; 2,1.10; 3,12.15; sowie 1Tim 1,14; 3,13). Jesus Christus selbst wird damit zum Ermöglichungsgrund der Werte *Glaube und Liebe,* die in wechselseitiger Bezogenheit als Umschreibung für die gesamte christliche Existenz stehen.

Das Ziel von V.12–14 ist unverkennbar: Aufgabe der nach Paulus Lebenden ist die unveränderte Bewahrung der ihnen anvertrauten Lehrinhalte in Geschichte und Gegenwart. Dazu verhelfen Gott selbst und sein *Heiliger Geist,* die mit ihren Gnadengaben dazu befähigen; doch ist auch der intensive persönliche Einsatz jedes und jeder Einzelnen notwendig.

Bereits der Verfasser des 2. Timotheusbriefes steht in der Spannung, die auch die christliche Existenz im 21. Jahrhundert prägt: Die eigene Gegenwart nötigt dazu, die theologischen Gedanken der Vorgängerinnen und Vorgänger anzupassen. Denn wer die Heilsbotschaft Jesu Christi weitergeben möchte, muss so von ihr reden, dass sie verstanden wird. Und dies kann nicht durch Festhalten an überkommenen Formulierungen geschehen, sondern braucht eine Reformulierung. Schon der 2. Timotheusbrief ist ein Beispiel dafür, wie dies geschehen kann. Doch zugleich fordert der Briefschreiber zur unveränderlichen Bewahrung auf. Wie passt beides zusammen? Auf den ersten Blick gar nicht, auf den zweiten vielleicht schon: Derjenige, der sich im 2. Timotheusbrief der Autorität des Paulus bediente, wusste, wie sehr auch er auf die Entfaltung der christlichen Botschaft durch den großen Heidenapostel angewiesen war und wie sehr er dennoch nicht umhin kam, seine Gnadenbotschaft neu zum Ausdruck zu bringen – und gerade dadurch zu bewahren. Wer weiß, ob die paulinische Lehre die Jahrhunderte wirklich überdauert hätte und wir also heute noch von ihr zehren könnten, wenn sich nicht Menschen wie der Briefautor um ihre stete Aktualisierung bemüht hätten. Dieser Aufgabe müssen wir uns auch heute noch stellen: Das Evangelium dadurch bewahren, dass wir wagen, es neu zu formulieren – immer des Risikos bewusst, dass wir manches vielleicht falsch sagen oder Wesentliches übersehen. Doch anders wird es wohl nicht gehen.

2Tim 1,15–18: Beispiele abschreckenden und vorbildlichen Verhaltens

Die (Leidens-)Geschichte des Apostels bleibt auch im folgenden Abschnitt Thema. Doch hatte der Autor vorher an die gemeinsame Glaubensbiographie von Paulus und Timotheus erinnert, so ruft er nun das Wissen um das negative (V.15) und positive Verhalten (V.16–18) von Menschen aus deren Umfeld in Erinnerung.

[15] Du weißt dieses, dass sich alle von mir abgewandt haben, die in der Asia sind, unter ihnen sind Phygelus und Hermogenes. [16] Es gebe Erbarmen der Herr dem Haus des Onesiphorus, denn oftmals hat er mich erquickt und sich meiner Ketten nicht geschämt, [17] sondern, als er in Rom war, suchte er mich eifrig und fand mich. [18] Ihm gebe der Herr, dass er finde Erbarmen von dem Herrn her an jenem Tag. Und wie viel er in Ephesus gedient hat, weißt du besser.

Mit der Eröffnung von **V.15** (*Du weißt …*) spielt der Briefschreiber erneut auf gemeinsame Erinnerungen an, die sein Briefempfänger Timotheus und er teilen. In V.18 kann dieser kurze Abschnitt sogar enden mit dem Hinweis, Timotheus wisse bestimmte Dinge noch *besser* als er selbst – eine deutliche Anspielung auf ihre enge Beziehung.

Timotheus soll mit »Paulus« leiden (vgl. 2Tim 1,12–14; 3,10f), doch viele andere – angeblich sogar *alle in der Asia* – tun das nicht, sondern haben dem Apostel den Rücken gekehrt. Mit *Asia* ist hier die kleinasiatische Provinz des Römischen Reiches gemeint und damit eines der Kerngebiete der paulinischen Mission. Dieser Satz kann deshalb nur als hyperbolische Formulierung verstanden werden – und tatsächlich zeigen bereits die folgenden Verse und besonders die Schlussgrüße (vgl. 2Tim 4,9–22), dass dies so nicht stimmt. Der gefangene Apostel ist keineswegs von allen Mitarbeitenden verlassen; vermutlich dient das Bild des einsam Leidenden dazu, die Notwendigkeit und Dringlichkeit des vorliegenden Schreibens zu unterstreichen.

Zwei Personen werden namentlich genannt. Phygelus und Hermogenes kennt man aus der paulinischen Tradition sonst nicht, was naturgemäß Raum für Spekulation bietet: Sind diese Namen ein Stilmittel der Paränese, dienen sie der Fingierung der Echtheit dieser Schrift oder stehen dahinter tatsächlich reale Personen – und wenn, dann solche aus der Zeit des Paulus oder aus der des Verfassers? Letzteres ist kaum denkbar, denn den Leserinnen und Lesern hätte dann die Vermischung der Zeitebenen ja auffallen müssen.

Doch geht es hier nicht um historische Erinnerung, sondern um die formale Gegenüberstellung von Versagen und Bewährung: Menschen haben sich von Paulus *abgewandt*, so wie sie es laut 2Tim 4,4 auch vom Evangelium selbst tun. Wer dem verlassen in der Todeszelle sitzenden Apostel den Rücken kehrt, der wendet sich zugleich also von der Lehre ab – und umgekehrt: Wer die wahre paulinische Lehre verwirft, der trennt sich damit von Paulus selbst.

Onesiphorus nun hat beides nicht getan (**V.16**), sondern sich als vorbildlicher Anhänger des Paulus erwiesen. Er hat bereits verinnerlicht, wozu Timotheus immer wieder aufgefordert werden muss, nämlich *sich nicht zu schämen* (vgl. 2Tim 1,8.12). Der Briefschreiber erzählt davon, dass er sich um den inhaftierten Paulus gekümmert und sich auch von seinen Fesseln und seinem erbarmungswürdigen Zustand nicht davon habe abhalten lassen. Worin genau dieser Dienst des Onesiphorus bestand, den er anscheinend über einen längeren Zeitraum ausgeübt hat (*oftmals*), weiß Timotheus offensichtlich; es muss hier deshalb nicht mehr entfaltet werden.

Unklar ist an dieser Stelle, ob es sich bei der Erwähnung dieses Mitarbeiters um eine historische Reminiszenz handelt; doch liegt es tatsächlich nahe, dass Onesiphorus aufgrund seines besonderen Dienstes eine den Adressaten bekannte Größe gewesen sein könnte. Zwar steht der Name neutestamentlich nur im 2. Timotheusbrief, dort allerdings neben 2Tim 1,16.18 noch im Rahmen der Schlussgrüße in 2Tim 4,19. Dort wie hier in V.16 rückt neben Onesiphorus selbst auch dessen Haus in den Blick. Hier formuliert der Briefschreiber nun den Wunsch, *es gebe Erbarmen der Herr dem Haus des Onesiphorus*. Dies hat in der Forschung Anlass zu Spekulationen geboten: Ist hier der Haushalt dieses Mannes gemeint oder eine Hausgemeinde, wie sie die Keimzellen des Christentums bildeten (vgl. Röm 16,5; 1Kor 1,16; 16,15–19; Phlm 2; Kol 4,15; Apg 2,46; 5,43; 16,15.31–33; 20,20)? Das muss letztlich genauso offen bleiben wie die Antwort auf die Frage, warum das gesamte Haus des Onesiphorus mit angesprochen wird.

Was diese Verse allerdings nicht nahelegen, auch wenn das oft vermutet wurde, ist die Annahme, dass Onesiphorus zur Zeit der Abfassung des 2. Timotheusbriefes bereits gestorben sei und die guten Wünsche deshalb nur noch seinem Haus und nicht mehr ihm selbst gelten können. Trotz solcher Unsicherheit hat sich in der katholischen Überlieferung auch auf Grundlage dieses Verses die Tradition des Fürbittgebets für Verstorbene entwickelt – auch wenn dieser kurze Vers weder ein Gebet noch einen Gebetswunsch enthält, sondern lediglich eine Hoffnung widerspiegelt.

Mit dem Hinweis auf *jenen Tag* rückt das Jüngste Gericht in den Blick. Damit schließt dieser Abschnitt mit dem eschatologischen Fluchtpunkt, den er von V.12 an bereits hatte: Der Briefschreiber bittet Gott darum, sich im Jüngsten Gericht dem Haus des Onesiphorus als gnädig zu erweisen; dies wiederholt sich in leichter Variation erneut in V.18. Am Beispiel des Onesiphorus zeigt sich deshalb, dass für den Briefschreiber das richtige Christsein aus einer Kombination von Wissen und Handeln besteht – und er signalisiert so, wie man sich selbst sich auf das Jüngste Gericht vorbereiten kann.

Während V.18 den Dienst des Onesiphorus für Paulus in Ephesus im Blick hat, spielt **V.17** auf einen Romaufenthalt des Apostels an. Dort habe Onesiphorus ihn gesucht und gefunden. Die Angaben der Apostelgeschichte wissen nur von einem einzigen Aufenthalt des Paulus in Rom, nämlich seiner zweijährigen Gefangenschaft in einer Art offenem Vollzug (Apg 28,30f). Am Ende dieser Zeit, so ergänzt die frühchristliche Tradition, habe dann die Hinrichtung des Paulus gestanden. Die Nähe der Erwähnung der römischen Hauptstadt zu den Hinweisen auf die Gefangenschaft in V.16 legt nahe, dass hiermit die Fiktion generiert werden solle, dass dieser Brief von Paulus selbst in seiner römischen Gefangenschaft verfasst worden sei.

V.18 rekurriert erneut auf das Wissen des Briefempfängers, wodurch der kurze Abschnitt insgesamt vom Motiv des Wissens umklammert

wird. Dies suggeriert eine enge Vertrautheit zwischen dem Absender und dem Adressaten: *Und wie viel er in Ephesus gedient hat, weißt du besser.* Diese Erwähnung von Ephesus ist immer wieder als Hinweis darauf gedeutet worden, dass sich auch der Briefempfänger selbst dort aufhalte. Wie könnte er sonst wissen, welchen Dienst genau Onesiphorus Paulus in dieser Stadt geleistet habe? Diese Lokalisierung scheint sich auch aufgrund der Angaben in 1Tim 1,3 nahezulegen. Der 1. Timotheusbrief verortet den Briefempfänger ausdrücklich in Ephesus und auch 2Tim 4,19 scheint dorthin zu zielen, immerhin werden Timotheus hier Grüße an Aquila und Priska aufgetragen, die sich der paulinischen Tradition nach (vgl. 1Kor 16,19) zumindest zeitweilig dort aufgehalten haben sollen.
Diese konkrete Lokalisierung ist jedoch keineswegs zwingend, zumal 2Tim 4,12 – *Tychikus aber habe ich nach Ephesus geschickt* – gerade nichts davon zu wissen scheint, dass Timotheus selbst ebenfalls dort ist und zudem die Angaben aus dem 1. Timotheusbrief nicht einfach in das zweite Schreiben eingetragen werden dürfen. Näher liegt deshalb die Vermutung, dass der 2. Timotheusbrief eher allgemein in den kleinasiatischen Raum zielt. Genauer wird man das nicht sagen können.

Wer von der frohen Botschaft Gottes und seines Sohnes Jesus Christus reden will, der muss Geschichten erzählen. Jedes Bekenntnis braucht die narrative Entfaltung. Dies beweisen nicht nur die neutestamentlichen Evangelien, sondern dies zeigt auch dieser knappe Abschnitt. Und so erzählt der Verfasser: Von Menschen, die sich so verhalten haben, wie es sich für Christinnen und Christen ziemt – und von den anderen auch. Wer dies liest, fragt sich vielleicht: Auf welcher Seite hätte ich gestanden? Diese Überlegungen behalten ihre drängende Relevanz unabhängig von der nicht mehr zu beantwortenden Frage, ob Onesiphorus, Phygelus und Hermogenes wirklich gelebt haben oder ob nicht.

2Tim 2,1–7: Lehren und Leiden nach dem Vorbild des Paulus

Der gesamte Abschnitt 2Tim 2,1–7 ist durch Aufforderungen und Ermahnungen geprägt; der Fachbegriff lautet »Paränese«. Mit Bildern, die aus dem soldatischen Kriegsdienst, dem bäuerlichen Alltag und dem sportlichen Wettkampf stammen – und damit antiken Leserinnen und Lesern vertraut gewesen sein dürften –, wird Timotheus vor Augen gemalt, was von ihm als *Kind des Paulus* erwartet wird. Dass er selbst damit zum nachahmenswerten Vorbild für alle diejenigen wird, die in seiner Tradition stehen, scheint dabei immer wieder durch.

**[1] Du nun, mein Kind, werde stark in der Gnade, die in Christus Jesus
ist, [2] und was du gehört hast von mir durch viele Zeugen, diese Dinge
vertraue zuverlässigen Menschen an, welche auch immer tüchtig sein
werden, auch andere zu lehren. [3] Leide mit als guter Soldat Christi Jesu.
[4] Niemand, der als Soldat tätig ist, verwickelt sich in die Beschäftigungen
des (täglichen) Lebens, damit er dem gefalle, der ihn angeworben hat.
[5] Wenn aber auch jemand (im Wettkampf) kämpft, wird er nicht mit dem
Siegeskranz bekränzt, wenn er nicht auf gesetzesmäßige Weise kämpft.
[6] Es ist nötig, dass der Bauer, der sich abmüht, als erster Anteil an den
Früchten bekommt. [7] Bedenke, was ich sage: Es wird dir nämlich der
Herr Verständnis geben in allem.**

Erneut wird der Briefempfänger Timotheus in **V.1** direkt angeredet: *Mein Kind,* nennt der Verfasser ihn. Das erinnert an das Präskript und daran, wie innig die Beziehung zwischen Paulus und Timotheus war. Zwar war Timotheus nicht das leibliche Kind des Paulus und wurde laut den Schilderungen der Apostelgeschichte auch nicht von ihm getauft, doch er ist dennoch sein würdiger Nachfolger und Stellvertreter und eben deshalb sein *Kind* – eine Assoziation, die gerade in diesem Brief besonders wichtig ist. Der 2. Timotheusbrief kommt angesichts der Situation, aus der heraus der Apostel schreibt (vgl. 2Tim 4,6–8), als dessen Testament und damit sein letzter Wille daher. Wem, wenn nicht seinem (geliebten) Kind, könnte ein solcher Brief gelten? Und wer, wenn nicht diejenigen, die sich wie Timotheus in der Nachfolge des Paulus sehen, sind beauftragt, dessen Inhalte weiterzugeben? Der 2. Timotheusbrief entfaltet also zum einen, so der Anspruch, die wahre paulinische Lehre, kann zum anderen aber auch als Legitimation derer verstanden werden, die in dieser Tradition stehen. Dass sie im Besitz der Wahrheit sind – ein Begriff, der gerade in diesem Brief wichtig werden wird –, zeigt der 2. Timotheusbrief ihnen und denjenigen, die von dieser Wahrheit abgeirrt sind.

Timotheus soll *stark werden in der Gnade, die in Christus Jesus ist.* Diese Aufforderung überrascht, denn der Autor hatte nur wenige Verse zuvor dankbar den festen Glauben des Timotheus und seine Bereitschaft zum Mitleiden genannt. Wieso nun diese Erinnerung? Und wie kann es überhaupt sein, dass ein Mensch selbst dafür Sorge tragen kann, in der *Gnade stark* zu werden? Das darf hier nicht im Sinne einer Selbsterlösung missverstanden werden. Hinter dieser verkürzt-formelhaften Aufforderung steckt der Gedanke, dass nur der, der sich für den Empfang der Gnade Gottes öffnet, erfahren wird, was Gott zu tun vermag. So ist auch hier das Erstarken zu verstehen: Timotheus soll zulassen, dass Gott an ihm und durch ihn zum Segen der Gläubigen wirkt.

Zudem soll Timotheus das von Paulus Gehörte anderen Menschen *anvertrauen* (**V.2**). Das griechische Verb erinnert an 2Tim 1,12.14, wo von dem von Paulus *anvertrauten Gut* die Rede war; eine Vorstellung, die aus dem antiken Erbrecht stammt. Nun rückt der Modus der Weitergabe in den Blick.

Umstritten ist die genaue Bedeutung des Ausdrucks, die in diesem Kommentar mit der Formulierung *durch viele Zeugen* übersetzt ist. Im Griechischen steht eine Genitivkonstruktion mit Präposition, wobei diese entweder modal oder instrumental verstanden werden kann. Ersteres hieße »vor vielen Zeugen«, Letzteres entspräche der hier bevorzugten Übersetzung *durch viele Zeugen*.

Die Mehrheit der Exegetinnen und Exegeten bevorzugt die erstgenannte modale Variante (»vor vielen Zeugen«) und erkennt hinter 2Tim 2,2 ein Ordinationsformular: In Gegenwart von vielen Zeugen, so interpretieren sie V.2a, sei Timotheus in sein Amt eingesetzt und in diesem Zusammenhang mit der paulinischen Lehre beauftragt worden – so wie bis heute Geistliche auf die Bekenntnisschriften als Grundlage ihres Glaubens ordiniert werden. Dann zeige dieser Vers, was sich auch in den beiden anderen Pastoralbriefen abzeichne, dass nämlich die Weitergabe der Lehre die Hauptaufgabe des bischöflichen Amtsträgers gewesen sei (vgl. Tit 1,7–9; 1Tim 3,2–8) – und dass Timotheus zum einen repräsentativ für einen solchen stehe und zum anderen seine Nachfolger entsprechend unterweisen solle. Gerade für viele katholische Auslegende ist der darin anklingende Sukzessionsgedanke besonders wichtig. Meines Erachtens lässt sich aus diesem Text jedoch keineswegs auf ein geprägtes Ordinationsritual schließen (vgl. den Exkurs S. 98 f.).

Näher liegt deshalb die hier bevorzugte instrumentale Interpretation (*durch viele Zeugen*), die einen anderen Deutehorizont eröffnet: Bereits die realen Briefempfänger haben die paulinische Lehre nicht mehr durch Paulus selbst, sondern durch andere Menschen kennengelernt. Damit erweist sich der hier angeredete Timotheus einmal mehr als Repräsentant der Christinnen und Christen einer späteren Generation. Auch sie können sich ja nicht direkt auf Paulus berufen, der zur Abfassungszeit des 2. Timotheusbriefes bereits einige Jahr(zehnt)e tot gewesen sein dürfte, sondern sind auf die Vermittlung durch andere Menschen angewiesen, die in seiner Tradition stehen. Vermutlich sind genau das die *Zeugen*, von denen hier die Rede ist: Menschen, die sich dem paulinischen Erbe verpflichtet fühlen, und deren Beauftragung und Befähigung zur Weitergabe nun ausdrücklich bestätigt wird.

Auf diese Weise signalisiert der Brief, dass die richtige paulinische Lehre durch verschiedene Menschen vermittelt werden kann, und sendet damit ein wichtiges Signal an die realen Leserinnen und Leser: Mögen diese

Menschen wechseln, so bleibt doch die Lehre identisch. Zwar durchbricht der Briefverfasser dann an dieser Stelle die Brieffiktion, doch kann er auf diese Weise eine Traditionslinie bis in die eigene Zeit ziehen. Der Briefempfänger bekommt eine doppelte Funktion: Durch den Namen Timotheus repräsentiert er einerseits einen der wichtigsten Paulusschüler und steht zugleich für das Christentum einer späteren Zeit.

Genau wie in 2Tim 1,12.14 ist als Inhalt des Anvertrauten die gesamte paulinische Lehre im Blick. Doch dass nicht der substantivische Fachbegriff *Paratheke* steht, sondern das entsprechende Verb, unterstreicht, dass nicht die Inhalte im Fokus sind, sondern der Modus der Weitergabe – eben *durch viele Zeugen* und durch die Zeiten hindurch.

Diese Deutung des Verses fügt sich in der Tat besser in den Gesamtduktus des 2. Timotheusbriefes ein als die oben skizzierte These, hier werde auf die Einsetzung eines Amtsträgers angespielt. Timotheus wird nicht als Ordinierter angesprochen, sondern als Kind und Erbe des Paulus – eine Eigenschaft, durch die er sich in eine Tradition einreiht, in der die paulinische Lehre von verschiedenen Menschen weitergegeben und dennoch unversehrt bewahrt wird. Einer davon ist ja auch der Briefautor selbst. Und immerhin steuert der 2. Timotheusbrief in diesem Abschnitt ja bereits auf den zentralen Satz 2Tim 2,18 zu, in dem die gegnerische Lehre als Schreckensbild vor Augen gemalt wird.

V.3–7 entfalten, was von allen Christinnen und Christen erwartet wird, mit drei verschiedenen Bildern; **V.3f** sind geprägt durch eine Metapher aus dem Kriegsbereich. Als *guter Soldat Christi* soll Timotheus *mitleiden* – eine spannende Kombination, da man angesichts des bildspendenden Bereichs eher eine Aufforderung zum Kampf erwartet hätte. Damit wird eine Formulierung aufgenommen, die bereits in 2Tim 1,8 stand und die an das Mitleiden mit dem gefangenen Apostel Paulus erinnert. Der Fokus liegt nicht auf dem Kampf, sondern, so unterstreicht **V.4**, darauf, dass ein Soldat im Einsatz sich nicht *in die Beschäftigungen des (täglichen) Lebens verwickeln* lasse. Was jedoch sollen Timotheus und die Leserinnen und Leser daraus über das Leben innerhalb der christlichen Gemeinschaft ihrer Zeit lernen?

Da an dieser Stelle, anders als vielfach in der Kommentarliteratur zu lesen, nicht die Gemeindeleiter im Blick sind, geht es hier nicht um die Frage, ob eine Gemeinde zur Zeit des 2. Timotheusbriefes verpflichtet gewesen wäre, ihre Hauptamtlichen zu finanzieren, damit sie sich ganz auf ihren Dienst am Evangelium konzentrieren können. Ein solcher Gedanke wird im ganzen Brief nicht angedeutet – und noch weniger der einer Heraussonderung der Amtsträger aus dem familiären Alltag.

Fluchtpunkt dieser beiden Verse ist der finale Abschlusssatz, wonach ein Soldat so handele, *damit er dem gefalle, der ihn angeworben hat.* Damit dürfte auf Gott oder auf Jesus Christus angespielt sein, die Bezugspunkt allen Handelns und Denkens eines Christen oder einer Christin sein sollen. Alles, was Timotheus tun soll, soll er tun zur Ehre Gottes und damit die Botschaft seines Sohnes in die Welt getragen wird.

Mit **V.5** wechselt das Bild: Nun wird das christliche Leben mit einem sportlichen Wettkampf verglichen. Eine solche Wettkampfmetaphorik kennt man auch sonst aus den Pastoralbriefen (vgl. 2Tim 4,7; 1Tim 1,18; 4,7–10; 6,12) oder auch aus früheren Paulusbriefen (vgl. 1Kor 9,7.24–27; 2Kor 10,3–5; Gal 2,2; Phil 1,27–30; 3,12–14 u.ö.); hier haben sicherlich alttestamentliche Traditionen bildprägend gewirkt (vgl. Ps 56,2f; 140,2). Der Akzent ist an dieser Stelle allerdings ein besonderer. Es steht nämlich weniger die Anstrengung im Zentrum, die notwendig mit der erfolgreichen Teilnahme an einem Sportereignis einhergeht, sondern das regelkonforme Verhalten: Wer nicht fair kämpft, der erhält den Siegeskranz nicht. Wer nur deshalb gewinnt, weil er gemogelt hat, der wird disqualifiziert.

Mit welcher Intention schreibt der Briefautor das? Immer wieder scheint im 2. Timotheusbrief auf, dass dieser das Dokument einer Auseinandersetzung innerhalb der paulinischen Tradition ist. Dies gilt auch hier: Gewinnen kann nur der, der die Vorschriften des Wettkampfes – und das heißt übertragen: die Regeln des Glaubens, wie sie in diesem Brief aufgeschrieben sind – befolgt. Dass dies die Abweichler nicht tun, wird der Briefschreiber nicht müde zu betonen. Sie werden sich also, so viel steht für ihn schon fest, des Siegeskranzes nicht würdig erweisen.

V.6 trägt schließlich einen dritten Vergleich ein: Nun wird das Bild bäuerlicher Erntearbeit herangezogen und dabei besonders die Mühsal betont, die diese Arbeit bedeutet. Aber die trägt *Früchte* – und daran darf sich der zuerst bedienen, der sich bemüht hat; eine Vorstellung, die sich auch noch in Dtn 20,6; 1Kor 9,7 und Spr 27,18 findet. Nun gilt nicht mehr, dass die Ersten die Letzten sein werden, wie es die Jesustradition formulierte (Mt 20,16), sondern hier hat es jede einzelne Christin und jeder einzelne Christ selbst in der Hand, sich seinen Anteil am eschatologischen Heil zu verdienen.

V. 7 schließt mit einem Imperativ ab; damit wird der Sprachduktus von V.1 wieder aufgegriffen, so dass die allgemein gehaltenen Aussagen des Mittelteils zusammengebunden werden. Inhaltlich wagt der Autor einen Blick in die Zukunft und äußert ein Versprechen und eine Verheißung: *Bedenke, was ich sage: Es wird dir nämlich der Herr Verständnis geben in allem.* Eher allgemein gehalten, ist dieser Vers eine Zusicherung für alle, die sich abmühen: Auch bei neu auftauchenden Fragen, so unterstreicht die futurische Ausrichtung des Verses, werden sie nicht ratlos bleiben müssen, sondern von Gott Einsicht und Erkenntnis erhalten.

Timotheus soll weitergeben, was er durch viele Zeugen gehört hat. Menschen sind es, die für die treue Weitergabe und unveränderte Überlieferung der paulinischen Lehre einstehen. Das gilt bis heute. Und zugleich müssen wir uns befragen lassen: Worin wurzelt das, was wir glauben? Auf welchem Fundament gründen wir unsere Glaubensüberzeugungen? Immer wieder fällt in diesem Abschnitt der Leidensbegriff. Nun leiden, zumindest in Europa, Christinnen und Christen nicht mehr für ihren Glauben. Doch sind wir bereit, an dem zu leiden, was unser Glaube von uns fordert? Wie sehr lassen wir uns eigentlich von unserer theologischen Tradition anfragen – auch und gerade dann, wenn sie uns unbequem erscheint?

Gleichzeitig gilt es, sich gerade in protestantischer Tradition immer wieder der Spannung bewusst zu werden, die auch diesen Abschnitt prägt: Es ist Gott selbst, der in Christus die unverdiente Gnade schenkt. Und doch ist jede und jeder Einzelne aufgefordert, sich dessen würdig zu erweisen und sie in sich zu entfachen. Wie bestimmt man das richtige Maß zwischen menschlicher Selbstverantwortung und dem Vertrauen auf Gottes Gnadengabe? Und wo nehmen wir unseren Glauben so ernst wie ein Soldat den Krieg, ein Sportler den Wettkampf und der (antike) Bauer den täglichen Kampf ums Überleben?

2Tim 2,8–13: Denke an den Weg Jesu Christi!

Bei dem Abschnitt 2Tim 2,8–13 handelt es sich grammatikalisch um die Fortsetzung des Vorangehenden; inhaltlich aber widmen sich diese Verse einem neuen Thema: Nun ist es Jesus Christus selbst, der in den Blick rückt, und mit ihm erneut Paulus als Verkündiger des Evangeliums, das von Jesu Heilshandeln berichtet. Nicht nur Jesu Auferstehung ist Thema, sondern auch sein Weg durch das Leiden bis hin zur Verherrlichung; ein Weg, den Paulus am eigenen Leib nachvollzieht. Höhepunkt dieses kurzen Abschnitts sind die aus der Tradition übernommenen V. 11–13, die mit der für die Pastoralbriefe typischen Formulierung *verlässlich ist das Wort* (vgl. 1Tim 1,15; 3,1; 4,9; 2Tim 2,11; Tit 1,9; 3,8) eingeleitet werden.

**8 Erinnere Jesus Christus, der auferstanden ist aus den Toten, aus dem
Samen Davids, gemäß meinem Evangelium, 9 in diesem leide ich bis zu
Fesseln wie ein Verbrecher; aber das Wort Gottes ist nicht gebunden.
10 Deshalb ertrage ich alles um der Auserwählten willen, damit auch sie
die Rettung erlangen, die in Christus Jesus mit ewiger Herrlichkeit ist.
11 Verlässlich ist das Wort: Wenn wir nämlich mitgestorben sind, werden wir auch mitleben; 12 wenn wir ausharren, werden wir auch mitherrschen; wenn wir verleugnen werden, wird jener auch uns verleugnen;**

13 wenn wir untreu werden, bleibt jener treu, er ist nämlich nicht fähig, sich selbst zu verleugnen.

Timotheus soll sich an Jesus Christus *erinnern* (**V.8**), und zwar sowohl an seine Nachkommenschaft aus dem *Samen Davids* als auch an seine *Auferstehung aus den Toten*. Beides findet sich ebenfalls innerhalb einer traditionellen Formulierung im Präskript des Römerbriefes (Röm 1,1–4), dort allerdings in umgekehrter Reihenfolge. Da der Briefschreiber auch sonst Anleihen am längsten Paulusbrief macht, könnte das hier ebenfalls zutreffen; allerdings wäre in diesem Fall auch der unabhängig voneinander erfolgende Rückgriff auf gemeinsame Traditionen denkbar.
Mit der Erwähnung von Geburt und Auferstehung wird der gesamte Lebens- und Leidensweg Jesu Christi gerahmt. Allerdings wird im Römerbrief Jesu Herkunft aus der Nachkommenschaft Davids auf seine Gottessohnschaft hin ausgewertet, während der Hinweis nun vor allem der genealogischen Einordnung Jesu dient.
Dass die Formulierung *gemäß meinem Evangelium* am Ende von V.8 etwas nachklappt, ist oft notiert worden. Sie dient dazu, die vorangehenden soteriologischen Aussagen und das Wirken des Paulus eng zusammenzubinden. Wie bereits in 2Tim 1,10f wird der Apostel zu demjenigen, in dessen Verkündigung das Heilsgeschehen rund um Jesus Gestalt gewinnt, und sein Evangelium damit zur maßgeblichen Größe (vgl. Röm 16,25).
Passend dazu rückt **V.9** mit einem relativischem Anschluss den Apostel und sein Leidensgeschick in den Blick. Wieder wird auf die Gefangenschaft des Paulus angespielt, von der die Leserinnen und Leser mindestens ahnen, dass es seine letzte sein wird (vgl. 2Tim 1,12; 4,6–8 u.ö.). Der Vers betont den Kontrast zwischen dem gefesselten Apostel und der Freiheit des Wortes Gottes. Das verleiht der Aussage einen missionarischen Impetus: Weil mit der Verkündigung der Botschaft von der christlichen Freiheit die Gefangenschaft des Verkündigers einhergeht, wird dessen Leiden selbst zum paradoxen Zeichen für das Evangelium. Immer wieder wird in neutestamentlichen Schriften das Ertragen von Bedrängnissen als typisches Element apostolischen Wirkens oder frühchristlicher Existenz insgesamt erwähnt (vgl. 2Kor 6,4; 12,12; Röm 12,12; 1Thess 1,3; Jak 1,3f u.ö.).
V.10 benennt nun sowohl den Grund als auch das Ziel dieses Leidens: Paulus erträgt all das deshalb (Grund), damit auch die Auserwählten das in Christus grundgelegte Heil erlangen (Ziel). Auch wenn Jesus Christus im Zentrum dieses Abschnitts steht, so kommt der Person des Paulus eine kaum zu überbietende Funktion zu: An der Vermittlung durch

sein Evangelium und an seinem persönlichen Schicksal hängt es, ob die Botschaft von Jesus Christus insofern zum Ziel gelangt, als dass die Christinnen und Christen in dieses Heilsereignis mit hineingenommen werden (vgl. Kol 1,24). Dadurch wird der Heidenapostel zum Muster christlicher Existenz. Immer wieder finden sich deshalb im 2. Timotheusbrief Anspielungen auf das paulinische Leidensschicksal, die verbunden sind mit Aufforderung, sich ebenfalls auf diese Leidensnachfolge einzulassen (vgl. u. a. 2Tim 1,12–14; 3,10f). Gefordert wird also die Abbildung der christologischen Grundstruktur – durch Leiden hin zur Verherrlichung – im eigenen Leben.

Überraschend ist die Bezeichnung der christlichen Gemeinschaft als *Auserwählte*. Das hier verwendete griechische Substantiv stammt aus dem apokalyptischen Kontext und meint dort jeweils die endzeitlich Ausgesonderten (vgl. Röm 8,33; 16,3; Kol 3,12). Neben 2Tim 1,10 findet es sich in den Pastoralbriefen noch in Tit 1,1: Immer steht es für diejenigen, die sich treu zur paulinischen Lehre halten. Diese sind insofern *Auserwählte*, als dass ihnen in der Erwartung jenseitigen Lohns das diesseitige Tun und Predigen des Paulus zugutekommt.

Gegen das Leiden in der gegenwärtigen Zeit setzt der Briefschreiber nun die jenseitige *Herrlichkeit*, die *ewig* währen soll. Sie ist es, die durch die Zugehörigkeit zu Jesus Christus erlangt werden kann und auf die alles Tun hinzielt.

Die Verse **V.11–13** greifen eine traditionelle Formel auf; sie besteht aus vier parallel aufgebauten zweigliedrigen Sätzen und einer abschließenden (rückblickenden) Begründung. Der mit *wenn* eingeleitete erste Satzteil nennt jeweils ein (Fehl-)Verhalten, der Folgesatz schließt dann die Entsprechung beziehungsweise die daraus resultierende Erwartung an. Eine Ausnahme bildet hier lediglich die vierte, assymetrisch gestaltete Zeile, auf ihr liegt deshalb innerhalb des Traditionsstücks ein Schwerpunkt. Nicht nur wird der Treulosigkeit der Glaubenden syntaktisch überraschend die Treue Christi kontrastiert, sondern V.13 zeigt auch eine formale Unregelmäßigkeit, da sich nur hier ein Begründungssatz anschließt.

Dass V.11b–13 aus Traditionsgut gestaltet ist, ist weitgehend unbestritten, unklar ist allerdings, in welchem Maße der Briefschreiber redaktionell eingegriffen hat.

In jedem Fall hat der Verfasser des 2. Timotheusbriefes die Beteuerungsformel *verlässlich ist das Wort* in **V.11a** diesem Traditionsstück vorangestellt; auf diese Weise weist er auf die Wichtigkeit der nun folgenden Aussagen hin (vgl. dazu S. 45 f.). Ziemlich sicher hat er auch die Begründung *nämlich* in V.11b ergänzt, um die traditionelle Formel in den Kontext einzufügen.

Dass in **V.11b** nun ein *wir* als grammatikalisches Subjekt eingeführt wird, überrascht, stammt aber vermutlich aus der Tradition und hat hier sicher eine doppelte Ausrichtung: Gemeint sind damit nicht nur der Apostel und sein Schüler, sondern tatsächlich alle, die sich in diese Lehrtradition einordnen.

Im ersten Teil der traditionellen Formel werden das Mitsterben und das Mitleben der Gläubigen mit Christus einander gegenübergestellt: Wer mit ihm bereits *mitgestorben* ist (Vergangenheit), der wird auch als Auserwählter in Ewigkeit mit ihm *mitleben* (Futur). Der Vers weist sprachlich und inhaltlich eine große Nähe zu Röm 6,8 auf und greift die auch diesen Vers prägende Spannung von »schon jetzt« und »noch nicht« auf. Auch deshalb liegt es nahe, das Mitsterben nicht auf ein tatsächliches Martyrium zu beziehen, sondern darin eine Anspielung auf die paulinische Tauftheologie zu erkennen. In der Taufe stirbt jede und jeder Einzelne dem alten Leben ab und lebt von da an als neuer Mensch in Christus. Wer bereit ist, mit Christus in der Taufe – metaphorisch – zu sterben, der signalisiert so, dass er ebenfalls bereit ist, für seinen Glauben in den Bedrängnissen der Gegenwart zu leiden. Wem dies gelingt, dem wird als Lohn das ewige *Mitleben* verheißen.

In **V.12a** werden die beiden Verben *ausharren* und *mitherrschen* gegenübergestellt. Ersteres ist im Präsens formuliert: Hier wie auch sonst im 2. Timotheusbrief geht es um das Erdulden gegenwärtiger Leiden als typisches Merkmal frühchristlicher Existenz. Dass es in Offb 20,4a besonders die Märtyrer sind, denen im Gegenzug dazu das zukünftige Herrschen mit Christus versprochen wird, sollte nicht dazu veranlassen, hinter 2Tim 2,12a bereits eine Art Märtyrertheologie zu sehen, mit der die Blutzeugenschaft und also das Martyrium bekennender Christinnen und Christen theologisch verbrämt werden soll. Die Hoffnung auf eine jenseitige Herrschaft stammt vielmehr aus der frühjüdischen Apokalyptik (vgl. Dan 7,18) und konnte im frühen Christentum durchaus in allgemeinem Sinne rezipiert werden (vgl. Röm 5,17; 1Kor 4,8; Mt 19,28).

In **V.12b** findet insofern eine Akzentverschiebung statt, als dass es nun nicht mehr darum geht, ein gegenwärtiges und ein zukünftiges menschliches Verhalten einander gegenüberzustellen. Hier bleibt vielmehr das Verb gleich, aber das Subjekt wechselt: *Wenn wir verleugnen werden, wird jener auch uns verleugnen.* Aufgrund der futurischen Ausrichtung kann nur das Jüngste Gericht gemeint sein; das *Verleugnen* durch *jenen* spielt dann auf den göttlichen Richter an; hier aufgrund der christologischen Prägung der gesamten Tradition wohl Jesus Christus. Dies passt dazu, dass diese Formulierung durchaus Anklänge an ein Gerichtswort aus Q aufweist, welches ebenfalls eine massive Drohkulisse aufbaut (vgl. Lk 12,8f [Q]; Mt 10,32f). Doch hat dieser Vers bereits Auswirkungen auf die Gegenwart, denn im Jüngsten Gericht wird es ja darum gehen, sich aufgrund des Verhaltens hier auf Erden als bewährt zu erweisen. Offensichtlich musste die Gefahr gebannt werden, dass jemand dem äußeren Druck der Gesellschaft oder der Ablehnung des Evangeliums durch Verleumdung – womit hier entweder ein verbales Leugnen oder ein ethisches Fehlverhalten (vgl. Tit 1,16; 2Tim 3,5; 2Tim 5,8) gemeint sein kann – zu entkommen suchte.

Auch **V.13a** stellt, dieses Mal durchgängig im Präsens formuliert, ein menschliches Verhalten und eine Reaktion Christi gegenüber: *Wenn wir untreu sind, bleibt jener treu.* Zwar hat das griechische Verb auch die Konnotation *glauben*, doch legt der Kontext nahe, dass erneut ein ethisch-praktisches Versagen im Blick ist. Mit der Rede von der Treue Christi greift dieser Vers die alttestamentliche Vorstellung von der Bundestreue Gottes auf; thematisch hat er außerdem enge Berührungen zu Röm 3,3f, wo ebenfalls menschliche Untreue und göttliche Treue gegenübergestellt werden.

Doch was genau impliziert diese Treue? Der vermutlich vom Verfasser ergänzte Nachsatz zu V.13 *denn er kann sich selbst nicht verleugnen* legt gerade nicht nahe, dass Christus den untreu werdenden Gläubigen *treu bleibt.* Vielmehr meint V.13a die Treue Christi zu sich selbst und den eigenen Prinzipien. Dann aber führt dieser Vers den Gedanken aus V.12b nahtlos fort: Christi Treue würde sich im Endgericht dann darin erweisen, dass er die verleugnet, die ihn verleugnet haben – denn sonst müsste er sich selbst verleugnen und das kann er nicht. Gerade dieser letzte Teilvers, der als abschließender Kommentar vermutlich vom Verfasser ergänzt wurde, macht meines Erachtens diese Lesart des Verses zumindest im gegenwärtigen Kontext zwingend, auch wenn in der Exegese ebenfalls die andere, traditionell zu nennende Auslegung vertreten wird, wonach Gottes Treue auch den Untreuen gilt.

Durch diesen Abschluss wird die Tradition in V.11–13 zu einer Drohung gegenüber all denen, die den hohen Ansprüchen nicht gerecht werden, die der Briefschreiber in dogmatischer und praktischer Hinsicht an das Christentum in paulinischer Nachfolge stellt. Im folgenden Abschnitt wendet sich der Autor einigen von denen zu, auf die das aus seiner Sicht zutrifft.

In poetischen Formulierungen stellt der Briefschreiber in Aufnahme von traditionellen Elementen gegenwärtiges Verhalten und jenseitige Erwartung gegenüber. Damit greift er auf, was auch dem Apostel Paulus selbst wichtig war und was er immer wieder gegen falsche Vorwürfe verteidigen musste: Es gibt keine billige Gnade! Denn sie ist nicht nur Gott selbst teuer genug zu stehen gekommen, sondern sie muss sich im Leben der Christinnen und Christen erweisen. Zwar bleibt immer noch die Hoffnung, dass – bei aller Drohkulisse, die der Brief hier entfaltet – es Gottes Gnade ist, die das letzte Wort haben wird. Aber gleichwohl schärft der Schluss des Abschnitts ein: Gottes Treue ist keine Lizenz zur Untreue – ein Thema und eine Spannung, die ja das gesamte Neue Testament durchzieht –, sondern Gott nimmt auch unser Nein zu seiner Treue ernst.

2Tim 2,14–3,9: Die christliche Gemeinschaft und ihre Gefährdung durch Andersdenkende

2Tim 2,14–3,9 schlägt einen weiten thematischen Bogen, ist aber geprägt durch die durchgängige Bezogenheit auf die Auseinandersetzung mit Andersdenkenden und den gehäuft auftauchenden Wahrheitsbegriff (vgl. 2Tim 2,15.18.25; 3,7f). Strukturell lassen sich diese Verse in drei Unterabschnitte untergliedern (2,14–21; 2,22–26; 3,1–9), die jeweils mit einer imperativisch formulierten Aufforderung neu einsetzen: V.14ff richtet sich an Timotheus und hat dabei die anderen Gläubigen und die Andersdenkenden in Blick, während V.22ff nur noch Timotheus und die Abweichler thematisiert und sich 2Tim 3,1ff schließlich ganz auf das Auftreten von Irrlehrern als typisches Phänomen der Endzeit fokussiert.

2Tim 2,14–21: Das wahre Fundament des Glaubens

Mehrfach muss Timotheus zum richtigen Umgang mit seinen Mitchristinnen und Mitchristen ermahnt werden. Unter diesen sind auch die, die von der Wahrheit abgeirrt sind, und aus deren Mitte nun zwei Personen namentlich hervorgehoben werden. Ihnen wird dann der Satz in den Mund gelegt (V.18), der nach übereinstimmender Meinung der Exegese als zentrale Aussage der Gegner gilt. Um ihnen etwas entgegensetzen zu können, entwirft der Briefschreiber in V.19–21 ein eigenes Bild davon, wie er sich das gemeinsame Leben in der christlichen Gemeinde vorstellt. Mit Fug und Recht kann man deshalb behaupten, dass wir uns in 2Tim 2,14–21 im theologischen Zentrum des Briefes befinden.

14 Dies rufe in Erinnerung, indem du vor Gott beschwörst, keine Wortgefechte zu führen – es ist zu nichts nützlich, nur zum Verderben der Zuhörenden. 15 Sei eifrig bemüht, dich selbst als bewährt zur Verfügung zu

stellen vor Gott, als Arbeiter, der sich nicht schämt, sondern das Wort der Wahrheit in gerade Richtung führt. [16] Dem unfrommen leeren Gerede gehe aus dem Weg. Immer weiter nämlich werden sie hineingeraten in die Gottlosigkeit [17] und ihr Wort wird um sich fressen wie ein Krebsgeschwür. Unter diesen sind Hymenaios und Philetus, [18] die von der Wahrheit abgeirrt sind, indem sie sagen, dass die Auferstehung bereits geschehen ist, und den Glauben von einigen zerstören. [19] Doch das feste Fundament Gottes hat Bestand und hat diese Siegelinschrift: »Es kennt der Herr die Seinen« und »Es lasse ab von Ungerechtigkeit jeder, der den Namen des Herrn nennt.« [20] In einem großen Haus aber sind nicht allein goldene Gefäße und silberne, sondern auch hölzerne und tönerne, und von diesen die einen zwar zur Ehre, die anderen aber zur Unehre. [21] Wenn nun jemand sich selbst reinigt von diesen, wird er sein ein Gefäß zur Ehre, geheiligt, brauchbar für den Hausherrn, zu jedem guten Werk bereit.

Die einleitende Aufforderung von V.14 fasst das vorher Gesagte zusammen: Alles, was bisher über das richtige christliche Verhalten, das eigene Bemühen und den von Gott gegebenen Geist zu lesen war, soll Timotheus nun an andere weitergeben. Die Art und Weise, wie genau Timotheus dabei vorgehen soll, verdankt sich erkennbar der Auseinandersetzung mit den Andersdenkenden. Zunächst erfährt er nämlich, was man nicht tun soll: *Wortgefechte führen.* Solche Diskussionen, so unterstellt es der Briefschreiber, sind *zu nichts nützlich,* sie führen *nur zum Verderben der Zuhörenden.* Gott selbst dient dabei als Zeuge.

Der 2. Timotheusbrief suggeriert damit, dass man über die richtige paulinische Lehre gar nicht streiten könne. Dabei ist gerade dieses Schreiben (vgl. 2Tim 2,18) ein Beweis dafür, dass die paulinische Lehrtradition mitnichten unumstritten war. Man könnte also pointiert fragen: Warum will der Briefschreiber nicht, dass man mit den Andersdenkenden diskutiert? Fehlen ihm vielleicht selbst überzeugende Argumente? Oder hat er Recht damit, dass Debatten nicht weiterführen? Anders gefragt: Sind es wirklich nur die Gegner, die einsichtslos sind, oder ist es auch der Briefschreiber?

Denn in der Tat: Wer immer schon weiß, dass er Recht hat, der muss wirklich nicht mehr diskutieren. Und wer es doch tut und dabei dem widerspricht, was aus Sicht des Autors unwidersprochen zu gelten hat, der führt wirklich nur unnütze Wortgefechte.

Auffälligerweise geht aus diesem Vers nicht eindeutig hervor, wen Timotheus hier eigentlich beschwören soll und an wen sich seine eindringlichen Ermahnungen richten sollen. *Vor Gott* meint hier so viel wie *in Verantwortung vor Gott* (vgl. Gal 1,20), doch bleibt das Objekt dessen merkwürdig unbestimmt. Dies passt dazu, dass im 2. Timotheusbrief rechtgläubige Christinnen und Christen und andersdenkende Abweichler offensichtlich nicht so leicht zu unterscheiden sind. Beide gehören anscheinend der gleichen Gemeinschaft an, innerhalb derer, so muss man sich das vorstellen, ein Streit um die richtige Auslegung der paulinischen Lehre entbrannt ist.

Nach dem negativen Auftakt im vorangegangenen Vers erfolgt in **V.15** nun ein positiver Appell an Timotheus: *Sei eifrig bemüht,* so heißt es, doch bleiben die folgenden Formulierungen eher allgemein: Timotheus soll sich *selbst als bewährt zur Verfügung zu stellen.* Timotheus bewährt sich, indem er sich nicht von jugendlichen Begierden überwältigen lässt, sondern den christlichen Tugenden folgt (vgl. 2Tim 2,22f). Es ist Gottes Wertmaßstab, der in allem Tun des Timotheus letztlich gilt. Als Gottes (Mit-)*Arbeiter* soll Timotheus sich *nicht schämen,* eine Aufforderung, die erkennbar auf 2Tim 1,8 zurückgreift: Das Nicht-Schämen ist es nämlich, das einen wahren Christen auszeichnet. Schließlich soll Timotheus derjenige sein, der *das Wort der Wahrheit in gerade Richtung führt.* Dieses *Wort* ist für den 2. Timotheusbrief identisch mit den paulinischen Lehrinhalten, die Timotheus anvertraut wurden (vgl. 2Tim 1,12.14; 2,2); dieser letztlich in Gott gründende Wertmaßstab gilt bei der Weitergabe von Lehrinhalten. Immer wieder wird im Brief deutlich, welchen Bekennermut es tatsächlich erfordert, dafür einzutreten. Das Schicksal des Paulus malt ja deutlich vor Augen, wohin dieses Bekennen eben auch führen kann.

V.16a greift nochmals auf V.14 zurück und ermahnt Timotheus ausdrücklich dazu, auch selbst dem heillosen, gottfernen Geschwätz der Andersdenkenden aus dem Weg zu gehen und sich also bloß nicht auf Wortgefechte einzulassen. Denn Timotheus soll wissen, dass er der richtigen Lehre folgt. Diese wird hier als *Wort der Wahrheit* bezeichnet – der Kontrast zum heillosen, gottfernen Geschwätz der Andersdenkenden könnte auch sprachlich kaum größer sein: hier Singular (*Wort*), dort Plural (*Geschwätz*), hier qualifiziert durch die *Wahrheit,* dort als *unfromm* und *leer* abgewertet.

Hatte der Abschnitt bis hierhin vor allem aus fast pastoral zu nennenden Anweisungen bestanden, so wendet er sich nun denen zu, die andere Lehren vertreten (**V.16b**). Über sie gibt es nichts Positives zu sagen. Ihr Fortschritt ist einer, der nur zu *Gottlosigkeit* führen kann, stellt also in Wirklichkeit einen geistlichen Verfall dar, während sich Timotheus im Gegenzug dazu sittlich und theologisch in die richtige Richtung weiterentwickelt.

Beim genauen Lesen dieses Verses fällt übrigens ein grammatikalischer Fügungsbruch zwischen den beiden Versteilen ins Auge: Dem Verb *hineingeraten* fehlt ein substantivisches Bezugswort; die Verbform weist auf eine Gruppe von Personen hin (*sie*), eine solche wird in den vorangehenden Sätzen allerdings nicht genannt. Man könnte dies als Zufall oder Nachlässigkeit interpretieren, würde man die gleiche Beobachtung innerhalb des 2. Timotheusbriefes nicht immer wieder mal machen. Es scheint Absicht zu sein, dass die Gruppe derer, mit denen Timotheus sich auseinandersetzen muss, so unbestimmt bleibt. Und vielleicht lässt sie sich auch gar nicht genauer bestimmen.

Wie an 2Tim 2,18 zu zeigen sein wird, handelt es sich beim 2. Timotheusbrief um das Dokument eines Diskurses innerhalb der paulinischen Tradition. Das heißt also: Die zunächst noch namenlos bleibenden Gegner des Timotheus können sich genau wie der Briefschreiber auf Paulus und auf seine theologischen Aussagen berufen, weshalb es zum einen schwer fällt, sie genau abzugrenzen, und weshalb zum anderen der Briefschreiber so wenig Argumente für seine eigene Position aufweisen kann und sich so häufig polemischer Elemente bedienen muss.

V.17 unterstreicht das bisher Gesagte mit einer medizinischen Metapher: Die Falschlehre wird mit einem *Krebsgeschwür* verglichen. Den hier im Griechischen stehenden Begriff konnte bereits Hippokrates für wuchernde Geschwüre und Flechten gebrauchen – noch drastischer kann man wohl kaum zeigen, wie bösartig und zerstörerisch das Wirken der Gegner ist. Während die richtige Lehre stets die gesunde ist (vgl. den Exkurs S. 41 f.), sind die Gegner krank an Körper und Geist und verursachen sogar Krankheit und Zerstörung (vgl. 1Tim 6,3f; 2Tim 2,25; 3,6f). Das nur hier ausnahmsweise von dem einen *Wort* im Singular gesprochen wird, das der einen reinen Lehre gegenübersteht, lässt die Bedrohung durch die Irrlehrer nur noch umso größer erscheinen.

Aus der namenlos bleibenden Menge derer, die von der paulinischen Lehre abgewichen sind, werden zwei Personen herausgegriffen, nämlich Hymenaios und Philetus. Über diese beiden weiß man aus der älteren paulinischen Tradition sonst nichts; auch die Erwähnung des Hymenaios in 1Tim 1,20 verdankt sich erst der Kenntnis des 2. Timotheusbriefes. Ob sie historische Personen sind oder der Briefschreiber ihre Namen erfunden hat, wird sich deshalb nicht mit letzter Sicherheit sagen lassen. In jedem Fall werden sie hier zu den Sprechern der Abweichler. Dies unterstreicht auch **V.18**, denn Hymenaios und Philetus behaupten, *die Auferstehung sei schon geschehen und sind damit von der Wahrheit abgeirrt.*

Dieser kurze Satz ist zu Recht als Herzstück der Auseinandersetzung mit den Andersdenkenden beschrieben worden, denn nur an dieser einen Stelle findet sich überhaupt eine Aussage über das, was ihnen wichtig ist. Zudem fällt auf, dass der Kontext durch ein auffällig dichtes Netz an scharf formulierten und vernichtenden Urteilen geprägt ist; dies unterstreicht zusätzlich, welche Bedeutung der Briefschreiber diesem einen Vers beimisst. Wir haben also tatsächlich das vor uns, was Kern der Häresie ist.

Weil allerdings diese Aussage sehr knapp ist und im Brief selbst weder entfaltet noch widerlegt wird, ist es nicht ganz einfach, ihren Gehalt zu erfassen. Eindeutig ist: Es kann nicht die Auferstehung Christi selbst sein, um die es hier geht, denn dann würde auch der Briefschreiber diesem Satz zustimmen können – dieser ist ja unbestrittene Grundlage aller christlichen Theologie. Wenig überzeugend ist auch die Annahme, die Gegner würden behaupten, dass die leibhaftige Auferstehung aller, die die frühchristliche Theologie für den Jüngsten Tag erwartete, bereits geschehen sei. Dies wäre eine solche Überhöhung der eigenen Gegenwart, dass auch das als ernstzunehmende theologische Aussage kaum denkbar ist.

Am ehesten liegt es nahe, dass hinter der Hymenaios und Philetus in den Mund gelegten Aussage ein aus heutiger Sicht gnostisierend zu nennendes Missverständnis der paulinischen Botschaft steht: Haben die Gegner vielleicht behauptet, dass die Auferstehung nicht den Körper, sondern nur Geist und Seele eines Menschen betreffe? In Nag Hammadi sind gnostische Selbstzeugnisse gefunden worden, die genau solche Aussagen beinhalten (vgl. u. a. EvPhil 76, sowie EvThom 51). Dass eine solche Auferstehungsvorstellung auch mit einer Ablehnung des Glaubens an eine (zukünftige) körperliche Auferstehung einhergehen konnte, belegen auch andere frühchristliche Schriften.

Wenn die Andersdenkenden also behaupten, die Auferstehung sei schon geschehen, so beinhaltet dies eine enthusiastische Überinterpretation diesseitiger Heilserfahrung und eine spiritualistisch-individualistische Verengung der Auferstehungsvorstellung. Dies ist aus Sicht des Briefschreibers zwar völlig falsch, aber sehr schwer argumentativ zu widerlegen. Denn auch mit solchen Äußerungen konnte man sich auf Aussagen aus früheren Paulusbriefen berufen, die entsprechend interpretiert werden konnten und schon früh auch so interpretiert worden sind.

Dass Paulus bereits gegenwärtige Auferstehungserfahrungen andeuten konnte, ist unbestritten (vgl. Röm 6,4.11), was dazu führte, dass er sich schon zu Lebzeiten mit Fehldeutungen seiner Lehre und Missverständnissen seiner Position auseinandersetzen musste (vgl. 1Kor 4,8; 15,12; Phil 3,10f). Doch formuliert Paulus selbst nur bis zur Grenze dessen, was auch mit unserer erfahrbaren Wirklichkeit übereinstimmt, so gehen solche Schreiben wie der Kolosser- oder der Epheserbrief darüber hinaus (vgl. Kol 2,12f; Eph 2,5). Sie behaupten von sich, das richtige Verständnis der paulinischen Lehre zu enthalten – wenn sie auch genau das sagen, was 2Tim 2,18 als falsch ablehnt.

Der 2. Timotheusbrief erweist sich also als Dokument eines innerpaulinischen Diskurses um die richtige Auslegung der paulinischen Lehrtradition. Hymenaios und Philetus repräsentieren eine Auslegung der paulinischen Theologie, wie sie sich im Kolosser- und im Epheserbrief – und damit also in einem anderen Flügel der paulinischen Nachfolge- und Schultradition – niedergeschlagen hat. Dazu passt die Beobachtung, dass die in den Acta Pauli erkennbar werdende Position als Weiterentwicklung der in diesem Brief bekämpften Häresie verstanden werden.

Auch deshalb lassen sich die Andersdenkenden innerhalb der christlichen Gemeinschaft und innerhalb dieses Schreibens nicht genau abgrenzen – und eben deswegen hat der Briefschreiber wenig Argumente parat, um sie zu widerlegen. Beide Seiten teilen sich die paulinische Tradition, sie deuten sie nur verschieden. Dass der Briefautor die Gattung eines testamentarischen Abschiedsschreibens wählt, ist in diesem Kontext ein besonders kluger Schachzug. So kann er zeigen: Das, was Timotheus hier erfährt, ist der wahre, weil letzte Wille des Paulus.

Mit **V.19** wechselt der Sprachduktus des Abschnitts. Eigentlich hätte man nun eine inhaltliche Auseinandersetzung mit dem gerade zitierten Spitzensatz erwartet. Stattdessen rückt in einem bildhaften Vergleich die gegenwärtige Gemeindesituation in den Blick. Die Stärke der christlichen Gemeinschaft wird demonstriert, ganz sicher mit antihäretischer Stoßrichtung und dennoch überraschend unkonkret, was die unmittelbare Auseinandersetzung angeht. Bereits die Eröffnung *doch das feste Fundament Gottes hat Bestand* stellt einen ersten Anklang an den metaphernspendenden Bereich des Hauses dar, der die Folgeverse dominiert. Der griechische Begriff, der hier mit *Fundament* wiedergegeben wird, kann die Grundlage eines Gebäudes oder dessen Eckstein meinen; er findet sich auch sonst in der neutestamentlichen Briefliteratur in metaphorischer Verwendung (vgl. Röm 15,20; 1Kor 3,10ff; Eph 2,20 u.ö., vgl. bereits alttestamentlich Jes 28,16; Hiob 22,16). Hier steht er nun für die Gemeinschaft der Christinnen und Christen, die der paulinischen Lehre treu geblieben sind und sich nicht haben irremachen lassen. Ihnen wird Bestand verheißen; deshalb sind sie nicht nur ein Fundament, sondern das *feste Fundament Gottes.* Sie stehen fest gegründet, weil ihre Lehre von Gott kommt, die abweichende Lehre hingegen verursacht Unordnung und bringt alles ins Wanken – und ist sowieso nur menschengemacht.

Der Verweis auf das *Siegel* verändert allerdings die Metaphorik; ein Fundament würde gar nicht versiegelt werden können. Der Begriff wird im frühen Christentum für das im Kontext der Taufe verliehene Schutzzeichen der zu Gott Gehörenden verwendet (vgl. 2Kor 1,22; Eph 1,13; 4,30, ohne direkten Taufbezug Offb 7,2–8; 9,4). Nun verweist der Begriff des Siegels voraus auf die beiden folgenden Zitate. Denn ein Siegel ist so viel wie ein Erkennungs-, Schutz- und Beglaubigungszeichen und unterstreicht, was der Satz *es kennt der Herr die Seinen* ebenfalls behauptet. Dabei handelt es sich um ein Zitat aus Num 16,5 LXX, wo es um den Aufruhr der Rotte Korach gegen Mose als Anführer der Israeliten geht – also ebenfalls um einen Streit innerhalb einer Glaubensgemeinschaft. Wie im 4. Buch Mose weist dieses Zitat darauf hin, dass Gott sehr wohl weiß, wer zu ihm gehört – auch wenn eine religiöse Gemeinschaft heillos zerstritten ist.

Für das zweite, längere Zitat lässt sich keine direkte alttestamentliche Vorlage ausmachen. Vermutlich handelt es sich um eine Ad-hoc-Bildung des Briefautors, bei der er auf mehrere Versatzstücke zurückgreift. In der Tat liegt typischer Sprachgebrauch vor. Die Formulierung *jeder, der den Namen des Herrn kennt* ist eine typische Umschreibung für alle, die zu Gott gehören. So klingt bereits an, was die folgenden Verse noch verstärken: Veränderung, Umkehr und also Rückkehr in den Schoß der wahren Gemeinschaft ist möglich.

V.19 formuliert zugleich eine Überzeugung und eine Forderung mit implizitem Drohcharakter. Die Gemeinschaft der wahren Gläubigen hat deshalb festen Bestand, weil sie zu Gott gehört – und alle anderen könnten dazu gehören, wenn sie sich ändern.

In **V.20** wird das Bild der Gemeinde als Haus noch weiter ausgemalt, das in V.19 bereits angeklungen war. Immer wieder ist in der Forschung notiert worden, dass das »Haus« in den Pastoralbriefen eine wichtige, wenn nicht gar die zentrale Metapher für die christliche Gemeinde sei. Man hat sogar den Begriff der *Oikos-Ekklesiologie* für diese Schriften geprägt. Doch wer so argumentiert, der übersieht, dass zwar in der Tat alle drei Pastoralbriefe die christliche Gemeinschaft mit einem Haus vergleichen können, aber damit jeweils völlig andere Vorstellungen verbinden: Für den 1. Timotheusbrief ist es die hierarchische Struktur, aufgrund derer das antike Haus mit dem Familienvater an der Spitze mit der christlichen Gemeinde verglichen werden kann (vgl. 1Tim 3,1–7.14–16), im Titusbrief geht es um den Gedanken der Ordnung und der Hausverwalterschaft (Tit 1,4). Damit greifen diese beiden Briefe Ideen auf, wie sie bereits in den anerkannt echten Paulusbriefen anklingen (vgl. u.a. 1Kor 3,16; Gal 2,9).

Der 2. Timotheusbrief hingegen hat etwas anderes im Blick, wenn er vom *Haus* spricht. Er malt das Bild eines *großen Hauses* und beschreibt dessen Vielfältigkeit, indem er die unterschiedlichen Gefäße erwähnt, die sich in einem solchen Haus finden. Die deutsche Übersetzung spricht in beiden Timotheusbriefen von Haus und kann nicht abbilden, dass dahinter im Griechischen zwei Begriffe stehen: Das in 1Tim 3 verwendete Substantiv ist als *Haus Gottes* immer auch durchlässig hin auf religiöse Vorstellungen (vgl. die Auslegung z.St.) und kann auch den jüdischen Tempel bezeichnen, während 2Tim 2,20 einen rein profan gebrauchten Terminus verwendet. Hier geht es also mitnichten um eine metaphorische Absicherung der hierarchischen Struktur der frühen Kirche!

In einem großen Haus gibt es verschiedene Gefäße. Sie unterscheiden sich aufgrund ihres Materials, es gibt *nicht nur goldene und silberne, sondern auch hölzerne und tönerne.* Die Fortsetzung ergänzt dazu eine Wertung: *und von diesen die einen zwar zur Ehre, die anderen aber zur Unehre.*

Dass es Gefäße aus unterschiedlichem Material gibt, impliziert also unterschiedliche Verwendungszwecke – das leuchtet sofort ein. Diese Zeilen knüpfen an Röm 9,21 und das dort verwendete Bild von Ton und Töpfer an: *Hat nicht der Töpfer Macht über den Ton, aus demselben Klumpen ein Gefäß zu ehrenvollem und ein anderes zu nicht ehrenvollem Gebrauch zu machen?* Dort sagt Paulus explizit, was hier nur andeutet wird: Gott ist der Hausherr, seine Geschöpfe sind seine Gefäße.

V.21 zeigt, dass dieser Vergleich für den Briefautor auffordernden Charakter hat und verlässt dafür gleich in mehrerlei Hinsicht die Metaphorik von V.20: Vorausgesetzt ist, dass ein Gefäß sich selbst reinigen kann und dadurch wertvoller wird – ohne dass deutlich würde, wovon eine solche Reinigung erfolgen soll. Die Formulierung *von diesen* steht merkwürdig unverbunden; es bleibt unklar, ob auf der Sachebene andere Menschen gemeint sind oder andere Lehren. V.21 übersieht zudem, dass es in einem Haus, und besonders in einem großen Haus, Gefäße zu beiderlei Gebrauch geben muss.

Das paränetische Interesse des Autors überlagert das Bild. Dies gilt auch für den letzten Teil des Verses, der ebenfalls Bild- und Sachhälfte vermischt und näher beschreibt, wie ein Gefäß zum ehrenhaften Gebrauch sein soll: *geheiligt, brauchbar für den Hausherrn, zu jedem guten Werk bereit.*

Wieder geht es um die Verknüpfung von Christsein und ethisch korrektem Verhalten. Der Autor kann den Begriff der *guten Werke* verwenden, ohne die ganze Problemgeschichte der Werkgerechtigkeit mitzubedenken. Das Adjektiv *geheiligt* ergänzt den Gedanken der Aussonderung. Dabei geht es immer um den *Hausherrn,* ein Terminus, der durchlässig ist auf Gott als den eigentlichen Herrn der christlichen Gemeinschaft.

Insgesamt zeigt das in V.20f gewählte Bild vom großen Haus: In einer religiösen Gemeinschaft gibt es unterschiedliche Menschen, so wie es in einem Haus unterschiedliche Gefäße gibt. Doch während deren Beschaffenheit und damit deren Bestimmung in einem Haushalt statisch ist, ist hinsichtlich der Abweichler eine Selbstveränderung nicht nur möglich, sondern sogar gefordert.

In einer christlichen Gemeinde ist es wie in einem großen Haus: Sie braucht die Vielfalt. Auch Gefäße zum vermeintlich unehrenhaften Gebrauch sind wichtig und nützlich, man denke nur an den Nachttopf (oder etwas moderner an einen Mülleimer). Auch in einer christlichen Gemeinschaft leben und glauben sehr unterschiedliche Menschen; eine Wertigkeit soll und darf es nicht geben. Dies konnte schon Paulus betonen, wenn er die Gemeinde mit einem Körper vergleicht (vgl. 1Kor 12). Und dennoch muss es Regeln und Maßstäbe geben, die für alle gelten; diesen Gedanken trägt die Rede von der Selbstreinigung ein. Im Grunde vermischen sich also bei dem Verfasser Bild und Sache in einer hilfreichen Inkonsequenz.
Aber hat der Briefautor wirklich Recht, wenn er gleichzeitig so vehement dagegen wettert, Diskussionen zu führen? Es mag vielleicht wirklich Situationen geben, in denen jedes weitere Wort überflüssig ist; aber dieses apodiktische Verbot sollte dennoch nicht zum Maßstab des Miteinanders werden. Ein theologischer Disput, der mit Respekt geführt wird, kann selbst durchaus reinigend sein und verhilft zudem dazu, sich der eigenen Position zu versichern.

2Tim 2,22–26: Was ein Knecht Gottes tun soll …

Dass Timotheus erneut angeredet wird, markiert einen Neueinsatz. Der kurze Abschnitt ist geprägt vom Erziehungsideal der Pastoralbriefe. Er erhält allgemeine Anweisungen an den *Knecht des Herrn,* als der Timotheus stellvertretend für seine Mitchristinnen und Mitchristen steht.

**22 Die jugendlichen Begierden aber fliehe, strebe aber nach Gerechtigkeit,
Glauben, Liebe, Frieden mit allen, die den Herrn aus reinem Herzen an-
rufen. 23 Die törichten und ungereimten Streitfragen aber weise ab, wis-
send, dass sie nur Streitereien hervorbringen. 24 Es ist nämlich nötig, dass
ein Knecht Gottes nicht streitet, sondern milde ist gegenüber allen, fähig
zur Lehre, geduldig, 25 indem er mit Sanftmut die Widerspenstigen er-
zieht, ob vielleicht Gott ihnen gebe Umkehr zur Erkenntnis der Wahrheit
26 und sie wieder zur Besinnung kommen aus dem Fallstrick des Teufels
heraus, weil sie gefangen gehalten sind von ihm hin zu seinem Willen.**

V.22 beginnt mit einem überraschenden Imperativ: *Timotheus soll die jugendlichen Begierden fliehen.* Heißt das, dass Timotheus auch jetzt noch als junger Mann gedacht ist (vgl. 1Tim 4,12), obwohl seit dem Beginn seines Dienstes am paulinischen Evangelium einige Jahre vergangen sind?

In der Kommentarliteratur wird gerne darauf hingewiesen, dass es nicht um die Frage gehe, wie alt Timotheus selbst kurz vor dem Tod des Paulus tatsächlich gewesen sein müsse, sondern dass er als Repräsentant jugendlicher Gemeindevorsteher und Amtsträger insgesamt diene, deren Autorität abgesichert werden solle. Doch ist der 2. Timotheusbrief nun gerade kein Schreiben mit einer gemeindeparänetischen Intention und wird Timotheus darin sonst nirgends als Amtsträger angesprochen. Hier dürfte deshalb generell auf eine jugendliche Unbesonnenheit angespielt sein, die es zu vermeiden gilt, wenn das Wort Gottes ohne Furcht und Scham weitergetragen werden soll. Das war schon in 2Tim 1,7 Thema gewesen, V.22 beinhaltet einen vergleichbaren vierteiligen Tugendkatalog: *Gerechtigkeit, Glauben, Liebe und Frieden* sind die Elemente, nach denen Timotheus trachten soll.

Die Kombination aus *Glaube* und *Liebe* weist diese Tugendliste als typisch frühchristlich aus. Beides sind unverzichtbare Grundhaltungen christlicher Existenz; doch während *Liebe* für die praktisch-pragmatische Ausrichtung des eigenen Lebens steht, umschreibt *Glaube* eine geistliche Haltung. *Gerechtigkeit* ist nach 2Tim 3,16 wiederum das, wozu Gott die Menschen durch die Heiligen Schriften erziehen will (vgl. auch Tit 2,12). Der Begriff des *Friedens* steht sonst nur noch im Briefpräskript als Wunsch, in die Friedenssphäre Gottes einzutreten. Hier ist damit eine menschliche Verhaltensweise gemeint, die zu der Warnung vor Wortgefechten sowie zu den folgenden Aufforderungen passt. Nur dieser Begriff ist näher bestimmt: Er gilt nur denen, *die den Herrn anrufen*; damit sind wie in 2Tim 2,19 Menschen christlichen Glaubens gemeint; die Näherbestimmung *aus reinem Herzen* zielt auf das Herz als Zentrum des Fühlens. Wer ein reines Herz hat, ist voll von ungeteiltem und sündlosem Gehorsam gegen Gott (vgl. Ps 51,12; Ez 36,26f).

In **V.23** richtet sich der Blick dann wieder auf die Auseinandersetzung mit den Andersdenkenden. Nun kommen die Ursachen für die Streitigkeiten in den Blick: Dahinter stehen nämlich *Grübeleien,* die doch nur *töricht und unverständig* sind. Wieder fällt die pauschale Verunglimpfung Anderslehrender negativ auf. Es wird nicht in Erwägung gezogen, dass die Gedanken der Abweichler vielleicht neue Gedankenanstöße hervorbringen könnten. Das ist schade.

V.24 bietet die Begründung: Ein *Knecht des Herrn,* wie Timotheus es ist (vgl. zur Formulierung Röm 1,1; Tit 1,1; Jak 1,1; 2Petr 1,1), *soll nicht* *streiten*. Erneut stellt sich die Frage: Warum eigentlich nicht? Kann nicht produktiver Streit eine Gemeinschaft auch weiterführen, indem er dazu hilft, sich auf das gemeinsame Fundament zu besinnen? Die Bezeichnung als *Knecht des Herrn* ist auch sonst breit belegt und hat über das Alte Testament und das Frühjudentum Eingang in die paulinische Literatur gefunden. Hier dient sie dazu, einen allgemeine Aussage im generischen Singular zu treffen. Dieser Vers bietet also die verallgemeinernde Begründung des zuvor Gesagten.

Man soll nicht streiten, sondern *freundlich sein gegen alle, lehrtüchtig und geduldig*. Damit wird ein Koordinatensystem mit drei Bezugspunkten eröffnet: Es geht um die Mitchristinnen und Mitchristen, gegenüber denen man *freundlich* sein soll, das Evangelium, um dessentwillen man sich als *lehrtüchtig* erweisen soll, und Gott selbst, angesichts von dessen Plänen man *geduldig* ertragen soll, was kommen mag.

Diskutiert wird in der Forschung, inwiefern sich in diesen knappen Zeilen Elemente antiker Berufspflichtenlehren niedergeschlagen haben, wie sie auch hinter 1Tim 3,3 und Tit 3,2 vermutet werden. Dies für 2Tim 2,24–26 anzunehmen, ist allerdings nicht zwingend, da Timotheus nicht als Repräsentant eines bestimmten Amtes steht. Es ist zwar unbestritten, dass die konkreten Elemente dieser kurzen Liste Vorbilder aus der antiken Umwelt aufgreifen, doch der Fokus liegt auf dem schwelenden Konflikt innerhalb der Gemeinschaft.

In **V.25** sind wieder die im Blick, die ermahnt werden müssen. Timotheus soll dies *in Sanftmut* tun, wobei das griechische Verb nicht nur eine Zurechtweisung impliziert, sondern stets einen erzieherischen Gedanken mit einträgt. Deshalb steht hier ein positives Ziel: *ob vielleicht Gott ihnen gebe Umkehr zur Erkenntnis der Wahrheit*. Das Adverb *vielleicht* trägt allerdings schon die Bedenken ein, dass dies eventuell nicht gelingen könnte.

Die *Erkenntnis der Wahrheit* ist gleichbedeutend mit der Einsicht in die korrekte, weil von Paulus vermittelte Lehre. Ob jemand diese *Erkenntnis* gewinnt, ist allerdings ein Geschenk Gottes. Dies dient auch der Entlastung derer, die sich bemühen und dennoch nichts bewirken können – letztlich liegt es nicht beim einzelnen Menschen, sondern bei Gott selbst.

V.26 malt ein drastisches Bild von der gegenwärtigen Situation: Wer von der Wahrheit abgeirrt ist, ist im *Fallstrick des Teufels* gefangen und muss von dort befreit werden. Der gleiche Wortgebrauch findet sich auch in 1Tim 3,7 und steht dort als verkappte Warnung an unfähige Gemeindeleiter. Das Bild hat Anklänge im Frühjudentum und wird auch dort metaphorisch gebraucht (vgl. Spr 12,13; Sir 9,3; Tob 14,10f). Mag dies uns heute fremd sein und Teil eines mythologischen Weltbildes, das nicht mehr das unsere ist, so ist die Aussageabsicht doch klar: Diejenigen, die sich von der paulinischen Lehre abgewandt haben, haben sich unter andere, widergöttliche Mächte begeben – aus denen, so hatte V.25 ja bereits unmissverständlich klargemacht – nur Gott selbst Befreiung schenken kann.

Die zwischenmenschliche Auseinandersetzung ist also in Wirklichkeit eine Auseinandersetzung zwischen göttlichen und dämonischen Mächten. Dies erklärt auch die Schärfe, die dem Brief in solchen Zusammenhängen innewohnt. Zugleich fällt auf, dass die Irrlehrer hier weniger Täter als vielmehr Opfer sind: Der *Teufel* hält sie *gefangen*, damit sie sich seinem Willen fügen und also in seinem Auftrag noch mehr Verwirrung stiften. Wer das einsieht, der kann sich aus dem *Fallstrick des Teufels* befreien und also zur Besinnung kommen. Eine Hoffnung, die der Briefschreiber nach wie vor hegt.

Timotheus soll nicht streiten, das wird immer wieder betont. Aber er soll diejenigen, die auf einem Irrweg unterwegs sind, auch nicht fallen lassen. Die Verweigerung jeder Diskussion meint also keinen Kontaktabbruch. Er soll vielmehr nicht aufhören, doch noch nach Wegen der Verständigung zu suchen. Damit formuliert der Brief einen Anspruch, der bis heute zu Herzen geht. Die Corona-Krise hat gezeigt, wie schnell sich tiefe Risse durch die Gesellschaft, durch die Christenheit und sogar durch einzelne Familien bilden können. Das zeigt, wie wichtig es ist, nicht hinter dem zurückzubleiben, was der 2. Timotheusbrief fordert. Wie gut, dass neben diesen Anspruch ein Zuspruch tritt: Es ist Gott, der in all dem wirkt. Der oder die Einzelne ist nicht allein verantwortlich. Sondern jede und jeder, der sich bemüht hat, kann im Vertrauen auf Gottes Wirkmacht ganz in seine Hände legen, was er aus diesem Bemühen zu machen vermag.

2Tim 3,1–9: Es werden die letzten Tage kommen!

Dass Warnungen ausgesprochen werden, die die nahe herbeigekommene Endzeit betreffen, ist typisch für die frühjüdische Testamentsliteratur (vgl. Jub 7,26; TestLev 10,1) und hat von dort aus Eingang in den 2. Timotheusbrief gefunden. Ursprünglich handelt es sich hierbei um einen apokalyptischen Topos (vgl. 4Esr 5,1–10; 6,24–28 u.ö.): Eine kleine Gruppe besonders herausgehobener Menschen erhält geheime Informationen über die Zukunft, die anderen verborgen bleiben.

So wird nun Timotheus vor den schweren Zeiten gewarnt, die in den letzten Tagen auf ihn zukommen werden – eine Warnung, die vermeintlich in die Zukunft blickt, aber eigentlich auf die eigene Gegenwart zielt. Mit der Aufnahme eines solchen apokalyptischen Topos in einem pseudepigraphischen Schreiben geht etwas Zweites einher: Wenn ein Brief, der aus der Feder des Apostels Paulus stammen will, Phänomene thematisiert, die in der Zeit der realen Leserinnen und Leser vorkommen, dann kann er das nur tun, indem er sie in das Gewand zukünftiger Prophezeiungen kleidet. Denn in der Gegenwart derer, denen dieser Brief galt, war Paulus schon tot. Zukunftsschrecken werden in den Dienst der Gegenwartsermahnung gestellt. Grundsätzlich ist deshalb auch dieser Abschnitt insgesamt paränetisch ausgerichtet (vgl. 2Tim 4,3–5; 1Tim 4,1–3).

**1 Dies aber wisse, dass in den letzten Tagen schlimme Zeiten eintreten
werden. 2 Die Menschen werden nämlich selbstsüchtig sein, geldgierig,
prahlerisch, hochmütig, Lästerer, den Eltern gegenüber ungehorsam, un-
dankbar, gottlos, 3 lieblos, unversöhnlich, verleumderisch, unbeherrscht,
zügellos, das Gute nicht liebend, 4 Verräter, unbesonnen, aufgeblasen,
das Vergnügen mehr liebend als Gott liebend, 5 indem sie den äußeren
Schein der Frömmigkeit wahren, ihre Kraft aber verleugnen. Und von
diesen wende dich ab. 6 Zu ihnen gehören nämlich auch die, die sich in
die Häuser schleichen und Frauenzimmer verführen, die beladen sind
mit Sünden, getrieben von vielfältigen Begierden, 7 indem sie immer-
fort Lernende sind und dennoch nicht fähig sind, zur Erkenntnis der
Wahrheit zu gelangen. 8 Wie aber Jannes und Jambres sich Mose wider-
setzten, so widerstehen auch diese der Wahrheit; Menschen, die einen
verdorbenen Verstand haben, unbewährt in Bezug auf den Glauben.
9 Aber sie werden nicht weiter vorankommen; ihr Unverstand wird näm-
lich allen offenbar sein, wie es auch bei jenen geschah.**

Der Briefschreiber gibt in **V.1** Offenbarungswissen an Timotheus weiter. Der Imperativ *dies aber wisse* greift mit dem Wissensbegriff ein Leitmotiv des Briefes insgesamt auf. Dieses Verb steht immer wieder, wenn es um Erfahrungen geht, die Timotheus und Paulus miteinander teilen (vgl. 2Tim 1,3–5.15.18), und unterstreicht das enge Verhältnis zwischen beiden. Sie verbindet ein Wissen, das andere (noch) nicht haben. Deshalb wird auch jetzt Timotheus wieder zum Empfänger besonderer Informationen. Spätestens ab V.5b–7 wird deutlich, dass diese Schau in die Zukunft auch der Analyse der eigenen Gegenwart dient.

V.2–4 enthalten einen ausführlichen Lasterkatalog, einen der längsten innerhalb der neutestamentlichen Literatur (vgl. Röm 1,29–31; 1Kor 6,9f; Gal 5,19–21). So wird betont: An den kommenden schweren Zeiten sind die Menschen mit ihrem Fehlverhalten schuld!

Ein Lasterkatalog muss nicht notwendig mit Äußerungen über die Endzeit verbunden werden, sondern kann als eine negative Weisungsreihe

auch selbstständig stehen. Bereits seit Plato sind solche Kataloge als typisches Mittel der Auseinandersetzung mit Andersdenkenden bekannt. Durch solche Auflistungen wird unterstrichen, dass die anderen nicht tun, was sie lehren. Im 2. Timotheusbrief wird diese Aufzählung dem apokalyptischen Gesamtduktus dieses Abschnitts untergeordnet.
Die innerhalb dieses Lasterkatalogs verwendete Begrifflichkeit lässt wenig Systematik erkennen – weder sprachlich noch grammatikalisch. Die Vermutung liegt nahe, dass der Verfasser einige stereotype Vorwürfe aus seiner hellenistischen Umwelt übernommen und durch frühjüdische und urchristliche Traditionen ergänzt hat.
In **V.2** geht es um Selbstliebe, Geldgier, Prahlerei, Überheblichkeit, Lästerungen, Ungehorsam, Undankbarkeit und Gottlosigkeit; eine umfassende Auflistung negativer Charaktereigenschaften und Verhaltensweisen. Der Vorwurf, *selbstsüchtig* zu sein, zielt auf Menschen, die nicht genügend an andere denken – eine Behauptung, die durch die drei letzten Charakterisierungen dieses Verses spezifiziert wird (*den Eltern gegenüber ungehorsam, undankbar, gottlos*). *Geldgier* galt in der Antike als Wurzel allen Übels. Auch der Vorwurf, *prahlerisch* zu sein, begegnet in vielen Lasterkatalogen, seien sie nun heidnisch oder jüdisch. Thematisch eng damit verbunden ist die *Hochmütigkeit*; diese galt als typisch für Menschen, denen man Gottlosigkeit unterstellte (vgl. Jes 2,12; 13,11; Spr 5,8; 8,3): Wer sich selbst überhöht, der kann ja den nur verachten, dem eigentlich Ehre gebührt.
Die Unterstellung, den *Eltern gegenüber ungehorsam* zu sein, ist in der Antike ein häufig zu findender Topos, gewinnt jedoch in der christlich-jüdischen Tradition deshalb besondere Bedeutung, weil die Elternehrung fester Bestandteil der Zehn Gebote ist. Dass die Menschen, die es gegenüber ihren Eltern an dem nötigen Respekt fehlen lassen, zugleich Gott selbst missachten, zeigt die Aneinanderreihung, die an übernächster Stelle den Vorwurf der *Gottlosigkeit* ergänzt.
Bei zwei weiteren Begriffen dieses Verses wären als Objekte sowohl Gott selbst als auch andere Menschen denkbar, so dass die Stoßrichtung nicht ganz eindeutig ist: Sowohl *Undankbarkeit* als auch *Lästern* können eine Haltung gegenüber Gott oder gegenüber Menschen beschreiben. *Undankbarkeit gegenüber Menschen* meint das Vergessen von Wohltaten anderer für die eigene Person, *Undankbarkeit gegenüber Gott* das Vergessen des Urgrundes der eigenen Existenz. Auch das *Lästern* kann entweder die üble Nachrede über andere Menschen oder aber das Lästern des göttlichen Schöpfer- und Lebenswillen durch eigenes Fehlverhalten und das Missachten seiner Gebote implizieren.
Der Lasterkatalog wird in **V.3** durch sieben weitere Termini mit pejorativem Beiklang fortgesetzt: Es geht um Lieblosigkeit, Unversöhnlich-

keit, Verleumdung, Unbeherrschtheit, Zügellosigkeit und die Abneigung gegenüber dem Guten.

Gleich am Anfang stehen zwei Vorwürfe (*lieblos* und *unversöhnlich*), wie sie typischerweise als pauschale Unterstellung gegenüber heidnischen Menschen erhoben wurden (vgl. Röm 1,31). Der Vorwurf, *verleumderisch* zu sein, findet sich neutestamentlich nur innerhalb der Pastoralbriefe (vgl. 1Tim 3,11; Tit 2,3). Weil damit die unwahrhafte Rede im Gegensatz zur wahrhaftigen bezeichnet wird, passt der Begriff zu dem Gegensatz zwischen wahrer Lehre und unwahrer Irrlehre. Doch wird die kurze Erwähnung nicht weiter für die antihäretische Debatte ausgewertet. *Unbeherrscht* und *zügellos* zu sein, sind zwei Vorwürfe, die in die gleiche Richtung zielen; sie meinen Menschen, die die eigenen Triebe nicht unter Kontrolle haben. Schließlich wirft der Briefschreiber den Menschen der Endzeit vor, sie seien *dem Guten abgeneigt*. Das hier verwendete griechische Wort ist nur an dieser einen Stelle belegt, doch ist sein Sinn eindeutig – und meint das genaue Gegenteil von dem, wie man gemäß antiker Tugendlehren eigentlich geprägt sein soll, nämlich das Gute liebend.

V.4 bleibt ebenfalls weiter in dem bisherigen eher allgemeinen Duktus; aufgrund der Länge der Beschreibung und des Achtergewichts ragt die letzte Aussage heraus: *Verräter, unbesonnen, aufgeblasen, das Vergnügen mehr liebend als Gott liebend.*

Was genau sich hinter dem Vorwurf verbirgt, *Verräter* zu sein, lässt sich nicht erhellen. Wer jedoch nur sich selbst liebt, die eigenen Begierden nicht im Griff hat und zudem allem Guten abgeneigt ist, zu dem passt die Unterstellung, andere Menschen zu verraten. *Unbesonnen* wiederum sind diejenigen, die nicht dem stoischen Ideal des Maßvollen folgen. Die Sorge davor, *aufgeblasen* zu sein, begegnet im 1. Timotheusbrief zweimal, dort einmal als Warnung an den Bischof, sich nicht von der Irrlehre verblenden zu lassen (1Tim 3,6), sowie in 1Tim 6,4 als Sorge vor dem Blindwerden für die gesunde Lehre. Auch im 2. Timotheusbrief könnte damit das Anfälligsein für falsche Lehren gemeint sein.

Gerahmt werden die drei Verse des Lasterkatalogs vom Thema Liebe. V.2 hatte vor Menschen gewarnt, die (nur) sich selbst lieben; nun sind diejenigen im Blick, die der Liebe zum Genuss und (deshalb nicht mehr) der Liebe zu Gott ergeben sind – ein in dieser Ausschließlichkeit der Gegenüberstellung typischer Kontrast innerhalb antiken Denkens.

V.5a gehört strukturell nicht mehr zum Lasterkatalog, der mit der Inklusion zum Stichwort Liebe abgeschlossen hatte. Dennoch handelt es sich bei diesem Satz wohl um den Hauptvorwurf des gesamten Abschnitts, auf dem deshalb erhebliches Gewicht liegt: *Sie* – also die Menschen (V.2), die für die schweren Zeiten in der Endzeit (V.1) verantwortlich sind – *wahren* *zwar den äußeren Schein der Frömmigkeit, verleugnen aber ihre Kraft.* Mehr Schein als Sein, so könnte man es auch sagen, worin in der Tat die vorangegangenen Vorwürfe kulminieren.

Dass diese Unterstellung mitten hinein in die Gegenwart zielt, zeigt nicht nur der Tempuswechsel ins Präsens, sondern auch der in **V.5b** folgende Imperativ: *Und von diesen wende dich ab.* Dieser Vers schlägt die Brücke von der Zukunftsvision in die Zeit der Briefleserinnen und Briefleser. Denn diese Menschen der Endzeit, sie sind schon längst aktiv – die letzte Zeit hat also schon begonnen!

Der Vorwurf, der hier gemacht wird, verrät viel über die Auseinandersetzung, die Timotheus im Auftrag des Briefschreibers führen muss: Die anderen haben offensichtlich den äußeren Schein der Frömmigkeit, teilen jedoch nicht das, was diese im Kern ausmacht. *Frömmigkeit* meint kurz gefasst das, was vor Gott und den Menschen richtig ist, und umfasst also Auftreten und Verhalten (vgl. den Exkurs S. 54–56). In dieser Hinsicht scheinen sich die Abweichler nicht von den anderen Christinnen und Christen abzugrenzen. Offensichtlich nehmen sie für sich in Anspruch, diese Frömmigkeit ebenfalls zu besitzen. Sie wahren den äußeren Schein, doch reicht dies aus Sicht des Briefschreibers allein nicht aus: Denn auch wenn äußerlich scheinbar alles in Ordnung ist, so verleugnen die Gegner die *Kraft der Frömmigkeit.* Laut 2Tim 1,7f hatte Gott selbst Paulus, Timotheus und mit ihnen alle diejenigen, die in der richtigen paulinischen Tradition stehen, selbst mit dem Geist dieser Kraft ausgestattet – etwas, was den Andersdenkenden zu fehlen scheint. Doch der Briefschreiber ist überzeugt, dass diese Frömmigkeit nur dann zur Geltung kommt, wenn sie aus der Glaubenstradition gemäß der gesunden Lehre lebt.

Der hier erhobene Vorwurf ist fast schon stereotyp (vgl. Tit 1,16), doch passt er dazu, dass sich die Andersdenkenden innerhalb des 2. Timotheusbriefes nicht genau abgrenzen lassen. Wer wirklich zu denen zu zählen ist, die von der wahren Lehre abgewichen sind, kann man nicht genau erkennen – und 2Tim 3,5 erklärt, warum das so ist: Äußerlich scheinen sie dazuzugehören, doch innerlich haben sie das einigende Band längst zerschnitten. Ein Vorwurf, der sich nicht beweisen lässt, aber vielleicht gerade deshalb umso wirkungsvoller ist.

Dem Verfasser des 2. Timotheusbriefes bleibt nur die Aufforderung zur Abwendung, auch wenn sicher nicht eindeutig ist, wer sich nun genau von wem abwenden soll. Mehrfach wird in den Pastoralbriefen die Distanzierung von den Häretikern gefordert (vgl. 1Tim 4,7; 2Tim 2,16.23; Tit 3,10), dennoch dürfte nicht an einen formalen Gemeindeausschluss gedacht sein. 2Tim 2,25 betont vielmehr erneut, dass bei aller abschätzigen Polemik Timotheus nichts unversucht lassen soll, die Andersdenkenden zur Umkehr zu bewegen – ein Unterfangen, dem die 2Tim 2,19–21 prägende

Metapher vom großen Haus ja auch durchaus gewisse Erfolgsaussichten zutraut.

V.6f konkretisiert die gegenwärtige Situation. Anders als in den vorangegangenen Versen findet sich kein traditionelles Material, die Formulierungen sind deshalb durch den Verfasser selbst geprägt – umso näher liegt die Vermutung, dass er damit ein Bild der realen Situation seiner Zeit malt. Es geht um das Verhalten der Andersdenkenden gegenüber den Frauen aus der christlichen Gemeinschaft. Hatte 2Tim 2,25 die Häretiker noch als Opfer dargestellt, die sich in dem Fallstrick des Teufels verfangen hatten, so beschreibt 2Tim 3,1–5 ihre Täterschaft; nun trifft beides zusammen: V.6a spricht von denen, die andere zu verführen suchen, V.6b–7 von denen, die ihnen zum Opfer fallen.

In **V.6a** rückt das (Privat-)Haus als wichtige soziale Einheit und Keimzelle alles gesellschaftlichen Lebens in den Blick. Zu einem Haus gehörte damals nicht nur die Kernfamilie oder die nähere oder fernere Verwandtschaft, sondern, gerade bei wohlhabenderen Familien, auch eine Schar an Sklaven oder anderen Bediensteten. Im 2. Timotheusbrief erscheinen die Häuser als Orte der Frauen – und in der Tat waren diese in der Antike die uneingeschränkten Herrscherinnen über den familiär-privaten Bereich, in konservativen antiken Kreisen sogar ausschließlich über diesen Bereich. Dorthin dringen offensichtlich Abweichler vor (vgl. noch Tit 1,11).

Die Frauen, bei denen sie Gehör finden, sieht der Briefschreiber nicht als vollwertig an: Sie sind nur *Frauenzimmer*, mit einer gewissen Neigung zur Sündhaftigkeit und *getrieben von vielfältigen Begierden*. Hier kolportiert der 2. Timotheusbrief ein nicht nur in der heidnischen Antike weit verbreitetes Frauenbild, dass nämlich Frauen anfälliger seien für Fehler und Laster aller Art und auch für sexuelle Fehltritte. Auch im Frühjudentum konnte sich eine entsprechende Auslegung des Sündenfalls (vgl. 1Tim 2,15 sowie die Auslegung z.St.) halten – von all dem bleibt auch der 2. Timotheusbrief nicht unbeeindruckt. Er ist deshalb überzeugt, dass sich solche Personen besonders leicht verführen lassen.

Dass sich dieses Schreiben damit sehr weit von dem fast revolutionär zu nennenden Frauenbild Jesu von Nazareth oder auch dem des Paulus entfernt hat, ist immer wieder notiert worden. Die Evangelien erzählen selbstverständlich davon, dass es Frauen gab, die Jesus nachfolgten und ihn auch materiell unterstützten (vgl. Lk 8,1–3; 10,38–42). Alle vier Evangelien berichten zudem übereinstimmend davon, dass Frauen die ersten Zeuginnen der Auferstehung Jesu waren (Mk 16,1–8 par; Joh 20,1–12). Auch Paulus hatte weibliche Mitarbeiterinnen und dass Priska stets vor ihrem Mann Aquila genannt wird, folgt nicht der modernen Regel »Ladys first«, sondern zeigt, welche Bedeutung ihr im

frühen Christentum zukam. In Gal 3,26–28 liefert Paulus zudem eine umfassende theologische Begründung für die Gleichberechtigung beider Geschlechter. All das scheint hier nun vergessen.
Dennoch ist fraglich, ob man aus 2Tim 3,6 wirklich herauslesen kann – so eine in verschiedenen Kommentaren zu findende Auslegung –, dass der Brief die aktive Rolle von Frauen in der Gemeinde zurückdrängt und sie ausschließlich auf das Haus beschränken wolle. Diese Lesart ist höchstens dann plausibel, wenn man Äußerungen aus dem 1. Timotheusbrief einträgt, der aber doch wohl später entstanden ist als der 2. Timotheusbrief und in eine andere gemeindliche Situation hineinzielt (vgl. dazu S. 291–293).
Eher steht dahinter die konkrete Erfahrung, dass die Andersdenkenden besonders große Erfolge bei den weiblichen Gemeindemitgliedern verzeichnen konnten. Diese Verse sind nun der Versuch, das mit eher hilfloser Rhetorik und scharfer Polemik zu unterbinden; einer Polemik, die sich dieses Mal gegen ein bestimmtes Geschlecht richtet und deshalb vielleicht besonders leicht auf antike Stereotype zurückgreifen konnte. Zugleich wird deutlich: Nicht nur die Irrlehrer sind lasterhaft, sondern auch diejenigen, die sich von ihnen verführen lassen – beziehungsweise anders gesagt: Sie lassen sich verführen, weil sie lasterhaft sind. Wer sicher sein möchte, dass diese Unterstellung auf ihn oder sie nicht zutrifft, der muss auf dem Weg der gesunden Lehre bleiben.
V.7 unterstreicht das negative Urteil des vorangegangenen Verses durch einen deutlich formulierten Gegensatz: Diese Frauen sind *immerfort Lernende und dennoch nicht fähig, zur Erkenntnis der Wahrheit zu gelangen.* Sie sind also bei allem vermeintlichem Bemühen, das sie nach außen tragen – man denke hier an den in V.5 erhobenen Vorwurf, nur den Schein der Frömmigkeit zu haben –, weit entfernt von dem Wort der Wahrheit, das Timotheus geradeheraus verkündigen soll (2Tim 2,15) und das Synonym für das wahre Christentum ist.
In **V.8** erfolgt ein überraschender thematischer Schwenk unter Einbeziehung alttestamentlicher beziehungsweise pseudepigraphischer Tradition. Denn auch wenn man die Namen *Jannes und Jambres* in der hebräischen Bibel vergebens sucht, so stellen sie laut außerbiblischer Überlieferung ein Brüderpaar dar und sind mit den ägyptischen Zauberern identisch, mit denen Mose in Ex 7ff erbitterte Gefechte um den Auszug aus Ägypten führen musste. Hierauf spielt also auch der 2. Timotheusbrief an; allerdings übernimmt er nur die Namen, ohne die Geschichten dahinter inhaltlich auszuwerten.
Vergleichspunkt ist der Widerstand: So wie sich Jannes und Jambres Mose widersetzten – und zwar, so weiß man ja spätestens im Rückblick, ohne Aussicht auf Erfolg –, so widersetzen sich die gegenwärtigen

Andersdenkenden ebenfalls der Wahrheit. Sicher ist es kein Zufall, dass der Briefschreiber zwei heidnische Antipoden aussucht; eine deutliche Abwertung derer, die sich selbst zwar als Christinnen und Christen verstehen, es aber aus Sicht des Schreibers mitnichten sind.
Der nachklappende zweite Teil von V.8 liefert eine Begründung: Wie Jannes und Jambres, so zeichnen sich auch die gegenwärtigen Häretiker durch einen *verdorbenen Verstand* und durch einen *unbewährten Glauben* aus. Letztere Formulierung zielt offensichtlich darauf ab, dass Glaube eine Tradition ist, innerhalb derer man leben und sich bewähren muss – wofür Paulus und Timotheus ja die besten Beispiele sind (vgl. 2Tim 1,3–5). Der Vorwurf, der Verstand der Andersdenkenden sei verdorben, macht sie zum Gegenbild des Timotheus. Ihm war es aufgetragen, seine Mitchristinnen und Mitchristen durch sein Verhaltensvorbild aufzubauen; die Andersdenkenden scheinen das genaue Gegenteil zu tun.
Der zweite Vergleichspunkt zwischen Jannes und Jambres und den gegenwärtigen Häretikern ist das Scheitern. V.9 sagt voraus, dass es den Abweichlern nicht gelingen wird, Menschen vom wahren Glauben abzulenken, so wie es auch Jannes und Jambres nicht gelungen ist, sich durchzusetzen. Vielmehr wird *ihr Unverstand nämlich allen offenbar sein, wie es auch bei jenen geschah*. Geistliche und geistige Mängel können eben nicht auf Dauer verborgen bleiben. Der Hinweis allerdings, *sie werden nicht weiter vorankommen*, zeigt durch die Formulierung *weiter* allerdings, dass die Häretiker bereits gewisse Anfangserfolge vorweisen können. Ein wenig *vorangekommen* müssen sie in ihrem Bestreben also schon sein, doch gibt sich der Briefschreiber nun sicher, dass diese Erfolge nicht von Dauer sind. Vielleicht erklärt die Bedrohlichkeit der Situation, wie der Verfasser sie offensichtlich empfindet, die Massivität der Polemik, die diesen Brief kennzeichnet.

Die Polemik dieses Abschnitts ist übertrieben und wirkt gerade darin hilflos. Anderen vorzuwerfen, dass sie nicht tun, was sie lehren, hat bis heute Konjunktur, auch und gerade gegenüber Menschen der Kirche. Sie predigen Wasser und trinken Wein, das ist immer mal wieder zu hören. Eine Unterstellung, die sitzt, gerade weil sie so pauschal ist und sich nicht so einfach widerlegen lässt.
Die Frage bleibt: Was hilft, wenn in Diskussionen nichts mehr hilft? Denn vielleicht gibt es ja wirklich Momente, in denen jedes weitere Gespräch überflüssig ist. Auch, wenn es um theologische Fragen geht. Mir fallen einige aktuelle Beispiele ein: Was erwidere ich jemandem, der Corona für eine Strafe Gottes hält – und der auch noch erklären kann, welche Menschen es genau sind, die diesen Zorn auf uns herabbeschworen hätten? Oder wie reagiere ich, wenn mir jemand

mit der Hölle droht, weil ich die Bibel nicht wörtlich nehme? Das mögen Einzelbeispiele sein, doch Vergleichbares begegnet in anderer Form immer wieder. Mit solchen Menschen eine Basis zu finden, auf der man überhaupt diskutieren kann, fällt schwer. Dann hilft vielleicht wirklich nur der radikale Bruch, um dem, was sie sagen und denken, nicht noch mehr Macht einzuräumen.

2Tim 3,10–4,8: »Paulus« regelt seine Nachfolge angesichts seiner baldigen Hinrichtung

Der folgende Hauptteil lässt sich in zwei Unterabschnitte (2Tim 3,10–17 und 2Tim 4,1–8) gliedern; von ihrem Ende her (2Tim 4,6–8) sind diese zu verstehen als letzte Ermahnungen des Apostels, der seinem Tod ins Auge blickt und deshalb sein Haus bestellt. In 2Tim 3,10–17 werden Timotheus zunächst Paulus selbst und die Heiligen Schriften als Vorbilder vor Augen gestellt, in 2Tim 4,1–8 wird der Apostelschüler auf die Unermüdlichkeit seines Dienstes eingeschworen.

2Tim 3,10–17: Zwei Vorbilder: Paulus und die Heiligen Schriften

Mehrfach wird Timotheus ab V.10 direkt angeredet – er soll genau das tun, was die Andersdenkenden eben nicht tun. Das zweimalige betonte *Du aber* dient in V.10 und V.14 als Aufmerksamkeitsmarker: Es geht um die Nachfolgehaltung des Timotheus (V.10–13) und um die Orientierung an den Heiligen Schriften (V.14–17). Damit werden in diesem Abschnitt erneut Grundhaltungen an Timotheus exemplarisch entfaltet, die für alle Christinnen und Christen wichtig sind.

10 Du aber bist mir gefolgt in der Lehre, der Lebensführung, dem Stre-
ben, dem Glauben, der Langmut, der Liebe, dem Ausharren, 11 den Ver-
folgungen, den Leiden, welche mir geschehen sind in Antiochia, in Iko-
nion, in Lystra. Welche Verfolgungen habe ich ertragen - und aus allen
errettete mich der Herr. 12 Und alle, die fromm zu leben wünschen in
Christus Jesus, werden verfolgt werden. 13 Böse Menschen aber und Be-
trüger werden zu immer Schlimmeren fortschreiten, weil sie Verführer
und Verführte sind. 14 Du aber bleibe in den Dingen, die du gelernt hast
und von denen zu überzeugt bist; du weißt, von welchen du gelernt hast,
15 und weil du von Kindheit an die Heiligen Schriften kennst, die die

Kraft haben, dich weise zu machen zur Rettung durch den Glauben, der in Christus Jesus ist. [16] Jede Schrift ist nämlich von Gott eingegeben und nützlich zur Belehrung, zur Zurechtweisung, zur Überführung, zur Erziehung in Gerechtigkeit, [17] damit richtig sei der Mann Gottes, zu jedem guten Werk ausgerüstet.

V.10 beginnt mit einem Lob für Timotheus: *Du aber bist mir gefolgt!* Dann zählt der Briefschreiber auf, welche Aspekte in dieser Nachfolgehaltung eingeschlossen sind, nämlich *Lehre, Lebensführung, Streben, Glauben, Langmut, Liebe, Ausharren,* bevor V.11 die Leidensnachfolge in den Blick nimmt. Solche Nachfolge, wie sie von jedem Christen und jeder Christin verlangt wird, umfasst das gesamte Leben. In dieser Grundhaltung ist V.10 erkennbar beeinflusst von 1Kor 4,16f, wo Paulus selbst die korinthische Gemeinde aufruft, seinem Beispiel nachzufolgen, und betont, dass er Timotheus aus diesem Grund zu ihnen gesandt habe. Im 2. Timotheusbrief ist nun Timotheus nicht mehr nur der Bote, der an die Wege des Paulus in Jesus Christus (so im 1. Korintherbrief) erinnern soll, sondern er wird selbst zum Vorbild dieser »Paulus-Nachfolge«. Und auch wenn die Rückbindung der Nachfolge des Paulus an die Nachfolge in Jesus Christus im Vergleich zu den früheren Paulusbriefen hier zurücktritt (vgl. noch Phil 3,17f), so ist dieser Konnex auch im 2. Timotheusbrief stets mitzuhören.

Die Aufzählung in V.10 ist typisch für antike Tugendkataloge. Die Auswahl der Begriffe ist aber sicher kein Zufall, dafür passt sie zu sehr in den Gesamtduktus des Briefes: Alle genannten Elemente richtiger Nachfolge stellen aus Sicht des Verfassers menschliches Verhalten dar, das durch den eigenen Willen ganz praktisch beeinflusst werden kann. *Lehre* und *Lebensführung* sind für den 2. Timotheusbrief untrennbar miteinander verbunden und kumulieren im Begriff der Frömmigkeit, der die Pastoralbriefe insgesamt prägt und auch in diesem Schreiben mehrfach Verwendung findet (vgl. den Exkurs S. 54–56). Auch *Glauben* ist im 2. Timotheusbrief keine eschatologische Gabe Gottes, sondern eine menschliche Haltung (vgl. 2Tim 1,5), die es im *Streben* und *Lieben* aufzugreifen gilt. *Langmut* und *Ausharren* schließlich sind typische Modi christlicher Existenz, gerade angesichts von Leiden und Verfolgungen, wie sie dann in **V.11** in den Blick kommen.

Nachfolge muss sich auch in schweren Zeiten bewähren – und Timotheus hat sich in der Tat in solchen Zeiten bereits bewährt. Die Ortsnamen *Antiochia, Ikonium* und *Lystra* spielen auf Widerfahrnisse des Paulus an, wie sie in der Apostelgeschichte (vgl. Apg 13,14–50; 13,51–14,5; 14,8–19) geschildert werden. Die Forschung hat immer wieder darauf hingewiesen, dass der Hinweis überraschend sei, dass Timotheus Paulus auch in diesen Situationen *gefolgt* sei, da er nach der Überlieferung der Apostelgeschichte erst zu einem späteren Zeitpunkt in den Dienst des Paulus getreten sei. Sei bei Timotheus keine unmittelbare Leidensnachfolge, sondern nur das Wissen um das Leiden des Paulus gemeint? Eine spitzfindige Diskussion, die aus meiner Sicht übersieht: Damit dieser Widerspruch dem Verfasser des 2. Timotheusbriefes oder seinen Lesern überhaupt auffallen konnte, hätte er entweder die Apostelgeschichte selbst kennen oder aber von der Historizität der dort verarbeiteten Überlieferung überzeugt sein müssen. Vielleicht waren noch andere Traditionen im Umlauf, die von einem gemeinsamen Leiden beider an den genannten Orten wussten, oder der Abstand der Jahrzehnte hat einiges verwischen lassen?

Deutlich ist: Wahre Nachfolge schließt Leiden notwendig ein, da Christsein und Leiden untrennbar verbunden sind (vgl. 2Tim 1,8; 2,3.11; 3,12). Paulus erscheint im Brief als Vorbild auch dafür, wie es gelingen kann und gelingen muss, die eigene Verkündigung und Lebensgestaltung untrennbar mit dem Leidensweg Christi zu verbinden. So ist die Aussage *Welche Verfolgungen habe ich ertragen!* als Ausdruck von Emphase zu verstehen.

Jede Errettung aus diesen Verfolgungen verdankt sich allein dem *Herrn*, also Gott oder Jesus Christus. Dies impliziert eine theologische Deutung von Leiden und Verfolgungen: Nicht Menschen allein haben für oder gegen Paulus gehandelt, sondern hinter all dem steckt ein göttlicher Plan. Wenn Paulus für das Evangelium leidet, so weiß er, dass der Herr selbst das Schicksal seines treuen Knechtes in der Hand hält.

V.12f hebt die biographisch gefärbten Aussagen auf eine allgemeinere Ebene. **V.12** beschreibt Verfolgungen als Urerfahrung des Christseins. Wieder steht dabei das Stichwort der Frömmigkeit als umfassende Bezeichnung christlicher Existenz; nun allerdings mit einem besonderen, weil christologischen Akzent: Frömmigkeit meint hier nicht, wie im Hellenistischen typisch, allein die Ehrfurcht vor dem Göttlichen, sondern geht notwendig mit Leiden einher. Darin entspricht die christliche Frömmigkeit ihrem Gegenstand, dem Glauben an den leidenden und auferstandenen Christus.

Während im 1. Timotheusbrief *Eusebeia* als Ausdruck für ein bürgerliches Christentum verstanden werden kann, ist sie im 2. Timotheusbrief mit dem Ertragen von Verfolgungen und eschatologischen Bedrängnissen (vgl. 2Tim 4,1ff) verbunden. Durchgetragen wird der Einzelne dabei von der Gewissheit der Errettung.

Wieder rücken in **V.13** die Andersdenkenden in den Blick, die als Betrüger und Betrogene zugleich erscheinen – ein Wortspiel, das im griechischen Urtext sicher nicht zufällig steht. Am Beispiel von Timotheus konnte man erkennen, wie ein Fortschreiten zur Wahrheit aussieht (vgl. Tim 2,16), hier wird nun den *bösen Menschen* und *Betrügern* ein *Fortschreiten zu immer Schlimmeren* prognostiziert: Wer den Weg der wahren Lehre verlassen hat, muss grundlegend verderbt sein, nicht einfach nur verblendet und gefangen, sondern selbst aktiv beteiligt daran, auch andere ins Verderben zu reißen. Deshalb sind die Häretiker aus Sicht des Briefschreibers *Verführer* – die also andere mitnehmen in den Abgrund – und *Verführte* zugleich.

Nur in **V.14** steht in diesem Abschnitt ein Imperativ, ein besonderer Aufmerksamkeitsmarker; wieder wird Timotheus in Abgrenzung von den Irrlehrern angeredet (*du aber*). Es überrascht, dass er schon wieder zum richtigen Verhalten aufgefordert werden muss, doch wird an dieser Stelle die Person des Timotheus durchlässig hin auf die realen Leserinnen und Leser dieses Schreibens. Ihnen wurde er bisher als Vorbild vor Augen gemalt, nun sollen sie selbst in die gleiche Nachfolge eintreten. Sie sollen in dem Gelernten bleiben, dem sie auch bisher vertrauen konnten, denn, so die Begründung, *du weißt, von welchen du gelernt hast.*

Wieder ist die richtige Lehre also die, die in ungebrochener Kontinuität zur paulinischen Tradition steht. Gott selbst hatte Paulus dieses Evangelium anvertraut (2Tim 1,12), das er Timotheus nun weitergibt (2Tim 1,14), das aber auch vermittelt durch andere (2Tim 2,2) empfangen werden kann – und auf das man auch dann vertrauen kann, wenn Leiden drohen, eben weil klar ist, wer dahinter steht: Gott ist die letzte Instanz und die Zuverlässigkeit der Lehrtradition gründet hier in der Zuverlässigkeit derer, die sie überliefern!

Von wem aber hat Timotheus denn nun tatsächlich gelernt? Wird auf seine Mutter und Großmutter angespielt (vgl. 2Tim 1,3–5), geht es um sein großes Vorbild Paulus selbst oder sind all die vielleicht namenlos bleibenden Christinnen und Christen im Blick, die sich auch nach dem Tod des Apostels um die getreuliche Weitergabe seiner Lehre bemühen? Letzteres möchte der Briefschreiber seinen Leserinnen und Lesern gerne vor Augen malen: Sie sollen wie Timotheus im breiten Strom derer stehen, die dem paulinischen Evangelium treu ergeben sind und also den Glauben richtig vermitteln.

V.15 ergänzt zu dieser personalen Tradition den Hinweis auf die Heiligen Schriften. Diese kenne Timotheus von Kindheit an und sie vermögen ihn *weise zu machen zur Rettung durch den Glauben, der in Christus Jesus ist.*

Beides wirft in der Auslegung gewisse Fragen auf. Zwar mag es in der Vorstellung des Briefautors in der Tat so sein, dass Timotheus bereits als Kind von Mutter und Großmutter mit den Heiligen Schriften des Alten Testaments und mit deren christologischer Auslegung vertraut gemacht wurde, doch ist zumindest fraglich, inwiefern sich hier historisch korrekte Reminiszenzen finden. Folgt man der Apostelgeschichte, so war Timotheus, obwohl Sohn einer jüdischen gläubigen Mutter, bei seiner Begegnung mit Paulus noch unbeschnitten (vgl. Apg 16,1–3) und also offensichtlich nicht getreu der Schriften unterwiesen. Historische Gewissheit wird man nicht gewinnen können. An dieser Stelle kommt es wie auch in 2Tim 1,3–5 erkennbar darauf an, Glaubenskontinuität zu betonen. Im Umgang mit der Schrift wird Timotheus zu einem exemplarischen Christen einer späteren Generation.

Komplexer ist die Problemlage angesichts von V.15b. Es gilt zunächst das korrekte Verständnis zu erheben: Will der Briefschreiber sagen, dass die Heiligen Schriften dann zur Rettung belehren können, wenn sie aus dem Glauben an Jesus Christus gelesen werden, wenn ihre Lektüre also unter bestimmten Vorzeichen erfolgt – oder meint er, dass diese Schriften in sich selbst die christologisch bestimmte Rettung enthalten? Die griechische Satzstellung legt Letzteres näher, deshalb soll dem hier auch der Vorzug gegeben werden: Das heißt, die Lektüre der alttestamentlichen Schriften macht es jedem, der sie kennt und zu lesen vermag, möglich, das Heil in Jesus Christus zu erkennen – eine verbreitete urchristliche Überzeugung (vgl Lk 24,25–27; Joh 5,39; Apg 8,30–35; 1Kor 15,3f).

V.16f macht aus diesem persönlichen Hinweis eine allgemeingültige Regel, denn auch wenn V.16 grammatikalisch nicht mit V.15 verbunden ist, ist der inhaltliche Bezug doch eindeutig: Der Terminus *jede Schrift* (**V.16**) greift zurück auf die in V.15 genannten *Heiligen Schriften* und trifft mit dem Hinweis auf die Geistinspiriertheit der Schrift eine Aussage, die zum Locus classicus der Verbalinspirationslehre werden sollte.

Dabei ist an diesem Vers vieles unklar, zuallererst die korrekte Übersetzung. Die Schwierigkeit besteht darin, dass im Griechischen ein sogenannter Nominalsatz vorliegt, also ein Satz, der ganz ohne Verb auskommt. Das muss im Deutschen ergänzt werden – die Frage ist bloß, wo. Zwei Möglichkeiten bieten sich an. Die eine ordnet den Ausdruck *von Gott eingegeben* direkt der Schrift zu. Dann würde es heißen: *Jede von Gott eingegebene Schrift ist auch nützlich.* Eine andere Lesart bindet die beiden Adjektive *von Gott eingegeben* und *nützlich* enger zusammen und übersetzt: *Jede Schrift ist von Gott eingegeben und (deshalb) nützlich.*

Mag man auf den ersten Blick den Eindruck haben, dass beides das gleiche aussagt, so fällt auf den zweiten Blick der erhebliche Unterschied auf: Bei der erstgenannten Übersetzung liegt der Schwerpunkt auf der *Nützlichkeit* der gesamten Schrift, bei der zweiten jedoch auf der *Inspiriertheit* der Schrift. Hier soll nun letzterem Verständnis – *Jede*

Schrift ist von Gott eingegeben und (deshalb) nützlich – der Vorzug gegeben werden. Weil und insofern die Heilige Schrift von Gott inspiriert ist, deshalb eignet ihr Nützlichkeit. Doch wieso ist dem Briefschreiber das so wichtig, obwohl er selbst in seinem Schreiben kaum Schriftzitate verwendet?

Der im Griechischen stehende Begriff findet sich nur sehr selten und wenn nur im paganen Gebrauch. Zwar kannte auch das zeitgenössische Judentum die Vorstellung einer Inspiriertheit der Schrift, doch gründete diese in der Gewissheit der Geistbegabung ihrer Autoren.

Offensichtlich also trägt der Verfasser des 2. Timotheusbriefes einen neuen Gedanken und damit eine ganz eigenständige Vorstellung von der Inspiration der Schrift ein. Diese wird nun nämlich unmittelbar mit dem Text korreliert und nicht in der Autorschaft verankert. Diese begründet zugleich dessen Nützlichkeit, die vierfach entfaltet wird: *zur Belehrung, zur Zurechtweisung, zur Überführung, zur Erziehung in Gerechtigkeit.* Auch hier steht wieder der innergemeindliche Diskurs im Hintergrund, der um die richtige Paulusauslegung entbrannt war – und in diesem Kontext auch um den korrekten Umgang mit den Heiligen Schriften des Alten Testaments, die für den Heidenapostel eine wichtige theologische Quelle zur Entfaltung des christlichen Heils waren.

Belehrung und *Zurechtweisung* erinnern daran, dass Timotheus bei allem Verbot unnützer Diskussionen (vgl. 2Tim 2,23; 3,5) weiterhin unermüdlich um die werben soll, die den richtigen Weg verlassen haben. Vielleicht gelingt es mithilfe der Heiligen Schriften sogar, sie eines Irrtums in Lehrfragen zu *überführen.* All das ist dem Ideal einer *Erziehung in Gerechtigkeit,* d. h. dem Ziel eines rechtschaffenen Lebens als Christ, untergeordnet.

Die Fixpunkte Glaubenstradition und Schriftverständnis werden durch Geistbegabung und Schriftinspiration miteinander verbunden. Wenn der Briefschreiber hervorhebt, dass jede Schrift von Gott eingegeben ist, so richtet sich das einerseits gegen einen selektiven Schriftgebrauch – von dem wir allerdings nicht wissen, ob sich die Andersdenkenden eines solchen befleißigt haben – und legt andererseits eine Spur, wie mit dieser inspirierten Schrift umgegangen werden soll: Die Schrift ist deshalb nützlich, weil sie von Gott eingegeben ist (V.16). Und sie verweist bei richtigem Gebrauch auf das Heil in Jesus Christus hin (V.15), wie es in der paulinischen Tradition vermittelt wird – und das geschieht dann, wenn die Unterweisung durch die richtigen Personen (V.14) erfolgt. Dann jedoch ist die Schrift nur dem nützlich, der in der richtigen Auslegungstradition steht, der also selbst nicht nur die äußere Gestalt der Frömmigkeit, sondern auch ihre innere Kraft hat (2Tim 3,4) – und

also den Geist in sich trägt, der auch in Timotheus und mit ihm in den Christinnen und Christen seiner Tradition wirkt (2Tim 1,8.14).
V.17 setzt den Gedanken fort, wonach der Geist Gottes in der Schrift und der Geist Gottes in den Schriftauslegenden eine untrennbare Einheit bilden. Zwar liegt hier ein sprachlicher und grammatikalischer Fügungsbruch vor, doch ist der gedankliche Zusammenhang unmittelbar einleuchtend: *damit richtig sei der Mann Gottes, zu jedem guten Werk ausgerüstet.* Wer sich selbst als *Mann Gottes* versteht und für den Dienst – hier umschrieben mit *zu jedem guten Werk* – gegenüber seinen Mitmenschen bereit sein will, der benötigt die Heiligen Schriften. Sie vermitteln das Heil in Jesus Christus und geben den Maßstab allen Handelns und Glaubens vor. Wer also, so kann man zusammenfassen, in der Schrift selbst in richtiger Weise und durch die richtigen Personen belehrt wurde, kann nun selbst zum Glaubens- und Schriftvermittler werden.

Die Bibel ist mehr als ein Buch, sie ist eine Bibliothek von Büchern, entstanden über Jahrhunderte, wenn nicht Jahrtausende – und sie ist Gottes Wort für uns. Gerade Letzteres begründet ihre besondere Würde und Dignität. Die biblischen Texte des Alten und des Neuen Testaments sind nicht nur Dokumente einer vergangenen Zeit und von längst verstorbenen Menschen, sondern in ihnen schimmert die Wirklichkeit Gottes auf. Er hat sich hineinbegeben in die Geschichte und Geschichten seiner Geschöpfe und er hat zugelassen, dass sie auf ihre menschliche und oft allzu menschliche Art von ihm erzählen und schreiben. Und zwischen den alten Zeilen hindurch lesen wir darin auch eine Botschaft für uns in unserer Gegenwart. Ja, die Bibel ist mehr als ein Buch. Sie ist von Gottes Geist inspiriert, so beschreibt es der 2. Timotheusbrief. Und als solche ist sie für uns auch nützlich, weil sie uns zur Lebensquelle wird, uns belehrt, wie es zu leben gilt, uns da zurechtweist, wo wir ihrem Anspruch nicht gerecht werden, und uns vor Augen führt, wie ein Leben im Geist Gottes aussehen kann. Dass die Schrift von Gott inspiriert ist, gibt ihr die Kraft, hilfreich in das Leben derer zu sprechen, die sie mit offenem Herzen lesen. Als Gottes Wort wird die Bibel uns zum Lebensbuch im besten und umfassendsten Sinne.
Die Tradition hat aus diesem Vers ableiten wollen, dass die Bibel verbalinspiriert sei, also zwar Menschen aus der Feder geflossen sei, aber tatsächlich von Gott bis ins kleinste Komma hinein diktiert wurde. Dieser Vers sagt das so nicht aus. Von Pinchas Lapide wird der Ausspruch überliefert, man könne die Bibel wörtlich nehmen oder ernst, beides zusammen gehe nicht.
Ich möchte die Bibel ernst nehmen, als Glaubensdokument einer vergangenen Zeit, als Zeugnis des Ringens von Menschen um die Gottesfrage und um ihre Bedeutung für das eigene Leben – und zugleich als Schrift, durch die hindurch Gott selbst auch mich immer wieder neu anspricht, als sein geliebtes Kind.

2Tim 4,1–8:
Timotheus soll unermüdlich im Dienst sein – komme, was wolle …

Der 2. Timotheusbrief ist nicht nur ein Freundschaftsbrief, sondern eine Art Testament des auf den Tod wartenden großen Apostels Paulus. Dies fällt besonders in 2Tim 4,1–8 ins Auge; bei diesen Versen handelt es sich gleichsam um ein Testament im Testament. Typische Elemente antiker (literarischer) Testamente finden sich auch hier: der baldige Tod des Schreibenden wird angekündigt, am Ende steht ein Gericht, aufgrund dessen letzte Ermahnungen erteilt werden müssen, und es erfolgt eine grundsätzliche Warnung vor unheilvollen Zeiten.
Dazu passt, dass auch dieser Abschnitt, der letzte des Briefes übrigens vor den ab 2Tim 4,9 einsetzenden Schlussgrüßen, von Hinweisen auf das endzeitliche Gericht gerahmt wird und sich durch eine eigentümliche Verbindung von Soteriologie, Ethik und Eschatologie auszeichnet. Im Zentrum stehen Aussagen über die Vorbildlichkeit des (Lebens und Sterbens des) Paulus, wobei die Sicherheit, mit der sein Wirken beurteilt und mit der über sein Schicksal geurteilt wird, die nachpaulinische Gestaltung dieses Abschnitts wie auch des ganzen Briefes zeigt.

**1 Ich beschwöre (dich) vor Gott und Christus Jesus, der zukünftig rich-
ten wird Lebendige und Tote, und angesichts seines Erscheinens und
seiner Königsherrschaft: 2 Verkündige das Wort, steh gerade zu ge-
legener und zu ungelegener Zeit, überführe, tadele, ermahne, mit aller
Geduld und Lehre. 3 Es wird nämlich eine Zeit kommen, dass sie die
gesunde Lehre nicht ertragen werden, sondern sie werden sich gemäß
der eigenen Begierden Lehrer anhäufen, weil ihnen das Gehörte einen
Juckreiz verschafft. 4 Und von der Wahrheit werden sie das Gehör ab-
wenden, sie werden sich aber Fabeln zuwenden. 5 Du aber sei nüchtern
in allem, ertrage die Leiden, verrichte das Werk eines Evangelisten, dei-
nen Dienst vollbringe. 6 Ich aber werde bereits geopfert, und der Zeit-
punkt meines Abschieds ist gekommen. 7 Ich habe den guten Kampf
gekämpft, ich habe den Lauf vollendet, ich habe die Treue gehalten.
8 Schon liegt für mich bereit der Siegeskranz der Gerechtigkeit, den
mir übergeben wird an jenem Tag der Herr, der gerechte Richter, nicht
allein aber mir, sondern allen, die seine Erscheinung liebgewonnen
haben.**

V.1 eröffnet mit einer eindringlichen Beschwörung des Briefempfängers. Die gleiche Formulierung findet sich noch in 2Tim 2,14 (vgl. 1Tim 5,21), erhält an dieser Stelle aber aufgrund der zahlreichen Zeugen, die herangezogen werden, einen besonders feierlichen Anstrich: *Gott* und *Jesus*

Christus werden genannt und es wird Bezug genommen auf das Jüngste *Gericht* sowie das *Erscheinen* Christi und seine *Königsherrschaft*.
Dieser Vers präsentiert sich mit typischen urchristlichen Vorstellungen und Formulierungen, hat aber das verloren, was in den früheren Paulusbriefen noch sehr prägend war, nämlich eine unmittelbare Naherwartung – die Erwartung also, dass das hier genannte Gericht tatsächlich schon nahe herbeigekommen ist und tatsächlich bald eintreten wird. Das Parusie- und das Gerichtsmotiv erhalten dadurch eine stärker paränetisch-motivierende Funktion.
Wieder stehen Gott und Jesus Christus in unmittelbarer Parallelität. Beide werden sie als Zeugen angerufen. Allerdings erhält die Christologie nun ein Übergewicht, weil das Heilshandeln Jesu Christi dreifach näherbestimmt ist durch *Gericht, Erscheinung* und *Königsherrschaft*. Jedoch bezeichnet der griechische Begriff *Epiphanie,* der als Fremdwort ja durchaus auch Eingang in die deutsche Sprache gefunden hat, in 2Tim 4,8 nicht, wie sonst in den Pastoralbriefen, die zukünftige Erscheinung Christi zum Jüngsten Gericht, sondern das Wirken Jesu von Nazareth auf Erden. Diese Konnotation ist auch an dieser Stelle, dem einzigen weiteren Gebrauch im 2. Timotheusbrief, mitzuhören. Damit unterscheidet sich die Begriffsverwendung deutlich von der der beiden anderen Schreiben (vgl. 1Tim 6,14; Tit 2,11–14; 3,4–7, jeweils die Auslegung z.St.).
Dann aber entfaltet dieser Vers mit seiner Trias tatsächlich die Gesamtheit des Heilshandelns Jesu. Es nimmt seinen Anfang bei seinem Erdenwirken, das durch die Bezeichnung als *Erscheinung* als Offenbarungsgeschehen qualifiziert wird. Dieses Geschehen liegt zeitlich bereits im Rücken der Gläubigen. Von da herkommend wird nun die Wiederkehr Christi zum Jüngsten Gericht erwartet. In der frühchristlichen Tradition konnten sowohl Gott selbst als auch Jesus Christus als Richter bezeichnet werden (vgl. Röm 14,10; 2Kor 5,10), im 2. Timotheusbrief kommt diese Rolle nun Christus zu. Dass das Gericht *Lebende und Tote* ereilt, konnte in den frühen Paulusbriefen mit einer unmittelbaren Naherwartung einhergehen (vgl. 1Thess 4,13–18), meint hier jedoch als Merismus vor allem das umfassende Gerichtsgeschehen: Niemand wird verschont werden.
Zielpunkt all dessen ist aber die Aufrichtung der ewigen Herrschaft Christi als verheißenem Zielpunkt christlicher Existenz; das kennen wir auch aus anderen neutestamentlichen Traditionen (vgl. Mt 24,30f; 1Kor 15,25–28; Offb 20,4). Zwar mag diese Trias formelhaft sein, doch steckt sie die Rahmenbedingungen für die Existenz der christlichen Gemeinschaft ab, an die sich der 2. Timotheusbrief richtet. Seine Gemeinde lebt in einer »Zwischenzeit«, sie kommt vom Erdenwirken Jesu her und erwartet die kommenden Ereignisse. Hier schimmert etwas von dem durch, was bei Paulus selbst als eschatologischer Vorbehalt oder als

Spannung zwischen »Schon jetzt« und »Noch nicht« beschrieben werden konnte.

V.2 entfaltet den Inhalt der eindringlichen Ermahnung. Fünf Imperative werden an Timotheus gerichtet. Gleich am Anfang geht es um die Lehre: Alles, was nun folgt, lässt sich in den Dienst am Wort Gottes einordnen. Dafür soll Timotheus *geradestehen*, egal, ob es nun passt (*gelegen*) oder nicht (*ungelegen*). Auch hier klingt wieder an, dass mit dem Wirken für das Evangelium Erfahrungen von Leiden verbunden sein können. Denn das Wort Gottes ist nicht bequem, sondern es fordert heraus und es fordert das ganze Leben ein. Sicher steht wieder der aktuelle Konflikt im Hintergrund. Dazu passt auch, dass Timotheus *überführen, tadeln* und *ermahnen* soll. Seine Waffen: Die Lehre des Paulus und die Heiligen Schriften. Noch gibt es Hoffnung auf eine Rückkehr in die wahre Glaubensgemeinschaft, weshalb all das *mit aller Geduld und Lehre* erfolgen soll.

V.3 malt das Schreckensbild einer bevorstehenden schlimmen Zeit vor Augen. Doch richtet sich der Blick nur scheinbar in die Zukunft, denn die Themen sind solche, die den Briefschreiber bereits in der Gegenwart bewegen. Wie auch in 2Tim 3,1–7 zu beobachten, vermischen sich die zeitlichen Ebenen: Wenn nämlich bereits Paulus vor Phänomenen aus der Gegenwart der Briefleserinnen und Briefleser gewarnt haben soll, dann kann er das nur als visionären Ausblick in die Zukunft getan haben – eine endzeitliche Zukunft also, die in der Zeit des realen Briefschreibers und seiner realen Empfänger und Empfängerinnen bereits Gegenwart geworden ist.

Zur christlichen Gemeinde gehören Menschen, die die gesunde Lehre als Zumutung empfinden und stattdessen eigenem Belieben nachgeben. Sie sind nicht bereit, die unbequeme Wahrheit zu ertragen und also auch zu ungelegener Zeit dafür einzutreten. Der Vorwurf kolportiert Vorurteile: Man sucht sich Lehrer zusammen, egal woher sie kommen und welche Qualifikationen sie haben – Hauptsache, sie sagen, was man hören möchte, befriedigen also die eigenen Begierden. Das unterstreicht das den Vers abschließende Bild, sich *die Ohren kitzeln* zu lassen.

V.4 greift dieses Bild auf: Wem nämlich die Ohren so angenehm kitzeln, weil sie das hören, was sie hören möchten, der hat für die Wahrheit kein offenes Ohr mehr, sondern wendet sich ab. Im 2. Timotheusbrief ist diese *Wahrheit* gleichzusetzen mit der paulinischen gesunden Lehre (vgl. den Exkurs S. 41 f.), ihr gegenüber können nur *Fabeln* und Unwahrheiten stehen. Der griechische Begriff hat selbst einen abschätzigen Klang. Er steht in allen drei Pastoralbriefen zur Charakterisierung der gegnerischen Lehre, doch während er im 1. Timotheusbrief auf gnostisierende Spekulationen abzielt (vgl. 1Tim 1,4) und im Titusbrief durch jüdische

Inhalte charakterisiert wird (vgl. Tit 1,14), meint er hier eine christlich konnotierte Lehrmeinung, die man zwar gerne hört, die aber mit der Wahrheit nicht viel zu tun hat.

Zweierlei sollen die Leserinnen und Leser aus diesem Vers lernen: Es gibt nur die eine Wahrheit – aber offensichtlich unendlich viele Fabeln. Der Gegensatz von Singular und Plural ist sicher bewusst platziert: Der einen richtigen Lehre stehen zahlreiche Fabeln gegenüber, die in ihrer Vielfalt nur beliebig sein können.

V.5 rückt das richtige Verhalten eines Christen oder einer Christin in den Blick. Die direkte Anrede an Timotheus (*Du aber*) zielt durch ihn hindurch auf die gesamte Gemeinschaft; vier Imperative spannen den Erwartungshorizont auf. Ein Christ soll *nüchtern in allem* sein, so ganz anders als die Andersdenkenden, die irrational-emotional gesteuert sind und deshalb wenig Standfestigkeit beweisen. Um nicht in die gleiche Falle zu tappen, soll Timotheus sicher stehen und deshalb ja auch die Leidenschaften der Jugend fliehen (so 2Tim 2,22). Dazu gehört, wie der Briefautor nicht müde wird zu betonen, die Bereitschaft zum *Ertragen von Leiden*. Diese gehören zum *Werk eines Evangelisten* dazu, eine Formulierung, die erkennbar von Phil 2,22 geprägt ist, wo Timotheus und Paulus gemeinsam diese Aufgabe der Weitergabe der frohen Botschaft erfüllen. All das lässt sich zusammenfassen unter der umfassenden Aufforderung, den *Dienst zu vollbringen*. Denn dazu hatte Paulus Timotheus beauftragt (vgl. 2Tim 2,2) und dafür soll er auch dann eintreten, wenn das Ende des Paulus nahe ist.

In **V.6–8** rückt das Schicksal des Paulus in den Blick: Sein Tod ist nahe herbeigekommen. Das begründet nicht nur die Dringlichkeit des ganzen Schreibens, sondern unterstreicht auch die Wichtigkeit der Weitergabe seiner Inhalte.

Es ist ein typisches Element antiker Testamentsliteratur, die Situation breit auszumalen, in der der letzte Wille erteilt wird; das farbenprächtig kolorierte Bild des leidenden Märtyrerapostels darf deshalb auch hier nicht fehlen. Zu Recht sind diese Verse als Schwanengesang des Paulus bezeichnet worden, zumal auch die zahlreichen Pläne und Namen in 2Tim 4,9–22 nicht dahingehend missverstanden werden dürfen, als habe der Verfasser signalisieren wollen, es gäbe noch Pläne über die aktuelle Haft in Rom hinaus (vgl. die Auslegung z.St.).

Das Todesschicksal des Paulus kann mit kultischen Kategorien geschildert werden: *Ich werde bereits geopfert*, so schreibt der Briefautor und zeigt damit, dass sein Tod nicht einfach nur ein biologischer Sterbeprozess ist, sondern genau wie das Kultopfer im Tempel einen Heilssinn für andere enthält. In vergleichbarer Weise kann auch Paulus seinen gesamten Dienst in kultischen Kategorien deuten (vgl. Röm 1,9; 15,16).

Die Nähe des Todes wird durch die Formulierung *die Zeit meines Abscheidens steht unmittelbar bevor* noch unterstrichen. Doch weil das griechische Substantiv eigentlich Aufbruch oder Rückkehr meint, konnte 2Tim 4,6 in der Forschung auch so gedeutet werden, als habe Paulus – der dann den Brief auch selbst geschrieben hätte – mit seiner Freilassung gerechnet und dafür bereits Pläne gemacht (wofür dann 2Tim 4,9–18 als Beleg herangezogen werden konnte).

Näher liegt aufgrund des Briefkontextes jedoch die Annahme, dass es sich um einen Euphemismus für den Tod des Heidenapostels handelt. In Phil 1,23; 2,17 kann Paulus selbst sein Sterben entsprechend umschreiben. Was er dort allerdings noch als Möglichkeit schildert, wird hier in eine triumphierende Aktualität überführt – ein deutlicher Hinweis nicht nur auf die literarische Abhängigkeit des 2. Timotheusbriefes vom Philipperbrief, sondern auch darauf, dass ein nachpaulinischer Autor am Werk ist, der bereits auf das vollendete Lebenswerk des Paulus zurückblickt.

V.7 schaut tatsächlich zufrieden resümierend in drei kurzen Sätzen auf die Vergangenheit des Paulus: *Ich habe den guten Kampf gekämpft, ich habe den Lauf vollendet, ich habe die Treue gehalten.* Der Hinweis auf *den guten Kampf* nimmt die Wettkampfmetaphorik aus 2Tim 2,5 wieder auf. *Gut* war dieser *Kampf* deshalb, weil das, wofür Paulus gekämpft hat, jede Anstrengung wert war. Dass Paulus den (Wett-)*Lauf vollendet* habe, macht erneut Anleihen an den Philipperbrief (vgl. Phil 1,27; Phil 3,12–14): Das Ziel, nach dem der Apostel damals strebte, und die Vollendung, auf die er hoffte, hat er nun erreicht. So kann er hier auch von sich selbst sagen, dass er *die Treue gehalten* habe. Das griechische Substantiv kann auch *Glaube* meinen; beide Begriffsbedeutungen sollten deshalb nicht gegeneinander ausgespielt werden, sondern in einem abschließend-umfassenden Sinn verstanden werden: Das, was die Existenz des Paulus als Christ ausmacht, sein Glaube an Jesus Christus und seine Treue gegenüber der Heilsbotschaft, hat er bis zum Tod bewahrt. Und die Leserinnen und Leser sollen das wissen und sich ebenfalls so verhalten.

Paulus ist am Ende seines Lebens angekommen. **V.8** wagt den Ausblick auf das, was der Heidenapostel nun erhoffen kann: den *Siegeskranz der Gerechtigkeit.* Auch Paulus selbst konnte die Hoffnung auf das eschatologische ewige Leben mit diesem Bild umschreiben (vgl. 1Kor 9,24f; Phil 3,14, vgl. Phil 2,16) und es fand auch Eingang in die frühchristliche Literatur (vgl. 1Clem 5,5ff; MartPol 17,1). Die Formulierung führt das Wettkampfbild aus V.7 (vgl. 2Tim 2,5) weiter, allerdings wird die Sportmetaphorik durch das Genitivattribut durchlässig hin auf die Sachebene. Nicht Lorbeeren, sondern die Gegenwart der Gerechtigkeit Gottes wartet am Ende eines solchen Lebens. Das gesamte diesseitige Leben wird auf diese Weise zu einem Wettkampf, dessen Zielpunkt das jenseitige Leben ist. So wie es bei einem Wettkampf einen Siegeskranz geben muss, so kann nach diesem Leben nur die Erlösung in ein jenseitiges Leben hinein folgen.

Hier ist sogar die Rede davon, dass dieser Siegeskranz bereits *bereit liege*. Das zeigt die Gewissheit und Nähe der Erwartung des eschatologischen Heils und ist geprägt von der apokalyptischen Vorstellung, nach der die noch verborgenen eschatologischen Heilsgüter für die Gerechten schon vorbereitet sind. Doch gilt diese Verheißung nicht nur Paulus selbst, sondern allen, *die seine Erscheinung liebgewonnen haben. Epiphanie* meint das irdische Wirken Jesu, nur so lässt sich das Vergangenheitstempus erklären, das diesen Teilvers beherrscht: Wer die Epiphanie Christi bereits *liebgewonnen hat*, der ist bereit, sich im Rückblick auf das Leben, Leiden und Sterben Jesu von Gottes Gnade zu einem Leben in Glauben und Gerechtigkeit erziehen lassen. Damit verschiebt sich das Wettkampfbild erneut: Wenn nämlich alle den Preis erhalten, dann hat der Schreiber keine klassische Wettkampfszenerie mehr vor Augen, bei der es nur einen Sieger geben kann, sondern dann geht es um einen Kampf, den jede und jeder Einzelne gegen die eigenen Begierden und die Gefahr der Abkehr von der wahren Lehre führen muss. Auch Paulus selbst kann im Philipperbrief einen solchen Kampf gegen sich selbst schildern (vgl. Phil 3,12–14) – und die steten Ermahnungen, die im 2. Timotheusbrief ergehen, legen ein beredtes Zeugnis davon ab, wie mühsam dieser Kampf ist.

Terminiert ist die Übergabe des Siegespreises auf *jenen Tag* – eine typische Umschreibung für das Jüngste Gericht (vgl. 2Tim 1,18 sowie u. a. Am 8,9; Obj 1,8; Sach 12,8; Dan 12,1; Mt 7,22; Lk 6,23; 17,31). Dieses Datum erhält hier als Zeitpunkt der Preisverleihung eine positive Neuakzentuierung. Für die wahren Gläubigen ist dieser Tag nicht mit *Heulen und Zähneklappern* (Mt 8,12; 13,42 u.ö.) verbunden, sondern wird zu einem triumphalen Erfolg werden. Von V.1 her ist *der Herr*, der dieses Gericht halten wird, mit Jesus Christus zu identifizieren. Durch den Rückbezug auf das Gerichtsmotiv bilden diese beiden Verse eine den Abschnitt rahmende Inclusio. So wird deutlich: Am Ende des apostolischen Lebens, das doch vor allem aus Leiden für das Evangelium bestand, steht eine triumphale Belohnung für diesen Dienst.

Diese Verse zeugen von einer Glaubensgewissheit, die ich beneidenswert finde. Wie sicher ist der Briefschreiber, dass das wahre Leben und die ewige Herrlichkeit nach dem Tod auf den Apostel warten!

Und zugleich fordern diese Verse heraus, mir darüber Rechenschaft abzulegen, wo ich selbst stehe. Bin ich tatsächlich bereit, für das Evangelium zu *gelegener* und zu *ungelegener Zeit* einzutreten? Der Briefschreiber warnt eindrücklich vor denen, deren Botschaft nur Ohrenkitzel auslöst. Auch heute gibt es ja erfolgreiche Verkündiger, auch im christlichen Kontext, die das sagen, was gut ankommt – und die ja gerade deshalb nach materiellen Maßstäben erfolgreich sind. Im 2. Timotheusbrief gelten andere Werte: Wirklich erfolgreich, wenn auch vielleicht nicht nach diesseitigen Maßstäben, wird der sein, dessen Botschaft in Übereinstimmung mit dem wahren Evangelium steht.

2Tim 4,9–22: Der Verfasser hat gesagt, was zu sagen ist: der Briefschluss

Der Briefschluss des 2. Timotheusbriefes ist auffällig lang; das fällt gerade im Vergleich mit den beiden anderen Pastoralbriefen auf. Zwar mögen bestimmte Elemente wie der Wiedersehenswunsch, Anweisungen an den Adressaten und Notizen über gemeinsame Bekannte typische Elemente antiker Brieftopik sein und hätten schon deshalb gar nicht fehlen dürfen, doch sticht die Häufung persönlicher Mitteilungen und Aufträge in der Tat heraus. Wieso braucht ein Brief, der doch ein testamentarisches Mahnschreiben sein will, einen solchen Schluss?
Paulus selbst ist der durchgängige Bezugspunkt aller Informationen, die mitgeteilt werden. Diese Verse zeigen ihn als Mittelpunkt eines weit gespannten Netzes aus Mitarbeitenden, selbst unermüdlich im Einsatz und dies auch von anderen verlangend – und gleichzeitig ein wenig resigniert angesichts der Erfahrungen, die er mit seinem eigenen Team machen musste. Durch den Briefschluss verleiht der Briefschreiber also nicht nur seinem Paulusbild den letzten Schliff, sondern verstärkt auch nochmals den Eindruck von Authentizität.

2Tim 4,9–18: »Paulus« gibt Einblicke in sein Missionsnetzwerk

Die Menge an Namen, Notizen und Informationen, die in den V.9–18 mitgeteilt wird, ist besonders dann überraschend, wenn man davon ausgeht, dass der Brief von einem Paulusschüler verfasst wurde. Welche Funktion haben in einem sogenannten pseudepigraphischen Schreiben all die Namen, die hier genannt, die Bitten, die ausgesprochen, und die Verbindungslinien, die gezogen werden? Zielen sie zurück in die Zeit des Heidenapostels selbst, erinnern also an sein Leben und Wirken und dienen damit vor allem der Manifestation der paulinischen Autorfiktion oder haben sie darüber hinaus eine paränetische Funktion? Die meisten der hier stehenden Namen sind aus der sonstigen paulinischen Tradition bekannt (vgl. besonders die Briefschlüsse des Philemon- und des Kolosserbriefes); an der Historizität der Personen ist nicht zu zweifeln, höchstens an der Historizität der Angaben über ihre Aufträge und Aufenthaltsorte. Vermutlich wollen diese zahlreichen Notizen den Briefleserinnen und Brieflesern, gekleidet in das Gewand historisch-biographischer Informationen, letzte Ermahnungen mit auf den Weg geben. Sie haben also weniger ein historisches Interesse denn eine inhaltliche Absicht. Welche genau das ist, wird für jeden einzelnen Vers neu zu untersuchen sein.

**9 Beeile dich, bald zu mir zu kommen. 10 Demas nämlich hat mich ver-
lassen, weil er den gegenwärtigen Äon liebgewonnen hat, und ist nach
Thessalonich gegangen, Kreszens nach Galatien, Titus nach Dalmatien.
11 Lukas ist allein bei mir. Markus nimm mit und bringe ihn mit dir;
er ist mir nämlich nützlich zum Dienst. 12 Tychikus aber habe ich nach
Ephesus geschickt. 13 Den Mantel, den ich in Troas bei Karpus zurück-
gelassen habe, bringe mit, wenn du kommst, und die Bücher, besonders
die Pergamente. 14 Alexander, der Schmied, hat mir viel Böses getan. Es
möge ihm der Herr vergelten gemäß seiner Werke. 15 Vor ihm nimm auch
du dich in Acht, er hat nämlich unseren Worten sehr widerstanden. 16 In
meiner ersten Verteidigung stand mir niemand bei, sondern alle haben
mich im Stich gelassen. Möge das ihnen nicht angerechnet werden. 17 Der
Herr aber stand mir bei und stärkte mich, damit durch mich die Ver-
kündigung erfüllt werde und alle Völker sie hören, und ich wurde ge-
rettet aus dem Rachen des Löwen heraus. 18 Herausretten wird mich der
Herr aus jedem schlechten Werk und hineinretten in seine himmlische
Königsherrschaft. Ihm sei die Ehre hin zu den Ewigkeiten der Ewig-
keiten. Amen.**

Bereits im Proömium (2Tim 1,4) hatte der Briefschreiber den Wunsch geäußert, Timotheus wiederzusehen. In **V.9** ist daraus eine konkrete Bitte geworden: Timotheus soll sich auf den Weg zu dem in Rom (vgl. 2Tim 1,17) gefangenen Paulus machen. Dieser Wiedersehenswunsch am Briefschluss passt zur antiken Briefkonvention und darf deshalb auch hier nicht fehlen. Allerdings widerspricht er dem sonst vorausgesetzten Setting: Wieso muss »Paulus« einen so umfangreichen Brief schreiben, wenn er doch offensichtlich darauf hoffen kann, seinen Freund Timotheus bald zu sehen und ihm dann all das mündlich mitzuteilen, was anscheinend dringend gesagt werden muss? Und wieso erteilt er Timotheus Anweisungen für den kleinasiatischen Raum, wenn er ihn doch zeitnah in Rom erwartet? Man kann nur konstatieren, dass der Briefschreiber Unstimmigkeiten innerhalb des Schreibens bewusst in Kauf nimmt, um die Wichtigkeit des Briefinhalts zu unterstreichen: Obwohl der persönliche Austausch unmittelbar bevorsteht, war es nötig, all das schriftlich zu fixieren.

In den folgenden Versen wird immer wieder auffallen, dass die Informationen über einzelne Mitarbeiter des Paulus sich nicht mit denen aus den anderen Pastoralbriefen beziehungsweise aus der Paulustradition insgesamt harmonisieren lassen. Dies gilt bereits für Timotheus selbst: Laut 1Tim 1,3 hat Paulus ihn in Ephesus zurückgelassen, damit er dort dauerhaft tätig ist. Der 2. Timotheusbrief hingegen gibt nicht zu erkennen, dass er von einem Aufenthalt des Timotheus in Ephesus weiß, nun soll dieser sich zudem nach Rom aufmachen. Dies ist jedoch nur dann problematisch, wenn man davon ausgeht, dass beide Pastoralbriefe intentional zusammengehören. Nimmt man jedoch wie in diesem Kommentar an, dass die Schreiben verschiedene Autoren und eine unterschiedliche Intention haben, dann kann man konstatieren, dass beide Schreiber entweder auf unterschiedliche Personaltraditionen zurückgreifen oder mit der Person des Timotheus unterschiedliche Aussageabsichten verbinden.

Die Eile, zu der der Briefschreiber Timotheus auffordert, wird in V.21 nochmals verstärkt: Timotheus soll sich beeilen, um noch vor dem Winter einzutreffen. Die Bitte nimmt bereits vorweg, was **V.10** ausspricht: Der Apostel ist einsam. Dass die folgenden Verse dennoch davon zeugen, dass er Menschen um sich hat, ist ein bleibender Widerspruch, der sich nicht auflösen, wohl aber briefpragmatisch erklären lässt: Die Einsamkeit des auf den Tod wartenden Apostels verstärkt den emotionalen Eindruck, den dieser Brief als sein Schwanengesang macht, die Hinweise auf das breite Netzwerk an Mitarbeitenden zeigt zugleich: Das Werk des Paulus stirbt nicht, sondern lebt in den Menschen fort, die zu Paulus gehören und seine Botschaft weitertragen.

Der 2. Timotheusbrief behauptet, Titus habe sich auf den Weg nach Dalmatien gemacht – eine Reise, über die wir sonst keinerlei Informationen haben –; der Titusbrief hingegen setzt voraus, dass er sich auf Kreta aufhält (Tit 1,4). Auch über den Aufbruch des Kreszenz nach Galatien erfährt man sonst nichts, doch ist gemäß der Brieffiktion davon auszugehen, dass beide ihre Reisen im Auftrag des Apostels unternehmen. »Paulus« nimmt also seine Einsamkeit bewusst in Kauf, um für den Lauf des Evangeliums um die Welt zu sorgen.

Demas allerdings erscheint als versagende Kontrastfigur, immerhin hat er den Apostel *aus Liebe zu dieser Welt* verlassen. Durch die Wiederholung des Begriffs *Liebe* ist diese Notiz eng mit V.8 verbunden: Dort wurde all denen der Siegeskranz versprochen, die die *Erscheinung Christi liebgewonnen* haben; wer jedoch, wie Demas, diese Welt liebt, wird diesen Siegeskranz nicht erhalten. Dieses vernichtende Urteil fällt umso mehr auf, als dass Demas in der sonstigen paulinischen Tradition ausschließlich positiv dargestellt wird (vgl. Phlm 24; Kol 4,14). Wieso ist das hier anders? Steht dahinter tatsächlich die Erinnerung an ein Versagen des Demas, weil man sonst eine solche Aussage über einen verdienten Mitarbeiter des Apostels nicht hätte erfinden können – oder ist diese Angabe unhistorisch und dem Briefschreiber wäre also ein Fehler unterlaufen? Und was genau wissen die Leserinnen und Leser eigentlich selbst über (Titus, Kreszenz und) Demas? Sind diese Informationen für sie neu oder unterstreichen sie die paulinische Autorfiktion, indem sie an das anknüpfen, was sowieso schon bekannt ist? Dies alles lässt sich nicht mehr mit letzter Sicherheit sagen.

Besondere Aufmerksamkeit hat in der theologischen Tradition **V.11** auf sich gezogen: Nur Lukas, so suggeriert dieser Vers nämlich, harre bei dem dem Tod ins Auge sehenden Heidenapostel aus. Immer wieder wurden Stimmen laut, die hier eine versteckte Autorenangabe des realen Verfassers der Pastoralbriefe finden wollten: Auch diese Schriften stammten also, so verrate V.11, von dem Arzt und Paulusbegleiter Lukas. Doch vermag dieser kurze Satz die Beweislast einer so weitreichenden Argumentation nicht zu tragen, zumal diese Information auch aus einer korrekten Auswertung von Phlm 24 und Kol 4,14 sowie den der Apostelgeschichte zugrundeliegenden Traditionen gewonnen sein könnte.

Weil nur Lukas bei Paulus geblieben ist, soll Timotheus Markus mit zu dem gefangenen Apostel bringen. Auch diesen Namen kennen die realen Leserinnen und Leser aus der paulinischen Tradition. Allerdings weiß der Briefschreiber offensichtlich nichts von dem Konflikt, der nach Apg 15,36–39 zum Zerwürfnis zwischen Markus und Paulus geführt hatte. Kennt der Briefschreiber diese Tradition nicht, sind die Angaben der Apostelgeschichte vielleicht nicht korrekt (in Gal 2,11 erwähnt Paulus selbst einen anderen Grund für den Streit mit Barnabas) oder greift der Schreiber die unpolemische Erwähnung des Markus durch Paulus selbst in Phlm 24 auf? Kaum denkbar ist die gelegentlich zu lesende These, dass der 2. Timotheusbrief mit dieser Notiz versuche, Markus stillschweigend zu rehabilitieren. Dafür ist dieser knappe Satz kaum ausreichend und auch nicht aussagekräftig genug.

Was aber verbirgt sich hinter der Formulierung, Markus sei Paulus *nützlich zum Dienst*? Sollte der eigentlich asketisch lebende Apostel nun einen eigenen Diener fordern; etwas, was angesichts antiker Haftbedingungen und der Tatsache, dass sich die Gefangenen selbst um ihre Versorgung kümmern mussten, immerhin denkbar wäre? Unter pseudepigraphischem Vorzeichen könnte dies aber auch den *Dienst* am Evangelium meinen, als dessen Personifikation und Repräsentant Paulus erscheint.

In **V.12** rückt ein weiterer aus der sonstigen Paulustradition bekannter Mitarbeiter in den Blick: Tychikus. Ihn habe Paulus, so informiert der Briefschreiber seinen Leser Timotheus, nach Ephesus geschickt. Dass dies weder dazu passt, dass Tychikus sich laut Tit 3,12 auf Kreta aufhalten soll, noch zu der Lokalisierung des Timotheus selbst in Ephesus (1Tim 1,3), ist immer wieder notiert worden. In diesem Kommentar wurde jedoch bereits darauf hingewiesen, dass dies nur dann schwierig ist, wenn man von der intentionalen Zusammengehörigkeit aller drei Pastoralbriefe ausgeht. Bei den drei Pastoralbriefen handelt es sich jedoch um drei Schreiben mit drei unterschiedlichen historischen Settings. Der Schreiber des 2. Timotheusbriefes muss deshalb nicht auf die in den beiden anderen Schreiben verarbeiteten Traditionen Rücksicht nehmen. Er greift offensichtlich auf Angaben zurück, die sich auch im Kolosserbrief niedergeschlagen haben (vgl. Kol 4,7f): Dort wird nämlich Tychikus von dem gefangenen Apostel in das kleinasiatische Kolossä geschickt, damit er vom Ergehen des Paulus berichte.

In **V.13** rückt das Befinden des Apostels selbst in den Blick. Timotheus wird aufgefordert, ihm einige persönliche Gegenstände – genauer: einen *Mantel, Bücher* und *Pergamente* – mitzubringen, die er offensichtlich vor seiner Gefangenschaft in Troas bei einem Mann namens Karpus deponiert hatte. Dahinter verbirgt sich wohl kaum eine historisch korrekte Angabe, sondern dieser Vers dient dazu, den Apostel in solchen Farben zu malen, die das Bild zusätzlich kolorieren, dass der Briefschreiber von ihm entwerfen möchte.

Zwar erwähnen sowohl die Apostelgeschichte (Apg 16,8; 20,5f) als auch Paulus selbst (2Kor 2,12) einen Aufenthalt in Troas, wenn auch nicht einen Mann namens Karpus, doch ist es kaum denkbar, dass Paulus den bisherigen Haftzeitraum ohne Mantel hätte überstehen können. Immerhin diente dieses Kleidungsstück nicht nur tagsüber als Mantel, sondern auch nachts als Decke.

Manche sehen in der Profanität und in der mangelnden Plausibilität dieses Wunsches ein untrügliches Zeichen für die Echtheit der Notiz und damit des 2. Timotheusbriefes insgesamt: Einen solchen Vers hätte sich kein Fälscher ausdenken können, den könne nur das Leben schreiben, so die Argumentation. Doch lässt sich die Mantelbitte auch in einem pseudepigraphischen Schreiben plausibel erklären. Denn dass der Apostel im bisherigen Haftverlauf auf seinen Mantel verzichtete, macht ihn zum Musterbeispiel für Genügsamkeit. Paulus hat nur Nahrung und Kleidung nötig; dies reicht ihm zum Apostelamt.

Auch die Bitte um die *Bücher und besonders die Pergamente* ist aus einer vergleichbaren briefpragmatischen Situation heraus erklärbar: So signalisiert der Apostel, dass selbst im Angesicht des Todes (Heilige) Schriften für ihn unverzichtbar sind.

Umstrittener ist, welche Art von Schriften nun genau mit *den Büchern und besonders den Pergamenten* gemeint ist? Dies wird in der Forschung sehr kontrovers diskutiert, zumal das hier mit *besonders* übersetzte griechische Wort auch *nämlich* bedeuten könnte. Dann aber wären nicht Bücher und Pergamente gemeint, sondern auf Pergament geschriebene Bücher, was freilich immer noch nichts darüber aussagt, was in diesen Büchern nun steht.

Dass bereits in 2Tim 3,15–17 die Bedeutung der Heiligen Schriften für den christlichen Glauben und vor allem die Wichtigkeit ihres Studiums hervorgehoben worden waren, legt nahe, dass auch hier auf die alttestamentlichen Schriftrollen angespielt werden soll. Timotheus soll Paulus also dessen biblische Schriften mitbringen, auf die sich der christliche Glaube stützt und die deshalb jeder, der im Dienst des Evangeliums unterwegs ist, bei sich führen sollte. Auch in den früheren Paulusbriefen spielt das Alte Testament als Christuszeugnis eine wichtige Rolle; im 2. Timotheusbrief gewinnen diese Texte außerdem Bedeutung als argumentative Stütze innerhalb der Auseinandersetzung mit Abweichlern und Andersdenkenden.

Hier soll nun die These vertreten werden, dass sich diese Schriftengruppe hinter dem Terminus *biblia,* hier mit *Bücher* übersetzt, verbirgt, während mit den *Pergamenten,* griechisch *membrana,* eine zweite Form von Schriften hinzutritt. Forschungen konnten zeigen, dass dieses Wort Texte in Codexform meint; eine Schriftform, die im römischen Kaiserreich zunehmend die ältere Rollenform ablöste. Timotheus soll also nicht nur ältere biblische Schriften mitbringen, sondern auch Texte jüngeren Ursprungs.

Vielleicht könnte dies sogar eine Anspielung auf die Schreiben des Apostels selbst sein – ein Verweis, der in einem pseudepigraphischen Brief natürlich notwendig vorsichtig bleiben muss. Dann aber würde V.13 nicht nur betonen, wie unverzichtbar die alttestamentlichen Schriften sind, sondern außerdem zeigen, wie wichtig die getreue Bewahrung auch der Texte des Paulus selbst ist. Deren Inhalt hatte er ja offensichtlich Timotheus als Teil der Paratheke anvertraut (vgl. 2Tim 1,12.14; 2,2), die er für ihn aufbewahren soll. Zwar soll er diese Texte, so die Brieffiktion, nun Paulus zurückgeben – aber die Leserinnen und Leser wissen ja, dass dessen Leben bald danach ein Ende fand und dass deshalb Timotheus zum dauerhaften Sachverwalter der paulinischen Tradition werden musste.

In **V.14f** rückt wieder einer der Gegner des Paulus in den Blick, nämlich *Alexander der Schmied*, eine auch aus dem 1. Timotheusbrief bekannte Größe; dort allerdings fehlt die Berufsbezeichnung. Dieser habe Paulus *viel Böses getan*. Wie in 1Tim 1,20 wird Alexander zum typischen Repräsentanten der Gegner des Paulus; die Beschreibung seines Handelns bleibt deshalb notwendig unkonkret und erfährt nur in V.15 eine vorsichtige inhaltliche Füllung. Dort heißt es, Alexander habe sich den *Worten* des Paulus *heftig widersetzt*); offensichtlich ist es also zu unmittelbaren Konfrontationen zwischen Alexander und Paulus selbst gekommen.

Dafür wird Alexander *Vergeltung* zuteil, so erwartet der Briefschreiber; eine Aussage, die sich auf die Wiederherstellung der Gerechtigkeit im Jüngsten Gericht bezieht. Dies erinnert an 2Tim 1,15 f.18, allerdings unter umgekehrtem Vorzeichen. In beiden Versen scheint auf, wie selbstverständlich das Handeln hier auf Erden und die Möglichkeit einer jenseitigen Belohnung oder Bestrafung miteinander in Beziehung gesetzt werden können. Timotheus soll sich vor Alexander in Acht nehmen (V.15a) – und also aus den Erfahrungen lernen, die Paulus mit ihm machen musste. Der Briefduktus ist deutlich: Diskussionen mit solchen Menschen sind überflüssig.

Was allerdings überrascht, wenn man beide Timotheusbriefe hintereinander liest, ist die Tatsache, dass Alexander offensichtlich immer noch aktiv ist, obwohl 1Tim 1,20 suggeriert hatte, dass es bereits gelungen sei, seinen schädlichen Einfluss zu stoppen. Dort war sogar die Rede davon gewesen, dass »Paulus« Alexander dem Satan übergeben habe, während der Briefschreiber nun auf eine zukünftige Vergeltung durch Gott selbst hofft. Dies bringt diejenigen Exegetinnen und Exegeten in Erklärungsnöte, die davon ausgehen, dass beide Schreiben intentional zusammengehören und die dann nur konstatieren können, dass dem Verfasser ein logischer Fehler unterlaufen sein müsse. Geht man aber davon aus, dass die Briefe aus der Feder verschiedener Autoren stammen und der 2. Timotheusbrief älter ist als der 1. Timotheusbrief, dann lässt sich diese Auffälligkeit zwangloser erklären: Der Verfasser von 2Tim 4,14f beschreibt Alexander als aktiven Paulusgegner und hofft auf sein verdientes Urteil im Jüngsten Gericht. Der Autor des jüngeren 1. Timotheusbriefes nimmt diese Notiz auf und macht aus Alexander einen bereits verurteilten Gegner – wobei der Autor vergisst, dass sein Brief zwar jüngeren Ursprungs ist, in der Paulusbiographie aber vor dem 2. Timotheusbrief eingeordnet werden müsste. Der logische Fehler liegt deshalb in 1Tim 1,20 und nicht bei 2Tim 4,14 f.

Mit **V.16–18** richtet sich der Blick ganz auf Paulus selbst und seinen aktuellen Gerichtsprozess. Wieder scheint auf, wie einsam er ist: Alle hätten Paulus *im Stich gelassen,* so heißt es – und zwar ganz konkret bezogen auf seine *erste Verteidigung.* Der hier verwendete griechische Begriff ist ein feststehender Ausdruck für ein Element eines Gerichtsprozesses, bei dem es dem Angeklagten ausdrücklich erlaubt war, sich zu verteidigen und dazu auch die Hilfe anderer in Anspruch zu nehmen. Dass Paulus das Recht auf einen Anwalt gehabt hätte, aber dennoch allein vor Gericht auftreten musste, macht seine Einsamkeit besonders schmerzlich.

Der Brief hatte ja schon mehrfach suggeriert, dass der Schreiber zum Zeitpunkt seiner Abfassung Leiden erträgt und (in Rom) in Ketten liegt (vgl. 2Tim 1,17; 4,6–8); die Hinrichtung scheint unabwendbar. Hier werden diese Angaben nun weiter konkretisiert: »Paulus« befindet sich mitten in einem Gerichtsverfahren, an dessen Ende er das Todesurteil erwartet.

Nun bleibt ihm nur noch, sich selbst in der Langmut zu üben, die er auch von Timotheus gefordert hatte (vgl. 2Tim 3,10f). Die als Möglichkeit formulierte Bitte – *möge das ihnen nicht angerechnet werden* – zielt auf eine jenseitige Vergeltung, von der »Paulus« hofft, dass Gott sie nicht vollziehen wird. Anders als es in Bezug auf Alexander den Schmied der Fall war, bittet er nun um Milde.

»Paulus« ist zwar von Menschen verlassen, weiß sich aber Gottes Hilfe sicher (V.17). Denn auch wenn niemand aus der Gemeinde ihn in seinem Prozess unterstützt hat, so hat er doch Gott selbst an seiner Seite. Er hat ihm *beigestanden* – dass hier das gleiche Verb wie in V.16 steht, unterstreicht den Eindruck, dass Gott die Leerstelle ausfüllt, die Menschen hinterlassen haben. Die anschließende Begründung überrascht: Der Prozess des Paulus dient, da ist sich der Briefschreiber sicher, der Erfüllung seines Auftrags: *damit durch mich die Verkündigung erfüllt werde und alle Völker sie hören.*

Der Gerichtsprozess wird so zum integralen Bestandteil der paulinischen Evangeliumsverkündigung. Mag am Ende auch seine Hinrichtung stehen, so hat sich in seinem Leben und Wirken dennoch das erfüllt, was im Römerbrief und in der Apostelgeschichte (vgl. Apg 1,8; Röm 1,15; 15,28) als Verheißung formuliert war: Die gesamte Welt erfährt durch das Wirken des Heidenapostels von Jesus Christus! Hier nun besteht dieses Wirken eher im Erdulden der Gefängnisstrafe, doch zeugt das von der auch sonst im Brief zu beobachtenden untrennbaren Verbindung von Leiden und Evangeliumsverkündigung.

Gelegentlich wird in der Forschung darauf verwiesen, dass sich die Erwartung, dass alle Völker die frohe Botschaft hören, in diesem Prozess auch deshalb ganz konkret erfülle, weil er vor den Repräsentanten des heidnischen römischen Reiches stattfinde. Doch muss man hier gar nicht so genau sein, es handelt sich bei V.17 vielmehr um einen hyperbolischen Ausdruck.

Dies gilt auch für die den Vers abschließende Formulierung *und ich wurde gerettet aus dem Rachen des Löwen heraus,* die hier überraschenderweise in einem Vergangenheitstempus steht. Der Löwe kann in der biblischen Tradition für gefährliche Gegner stehen, sei es im übertragenen Sinne (Ps 21,22 LXX), sei es ganz real (vgl. die Danieltradition). Hier ist der *Löwe* eine Metapher für die Widersacher, mit denen Paulus es während seiner Missionstätigkeit und jetzt nun auch vor Gericht zu tun bekam. Dass er aus deren *Rachen* entrissen wurde, kann man also mitnichten sagen, ganz im Gegenteil. Paulus steckt doch mitten in einem Gerichtsprozess, den er aller Erwartung nach nicht als freier Mann verlassen wird.

Wieder ist es Gott selbst, der handelt, die Passivformulierung hat also ein göttliches Agens. Die Vergangenheitsform steht für die Gewissheit zukünftiger Errettung. Diese geschieht, so paradox es klingen mag, durch den Tod hindurch. Die Sicherheit, mit der Paulus das sagen kann, gründet nicht nur in seinem Sendungsbewusstsein (vgl. Röm 1,5; 15,18f), sondern in der Erfahrung vergangener Rettungen (vgl. 2Tim 3,11f), die in der letztgültigen eschatologischen Rettung ihre Vollendung finden.

V.18 konkretisiert das: Es ist der *Herr* selbst, der den Briefschreiber zukünftig *herausretten* wird. Nun wird aus der vergangenen Rettungsaussage in V.17 eine zukünftige Hoffnung. Ob mit diesem *Herrn* nun Gott selbst oder Christus Jesus gemeint ist, lässt sich nicht entscheiden; dass dies im 2. Timotheusbrief mehrfach so ist, zeigt: Für den Briefschreiber sind diese beiden göttlichen Personen in ihrem Heilshandeln sehr eng zusammengerückt.

Der *Herr* wird »Paulus« *aus jedem schlechten Werk herausretten.* Damit sind nicht schlechte Taten im Unterschied zu den im Brief positiv besetzten guten Werken des Apostels selbst gemeint, sondern Widerfahrnisse, verursacht durch andere. Doch auch das wird Paulus durch göttliche Hilfe überwinden und mit dem Tod hinter sich lassen.

Die Hoffnung auf ein Leben nach dem Tod wird im Verlauf des Verses weiter konkretisiert: Der Herr wird ihn *hineinretten in seine himmlische Königsherrschaft.* Die Nähe zum Vaterunser ist immer wieder aufgefallen. Doch muss diese kurze Sentenz nicht zwingend als Zitat verstanden werden, zumal auch der Kontext ein anderer ist. Auch in 2Tim 4,1 ist ja vom *Reich Christi* die Rede; vermutlich bedient sich der Briefautor hier bekannter Vorstellungen seiner Zeit.

Am Schluss steht eine sogenannte Doxologie, ein Lobpreis Gottes beziehungsweise Christi. So wird betont: All das geschieht zur Ehre Gottes. Damit wird Paulus selbst zum Vor-Bild im wahrsten Sinne des Wortes:

In seinem Leben erweist er Gott selbst die Ehre, indem er um des Evangeliums willen leidet, auch in der tiefsten Not auf Gott vertraut und sich bis zum Schluss als genügsamer Diener des Evangeliums Jesu Christi zeigt. Daran sollen sich alle ein Beispiel nehmen, die in der paulinischen Tradition stehen oder stehen wollen.
Mit einem Amen, das so viel bedeutet wie »Gewiss, so sei es!« bekräftigt der Briefschreiber dies, bevor nun das knappe Postskript anschließt.

Die Botschaft Jesu Christi lebt von den Menschen, die sie weitertragen – und von den Geschichten, die diese Menschen erzählen. Das war zur Zeit des Paulus und seiner Schülerinnen und Schüler so und das ist doch heute nicht anders. Christliche (Kirchen-)Gemeinden sind dann einladend, wenn die Menschen, die sie prägen, ihr Christsein offen und authentisch leben, wenn sie auf andere zugehen und ihnen davon erzählen, wie die Botschaft Jesu sie und ihr Leben prägt.
Auch der Apostel Paulus hatte um sich herum offensichtlich ein großes Netz von Mitarbeitenden gespannt. Mit vielen war er eng verbunden, manche haben ihn über Jahre hinweg begleitet. Doch nicht jede Beziehung hielt bis zum Schluss. Von einigen musste Paulus sich enttäuscht abwenden, andere haben sich vielleicht von ihm abgewendet. Das Gefühl der Einsamkeit, selbst inmitten einer Menge, scheint deshalb in diesen Versen immer wieder auf.
Auch heute noch schwelen in vielen Gemeinden Konflikte, manche offen, manche verdeckt. Im Sinne der Botschaft Jesu ist das nicht – und doch da, wo Menschen eng miteinander zusammenarbeiten und gemeinsam wirken müssen, nicht immer vermeidbar. Vielleicht entlastet es, sich selbst klarzumachen: Der Fortgang des Evangeliums hängt nicht entscheidend davon ab. Es wird immer auch Menschen geben, die bei der Sache bleiben und durch die Gott die Arbeit weitergehen lässt.

2Tim 4,19–22: Schlussgrüße

Der Briefschluss des 2. Timotheusbriefes, das sogenannte Postskript, entspricht der antiken Briefkonvention. Es enthält einen Grußauftrag (V.19) und richtet Grüße aus (V.21), der Briefschreiber übermittelt letzte Mitteilungen (V.20), fordert den Briefempfänger erneut zum Kommen auf (V.21) und endet mit einem eschatologischen Ausblick (V.22).

19 Grüße Priska und Aquila und das Haus des Onesiphorus. 20 Erastus ist in Korinth geblieben, Trophimus aber habe ich in Milet zurückgelassen, weil er krank war. 21 Beeile dich, vor dem Winter zu kommen. Es grüßen dich Eubulus und Pudes und Linus und Klaudia und alle Geschwister. 22 Der Herr sei mit deinem Geist. Die Gnade sei mit euch.

Das Ehepaar *Aquila und Priska* gehörte zu den wichtigsten Mitarbeitenden des Apostels Paulus. Laut Apg 18,1 hatte Paulus sie in Korinth kennengelernt und dort einige Zeit bei ihnen gelebt. Auch in Röm 16,3 und 1Kor 16,19 fallen ihre Namen, wobei der Römerbrief sie (wieder) in Rom lokalisiert. Hier nun sind sie im kleinasiatischen Raum, in den hinein der Brief zielt. Historisch wird man ihre Nennung nicht auswerten dürfen, denn vermutlich stehen ihre Namen vor allem deshalb, weil sie in einem Schreiben, in dem es um paulinische Mitarbeiter geht, nicht fehlen dürfen.

Das Haus des Onesiphorus kennen die Leserinnen und Leser bereits aus 2Tim 1,15.18; dort diente der Hausherr als Beispiel für vorbildliches Verhalten. Warum nun sein gesamtes Haus gegrüßt wird, aber er als Einzelperson nicht nochmals hervorgehoben wird, wird nicht deutlich. Dass Onesiphorus, wenn er ein realer Mitarbeiter des echten Paulus gewesen sein sollte, zur Zeit der Abfassung des 2. Timotheusbriefes bereits tot ist, ja tot sein muss – und dass der Briefschreiber sein Wissen darum hier andeuten will, überzeugt als Hypothese nicht. Dies gälte ja auch für einige der anderen Namen, wobei der Brief hier jedoch keinen Hinweis auf ein solches briefimmanentes Zeitbewusstsein durchscheinen lässt.

In **V.20** schließen sich typische letzte Mitteilungen an, dabei rücken zwei Personen aus dem Mitarbeitendenkreis des Paulus besonders in den Blick: Erastus und Trophimus. Man hat diese Verse auch als eine kleine Verlustliste des Paulus bezeichnet, weil hier nochmals zwei Menschen erwähnt werden, die Paulus offensichtlich wichtig sind, die aber gerade nicht bei ihm sind. Aus dieser Notiz spricht Einsamkeit. Damit bereitet sie bereits die erneute Bitte um das Kommen des Timotheus in V.21 vor.

Erastus wird auch in Röm 16,23 erwähnt, dort erscheint er als korinthischer Stadtkämmerer; laut Apg 19,22 schickt Paulus ihn nach Makedonien. Die Notiz in 2Tim 4,20, dass er in Korinth geblieben sei, fügt sich nahtlos in das in Röm 16 entworfene Szenario ein. Für mehr Spekulationen hat die kurze Notiz über Trophimus gesorgt: *Trophimus aber habe ich in Milet zurückgelassen, weil er krank war.* Doch wenn Paulus wirklich, wie es die Brieffiktion voraussetzt, bereits seit einem längeren Zeitraum in römischer Haft ist, während Timotheus sich im kleinasiatischen Raum aufhält, ist nicht plausibel, wieso Ersterer Letzteren über diesen Krankheitsfall informieren muss. Diese Notiz passt außerdem nicht zu Apg 20,4; 21,29, wonach Trophimus mitnichten in Milet blieb, sondern mit Timotheus und Paulus nach Jerusalem reiste.

Gerade das letzte Kapitel des 2. Timotheusbriefes wirft unübersehbar die Frage danach auf, welche paulinischen Personaltraditionen der Briefschreiber kannte und auf welche Vorlagen er sich also stützen konnte. Dass er Informationen und theologische Aussagen aus einigen Briefen, unter anderem dem Römerbrief, dem Philipperbrief, dem Philemonbrief und auch dem (höchstwahrscheinlich ebenfalls pseudepigraphischen) Kolosserbrief für sein Schreiben auswertet, ist immer wieder beobachtet worden.

Weniger eindeutig lässt sich nachweisen, welchen Stellenwert die Apostelgeschichte für ihn hatte. Kannte er sie als Schrift? Oder kannte er wenigstens die ihr zugrunde liegenden Paulustraditionen? Und anders gefragt: Musste er davon ausgehen, dass seine Leserinnen und Leser sie kannten?

Dass im Verlauf des Briefes immer wieder und nicht zuletzt auch an dieser Stelle Unstimmigkeiten zwischen Apostelgeschichte und 2. Timotheusbrief auffallen, lässt zumindest die Vermutung zu, dass ihre Angaben für den Briefschreiber nicht in dem Umfang bindend waren, wie es für die Notizen der Paulusbriefe galt. Vielleicht verrät das auch etwas darüber, dass die Apostelgeschichte zur Zeit des 2. Timotheusbriefes im kleinasiatischen Raum noch nicht zum verbindlich gültigen Maßstab für Leben und Werk des Paulus geworden war. Sicherheit wird man dazu aus den Notizen des 2. Timotheusbriefes aber nicht gewinnen können.

V.21 wiederholt die dringliche Bitte an Timotheus, nach Rom zu kommen, möglichst noch vor dem Winter. Zu dieser Jahreszeit, die in der Antike die Zeit von Mitte November bis Mitte März umfasste, galt die Seefahrt aufgrund der Wetterbedingungen als besonders gefährlich. Aus dieser kurzen Notiz kann man die Sorge des Paulus um seinen engen Vertrauten lesen. Sie stellt aber zugleich eine Umkehrung des typischen brieflichen Parusietopos dar: Nicht der Briefschreiber kommt zum Adressaten (und sei es durch einen Brief), sondern die Reisebewegung erfolgt in die umgekehrte Richtung. Timotheus soll zu Paulus kommen – ein Sinnbild dafür, dass alle Verkündigung immer eng rückzubinden ist an den großen Apostel?

In V.21b schließen sich die Grüße von vier namentlich genannten Personen sowie summarisch von *allen Geschwistern* an. Auch wenn also der Apostel sich einsam fühlt, er ist es nicht. Keiner der vier hier Genannten – *Eubulus, Pudes, Linus, Klaudia* – findet sich in anderen Paulusbriefen; woher also kommen diese Namen? Haben sich hier Informationen aus uns verloren gegangenen Traditionen niedergeschlagen? Die spätere frühchristliche Tradition kennt Linus als Bischof von Rom, Klaudia als seine Mutter und Pudes als ihren Ehemann. Doch könnte diese Überlieferung auch aufgrund der Auswertung der Angaben aus dem 2. Timotheusbrief entstanden sein.

Denkbar wäre, dass der Briefverfasser bewusst unbekannte Namen auswählt, um neue Gestalten in den Mitarbeitendenkreis rund um Paulus einzuzeichnen. So eröffnet der 2. Timotheusbrief am Schluss einen weiten Horizont. Auch wenn die schriftstellerische Tätigkeit des Paulus mit diesem Brief enden muss – denn nach dem 2. Timotheusbrief als testamentarischem Abschiedsbrief kann kein anderes Schreiben mehr kommen –, so gilt: Die Paulustradition ist offen für neue Namen und neue Menschen.
Mit dem sogenannten Eschatokoll, dem Wunsch des jetzigen und zukünftigen Mit-Seins Gottes, schließt der 2. Timotheusbrief in **V.22**. Die hier formulierten Wohlergehenswünsche sind denkbar knapp gehalten (vgl. Kol 4,18; Hebr 13,25; Offb 22,21); lediglich die Dopplung fällt auf: Der erste Wunsch richtet sich an Timotheus, der zweite nimmt darüber hinaus den größeren Adressatenkreis in den Blick, für den der Brief von Beginn an verfasst wurde. Alle diejenigen Leserinnen und Leser werden gesegnet, die sich von diesem Erbe des Paulus angesprochen fühlen und seine Tradition weitertragen sollen. Mit ihnen ist der Herr und wird es immer sein, auch über den Tod des Apostels hinaus.

Das Leben des Apostels endet, doch seine Traditionen leben fort. Und so endet auch der 2. Timotheusbrief mit einem Gnadenwunsch für alle, die sich in die Gemeinschaft derer mit hineinnehmen lassen wollen, die zu Paulus gehören. Denn das paulinische Erbe lebt durch die Menschen fort, die es weitertragen. Sie sind, so wie der Briefschreiber, seinem Erbe verpflichtet und doch angehalten, stets neue Worte und Formen zu finden, um das, was zu sagen ist, so zu sagen, dass es in der eigenen Zeit zu Gehör kommt. Daran hat sich bis heute nichts geändert.

Kommentierung des Titusbriefes

Einleitung

Dem kürzesten der drei Pastoralbriefe ist in der bisherigen Auslegung zum Verhängnis geworden, dass er stets im Schatten des 1. Timotheusbriefes als des scheinbar großen Bruders interpretiert wurde. Nimmt man jedoch die Eigenständigkeit des Titusbriefes ernst, so lassen sich erstaunlich klare Aussagen über seine Intention und seine Theologie treffen.

Seine Briefform erklärt sich aus der Analogie zu den sogenannten Mandatsbriefen. Bei solchen Mandata principis handelt es sich um administrative Dokumente aus der kaiserlichen Verwaltung des römischen Reiches. Durch sie wurden die Mandatsträger nicht nur mit bestimmten Aufgaben betraut, sondern zugleich dafür legitimiert. Charakteristische Elemente solcher Mandatsbriefe sind die Erinnerung an die Beauftragung, die Einschärfung von Treue und Loyalität, die Forderung nach einem guten Leumund sowie nach moralischer Integrität und Unbescholtenheit (oft versehen mit eher allgemein gehaltenen Tugendkatalogen) sowie eindringliche Mahnungen und Warnungen an den Briefempfänger. Häufig wurde in diesen Schreiben dabei mit vorformulierten Phrasen gearbeitet, die jeweils in einen neuen Kontext eingefügt werden konnten.

Fast alle diese Elemente finden sich auch im Titusbrief, allerdings mit einer Besonderheit: Die Aufgabe des Titus ist eine vermittelnde und von Anfang an auf Weitergabe an andere angelegt (vgl. Tit 1,5; 3,12f). Deshalb gelten die im Titusbrief formulierten ethischen Forderungen nicht allein ihm als Mandatsträger, sondern nehmen auch Dritte in den Blick – aufgrund der pseudepigraphischen Anlage des Schreibens rücken damit auch die eigentlichen Leserinnen und Leser in den Fokus der brieflichen Aufmerksamkeit.

Dies erklärt relativ zwanglos die auffällige Beobachtung, dass der Brief neben dem konkreten Auftrag in Tit 1,5 vor allem aus allgemein-ethischen Weisungen ohne unmittelbaren Situationsbezug besteht. Auch das im Verhältnis zum Briefkorpus ungewöhnlich lange Präskript lässt sich unter diesem Vorzeichen als Stilelement eines Mandats deuten: Die Autorität des Titus galt es gegenüber den Empfängerinnen und Empfängern seiner Anweisungen zu begründen und abzusichern.

In der älteren Forschung ist gerne die These vertreten worden, der Titusbrief setze voraus, dass Titus selbst als eine Art Regionalbischof für Kreta fungiert und damit ein der Gemeindehierarchie übergeordnetes Amt innegehabt habe. Dies trägt allerdings Organisationsstrukturen in eine Zeit ein, in der sie noch nicht vorauszusetzen sind. Gerade vor dem Hintergrund der Erkenntnis, dass es sich beim Titusbrief um ein Mandatsschreiben handelt, lässt sich die Frage nach seinem Verhältnis zu den angesprochenen Gemeinden viel unkomplizierter beantworten: Die Autorität, in der Titus handelt, gründet in dem Schreiben, das ihn legitimiert. Sie liegt also auf der brieflichen Ebene und kann – und soll (vgl. Tit 3,12f)! – nach ihm auf andere übergehen. Dies macht auch plausibel, warum der Titusbrief als pseudepigraphisches Schreiben an einen Paulusmitarbeiter konzipiert ist.

Der Titusbrief zielt über die Zweierbeziehung zwischen Paulus und Titus hinaus in die Gegenwart des realen Abfassers und der realen Leserinnen und Leser. Dies zeigt auf ganz eigene Weise auch der Schluss des Titusbriefes (Tit 3,12f), der die Paulusgeschichte und die Vergangenheit der eigenen Gemeinde miteinander verwebt und so die kretische Kirchengeschichte neu schreibt.

Der Titusbrief weist nach Kreta und damit auf eine von der paulinischen Mission nur peripher berührte Insel; vielleicht ist er auch dort abgefasst worden (die Notiz in Tit 3,12, Paulus befinde sich in Nikopolis, ist Teil der Brieffiktion und deshalb nicht historisch auszuwerten). Paulus allerdings verbrachte erst auf dem Weg nach Rom, bereits als Gefangener, eine kurze Zeit auf dieser Insel (vgl. Apg 27,3ff); vielleicht ist dies das Setting, das der Titusbrief voraussetzt. Man wird mitnichten sagen können, dass die kretischen Gemeinden paulinisch geprägt seien, doch das spielt im Titusbrief keine Rolle. Absender- und Adressatenname wurden also nicht deshalb gewählt, weil beide unter den Adressaten bereits Autorität genossen, sondern wohl eher deshalb, weil es das Thema der bekämpften Häresie nahelegte, auf den Heidenmissionar Paulus und auf Titus, den sprichwörtlichen Unbeschnittenen, zurückzugreifen. Paulus selbst stand wie kein Zweiter für das Programm der gesetzesfreien Heidenmission und konnte mit einem gewissen Stolz betonen, dass auch Titus von den Jerusalemer Säulen nicht gezwungen worden sei, sich beschneiden zu lassen (vgl. Gal 2,3).

Offensichtlich waren in den kretischen Gemeinden Menschen aufgetreten, die eine Observanz jüdischer Speisevorschriften und weiterer Gesetze forderten. Dies weist der Brief mit aller Schärfe und mit viel Polemik zurück (vgl. Tit 1,10–16; 3,9–11) und versucht, zur weiteren Bekämpfung gemeindeleitende Ämter zu etablieren (vgl. Tit,5–9). Die im Titusbrief geschilderten Konstellationen passen durchaus zum kre-

tischen Lokalkolorit, wie es uns aus anderen Quellen überliefert ist. Gegen die *aus der Beschneidung* (Tit 1,10) stammenden Gegner wird die jüdische Tradition betont, in der auch Paulus steht (vgl. Tit 1,1: *Knecht Gottes*). So macht der Brief deutlich: Christsein und Judentum gehören zusammen, allerdings nicht auf die Weise, wie es die »judaisierenden« Gegner – so ein Fachausdruck aus der wissenschaftlichen Exegese – behaupten.
Die Qualifikationen für die Amtsträger, die eingesetzt werden sollen, um genau diese Erkenntnis in der Gemeinde des Titusbriefes zu verteidigen, sind in Anlehnung an antike cura-morum-Listen, die Mindeststandards für antike Senatoren enthielten, formuliert: In expliziter Abgrenzung zu den Irrlehrern sollen sich die Gemeindeverantwortlichen durch ihren positiven Lebenswandel hervortun. Von einer sogenannten Oikos-Ekklesiologie, also dem Vergleich der christlichen Gemeinde mit einem antiken Haushalt, wie wir sie im 1. Timotheusbrief finden (vgl. 1Tim 3,1–13.14–16), ist im Titusbrief allerdings nichts erkennbar.
Die Struktur des Briefes ergibt sich aus der Anlehnung an die Mandatsgattung: Präskript (Tit 1,1–4) und Postskript (Tit 3,12–15) rahmen das Briefkorpus; statt eines Proömiums steht der Auftrag an Titus (Tit 1,5–9). Diese Mandatserteilung ist zugleich Leseanweisung für alles Folgende, sowohl die Hinweise zum Umgang mit den Andersdenkenden (vgl. Tit 1,10–16; 3,9–11) als auch die eher allgemein bleibenden ethisch-moralischen Anweisungen (Tit 2,1–15; 3,1–8). Beide letztgenannten Abschnitte enthalten jeweils ein soteriologisches Traditionsstück zur theologischen Verankerung des Briefinhalts (Tit 2,11–14; 3,4–7); auch das hat Analogien in Mandatsschreiben, die häufig weisheitliche Sentenzen bieten.

Tit 1,1–4: »Paulus« schreibt an »Titus« und stellt sich vor

Das Präskript des Titusbriefs überrascht, vor allem aufgrund seiner Länge. Vier ganze Verse beziehungsweise einen einzigen griechischen (Bandwurm-)Satz braucht der Briefschreiber, um all das zu sagen, was seiner Meinung nach am Briefbeginn zu sagen ist. Dabei richtet sich der Brief eigentlich doch an Titus, einen der engsten Mitarbeiter des Paulus, betraut mit der Kollekte und mit anderen selbstständigen Aufgaben, Teilnehmer des Apostelkonzils und auch sonst unverzichtbare Stütze des

paulinischen Missionswerks. Ihm gegenüber hätte es all dessen nicht bedurft.
Unter den anerkannt echten Paulusbriefen ist es der Römerbrief, der ein überlanges Präskript bietet (vgl. Röm 1,1–7). In der Wissenschaft ist es Konsens, dass Paulus gegenüber der Gemeinde in Rom so viele Worte braucht, weil er sich ihr als Unbekannter vorstellen muss. Vielleicht ist die gleiche Intention auch für das Präskript des Titusbriefes vorauszusetzen: Auch die Menschen auf Kreta (vgl. Tit 1,5) kennen Paulus nicht oder zumindest nicht näher, ebenso wenig wie die Gemeinde in Rom. Der Briefschreiber des Titusbriefes übernimmt also ein Gestaltmerkmal des Römerbriefes zur Formulierung seines Briefes; dies ist umso plausibler, wenn man von einer pseudepigraphischen Abfassung dieses Schreibens ausgeht.
Vor dem Hintergrund der Einordnung des Titusbriefes in die Gattung der Mandatsschreiben lässt sich das auffällig lange Präskript ebenfalls zwanglos plausibel machen. Hier geht es um die Autorisierung von (Sender und) Empfänger. Zudem richtet sich der Brief nur in der pseudepigraphischen Fiktion an Titus, zielt aber darüber hinaus auch auf die kretischen Gemeinden insgesamt und dient also auch ihnen gegenüber – und besonders den Ungehorsamen (vgl. Tit 1,10) gegenüber als Legitimation all derer, die im Namen des Apostels und in dessen Auftrag unterwegs sind.

1 Paulus, Knecht Gottes, Apostel aber Jesu Christi gemäß dem Glauben der Auserwählten Gottes und der Erkenntnis der Wahrheit, die gemäß der Frömmigkeit ist, 2 aufgrund der Hoffnung des ewigen Lebens, das der nicht-lügende Gott verheißen hat vor ewigen Zeiten; 3 bekannt gemacht hat er aber zu seinen eigenen Zeiten sein Wort durch die Verkündigung, die mir anvertraut wurde gemäß dem Befehl unseres Retters, nämlich Gott. 4 – Titus, meinem rechtmäßigen Kind gemäß dem gemeinsamen Glauben, Gnade und Friede von Gott dem Vater und Christus Jesus, unserem Retter.

Dass der Briefschreiber von Understatement nicht viel hält, zeigt **V.1**: Er leiht sich den Namen des großen Heidenapostels und spricht von sich als *Knecht Gottes* und als *Apostel Jesu Christi*. Letztere Bezeichnung ist ganz typisch für Paulus selbst, der den Aposteltitel ebenfalls mit viel Stolz getragen hat. Die Titulierung als *Knecht Gottes* ist allerdings insofern auffällig, als dass Paulus eher die Formulierung *Knecht Jesu Christi* bevorzugen würde (vgl. Röm 1,1; Gal, 1,10; Phil 1,1) und damit seine Bereitschaft anzeigen kann, sich im Dienst für Christus regelrecht aufzuopfern (Röm 12,11; 14,18; 1Kor 9,19; Gal 5,13). Innerhalb der Pastoralbriefe findet sich diese Formulierung nur noch in 2Tim 2,24 (*Knecht* *des Herrn*), dort allerdings als generalisierte Aussage über jeden, der im Dienst dieses Herrn steht.

Dass der Briefschreiber von sich selbst als *Knecht Gottes* redet, passt zu der antihäretischen Stoßrichtung des Briefes: Im Hintergrund steht ein Disput mit Menschen christlichen Glaubens, die andere Überzeugungen vertreten als Paulus selbst. Die Wissenschaft hat sich angewöhnt, diese Menschen als »judaisierende Irrlehrer« zu bezeichnen, auch wenn in Bezug auf den präjudizierenden Terminus »Irrlehrer« tatsächlich Vorsicht geboten ist (vgl. dazu S. 20).

Der Verlauf des Briefes wird zeigen, dass es immer wieder um die Bedeutung jüdischer Themen für den christlichen Glauben geht (vgl. Tit 1,10–16; 3,9–11). Wenn jedoch das Alte Testament für die Gegner des Briefschreibers eine so große Rolle spielt, dann dürften sie von dort her auch den Begriff *Knecht Gottes* gekannt haben: Das Volk Israel war Knecht Gottes, außerdem konnten die Größen der Erzelternzeit und Hiob so bezeichnet werden (vgl. Gen 9,26; 18,3; Ex 14,3; Num 12,7f; Jos 1,15; Hiob 1,8; 2,3; 42,7f; u.ö.). In diese Tradition stellt sich der Briefschreiber nun selbst, indem er sich explizit als Teil des Volkes Israel bezeichnet und auf diese Weise deutlich macht: Nicht die Andersdenkenden repräsentieren die wahre christlich-jüdische Tradition, sondern er tut es.

Man kann davon ausgehen, dass in diesem überlangen Präskript kein einziges Wort zufällig gewählt ist, sondern die Begriffe dazu dienen, deutliche thematische Pflöcke einzuschlagen. So betont der Briefschreiber, er führe sein Amt *gemäß dem Glauben der Auserwählten* aus, und zeigt so deutlich, auf welcher Seite er steht und auf welcher Seite die Irrlehrer; zugleich knüpft er so ein enges Band zwischen sich und den realen Leserinnen und Lesern des Briefes. Der Begriff *Auserwählte* kann als apokalyptischer Terminus die christliche Gemeinde bezeichnen (vgl. u. a. Röm 8,33; 16,13; Kol 3,12; 2Tim 2,10; 1Petr 1,1), steht jedoch bereits im Alten Testament für das auserwählte Gottesvolk (1Chr 16,13; Jes 42,1; 43,20; 65,9).

Das Apostelamt des Paulus wird ebenfalls rückgebunden an die *Erkenntnis der Wahrheit, die gemäß der Frömmigkeit ist*. Die Formulierung *Erkenntnis der Wahrheit* ist typisch für die Pastoralbriefe insgesamt (vgl. Tit 1,1; 2Tim 2,25; 3,7; 1Tim 2,4; vgl. 1Tim 4,3). Doch welche Rolle spielt der Begriff im Titusbrief? Eine genaue inhaltliche Füllung unterbleibt hier; erschwerend kommt hinzu, dass der Begriff *Eusebeia* (*Frömmigkeit*) im Titusbrief nur an dieser einen Stelle steht (zur leitmotivartigen Verwendung im 1. Timotheusbrief hingegen vgl. S. 54–56). Man darf diese Verse deshalb interpretatorisch nicht überfrachten; wichtig ist aber ihre Tendenz, durch den Rückgriff auf zentrale theologische Großbegriffe und die Anbindung an die richtige christliche Gemeinschaft die Anerkennung des Apostolats des Paulus zum Schibboleth wahren Glaubens zu machen. Dies korrespondiert mit den Schlussgrüßen des Briefes, die ebenfalls gezielt diejenigen in den Blick nehmen, die sich der paulinischen Tradition verbunden fühlen (vgl. Tit 3,15).

V.2 knüpft nahtlos an die ausführliche theologische Absicherung des paulinischen Auftrags an. Hier wird mit einer dritten Näherbestimmung nun auch die zukünftige Dimension eingetragen, die gerade im Titusbrief eine wichtige Rolle spielt (vgl. Tit 2,11–14 sowie 3,4–7): das ewige Leben. Dass hier von der *Hoffnung* die Rede ist, ist sicher kein Zufall, sondern nimmt einen Gedanken vorweg, der den ganzen Titusbrief durchzieht (vgl. noch Tit 2,13; 3,7). Gegenstand dieser *Hoffnung* ist das ewige Leben (vgl. bei Paulus selbst noch Röm 6,22f); wobei es immer Jesus Christus selbst ist, der die Hoffnung in seiner Person verkörpert. In ihm hat nicht nur das göttliche Heilshandeln konkrete Gestalt angenommen, sondern in ihm gründet auch die Gewissheit aller in der Erwartung des ewigen Lebens. Diese Hoffnung teilen Briefschreiber und (alle!) Briefempfänger; der Apostel mag sich zwar durch seinen Auftrag von den Adressaten unterscheiden, nicht aber hinsichtlich seiner Hoffnung. Der gemeinsame Glaubensbezugspunkt verbindet!

Weil die Erfüllung dieser Hoffnung tatsächlich, so kann es das Präskript des Titusbriefs vollmundig behaupten, bereits *vor ewigen Zeiten* verheißen war, ist der ganze Zeitenlauf dieser Welt eingezeichnet in ein Spannungsverhältnis von Vergangenem und Kommenden. Der Fachbegriff dafür lautet Revelationsschema; dahinter verbirgt sich die Vorstellung eines unmittelbaren Bezugs zwischen einer vergangenen verborgenen Verheißung und ihrem Offenbarwerden in der Gegenwart (vgl. 1Tim 3,16; sowie noch Röm 16,25f; 1Kor 2,6–10; Eph 2,19–22; 3,4–12; Kol 1,26f). Die eigene Zeit wird auf diese Weise zur Zeit dazwischen.

Dass Gott ein *nicht-lügender Gott* ist, ist als Attribut überraschend. Denn auch wenn diese Formulierung in der griechischen Antike durchaus als Gottesattribut belegt ist, findet sie sich im gesamten Neuen Testament nur an dieser einen Stelle (vgl. die Aufnahme dieser Formulierung in MartPol 14,2). Dahinter könnte sich zum einen eine Spitze gegen die ewig lügenden Kreter verbergen – so ein in der Antike durchaus verbreitetes Vorurteil (Plutarch [Aem 23,10; Lys 20] kennt das Verb *kretizein* als Synonym für lügen; vgl. Tit 1,12f) –, die Formulierung könnte zum anderen aber auch die besondere Verehrung aufgreifen, die die Kreter dem vermeintlichen Lügenfreund Zeus (so Il 12,163) entgegenbrachten, und dagegen polemisieren.

In **V.3** setzt sich das in V.2 begonnene Revelationsschema fort; der abschließende Relativsatz verstärkt die eschatologische Dimension. Nun rückt der Briefschreiber die Offenbarung dessen in den Blick, was *vor ewigen Zeiten* verheißen war, nämlich *das ewige Leben* als das von alters her intendierte Ziel. Diese Offenbarung geschieht *zu seinen eigenen Zeiten*. Gott als Herr der Geschichte kann auch den Zeitpunkt seiner Offenbarung bestimmen. Es ist sein freier Wille, dass die Zeit der Verborgenheit nun beendet und die Offenbarung des Heils da ist.

War es jedoch die *Hoffnung* auf das ewige Leben, die einst verborgen war, so ist es nun das *Wort* (*Gottes*), das offenbar wird. Ein solcher Objektwechsel innerhalb eines Revelationsschemas ist untypisch und verdient besondere Beachtung. Inhalt von beiden ist Jesus Christus selbst, da er sowohl Gegenstand der gegenwärtigen Verkündigung als auch Urgrund der bereits vor ewigen Zeiten grundgelegten Hoffnung ist. Nun wird die Verkündigung eingezeichnet in den Heilsplan Gottes. Nicht nur dadurch, sondern auch durch die Betonung der Gegenwart als von Gott besonders qualifizierter Heilszeit wird das eigene Handeln soteriologisch aufgewertet.

Der letzte Teil des Verses fokussiert ganz auf die Person des Paulus: Er ist es, dem die Verkündigung *anvertraut* wurde. Das emphatisch hervorgehobene Personalpronomen *ich*, das im Griechischen grammatikalisch gar nicht nötig wäre, unterstreicht zusätzlich die Bedeutung und Autorität des Paulus und damit auch desjenigen, den er mit diesem Schreiben bevollmächtigt. Die Formulierung *die Verkündigung, die mir anvertraut wurde* nimmt Bezug auf seine Berufung in den Aposteldienst. Er selbst kann das sogenannte Damaskuserlebnis (vgl. Apg 9,1–19) gleichsetzen mit der Beauftragung zur Verkündigung des Evangeliums (vgl. 1Thess 2,4; Gal 2,7; 1Kor 9,17f).

Dass es sich bei dieser Formulierung um ein Passivum Divinum handelt – dass also das nicht genannte Agens dessen nur Gott selbst sein kann – unterstreicht die Schlusssentenz *gemäß dem Befehl unseres Retters, nämlich Gott*. Der hier mit *Befehl* wiedergegebene griechische Begriff findet sich auch sonst in administrativen oder vertragsrechtlichen Dokumenten, wie sie ja auch dem Titusbrief als Vorlage dienen. Der Hinweis auf Gott trägt Instanz und Autorität ein, die Maßstab und Grund alles Geschilderten ist.

Dass in den Pastoralbriefen sowohl Gott als auch Christus mit der aus dem hellenistischen Kaiserkult stammenden Retterprädikation tituliert werden können, fällt immer wieder auf (vgl. den Exkurs S. 56f.) und zeigt nicht nur, wie sehr das Heilshandeln beider in dieser Gedankenwelt einander zugeordnet werden kann, sondern auch, wie sehr sie bereits vom Denken der griechisch-paganen Umwelt bestimmt ist. Hier nimmt diese Formulierung eine zentrale theologische Aussage des Briefes vorweg (vgl. Tit 1,4; 2,11–14; 3,4–7).

Der Briefbeginn entfaltet den paulinischen Dienst als Apostel für das Evangelium. V.3 bildet eine Klammer mit V.1: Beide Verse tragen die horizontale und die vertikale Dimension des paulinischen Amtes ein und spannen damit einen weiten Bogen, der sowohl den Glauben der Auserwählten (als verbindendes Element) als auch den Willen Gottes selbst als Horizont dieses Handelns mit einschließt.
In **V.4** rückt dann der Adressat des Briefes in den Blick: Es ist Titus, das *rechtmäßige Kind*. Diese Formulierung kennt man auch aus paganen Belegen für die Beschreibung eines Lehrer-Schüler-Verhältnisses; dies steht vermutlich auch hier im Hintergrund. Diese Bezeichnung könnte entweder darauf hinweisen, dass der Briefschreiber darum weiß, dass Titus durch Paulus selbst zum Glauben fand (was allerdings ein biographisches Detail wäre, das sonst neutestamentlich nicht belegt ist), oder aber die Verwendung dieses formal-juristischen Begriffs hat hier offiziellen Legitimationscharakter (vgl. 1Tim 1,2 für Timotheus) und erweist die Rechtmäßigkeit der Betrauung des Titus mit seinem Auftrag.
Der Grieche Titus gehörte zweifellos zu den wichtigsten Mitarbeitenden des Paulus. Er reiste gemeinsam mit Barnabas als Paulusbegleiter zum Apostelkonzil (vgl. Gal 2,1–3) und wurde dort zum Beweis der gesetzesfreien Heidenmission in Person. So konnte Paulus nämlich triumphierend berichten, dass nicht einmal Titus gezwungen worden sei, sich beschneiden zu lassen (Gal 2,3) – als Unbeschnittener par excellence symbolisiert er das paulinische Programm der gesetzesfreien Heidenmission wie kein Zweiter. Doch vor allem ist es die Kollekte für die Jerusalemer Gemeinde, die mit seiner Person verbunden ist (vgl. besonders 2Kor 8,6–9). Als »Kollektenbeauftragter« des Paulus agierte Titus sehr selbstständig, er konnte zudem im Konflikt zwischen Paulus und den Korinthern vermitteln (vgl. 2Kor 2,12; 7,5–16). Für Paulus selbst ist Titus *Bruder* (2Kor 2,13) oder *Gefährte und Mitarbeiter* (2Kor 8,23). Dass die Apostelgeschichte Titus gar nicht erwähnt, überrascht nur auf den ersten Blick. Da Lukas nämlich nichts über die (vermutlich gescheiterte!, vgl. Röm 15,25–31) Kollektensammlung für die Jerusalemer Urgemeinde sagt, hat er auch keinen Grund, Titus als deren Motor zu erwähnen.
Nirgendwo innerhalb der neutestamentlichen Tradition lässt sich allerdings eine Verbindung des Titus nach Kreta erkennen, wie sie der Titusbrief selbstverständlich voraussetzt. Die spätere Legendenbildung weiß zwar zu berichten, dass Titus Bischof auf Kreta geworden und im hohen Alter von 94 Jahren eines natürlichen Todes gestorben sei (vgl. Euseb HE III 4,5). Doch sind solche Überlieferungen erkennbar geprägt von den Angaben des Titusbriefes über Titus.

Beauftragt mit der Kollekte war Titus vermutlich ein sehr selbstständig arbeitender Mitarbeiter des Paulus. Vielleicht war er deshalb prädestiniert dazu, das paulinische Evangelium auch dorthin zu tragen, wo Paulus selbst noch nicht umfassend wirken konnte, und wurde deshalb als Adressat des Titusbriefes ausgewählt. Mit seinem Namen verbindet sich zudem ein Programm – nämlich das des selbstständig agierenden Krisenmanagers aus den Reihen der paulinischen Mitarbeitenden und das des paradigmatischen Unbeschnittenen. Beide Aspekte dürften im Titusbrief und dem dahinter stehenden historischen Setting eine Rolle spielen. Auch wenn also der historische Titus selbst diesen Brief nie gelesen hat, so gilt er doch Menschen, die sich inhaltlich mit seiner Person und seinem Auftrag verbunden fühlen können.
V.4 zeichnet Titus nun durch die Formulierung *gemäß dem gemeinsamen Glauben* in den in V.1–3 aufgespannten Rahmen des apostolischen Dienstes mit ein (vgl. zum Glaubensbegriff im Vergleich zu Paulus S. 38).
Das Präskript schließt mit einem Gruß, einer sogenannten Salutatio. Die Formulierung *Gnade und Friede von Gott dem Vater und Jesus Christus* kennt man auch aus den unumstritten echten Paulusbriefen (vgl. Röm 1,7; 1Kor 1,3; 2Kor 1,2; Gal 1,3; Phil 1,2; Phlm 3), während hingegen die beiden Timotheusbriefe zu *Gnade* und *Friede* noch den Begriff der *Barmherzigkeit* ergänzen (vgl. 1Tim 1,2; 2Tim 1,2). Was allerdings tatsächlich auffällt, ist die Titulierung Christi als *unser Retter*. Dies bindet bereits im Präskript beide göttlichen Personen unter soteriologischer Perspektive eng zusammen, kann doch auch Gott selbst als Retter bezeichnet werden (vgl. Tit 1,3). Von Tit 3,5 her wird jedoch klar: Grundsätzlich ist es Gott selbst, der rettet, indem er den Glaubenden durch sein Erbarmen rettend gegenübertritt. Doch weil er dies durch Christus tut, kann auch dessen Wirken und damit seine Person mit diesem Wortfeld beschrieben werden – immer allerdings in Abhängigkeit von und Zuordnung zu Gott (vgl. 1Kor 15,28; Phil 3,20).
Zusammenfassend ist festzuhalten: Das Präskript des Titusbriefes stellt die Eröffnung eines Briefes dar, dessen Zweck es ist, zur Legitimation und Autorisierung eines organisatorischen Auftrags auf Kreta zu dienen. Titus ist dabei Repräsentant all derer, die sich der paulinischen Tradition verbunden fühlen, und das meint – das wird im Durchgang des Briefes auch deutlich werden – nicht nur die Frage nach der Bedeutung des jüdischen Gesetzes, sondern vor allem das gemeindeorganisatorische Konzept. Dafür ist der Titusbrief in Anlehnung an die antike Gattung der Mandatsschreiben gestaltet; diese zielen immer auf die Erteilung eines Auftrags und die Ausstattung mit der dafür notwendigen Autorität. Diese gilt nicht nur Titus, sondern strahlt über ihn hinaus in den Kreis derer, die sich berufen fühlen, diese umzusetzen.

Das Präskript des Titusbriefes entfaltet, so könnte man es zusammenfassen, die horizontale und die vertikale Dimension des Glaubens, nämlich den Bezug zu Gott und die Gemeinschaft der Glaubensgeschwister.
Zum einen gilt also: Glaube braucht ein Gegenüber. Und Gott selbst ist dabei nicht nur der, auf den sich der Glaube ausrichtet, sondern er ist zugleich auch der, der ihn zuallererst schenkt und ermöglicht. Zum anderen ist aber genauso wichtig: Glaube braucht die Gemeinschaft der Gläubigen miteinander. Dort findet Stärkung und wechselseitige Vergewisserung statt. Das galt damals, in den turbulenten ersten Jahrzehnten des Christentums, und das gilt heute noch genauso.

Tit 1,5–3,11: Titus erhält Anweisungen zum Verhalten in der Gemeinde und zum Umgang mit Andersdenkenden

Der antiken Briefkonvention gemäß hätte auf das Präskript nun ein sogenanntes Proömium folgen müssen, eine Art Einleitung in das Briefthema. Doch der Autor des Titusbriefes geht gleich in medias res und erteilt Titus einen konkreten Auftrag. Zum Formschema antiker Mandatsschreiben passt es in der Tat, dass direkt auf den Gruß die thematische Entfaltung des Mandats erfolgt. So auch in Tit 1,5–9; alle folgenden Abschnitte sind immer unter dem Vorzeichen der Beauftragung des Titus zu lesen und flankieren diese durch die Verwendung ethischer Allgemeinplätze (Tit 2,1–10; 3,1–3) ebenso wie durch die Erwähnung der gefährlichen Umtriebe Andersdenkender (Tit 1,10–16; 3,9–11) oder durch theologische Sentenzen (Tit 2,11–14; 3,4–7).

Tit 1,5–9: Das Mandat: Einsetzung von Ältesten als Bischöfe

Deswegen ließ ich dich zurück auf Kreta … Mit diesem Satz springt der Briefautor gleich mitten hinein ins Thema und formuliert das konkrete Mandat des Titus: Er soll auf Kreta erste gemeindliche Strukturen etablieren. Diese Aufgabe richtet sich zunächst nur an den angeredeten Paulusmitarbeiter, doch ist gerade unter pseudepigraphischem Vorzeichen klar, dass diese Beauftragung über den namentlich genannten Adressaten hinaus auf einen größeren Kreis von Leserinnen und Lesern zielt. Andere sollen und werden den Platz des Titus einnehmen;

dies deutet bereits der Briefschluss an: Titus soll nämlich zu »Paulus« nach Nikopolis kommen (Tit 3,12) – sein Mandat wird also an andere übergehen.

5 Deswegen ließ ich dich zurück auf Kreta, damit du das Fehlende in
Ordnung bringst und in jeder Stadt Älteste einsetzt, wie ich es dir be-
fohlen hatte. 6 Wenn jemand unbescholten ist, Mann einer einzigen Frau,
gläubige Kinder habend, nicht unter Anklage wegen Heillosigkeit oder
Aufsässigkeit. 7 Es ist nämlich nötig, dass ein Bischof unbescholten ist
als Gottes Hausverwalter, nicht selbstgefällig, nicht jähzornig, nicht dem
Wein ergeben, kein Raufbold, nicht habgierig, 8 sondern gastfreundlich,
ein Freund des Guten, besonnen, gerecht, fromm, enthaltsam, 9 indem
er festhält an dem zuverlässigen Wort gemäß der Lehre, damit er fähig
ist, sowohl mit der gesunden Lehre zu ermahnen als auch die Wider-
sprechenden zurechtzuweisen.

Immer wieder ist in der Forschung notiert worden, dass die Adressierung eines pseudepigraphischen Paulusschreibens nach Kreta (**V.5**) mehr als überraschend sei, weil Paulus dort nicht gewirkt habe. Doch ist die Entwicklung eines vorpaulinischen Christentums auf Kreta durchaus denkbar, immerhin erwähnt die Pfingstüberlieferung der Apostelgeschichte unter denen, die Teil dieses Wunders wurden, auch Menschen aus Kreta (vgl. Apg 2,11).

Paulus selbst betrat, folgt man den Überlieferungen der Apostelgeschichte, die Insel Kreta nur als Gefangener auf dem Weg nach Rom (vgl. Apg 27,1–12); von einer Missionstätigkeit ist in diesem Zusammenhang nicht auszugehen. Doch zumindest gibt es eine lokale Verbindung, sei sie nun historisch oder nur legendarisch – und es ist durchaus denkbar, dass auch der Autor des Titusbriefes diese kannte. Ob ihm allerdings die Apostelgeschichte selbst bekannt war oder nur die ihr zugrunde liegenden Traditionen und ob er deren Bekanntheit auch bei den realen Leserinnen und Lesern voraussetzen konnte, wird sich nicht mehr klären lassen.

Dass weder Paulus noch Titus problemlos mit Kreta in Verbindung gebracht werden können, hat immer wieder zu der Frage geführt, ob nicht die Adressierung nach Kreta genauso wenig real ist wie Absender und Empfänger. Hat diese Ortsangabe also einen lokalen Ankerpunkt, so dass der Titusbrief tatsächlich nach Kreta zielt, oder steht sie lediglich als Synonym für eine Gemeinde, die von der paulinischen Mission nur peripher berührt wurde?

Vieles spricht für die erstere Annahme. So ist zum einen fraglich, ob eine solche Chiffre verstanden worden wäre, ob sich also andere Gemeinden von einem vermeintlich nach Kreta gerichteten Brief hätten ansprechen lassen. Zum anderen spielt der Brief mit verschiedenen antiken Klischees, wie sie über Kreta im Umlauf waren (vgl. dazu die Auslegung von Tit 1,2 sowie 1,12f) – beides lässt sich am ehesten unter Annahme einer tatsächlichen Adressierung nach Kreta erklären.

Ob der Brief auch dort verfasst ist? Bei den anerkannt echten Paulusbriefen kann man aus den Briefangaben Erkenntnisse über den Ort gewinnen, an dem der Schreiber sich aufhält. Bei pseudepigraphischen Schreiben gilt dies nicht in gleichem Maße, da man davon ausgehen muss, dass alle Angaben, die der Schreiber über sich und seinen Aufenthaltsort macht, der Fingierung der Autorfiktion dienen; dies dürfte hier auch für den Ortsnamen Nikopolis in Tit 3,12 gelten (siehe Auslegung z.St.). Häufig nimmt man an, dass unechte Briefe an dem Ort entstanden sind, an den sie adressiert sein wollen. Dies würde im Titusbrief auch die detaillierten Kenntnisse des Verfassers über die konkrete Situation vor Ort erklären. Sicherheit wird man hier jedoch nicht gewinnen.

V.5 setzt voraus, dass sich »Paulus« und »Titus« gemeinsam auf Kreta aufgehalten haben; nur so ist die diesen Vers einleitende Formulierung zu verstehen. Das griechische Verb *zurücklassen* könnte auch als Terminus technicus für eine autoritative Entsendung interpretiert werden, doch nötigt nichts zu der Annahme, dass der Autor damit sagen wolle, dass Paulus nicht auf Kreta gewesen sei (vgl. zum Verb noch 2Tim 4,13.20).

Titus hat die Aufgabe, *das Fehlende in Ordnung zu bringen*; eine Formulierung, die bereits voraussetzt, dass Paulus eigene Spuren auf dieser Insel hinterlassen hat und eben mit dem, was er dort zu tun gedachte, nicht zuende gekommen ist. Allerdings legt der Titusbrief nahe, dass es dabei weniger um inhaltliche als vielmehr um organisatorische Anfänge gegangen sei. Der zweite Teil des Auftrags konkretisiert das: »Paulus« will, dass Titus *in jeder Stadt Älteste einsetzt*. Das Verb *einsetzen* nimmt hier sicherlich noch nicht auf einen festen Ordinationsritus Bezug (so erst in 1Clem 42,5; 43,1; 44,2; anders neutestamentlich Mt 24,45.47; Apg 7,10.27.35), sondern es geht um die erste Etablierung von Gemeindestrukturen, ohne dass wir über das Wie dieser Einsetzung gesicherte Erkenntnisse erheben könnten (vgl. auch Apg 14,23).

Der Titusbrief zielt auf die Einrichtung erster Ansätze gemeindlicher Organisation in den einzelnen kretischen Städten, wobei offensichtlich zwar an mehrere Städte – deren Anzahl auf Kreta übrigens sprichwörtlich war (vgl. u.a. Homer, Il 2,649; Od XIX 172–179) –, jedoch nicht an eine sie verbindende übergemeindliche Struktur gedacht ist. Dass im Hintergrund dieses Auftrags auch die Gefährdung durch solche Menschen steht, die der Briefautor als spalterisch bezeichnet (vgl. Tit 3,10) zeigen die in Tit 1,10–16 folgenden Verse.

Gegen diese Andersdenkenden bringt der Titusbrief nun *Presbyter* und *Bischöfe* ins Spiel – zwei Begriffe, die in der kirchlichen Tradition zu etablierten Amtsbezeichnungen werden sollten.

Exkurs: Ämterordnungen und Gemeindebilder in den Pastoralbriefen

Der Konsens der wissenschaftlichen Forschung ging lange davon aus, dass die Pastoralbriefe als Beleg für eine frühchristliche Ämtertrias aus Bischöfen, Diakonen und Ältesten herangezogen werden können. Dies jedoch wird inzwischen zunehmend infrage gestellt. So kennt der 2. Timotheusbrief keinerlei gemeindliche Ämter (zum Begriff des Dieners Jesu Christi in 1Tim 4,6 vgl. die Auslegung z.St.); der Titusbrief spricht zwar von Ältesten und Bischöfen, kann jedoch beide Begriffe in eins fallen lassen – und nur der 1. Timotheusbrief kennt alle drei Begriffe, unterscheidet jedoch sehr bewusst zwischen Bischöfen und Diakonen als gemeindeleitenden Ämtern einerseits (1Tim 3,1–13) und Ältesten andererseits (1Tim 5,17–20). Stärker als bisher muss deshalb bei der Auslegung der jeweiligen Gemeindestrukturen der drei Briefe ihre literarische und theologische Eigenständigkeit bedacht werden.
Der mit *Älteste* übersetzte griechische Terminus bezeichnet als Komparativ wörtlich *ältere Männer* und beschreibt zunächst ein Lebensalter. Daraus erwuchs bereits in der frühjüdischen Tradition die Verwendung als Ehrbezeichnung für Menschen, die innerhalb einer Gemeinschaft eine bestimmte Aufgabe übernahmen (vgl. Ex 24,1–11 die Einsetzung von 72 Ältesten als Repräsentanten des Volkes Israel). Das Diasporajudentum kennt den Terminus *Ältester* als Ehrenbezeichnung im familiären Kontext und meint damit Männer, die im familiären System eine besondere Funktion und Stellung einnahmen. Diese Konnotation ist auch im 1. Timotheusbrief und im Titusbrief vorauszusetzen (1Tim 5,17–20; Tit 1,5; vgl. die Auslegung z.St.); allerdings unterscheidet der 1.Timotheusbrief bewusst zwischen Presbytern und Bischöfen, während im Titusbrief der eine Terminus durch den anderen erläutert wird. Von grundsätzlicher Wichtigkeit ist die Erkenntnis, dass der Begriff *Ältester* selbst nicht zuerst eine Funktion beschreibt, sondern einen Status bezeichnet.
Dies ist bei dem griechischen Terminus *Episkopos* anders. Dieser im Deutschen in der Regel als *Bischof* wiedergegebene Begriff meint eigentlich eine administrative oder führende Funktion, z. B. in einem antiken Verein oder einer anderen Organisation; einen genuin religiösen Beiklang hat er nicht. Der Terminus steht neutestamentlich nur fünfmal, einmal als Bezeichnung für Jesus Christus (1Petr 2,25: *Hirte und Aufseher der Seelen*) sowie viermal für ein leitendes Amt im christlichen Gemeindekontext (Apg 20,28; Phil 1,1; 1Tim 3,2; Tit 1,7). In Phil 1,1 kann bereits Paulus selbst Bischöfe und Diakone in einem Atemzug nennen; dies sollte uns als moderne Leserinnen und Leser

davor warnen, allzu schnell die charismatisch angehauchten Zustände, wie sie in Korinth geherrscht zu haben scheinen, zum paulinischen Gemeindemodell schlechthin zu erklären. Wie Tit 1,7 erwähnt auch Apg 20,28 Bischöfe und Älteste gemeinsam; nur 1Tim 3,2 kann also als Beleg für eine Entwicklung gelten, wie sie dann bei Ignatius von Antiochia noch deutlicher vorangeschritten ist: die Ausbildung einer monepiskopalen Gemeindestruktur mit einem einzigen Bischof an der Spitze.
Nur 1Tim 3 erwähnt innerhalb der Pastoralbriefe noch ein Diakonenamt, der Begriff des Dienens oder Dienstes steht sonst wie auch in anderen neutestamentlichen Schriften eher für einen umfassenden Dienst für andere (vgl. 1Tim 4,6; 2Tim 1,18; 4,5 sowie in 1Tim 1,12 für den Apostelldienst des Paulus). In einigen neutestamentlichen Texten kann der Begriff sogar zur Beschreibung der christlichen Grundhaltung schlechthin werden. Im 1. Timotheusbrief hat er allerdings ebenso wie in dem von Paulus selbst stammenden Philipperbrief einen fest umrissenen Amtskontext (vgl. außerdem Röm 16,3, wo von der Diakonin Phöbe die Rede ist).
Von einer allen drei Briefen gemeinsamen Ämterstruktur kann man also ebenso wenig sprechen wie von einem gemeinsamen ekklesiologischen Konzept. Auch die Bezeichnung der Ekklesiologie der Pastoralbriefe als Oikos-Ekklesiologie übersieht, dass das *Haus* (griechisch: *Oikos*) nur für den längsten Pastoralbrief zur ekklesiologischen Metapher schlechthin wird. Nur der 1. Timotheusbrief geht von bereits bestehenden Ämterstrukturen aus (vgl. die Auslegung von 1Tim 3,1–13) und kann in dem zentralen Vers 1Tim 3,15 zudem den Begriff der *Ekklesia* verwenden, um die christliche Gemeinde als *Haus Gottes* theologisch zu qualifizieren (vgl. die Auslegung z.St.). Damit greift der 1. Timotheusbrief Gedanken auf, wie sie im kürzesten Pastoralbrief zwar angelegt, aber eben noch nicht entfaltet sind (vgl. in Tit 1,7 die Bezeichnung eines Bischofs als *Gottes Hausverwalter*). Denn der Titusbrief kennt erkennbar noch keine ausgestaltete Gemeindehierarchie und noch keine theologisch qualifizierte Ekklesiologie. Der 2. Timotheusbrief hingegen kann die Gemeinde zwar mit einem Haus vergleichen (vgl. 2Tim 2,19–21), doch verbindet er damit keine hierarchischen Strukturen, sondern die Vorstellung einer Gemeinde als eines Corpus permixtum.

Titus soll *Älteste einsetzen*, so der Auftrag. Doch Ältester wird man nicht, Ältester ist man aufgrund seiner sozialen Stellung. In Analogie zur Umwelt beschreibt der Ältestenbegriff die auf das eigene Haus bezogene Stellung als Familienoberhaupt. Mit dem griechischen Terminus *Presbyter* ist also zunächst noch kein Amt, sondern ein Status verbunden. Allerdings lässt sich nicht nur im Titusbrief, sondern auch in der neutestamentlichen Briefliteratur insgesamt beobachten, dass das private Haus als Keimzelle frühchristlicher Gemeinden dienen konnte. Auch für die Abfassungszeit des Titusbriefes liegt es also nahe, eine nach Häusern organisierte gemeindliche Struktur anzunehmen, wie wir sie bereits aus den früheren paulinischen Briefen kennen (vgl. Röm 16,5.10f; 1Kor 1,16; 16,15; Phil 4,2), wie sie aber auch die Apostelgeschichte noch voraussetzt (vgl. Apg 8,3: zur Verfolgung der Christen geht Saulus *von Haus zu Haus* [vgl. auch 1Tim 5,3]; Apg 10,2).

Dann aber impliziert die Anweisung an Titus, dass er aus der Gruppe der einzelnen Familienoberhäupter der verschiedenen christlichen Familien (Häuser) einige für eine besondere gemeindeleitende Aufgabe auswählen soll. Diesen Eindruck unterstreicht auch die Fortsetzung des Abschnitts, der nämlich die Kriterien, die bei dieser Auswahl zugrunde gelegt werden sollen (V.6) durch den Verweis auf die epikospale (bischöfliche) Funktion (V.7) der eingesetzten Ältesten untermauert. Beide Begriffe stehen also für die gleiche Personengruppe. Titus soll veranlassen, dass einige aus dem Stand der Ältesten bischöfliche Funktionen übernehmen. Eine vergleichbare Koinzidenz beider Begrifflichkeiten lässt sich auch in der Apostelgeschichte beobachten (Apg 20,27f): Hier legt Lukas Paulus bei seiner Abschiedsrede an die Ältesten (!) von Ephesus die Worte in den Mund, sie sollten als Bischöfe (!) achthaben auf die Herde Gottes.

Wie genau ist nun die Aufforderung zu verstehen, wonach Titus *in jeder Stadt Älteste* einsetzen soll? Soll es pro Stadt dann nur genau einen Ältesten in gemeindeleitender Funktion geben, so dass der Plural sich auf die Summe aller Ältesten aus den verschiedenen Städten beziehen würde? Dass in V.7 nur von einem einzigen Bischof die Rede ist, scheint diese These zu stützen. Doch ergibt sich die Einzahl in V.7 aus der Fortsetzung der in V.6 formulierten allgemeinen Regel, wo der Singular als generischer zu interpretieren ist. Näher liegt deshalb die Annahme, dass es in jeder Stadt mehrere Bischöfe und also auch mehrere Älteste gibt; der Titusbrief darf also keinesfalls als Beleg für den Beginn einer monarchisch organisierten Amtskirche gewertet werden.

Was bei der Auswahl dieser Männer zu beachten ist, die als Presbyter-Bischöfe zukünftig an der Spitze der Gemeinden stehen sollen, entfalten V.6–9. Diese Verse orientieren sich am Schema gebräuchlicher Tugendlisten und Pflichtenkataloge.

Die Forschung hat sich intensiv mit der Frage beschäftigt, welche paganen Parallelen als Vorbild für die Listen der Pastoralbriefe gedient haben mögen. Man entdeckte Nähen nicht nur zu den antiken Berufspflichtenlehren, sondern auch zu den sogenannten Cura-morum-Listen, mit deren Hilfe das Privatleben von Senatoren durchleuchtet wurde. Dabei standen fünf Themenkomplexe im Zentrum der antiken öffentlichen Aufmerksamkeit: Privathaus, Ehe, Gehorsam der Kinder, Umgang

mit Alkohol, Religion – eine Aufzählung, die in der Tat Ähnlichkeit mit den hier formulierten Tugenden aufweist. Die Allgemeingültigkeit der moralischen Anforderungen ist dabei typisch.
Sollten solche Schemata auch hier und in 1Tim 3 Pate gestanden haben, zeigt das einmal mehr, wie sehr das Christentum und seine Wertmaßstäbe mit den Moralvorstellungen der eigenen Zeit koinzidierten – und wie sehr die Gemeindeleitung in Parallele zur Übernahme politischer Leitungsverantwortung verstanden wurde. Von dem Gedanken einer charismatischen Organisation von Gemeinden (vgl. 1Kor 12) ist nichts mehr zu spüren – vielleicht weil bereits Paulus merken musste, dass dies auf Dauer nicht funktioniert –, und auch theologische Qualitäten werden nur sehr dezent eingetragen.
V.6 überrascht zunächst durch einen auffälligen Wechsel in den Singular, nachdem in V.5 explizit von mehreren Ältesten die Rede war. Doch dient dies der Einleitung einer allgemeingültigen Regel.
An erster Stelle des Kriterienkatalogs, gleichsam als eine Art Oberbegriff, steht die *Untadeligkeit,* eine Eigenschaft, die jedoch sicherlich nicht nur Älteste, sondern alle Menschen christlichen Glaubens auszeichnen soll (so allgemein 1Kor 1,8); die wörtliche Wiederholung in V.7 unterstreicht ihre Bedeutung. Der griechische Begriff meint ein nach den Maßstäben bürgerlicher Ethik insgesamt unbescholtenes Leben (vgl. 1Tim 3,2). Die folgenden Ausführungen präzisieren dies durch den Verweis auf eine gute Ehe und gehorsame Kinder – auch das sind traditionelle Motive, aus denen deshalb nichts über Erfahrungen unter einem umgekehrten Vorzeichen gewonnen werden kann.
Viel exegetischer Scharfsinn ist auf die Bedeutung der Formulierung *Mann einer einzigen Frau* verwendet worden (vgl. die ausführliche Diskussion S. 71 f.): Man hat ebenso an einen Ehezwang für Presbyter-Bischöfe gedacht wie an ein Verbot einer Mehrehe oder außerehelicher Beziehungen oder an sukzessive Monogamie (nach Tod oder Scheidung). Letzteres widerspräche allerdings nicht nur der christlichen (vgl. 1Kor 7,10–16), sondern der antiken Eheethik insgesamt. Dass jedoch die Mehrehe in christlichen Gemeinden in so großem Stil verbreitet gewesen sein soll, dass sie hier ausdrücklich ausgeschlossen werden muss, ist ebenfalls nicht denkbar. Am nächsten liegt deshalb die Annahme, dass dahinter die Forderung nicht nur nach einer Ehe überhaupt, sondern nach einer untadeligen Eheführung steht. Dies würde dann analog auch für die Verwendung in 1Tim 3,2 sowie unter umgekehrten Geschlechtervorzeichen in 1Tim 5,9 gelten (vgl. die Auslegungen z.St.). Da der Titusbrief auch sonst nichts Ungewöhnliches von Menschen in gemeindeleitenden Funktionen verlangt, sollte das auch hier nicht angenommen werden.

Die Unbescholtenheit des Ältesten bezieht sich nicht nur auf seine Ehe, sondern auf das gesamte Familienleben – dies impliziert die folgende Forderung, er müsse *gläubige Kinder haben*. Der Titusbrief verkörpert das Ideal einer christlichen Familie und dazu zählt, so die Fortsetzung, dass diese Kinder *nicht unter Anklage wegen Heillosigkeit oder Aufsässigkeit* sind. *Anklage* meint hier die Sorge davor, durch den eigenen schlechten Ruf angeklagt zu werden; die Gefahr besteht dann, wenn das Verhalten der Kinder nicht den moralischen Erwartungen der Gesellschaft entspricht. Ausschweifend lebende Kinder führten zur Bescholtenheit der Eltern (vgl. Prov 28,7). In Eph 5,18 kann dies auf übermäßigen Alkoholgenuss zurückgeführt werden.

V.7 ist durch *nämlich* rückgebunden an die vorangehenden Ausführungen, liefert also die Begründung, setzt zugleich aber durch die unpersönliche Formulierung *es ist nötig* neu ein. V.7a hat dabei einen eigenen theologischen Akzent, während V.7b den in V.6 begonnenen Tugendkatalog weiterführt.

Dass der *Bischof* hier im Singular steht, die Ältesten in V.5 jedoch im Plural, ist in der Forschung gelegentlich dahingehend ausgewertet worden, dass im Titusbrief bereits ein sogenanntes Monepiskopat vorliege, wo in einer Gemeinde ein einzelner Bischof als der Erste unter mehreren Ältesten den anderen übergeordnet sei. So wie ein Hausvater an der Spitze eines Hauses stehe, so stehe der Bischof an der Spitze der Gemeinde. Nicht nur die Parallelisierung von Haus und Gemeinde in 1Tim 3 (vgl. die Auslegung z.St.), sondern auch die Verwendung des entsprechenden Wortfeldes im Begriff Hausverwalterschaft werden dann als Unterstützung dieser Theorie herangezogen.

Doch vermag Tit 1,7 die Beweislast einer so weitreichenden Argumentation nicht zu tragen. Die singularische Formulierung in V.7 lässt sich zwangloser als Fortsetzung der in V.6 ebenfalls im Singular stehenden Formulierung verstehen.

Hatte V.5f den Fokus auf den Status der Ältesten gelegt und im weitesten Sinne soziale Kriterien genannt, so rücken mit dem Bischofsbegriff und der damit einhergehenden konkreteren Aufgabenbeschreibung in V.7f eher innere Qualitäten in den Blick; in V.7 zunächst unter negativem Vorzeichen, in V.8 dann positiv gewendet. Die hier genannten Termini stammen aus dem Kontext der Berufspflichtenlehren und spiegeln weitestgehend gängige Tugendideale der Antike wider. Im Grunde genommen formulieren sie Mindestanforderungen, wie sie für jede Christin und jeden Christen gelten. Eine gewisse Nähe zu 1Tim 3 fällt dabei auf.

Erneut wird die Reihung eröffnet mit der Forderung der Unbescholtenheit eines Amtsinhabers. Die vergleichende Präzisierung *als Gottes*

Hausverwalter trägt dazu eine theologische Komponente ein. Auf diese Weise wird der Episkopenbegriff ausdrücklich in einen religiösen Kontext gestellt – eine Zuordnung, die in der Antike gerade nicht galt (vgl. den Exkurs S. 237 f.). Vielfach wurde die Verwendung des Begriffs *Hausverwalter* (griechisch: *Oikonomos*) als Beleg dafür interpretiert, dass auch der Titusbrief geprägt sei von einer Oikos-Ekklesiologie – also dem Vergleich der christlichen Kirche mit einem antiken Haus –, wie sie sich auch im 1. Timotheusbrief finde (vgl. die Auslegung von 1Tim 3). Doch darf aus der einmaligen Verwendung dieses Begriffs, der sich neutestamentlich sowohl in seiner paganen Grundbedeutung, einer Tätigkeit im Umgang mit anvertrauten Dingen (vgl. u. a. Röm 16,23; Gal 4,2), als auch als metaphorische Beschreibung geistlicher oder gemeindeleitender Ämter findet (vgl. 1Kor 4,1; 1Petr 4,10), kein so weitreichender Schluss gezogen werden. Es geht im Titusbrief weniger um die Vergleichbarkeit eines Bischofs mit einem Hausverwalter, als vielmehr um die Eintragung von Qualifikationsmerkmalen wie Zuverlässigkeit und Redlichkeit. Dass die Bischöfe hier ausdrücklich als Verwalter Gottes angesprochen werden, verstärkt die Erwartungshaltung gegenüber den mit dieser Tätigkeit verbundenen Ansprüchen.
An erster Stelle steht die Warnung vor *Selbstgefälligkeit*, womit ein selbstbezogener Hochmut gemeint ist, der sich über gegebene Normen hinwegsetzen kann (vgl. Prov 21,24 LXX sowie mit antihäretischem Impetus 2Petr 2,10). Der folgende Warnung vor *Jähzorn* (vgl. LXX Ps 17,49; Prov 21,19; 22,24; 29,22) kann mit dem durch *Trunkenheit* bedingten Verlust der Selbstkontrolle kombiniert werden. Auch die Neigung, sich in *Schlägereien* verwickeln zu lassen, passt in diese Reihung, bevor mit abschließendem Achtergewicht vor *Habgier* gewarnt wird. Eine solche Warnung gehörte zum festen Motivrepertoire antiker Moraldiskurse über die Eignung zu politischen Aufgaben; umgekehrt konnte die Bereitschaft Einzelner, soziale Projekte durch eigene Mittel zu unterstützen, in Vereins- und Ehrinschriften hervorgehoben werden. Daher lassen sich aus dieser Erwähnung kaum Rückschlüsse auf die konkreten Aufgabenbereiche eines Bischofs, wie etwa die Finanzverwaltung, ziehen.
V.8 entfaltet sieben positive Eigenschaften, die sich erneut eng an antike (pagane und frühchristliche) Tugendideale anlehnen: *Gastfreundlichkeit* kann schon Paulus selbst fordern (vgl. Röm 12,13) und war in einer Zeit, in der sich das Christentum vor allem durch Wandermissionare ausbreitete, tatsächlich von eminenter Wichtigkeit (vgl. Hebr 13,2; 1Petr 4,9; sowie 1Clem 1,2; Did 12,1–5). Die Formulierung *ein Freund des Guten* kennen wir auch als antiken Ehrentitel und hat wie die anderen hier genannten positiven Eigenschaften als innere Haltung stets das konkrete

Handeln für die Gemeinschaft im Blick. Die gilt auch für die Mahnung zur *Besonnenheit*, womit die Fähigkeit zur Mäßigung und zur nüchternen Einschätzung einhergeht (vgl. Röm 12,3; 2Kor 5,13 u.ö.). Diese wird im Titusbrief leitmotivartig immer wieder auftauchen (vgl. Tit 2,1–10). Eng damit zusammen hängen auch *Gerechtigkeit* und *Frömmigkeit* – hier im Sinne von Lauterkeit und Verbindlichkeit (vgl. 1Tim 2,8) – als weitere Elemente eines rechtschaffenen Lebens (vgl. 1Thess 2,10; Eph 4,24; Lk 1,75; Offb 16,5). Gerade diese drei Eigenschaften *besonnen, gerecht, fromm* sind laut Tit 2,12 das Resultat des Erziehungsprozesses durch die Gnade Gottes – nicht nur durch diese Querverbindung wird deutlich, dass diese Verse über die Gemeindeleitenden hinaus auf alle Christinnen und Christen zielen. Das letzte Adjektiv *enthaltsam* ist zu verstehen als Aufforderung zu einer grundsätzlichen Selbstbeherrschung und Selbstkontrolle.

V.9 verlässt den allgemein-sittlichen Kontext der vorangegangenen Verse und trägt die theologische Qualifizierung ein, auf die der Abschnitt aufgrund von V.7 (*Hausverwalter Gottes*) bereits angelegt war: Ein Bischof soll *an dem zuverlässigen Wort gemäß der Lehre* festhalten. Dass antike Tugendkataloge oft mit dem gewichtigsten Argument enden, zeigt sich auch hier, denn nun kommt eine explizit gemeindeleitende Qualität ins Spiel. Dieser Vers hat dabei eine zweifache Perspektive: Es geht sowohl um die Ermahnung derer in den eigenen Reihen als auch um ein argumentatives Überzeugen derjenigen, die sich außerhalb dieser Gruppe gestellt haben.

Das griechische Verb *festhalten* meint mit Genitiv entweder eine Art inneres Anhängen oder eine konkrete Bemühung; beide Aktzentsetzungen sind auch hier mitzuhören. Gegenstand dessen ist das zuverlässige Wort *gemäß der Lehre.* Es fällt auf, dass in diesem Vers gleich zwei Mal von *Lehre* die Rede ist; hinzu tritt auch noch das zuverlässige Wort. Die deutsche Übersetzung kann dabei nicht widerspiegeln, dass im griechischen Urtext drei verschiedene Begriffe stehen: *Logos* (*Wort*), *Didache* (*Lehre*) und *Didaskalia* ([gesunde] *Lehre*). Während der Terminus Didache die Lehrinhalte als Glaubensgrundlage bezeichnet (vgl. Röm 6,17; 16,17; 1Kor 14,6.26), beschreibt das Substantiv Didaskalia den Vorgang des Lehrens im Sinne einer Belehrung oder Instruktion (vgl. Röm 12,7; 15,4). Das zuverlässige Wort beinhaltet also, so könnte man V.9 paraphrasieren, die paulinischen Lehrinhalte; diese sind wiederum Grundlage für die aktuelle Belehrung durch die Presbyter-Bischöfe, die – dies unterstreicht die Charakterisierung als *gesund* – auf eine Art und Weise erfolgen soll, die Zurechtweisung und Besserung möglich macht. Wenn der Titusbrief von der *gesunden Lehre* spricht, so meint er damit nicht nur die korrekten Lehrinhalte, sondern die

hilfreiche Überzeugung durch die Lehrenden (vgl. Tit 2,8). Dies kann in den anderen Pastoralbriefen durchaus anders konnotiert sein (vgl. den Exkurs S. 41 f.).
Ergebnis soll die Gesundung der Widersprechenden im Glauben sein (vgl. Tit 1,13). Der Vers greift mit der Erwähnung der *Widersprechenden* nicht nur dem folgenden Abschnitt vorweg, sondern hat eine doppelte Stoßrichtung: Es geht nicht nur um eine Richtigstellung gegenüber Widerspruch von draußen, sondern auch um eine Klarstellung nach innen. Die beiden griechischen Verben stehen hier wie in Tit 2,15 unmittelbar parallel zueinander: als guter Gemeindeleiter erweist sich der, der beide Perspektiven einnehmen und entsprechend zu handeln vermag.

Der Titusbrief entwirft ein sehr konkretes Bild davon, welche Erwartungen an einen Amtsträger innerhalb der christlichen Gemeinden zu richten sind. Dass dazu auch geordnete Familienverhältnisse und wohlgeratene Kinder gehören, mag auf den ersten Blick vielleicht überraschen, doch nötigt es dazu, auch unsere eigenen Erwartungen auf den kritischen Prüfstand zu stellen. Denn wie lange haben sich Kirchengemeinden und Kirchenleitung damit schwer getan, wenn das Lebensmodell eines Geistlichen nicht den vermeintlich christlichen Normen entsprach: wenn Menschen in gemeindeleitenden Ämtern das Scheitern ihrer Ehe bekannt geben mussten oder vielleicht erst gar keine eingegangen waren.
Gerne würde ich dem Briefschreiber des Titusbriefes entgegnen: DAS EINE Ideal christlichen Lebens gibt es nicht; auch Menschen christlichen Glaubens und sogar in Leitungsebenen können ganz unterschiedlich bunte Lebensentwürfe haben! Vielleicht sollten wir uns umgekehrt sogar fragen, wo wir Menschen Wege verbaut haben, weil wir ein Ideal christlicher Lebensgestaltung meinten vorgeben zu müssen, das der bunten Vielfalt der Schöpfung Gottes eben nicht gerecht wird. Wichtig ist in all dem doch das verantwortliche Verhalten gegenüber dem- oder derjenigen, mit dem oder der man das Leben teilt.

Tit 1,10–16: Das Problem auf Kreta: Irrlehrer

Der Abschnitt schließt grammatikalisch und inhaltlich eng an Tit 1,9 an. Dass die Andersdenkenden jetzt in den Blick geraten, war schon durch die Rede von den *Widersprechenden* angelegt. Der Duktus der Passage wechselt mehrfach; auf einen schroffen Beginn (V.10–12) folgt die Hoffnung auf Heilung (V.13f), bevor am Ende wieder eine wüste Beschimpfung derjenigen steht, die sich gegen die richtige Lehre stellen (V.15f). Insgesamt gilt: Der Kontrast zwischen den »Irrlehrern« und dem von den Amtsträgern entworfenen Bild könnte kaum größer sein.

Wenn in diesem Kommentar von Irrlehrern und Irrlehren die Rede ist, so muss man sich klarmachen: Was richtige und was falsche Lehre ist, stand zur Zeit dieser Schreiben noch nicht so eindeutig fest, wie es diese Terminologie suggeriert. Nicht die Irrlehrer sind es, die sich wissentlich von der einen wahren und deshalb unumstößlich feststehenden Lehre abwenden, sondern heute wissen wir, dass sich im gemeinsamen Ringen um das, was gelehrt werden kann und muss, erst nach und nach herausschälte, was eigentlich korrekt ist. Die Gewissheit der drei Pastoralbriefe, stets auf der richtigen Seite zu stehen, war in jedem Fall nicht von vornherein evident.

Anders als in den beiden anderen Pastoralbriefen erscheinen die Irrlehrer im Titusbrief ausschließlich als gegenwärtiges Phänomen (vgl. im Unterschied dazu 1Tim 4,1; 2Tim 3,1f; 4,1f). Die in den beiden Schreiben an Timotheus aufrechterhaltene Fiktion, wonach Paulus Phänomene aus der Gegenwart der Leserinnen und Leser ja nur als zukünftige Ereignisse beschreiben kann, fehlt hier. Ist dies ein Beleg für die besondere Emphase, mit der der Text verfasst wurde, und damit ein Hinweis auf die Massivität der Bedrohung durch die Irrlehrer? Um die Autorfiktion dennoch aufrechtzuerhalten, verzichtet der Schreiber auf die namentliche Benennung einzelner Gegner – denn die hätte nun »Paulus« tatsächlich nicht kennen können.

10 Es gibt nämlich viele Aufsässige, leeres Geschwätz Hervorbringende und Betrüger, ganz besonders die aus der Beschneidung, 11 denen man das Maul stopfen muss, welche ganze Häuser zerstören, indem sie lehren, was sich nicht geziemt, für schändlichen Gewinn. 12 Jemand von ihnen, ihr eigener Prophet, hat gesagt: Kreter sind immer Lügner, schlechte Tiere, faule Bäuche. 13 Dieses Zeugnis ist wahr. Deshalb weise sie streng zurecht, damit sie gesund seien im Glauben. 14 indem sie nicht auf jüdische Fabeln und die Anweisungen von Menschen achten, die sich von der Wahrheit abwenden. 15 Alles ist rein den Reinen. Denen aber, die befleckt worden sind, und den Ungläubigen ist nichts rein, sondern befleckt ist sowohl ihr Denken als auch ihr Gewissen. 16 Sie behaupten, Gott zu kennen, sie verleugnen ihn aber mit den Werken; Scheusale sind sie und Ungehorsame und Unbrauchbare zu jedem guten Werk.

V.10 ist durch das begründende *nämlich* eng an das Vorherige zurückgebunden. Hier nun wird entfaltet, warum es unabdingbar ist, dass ein Bischof die Fähigkeit zur Lehre haben muss: Offensichtlich haben die Andersdenkenden bereits nicht unerhebliche Erfolge verzeichnen können und sind schon *viele* geworden – ein Eindruck, der zumindest subjektiv Gefahr signalisiert. Diese *Vielen* werden hier dreifach negativ charakterisiert: Sie sind *Aufsässige, leeres Geschwätz Hervorbringende und Betrüger* – sie sind also rebellisch und ungehorsam (d. h., nicht bereit, sich in die Gemeinschaft einzubringen) und widersprechen damit dem Ideal des Gehorsams gegen die gesunde Lehre. Statt gesunder Worte kommt aus ihrem Mund nur inhaltsleeres und deshalb unnötiges Gerede (vgl. V.14).

Der Vers gipfelt in dem als Einschub gestalteten Schlussausruf *besonders die aus der Beschneidung*. Dieser geht über die den Satz bisher dominierende eher stereotype Polemik hinaus, daher kommt ihm besonderes Gewicht zu. Offensichtlich steht für den Briefautor die jüdische Herkunft der Andersdenkenden im Vordergrund. Durch die Sentenz *die aus der Beschneidung* (vgl. Röm 4,12; Gal 2,12; Kol 4,11; Apg 10,45; 11,2) werden die Irrlehrer durch ihr Jüdischsein charakterisiert. Antike Belege kennen in der Tat jüdische Gemeinden auf Kreta (vgl. 1Makk 15,22f; Philo, LegGai 282), die Apostelgeschichte (Apg 2,11) weiß von Kretern jüdischen Glaubens, die bereits beim Pfingstwunder Teil der christlichen Gemeinschaft wurden. Denkbar ist das hier angedeutete Szenario für Gemeinden auf Kreta also durchaus, dass nämlich christliche Gemeinden unter judenchristlichem Einfluss theologische Ideen entwickeln konnten, die für die paulinische Tradition inakzeptabel waren.

Auch Paulus selbst hatte im Zuge seiner Missionspraxis schlechte Erfahrungen mit Menschen jüdischen Glaubens machen müssen (vgl. besonders Gal 2,12), die Polemik des Titusbriefes steht Ausbrüchen, wie wir sie aus den echten Paulusbriefen kennen, in nichts nach (vgl. Gal 5,12; Phil 3,2). Doch auch wenn die Gegner ein jüdisches Profil haben, heißt das nicht, dass Paulus selbst oder Menschen in seiner Tradition das eigene Jüdischsein oder das anderer grundsätzlich infrage stellen. Nicht die Berechtigung einer jüdischen Existenz an sich wird angezweifelt, sondern die Heilsrelevanz bestimmter jüdischer Identitätsmerkmale.

Der Hinweis, dass die Gegner aus dem Judentum stammen, wird zur Lesebrille für alles Folgende; dabei weiß man gar nicht, welche Bedeutung dies tatsächlich für die Lehre hatte, die sie vertreten. Ob sie zum Beispiel, wie es die paulinischen Gegner im Galaterbrief tun (vgl. Gal 5,1–6), tatsächlich die Beschneidung forderten, bleibt unklar.

Dass es sich bei den Irrlehrern um eine reale Bedrohung handelt – worin genau sie nun auch bestanden haben mag –, zeigen die drastischen Formulierungen in **V.11**. Ihnen müsse man *das Maul stopfen*, so fordert der Briefschreiber Titus auf. Dieses Verb steht neutestamentlich nur hier, doch belegt auch die pagane Verwendung den pejorativen Beiklang. Damit ist weniger eine diskursive Auseinandersetzung impliziert als vielmehr ein Ruhigstellen ohne argumentative Überzeugung.

Denn offensichtlich gelingt es den Andersdenkenden, *ganze Häuser* zu *zerstören*. Ebenso wie die Erwähnung der *Vielen* in V.10 zeigt das: Sie können Erfolge verzeichnen; die scharfe Reaktion des Briefschreibers ist also der aktuellen Gefahrenlage geschuldet. Die kretischen Gemeinden waren offensichtlich in Privathäusern organisiert, gleichsam als »Hausgemeinden«, und in diese dringen die Andersdenkenden nun ein (vgl. 2Tim 3,6). Dass sie sie *zerstören* würden, ist dabei als Metapher für den unguten Einfluss auf die gesunde und richtige Lehre zu verstehen (vgl. noch 2Tim 2,18). Was genau daraus resultiert – eine Abkehr von der »richtigen« Lehre, eine Verführung zu einem unmoralischen Lebenswandel oder die Entzweiung der Hausgemeinden –, wird nicht recht deutlich; vielleicht ist an alles gedacht.

Denn, so der nächste Vorwurf, die Gegner *lehren, was sich nicht geziemt*. Dies meint pauschal das Gegenteil dessen, was der Autor des Briefes als richtige Lehre ansieht (vgl. noch 2Tim 2,24 in vergleichbarem Gebrauch).

Den Gipfel der Unterstellungen bietet die abschließende Behauptung, die Gegner würden dies alles *für schändlichen Gewinn* tun – im Gegensatz dazu gilt für den Presbyter-Bischof das Ideal, dass er nicht dem Geld nachjagen soll (Tit 1,7: *nicht habgierig*). Die Formulierung diskreditiert bereits die Absicht der Gegnerschaft als niederträchtig und greift ein antikretisches Stereotyp auf, das in der Antike weit verbreitet war: Die kretische Gewinnsucht war tatsächlich sprichwörtlich; dies erwähnt bereits der Historiker Polybius im 2. Jahrhundert v. Chr. mehrfach: Die Kreter galten als verschlagener und hinterlistiger als alle anderen Völker und als diejenigen, denen kein Gewinn zu unlauter war (vgl. Hist VI 46,2f; 47,5).

Dies alles trifft aus Sicht des Briefschreibers auch auf seine Gegner zu. Ihnen gehe es nicht um die Wahrheit, so der Vorwurf, sondern um ihre persönliche Bereicherung. Indem dieser Vers solche Klischees kolportiert, zeigt sich: Der Autor vertraut weniger auf Argumente als auf die Wirksamkeit polemischer Rhetorik.

Dies setzt sich in **V.12f** nahtlos fort; diese beiden Verse sind als sogenannte Lügner-Antinomie in die Auslegungsgeschichte eingegangen. V.12 steht ohne syntaktischen Anschluss an das Vorherige, was man als Zeichen für die Emphase des Autors und die Schärfe der Debatte werten könnte.

Der Ausspruch, den der Briefschreiber hier bietet, wird bereits seit der Antike dem kretischen Dichter Epimenides zugeschrieben, der zu den Vorsokratikern zählt und einige Jahrhunderte vor Christi Geburt lebte. Dass ein Kreter sagt, *Kreter sind immer Lügner*, erlangte als Paradoxie des Epimenides in der antiken Logik eine gewisse Bedeutung. Es handelt

sich um ein sogenanntes Lügner-Paradoxon: Wie kann die Aussage eines Kreters, dass alle Kreter Lügner seien, wahr sein? Die Debatte mit den Andersdenkenden erhält nun einen ironischen Unterton.
Der Ausspruch wird auf einen *Propheten* aus Kreta – *einer von ihnen* bezieht sich hier weniger auf die Irrlehrer als vielmehr auf alle Einwohner Kretas – zurückgeführt. Prophetisch ist dieses Zitat aus Sicht des Autors deshalb, weil es eine geradezu hellseherische Aussage über die Kreter trifft.
Es ist allerdings missionarisch nicht gerade geschickt zu nennen, eine solche für alle Briefleserinnen und Briefleser auf Kreta verletzende Aussage in einem nach Kreta zielenden Brief zu äußern. Vielleicht zeigt die Lügner-Antinomie erneut, mit wie viel Emphase der ganze Text abgefasst ist. Sie ist zudem ein bequemes Argument für die eigene Position und ein Allgemeinplatz.
Nicht recht passend erscheint die Fortsetzung *schlechte Tiere, faule Bäuche,* die auch nicht mehr Teil des epimenidischen Hexameters ist. Doch passt zumindest die Erwähnung der schlechten (oder bösen) Tiere ebenfalls nach Kreta, galt diese Insel in der Antike doch gerade als Ort, an dem keinerlei wilde Tiere lebten (vgl. Plinius d. Ä., HistNat 8,83; Plutarch, Mor 86c). Will der Briefschreiber unterstellen, dass einige aus den Reihen der Kreter diese Funktion übernommen hätten?
Die Metapher *faule Bäuche* ergänzt dazu das genaue Gegenteil: In Fortführung des Vorwurfs der Gewinnsucht aus V.11 wird den Andersdenkenden hier vorgeworfen, sie seien nur an ihrem eigenen Wohlbefinden interessiert (vgl. den Vorwurf, den Paulus in Phil 3,18f seinen Gegnern macht: Ihr Gott ist ihr Bauch!). Bedrohliche Unberechenbarkeit und satte Tatenlosigkeit sind es, die diese Gruppierung auszeichnen.
V.13 schließt wieder an die in V.12 zitierte Lügner-Antinomie an und treibt sie auf die Spitze: Nun wird die Aussage eines Menschen aus Kreta, wonach alle Kreter lügen, als wahr bestätigt. Doch ein Satz, der seine eigene Falschheit behauptet, kann überhaupt nicht wahr sein. Wieder ist der ironische Unterton mitzuhören, der den ganzen Abschnitt prägt. Gleichzeitig dient diese Erkenntnis als Begründung: Weil alle Kreter immer Lügner sind, deshalb soll Titus sie *zurechtweisen*. Doch ist das ein schwaches Argument. Denn wenn jemand gar nicht anders kann als zu lügen, hilft alles Ermahnen nichts. Spannend ist allerdings das, was die Aufforderung zur Zurechtweisung noch verrät: Die Irrlehrer sind offensichtlich Teil der Gemeinde, an die der Titusbrief adressiert ist. Die Chance einer Zurechtweisung räumt die Möglichkeit ein, dass Titus selbst noch Macht über sie besitzt. Titus soll sie *streng zurechtweisen* (vgl. 2Kor 13,10); das passt zum Duktus der gesamten Auseinandersetzung. Dass der Briefschreiber dabei das Bild des Gesundwerdens

heranzieht, erinnert an den Vergleich der Irrlehre mit einer Krankheit, wie wir ihn aus den beiden anderen Pastoralbriefen kennen (vgl. 2Tim 2,17; 1Tim 6,4).

V.14 deutet zumindest an, worum die inhaltliche Auseinandersetzung mit den Andersdenkenden zu kreisen scheint – denn der Weg zur Gesundung kann nur über die Abwendung von falschen Anschauungen führen. Dabei handelt es sich um *jüdische Fabeln und die Anweisungen von Menschen.*

Das hier mit *jüdisch* übersetzte Adjektiv ist ein neutestamentliches Hapax legomenon; die spezielle Form *Ioudaikos* bezeichnet als Abstraktbildung auf *-ikos* stets eine Zugehörigkeit oder Beziehung. *Jüdische Fabeln* sind dann also solche, die aus dem Judentum stammen. Auf diese Weise wird die Irrlehre (erneut!, vgl. V.10) in einen ausdrücklich jüdischen Zusammenhang gerückt (vgl. noch Tit 3,9–11).

Der Begriff *Fabeln* steht in den Pastoralbriefen mehrfach zur Bezeichnung gegnerischer Lehren (vgl. 2Tim 4,4; 1Tim 1,4; 4,7; darüber hinaus nur in 2Petr 1,6). Dass dabei stets von solchen Mythen im Plural die Rede ist, zeigt, dass damit konkrete Inhalte verbunden sind und das Nomen nicht nur als Abstraktum steht. Der Terminus hat grundsätzlich einen pejorativen Beiklang, steht er doch auch im allgemeinen Sprachgebrauch der Wahrheit gegenüber.

Dass diese *Fabeln* mit *menschlichen Anweisungen* parallelisiert werden, stellt eine zusätzliche Abqualifizierung dar. Das dafür verwendete griechische Substantiv meint in der Septuaginta sonst stets von Gott selbst stammende Gebote, weshalb der Ausdruck »Gebote Gottes« im Alten Testament zu einem feststehenden Ausdruck werden konnte (vgl. u.a. Dtn 6,17; 2Kön 17,16; 1Chr 28,8; Ps 119,115). Schon die bloße Verbindung dieses Begriffs mit der Sphäre des Menschlichen ist disqualifizierend, unterstellt der Briefschreiber doch so: Die Gebote, denen die Gegner so große Wichtigkeit beimessen, sind eigentlich nur von Menschen gemacht – während für ihn im Umkehrschluss völlig klar ist, dass hinter der gesunden Lehre die Autorität Gottes steht.

Wer solche *Fabeln* und *Anweisungen* beherzigt, der hat sich *von der Wahrheit abgewandt* – doch genau das soll Titus noch verhindern. Das abschließende Urteil über die Andersdenkenden ist also noch nicht gesprochen, allerdings lässt die Fortsetzung dieses Abschnitts ebenso wie der resignative Ton in Tit 3,9–11 erkennen, dass der Briefschreiber nur noch wenig Hoffnung hat.

Trotz allem darf der Titusbrief nicht insgesamt als antijüdisches Dokument gelesen werden; dies hatte ja bereits das Präskript gezeigt, in dem der Briefschreiber »Paulus« sich selbst in einen jüdischen Horizont eingezeichnet hatte. Auch der Titusbrief unterstreicht also, dass das

Christentum auf dem Judentum fußt. In Frage steht aber sehr wohl, welche Elemente des jüdischen für den christlichen Glauben von Bedeutung sind und welche nicht.

Darum kreist auch der folgende **V.15**, der grammatikalisch zwar unverbunden ist, aber assoziativ an das Vorherige anschließt. In Sprache und Motivrepertoire eher traditionell gehalten, widmet er sich nun dem Thema Reinheit. Da der eigene Leseeindruck dieses Verses durch die Erwähnung menschengemachter jüdischer Gebote in V.14 vorbereitet ist, fragt man sich: Kreisen diese Anweisungen in irgendeiner Form um Reinheitsvorschriften?

Die Forschung hat immer wieder Parallelen zu 1Tim 4,3–5 gezogen, wo sich der Briefschreiber mit einer religiös begründeten Nahrungsaskese seiner Gegner auseinandersetzen muss. Da allerdings die beiden Briefe nun gerade nicht verraten, dass sie die gleiche Häresie bekämpfen, dürfen beide Stellen nicht zur wechselseitigen Interpretation verwendet und zu einer häresiologischen Gesamtschau zusammengefügt werden. Vielmehr gilt es, für jeden einzelnen Brief ein gesondertes gegnerisches Profil zu erheben. Denn anders als der 1. Timotheusbrief lässt der Titusbrief durch nichts erkennen, dass die hier bekämpften Gegner gnostische Elemente in ihre Lehre integriert hätten; auch die Formulierung, sie würden *Gott kennen*, darf nicht zu sehr in diesem Sinne gepresst werden, sondern kann auch innerjüdisch erklärt werden. Hier geht es offensichtlich um Christinnen und Christen, die ihre Herkunft aus dem Judentum aus Sicht des Briefschreibers zu stark betonen. Der Titusbrief ist das Dokument einer Debatte des 1. Jahrhunderts n. Chr., in die auch Paulus selbst stark involviert war und die sich auf die Frage zuspitzen lässt: Welche Relevanz hat das jüdische Gesetz für den christlichen Glauben?

Die tautologisch angehauchte Formulierung *Alles ist rein den Reinen* nimmt Bezug auf alttestamentliche Regelungen, bei denen Fragen von (Un-)Reinheit eine große Rolle spielten. Grundsätzlich galt, dass die Nähe zur Heiligkeit Gottes die eigene Reinheit voraussetzt; um diese sicherzustellen, entwickelte das Volk Israel ein komplexes Regelsystem. Darauf nehmen auch neutestamentliche Heilungsgeschichten Bezug, ebenso wie die kritischen Äußerungen Jesu über Speisegebote (vgl. Mk 7,15f: *Nichts, was von außen in den Menschen hineinkommt, kann ihn unrein machen, sondern was aus dem Menschen herauskommt, das macht ihn unrein.*) Bereits Paulus selbst kann festhalten: Gottes Gerechtigkeit reinigt unabhängig von allem menschlichen Bemühen; Gläubige sind deshalb rein, Ungläubige hingegen unrein (vgl. Röm 14,20) – diese Frage bricht in frühchristlichen Gemeinden immer wieder an Auseinandersetzungen über Speisevorschriften auf (vgl. u. a. 1Kor 10,23–33; Gal 2,11f; Röm 14,13–23).

Bei allen inhaltlichen Unschärfen lässt das hier formulierte Axiom deshalb ebenfalls an eine solche Debatte denken, die dann allerdings durch den zweiten Versteil auf eine noch grundsätzlichere Ebene gehoben wird. *Alles ist rein* – dass das die Irrlehrer anders sehen, liegt aus Sicht des Briefautors nur daran, dass sie in sich selbst *unrein* seien. Doch ist das nur ein Vorwurf und kein Argument. Allerdings rückt dadurch stärker die moralisch-ethische Reinheit in den Fokus. Reinheit wird hier zu etwas Innerlichem: Wer in sich selbst unrein ist – und nicht anders kann der Hinweis auf die *Befleckung* von *Denken* und *Gewissen* verstanden werden –, dem hilft auch die Einhaltung von Speisegeboten nicht.

Auch der abschließende **V.16** bleibt durch Polemik geprägt. Deutlicher kann man den Widerspruch zwischen Selbst- und Fremdwahrnehmung kaum kennzeichnen. Die Andersdenkenden *behaupten, Gott zu kennen.* Auch hier klingt wieder eine antijüdische Polemik durch, die sich gegen die Herkunft der Irrlehrer aus der Beschneidung (V.10) richtet – denn aus Sicht des Volkes Israel war es doch gerade seine Gotteserkenntnis, die es vor allen anderen Völkern auszeichnete (vgl. Jer 9,23 u. ö.), während der Vorwurf der Nichterkenntnis Gottes sich sowohl gegen die Heiden als auch gegen die Untreuen im eigenen Volk richten konnte (vgl. Jer 9,5; Dan 11,32; Hos 5,4).

Der Briefschreiber betont allerdings: Die Gotteserkenntnis der Andersdenkenden ist nur eine vermeintliche – und dies wird an ihrem Verhalten offensichtlich. So wie sich die Eignung eines Gemeindeleiters (vgl. Tit 1,5–9) und die Glaubenstreue der Gemeindeglieder (vgl. Tit 2,1–10) im Leben bewähren müssen, so zeigt sich in Bezug auf die Irrlehrer, dass sie Gott *aber mit den Werken verleugnen.* Aufgrund der Diskrepanz zwischen Anspruch und Wirklichkeit bleibt ihr Bekennen reines Lippenbekenntnis.

Vermutlich gründet die in V.15 angesprochene *Befleckung des Gewissens* in genau diesem Fehlverhalten – ohne dass genau deutlich würde, worin es besteht. Zudem zeigt gerade der scharfe Ton der letzten Vershälfte, dass es hier weniger um konkretes und beweisbares Versagen als vielmehr um Diffamierung der Gegner geht. Die zwischendurch aufklingende Hoffnung auf Besserung ist hier der Einsicht in die Unausweichlichkeit gewichen. Die Irrlehrer werden als *Scheusale, Ungehorsame* und *zu jedem guten Werk Unbrauchbare* charakterisiert; der Schwerpunkt liegt dabei sicher auf letzterer Beschreibung. Im Gegensatz zu den Irrlehrern ist Titus ein Vorbild in guten Werken (Tit 2,7), um die sich auch andere bemühen (Tit 2,14), die aber gleichzeitig in ihrer Heilsrelevanz nicht überbewertet werden dürfen (Tit 3,5–7, vgl. die Auslegung z.St.). Wie bei Paulus selbst werden hier *gute Werke* von den Werken des Gesetzes unterschieden (vgl. Röm 2,5–16; 2Kor 9,8; Gal 6,10;

Phil 1,22), sie erscheinen als erstrebenswertes Verhalten für alle Christinnen und Christen.

Gelegentlich ersetzt im Titusbrief massive Polemik sachliche Argumente. Das ist auch hier der Fall. Der Briefschreiber hat für diejenigen, denen er einen falschen Glauben unterstellt, nur Beschimpfungen übrig. Dass er sich dabei auch noch antisemitischer Begrifflichkeiten oder ethnischer Stereotype bedient, macht die Lektüre dieser Verse für mich schwierig. So kann und darf man, finde ich, nicht über Menschen reden. Es mag sein, dass zu anderen Zeiten andere Maßstäbe gegolten haben; auch von Martin Luther sind Äußerungen überliefert, die ich als im wahrsten Sinne des Wortes unsäglich empfinde. Auch der Titusbrief malt vor Augen, wie es nicht geht – doch wie geht es dann? Welche Etikette muss gelten, wenn sachliche Kritik angesagt ist?
Hinzu kommt: Die Sicherheit, mit der sich der Briefschreiber im Recht wähnt, ist doch nur eine vermeintliche. Gerade in den ersten Jahrzehnten des Christentums musste sich doch erst herausschälen, was richtige und falsche Lehre ist. Der Autor des Briefes glaubt das zu wissen – und die Überlieferung hat ihm Recht gegeben. Auch heute müssen wir darum ringen, wie evangeliumsgemäße Verkündigung und Lehre aussehen. Und doch würde ich mir wünschen, dass bei Diskussionen um die Gestaltung christlichen Lebens und Glaubens sachliche Argumente zählen.

Tit 2,1–10: Verhaltensanweisungen für die verschiedenen Stände

In Tit 2,1–10 schließen sich praxisorientierte Angaben zur konkreten Ausgestaltung der christlichen Existenz an. Indem der Briefschreiber in Tit 2,1 die Formulierung *gesunde Lehre* aus Tit 1,9 wieder aufgreift, werden diese Verse zu einer (recht allgemein gehaltenen) Paränese, in der das in Tit 1,10–16 gesetzte Vorzeichen immer mitzuhören ist.
Dieser Abschnitt ist geprägt durch Elemente popularphilosophischer Ethik; der Verfasser greift überkommenes Vokabular auf, das nur in den wenigsten Fällen einen christlichen Anstrich erhält. Da Tit 2,1–10 Anweisungen für die verschiedenen Stände der Gemeinde bietet, hat man diese Verse gerne auch in Aufnahme eines von Martin Luther geprägten Begriffs als Haustafel bezeichnet (vgl. zum Genre noch Kol 3,18–4,1 sowie Eph 5,21–6,9). Doch während es in diesen sonst um das Verhältnis der verschiedenen innerhäuslichen Gruppen geht (Männer und Frauen, Eltern und Kinder, Sklaven und Herren), ist dieses Formschema im Titusbrief durchbrochen. Hier steht das Verhalten der älteren beziehungsweise jüngeren Generation insgesamt im Zentrum; lediglich die Ermahnungen an die Sklaven haben einen anderen Duktus.

Tit 2,1–10 beschreibt weniger die Relationen in einem Haushalt als vielmehr die gemeindliche Gesamtsituation in Anlehnung an häusliche Strukturen. Am ehesten wird man hier deshalb von einer Gemeindetafel oder einer haustafelähnlichen Paränese sprechen können, die einmal mehr deutlich macht, wie sehr im Titusbrief die Ekklesiologie noch von ihrer Keimzelle her gedacht ist, dem antiken Haus. In Anlehnung an dessen Strukturen wird entfaltet, wie der christliche Glaube in der Welt wahrgenommen werden soll. Der Abschnitt hat eine Parallele in 1Tim 5,1f, ist jedoch deutlich länger.

1 Du aber rede das, was sich geziemt für die gesunde Lehre: 2 den Alten,
dass sie nüchtern sind, ehrbar, besonnen, gesund im Glauben, in der Liebe,
in der Standhaftigkeit, 3 ebenso die alten Frauen, in ihrer Haltung dem
Heiligen angemessen, nicht verleumderisch, nicht Sklavinnen von vielem
Wein, Lehrerinnen des Guten, 4 damit sie die jungen Frauen zur Besonnen-
heit anhalten, ihren Mann zu lieben, die Kinder zu lieben, 5 besonnen zu
sein, keusch, häuslich, gütig, sich den eigenen Männern unterordnend,
damit das Wort Gottes nicht verlästert werde. 6 Die jungen Männer er-
mahne ebenso, besonnen zu sein 7 bezüglich allen Dingen, indem du dich
selbst hinstellst als Vorbild der guten Werke; in der Lehre Ehrlichkeit, Ehr-
würdigkeit, 8 gesundes, unanfechtbares Wort, damit der von der Gegen-
seite beschämt wird, weil er über uns nichts Schlimmes zu reden hat. 9 Die
Sklaven (ermahne ebenso), dass sie sich den eigenen Herren unterordnen
in allem, wohlgefällig zu sein, indem sie nicht widersprechen, 10 indem sie
nichts veruntreuen, sondern indem sie bezeugen alle gute Treue, damit sie
die Lehre unseres Retters, Gottes, schmücken in allem.

V.1 setzt durch die Anrede *Du aber* neu ein, wodurch der Abschnitt von der scharfen Polemik der vorangegangenen Verse abgegrenzt wird. Denn anders als beim *Geschwätz* der Gegner (vgl. Tit 1,10) geht es nun um die *gesunde Lehre*; ein Begriff, der hier gleichsam als Überschrift über allem Folgenden steht (zur Deutung der Phrase *gesunde Lehre* vgl. den Exkurs S. 41 f.). Das angemessene Verhalten der einzelnen Gemeindeglieder trägt dazu bei, dass die Inhalte der christlichen Lehre in der Welt überzeugen können.

Die Glaubwürdigkeit der Verkündigung soll auch durch ein nach außen wahrnehmbares anständiges Leben sichergestellt werden; Maßstab ist dabei das, was mit Blick auf die gesellschaftliche Realität als akzeptabel vorausgesetzt werden kann. Vielleicht kann man deshalb sagen: Das Besondere an diesen Forderungen ist, dass sie gerade nicht besonders sind und auf diese Weise deutlich machen, was es bedeutet, in dieser Welt als Christin oder Christ zu leben.

Leitbegriff des Abschnitts ist das mehrfach vorkommende Wortfeld *Besonnenheit* (Tit 2,2.4.5.6), das gleichsam den Cantus firmus aller Ermahnungen bietet und dem weitere Tugenden oder Untugenden beschreibend beigeordnet sind.
In den Blick geraten nun die älteren und jüngeren Männer und Frauen, wobei die Ermahnungen an die Frauen durch die an die Männer gerahmt und unmittelbar aufeinander bezogen sind: Das Vorbild der älteren Frauen gilt den jüngeren, während es in Bezug auf die jüngeren Männer Titus selbst ist, dessen Beispiel prägend wirken soll. Wie ein roter Faden zieht sich dabei die Mahnung zu Besonnenheit durch den gesamten Abschnitt.
In **V.2** geht es zunächst um die alten Männer; allerdings steht bewusst nicht der Komparativ *Ältere* (griechisch: *Presbyteroi*), wie er in Tit 1,5 Verwendung findet und in der frühchristlichen Tradition durchlässig ist hin auf ein gemeindliches Amt, sondern der Positiv *Alte.* Dieser Begriff dient ausschließlich als Altersbezeichnung; es geht also um alle an Lebensjahren Älteren und nicht, wie in Tit 1,5–9, nur um eine bestimmte Gruppe von ihnen. Sie sollen *nüchtern, ehrbar* und *besonnen* sein; diesen drei fast klassisch zu nennenden Tugenden werden drei spezifisch christliche Begriffe, *Glaube, Liebe, Standhaftigkeit* zugeordnet (vgl. 1Thess 1,3). In Nüchternheit, Ehrbarkeit und Besonnenheit erweist sich also die Gesundheit des Glaubens, denn so sind die alten Männer in der Lage, positiv zur christlichen Gemeinschaft beizutragen. Gesundheit ist in den Pastoralbriefen insgesamt zur Metapher für die richtige Gestaltung des Glaubens geworden: Der gesunden Lehre entspricht das Gesundsein derer, die an ihr festhalten – und dies zeigt sich wiederum nach außen in der Erfüllung bestimmter ethisch-moralischer Erwartungen.
V.3 wendet sich mit der knappen Überleitung *ebenso* den alten Frauen zu und erwähnt vier Tugenden, die, wie vieles andere in diesem Abschnitt auch, eigentlich selbstverständlich sein sollten. Dass diese Frauen *in ihrer Haltung dem Heiligen angemessen* sein sollen, kann durchaus als Überschrift über dem Vers insgesamt stehen: Hier geht es um eine Lebenshaltung, die der Stellung der älteren Frauen in der Gemeinde Gottes würdig ist und den hohen moralischen Ansprüchen genügt, die an diese gestellt werden.
Dazu zählt der Verzicht auf unmäßigen Weingenuss; eine in antiken Katalogen tatsächlich häufig zu findende Forderung (vgl. auch in Bezug auf den Bischof in Tit 1,7), die der hier geforderten religiösen Haltung eine recht profan-alltägliche Note von Anständigkeit verleiht und zudem den belehrenden Einfluss auf die Jüngeren erst möglich macht. Dies gilt auch für die Ermahnung, *nicht verleumderisch* zu sein; womit hier wie auch an

anderer Stelle in den Pastoralbriefen eine grundlegend verkehrte Haltung beschrieben werden kann (vgl. 1Tim 3,11; 2Tim 3,3).

Nur dann nämlich ist es möglich, dass die älteren Frauen *Lehrerinnen des Guten* sind – insofern eine überraschende Formulierung, als dass die Pastoralbriefe sonst eher in ein Milieu zu zielen scheinen, in dem Frauen gerade keine Lehrfunktion übernehmen dürfen. Und in der Tat zeigen die beiden folgenden Verse, dass damit vor allem eine Vorbildfunktion für jüngere Frauen im Hinblick auf das eigene Hauswesen gemeint ist. Dass ältere Frauen aufgefordert sind, jüngere zu belehren, ist ein typisches Element antiker Moralphilosophie. Immer wieder geht es dabei auch um Besonnenheit und Zurückhaltung; ein Gedanke, der in paganen Traktaten häufig auf Zurückhaltung bei der äußeren Erscheinung (wie aufwändige Kleidung, Schmuck und Frisur) zugespitzt wird. Dies ist auch in 1Tim 2,9f der Fall, während der Titusbrief eher allgemein bleibt.

Die Ermahnung zur *Besonnenheit* eröffnet auch diese Liste von insgesamt acht Verhaltensanweisungen und steht in etwas anderer Form zu Beginn von V.5 gleich nochmals. Die weiteren Anforderungen in **V.4** beziehen sich auf das Verhältnis zu Mann und Kindern – es wird selbstverständlich vorausgesetzt, dass junge Frauen verheiratet sind und Familie haben. Nun geht es um ganz praktische Liebe, wie sie den innerfamiliären Umgang prägen soll. Dass die letzte Ermahnung in V.5 dazu den Hinweis ergänzt, Frauen sollten sich ihren Männern unterordnen, steht dem aus der Sicht des Briefautors nicht entgegen, sondern beschreibt sein Ehe- und Familienideal, das ebenfalls mit den Vorstellungen der Umwelt übereinstimmt und das die neutestamentliche Briefliteratur auch sonst prägen konnte (vgl. 1Kor 7,2; 14,35; Kol 3,18; Eph 5,22; 1Petr 3,1.5).

V.5 ergänzt dazu vier weitere Tugenden; am Beginn steht erneut die *Besonnenheit*; danach folgt die Aufforderung, *keusch* zu sein. Damit ist hier der Verzicht nicht auf jede sexuelle Beziehung, sondern auf unerlaubte sexuelle Handlungen gemeint. Dass Frauen *häuslich* sein sollen, zeigt einmal mehr, dass das Haus der typische Ort für Frauen ist (vgl. 1Tim 5,14); ein Gedanke, der zu den antiken griechischen und römischen Moralvorstellungen passt. Auch die Forderung nach Güte entspricht pagan-antiken Idealen. Der letzte Teilvers dieses kurzen Tugendspiegels gibt die Stoßrichtung an. All das soll geschehen, *damit das Wort Gottes nicht verlästert werde.*

Hier zeigt sich der enge Zusammenhang zwischen Leben und Lehre, wie er alle drei Pastoralbriefe prägt. Auch für den Autor des Titusbriefes erweist sich die Wahrhaftigkeit der eigenen Religion in der Orientierung des eigenen Lebenswandels an den gängigen antiken Tugendidealen. Das normenkonforme Verhalten soll die Diskreditierung der noch jungen Religion verhindern. So erhält das christliche Leben nicht nur Zeugnischarakter (vgl. 1Tim 3,7), sondern der Briefschreiber kommt auch jeder Gefahr zuvor, dass das Christentum als relativ junge Religion einen schlechten Leumund erhalten könnte.

In den folgenden Versen wendet sich der Briefschreiber nun den jungen Männern zu: Auch sie sollen *besonnen sein* (**V.6**). Diese Aufforderung war wortgleich auch an die anderen Personengruppen ergangen, wird in **V.7** aber gleich in zweifacher Weise unterstrichen. Zum einen durch die Entgrenzung *bezüglich allen Dingen*, und zum anderen durch den Verweis auf Titus als *Vorbild*. Dass ein Briefempfänger auf seine Vorbildfunktion angesprochen wird, ist typisches Motiv eines paränetischen Schreibens und passt auch zum Mandatscharakter des Titusbriefes insgesamt. Damit ist also nichts darüber ausgesagt, dass der Apostelschüler Titus hier als junger Mann gedacht ist; während es über Timotheus in 1Tim 4,12 ausdrücklich heißen kann, dass ihn niemand wegen seiner Jugend verachten soll (vgl. auch 2Tim 2,22). Auch Paulus selbst kann von der Vorbildfunktion seiner eigenen oder anderer Personen reden (vgl. u.a. Phil 3,17; 1Thess 1,7; 2Thess 3,9); ein Gedanke, der hier nun auf Titus übertragen wird.

Titus soll sich selbst *hinstellen* als *Vorbild der guten Werke* – und damit genau so sein, wie es die in Tit 1,10–16 genannten Gegner eben nicht sind. Die Selbstverständlichkeit, mit der der Titusbrief davon sprechen kann, dass man gute Werke tun müsse, wird durch die Zitation zweier Traditionsstücke in Tit 2,11–14 und Tit 3,4–7 theologisch eingeordnet; zeigen diese doch, dass es keineswegs um den Gedanken der Selbsterlösung geht, sondern dass damit lediglich die Außenwirkung im Blick ist.

Neben das korrekte Verhalten tritt hier deshalb auch die Lehre, bezüglich derer Titus Ehrlichkeit und Ehrwürdigkeit erweisen soll; beides bezieht sich auf den aus Sicht des Briefschreibers unauflöslichen Zusammenhang von Unterweisung und Haltung der Unterweisenden. Orthopraxie und Orthodoxie liegen im Titusbrief eng beieinander. In **V.8** richtet sich der Blick auf die Lehre selbst, wobei es hier weniger um ihren Inhalt als vielmehr um die Klarheit ihrer Darstellung geht. Als *unanfechtbares Wort* erweist sich diese Lehre nämlich dann, wenn sie ohne Missverständnisse dargestellt wird. Auf diese Weise wird den Gegnern – *der von der Gegenseite* ist hier als generischer Singular zu verstehen – jeder Wind aus den Segeln genommen: Die Kombination aus inhaltlich richtiger Lehre, überzeugendem Vortrag und persönlicher Integrität macht jede Verunglimpfung unmöglich. Dies gilt nicht nur für den Adressaten, sondern für alle Christinnen und Christen, weil das Fehlverhalten eines Einzelnen durchaus auf alle zurückfallen kann, wie der Hinweis *über* *uns* zeigt. Jede und jeder Einzelne steht für die christliche Gemeinschaft insgesamt ein.

Die den Abschnitt abschließenden Ermahnungen an die Sklaven (**V.9f**) wirken nachgetragen und passen auch nicht recht zu der vorher dominierenden Altersstrukturierung. Doch ist es nicht ungewöhnlich, dass auf christlichen Sklaven ein besonderer Blick liegt (vgl. z. B. Kol 3,22–4,1; Eph 6,5–9; 1Petr 2,18–25), scheint doch das Versprechen christlicher Freiheit (im Glauben) ihrem nach wie vor unfreien Stand zu widersprechen. Auch Paulus selbst macht das Sklaventum immer mal wieder zum Thema (vgl. besonders den Philemonbrief).

Es fällt dabei auf, dass im Titusbrief – anders als in 1Tim 6,1f – nur die Sklaven und nicht auch ihre Herren angesprochen sind. Dass es deshalb um christliche Sklaven gehe, die in einem nichtchristlichen Haushalt leben, wird sich daraus nicht mit letzter Sicherheit herleiten lassen. Die Religiosität der Herren spielt schlicht keine Rolle, die Ermahnungen gelten davon unabhängig in jedem Fall.

Modernen Menschen mag der Gedanke sehr fremd sein, dass Sklaventum und christlicher Glaube ohne Probleme zusammengedacht werden können, doch war dies bis weit in die Neuzeit hinein auch in christlich geprägten Ländern durchaus gängige Praxis.

Im Titusbrief sucht man umstürzlerische oder aufrührerische Tendenzen vergeblich; hier wie auch sonst verschmelzen christliche und allgemeingültige Moralvorstellungen. Von christlichen Sklavinnen und Sklaven wird erwartet, dass sie sich in ihrem Zwangsstand als vorbildlich erweisen. Im Grunde genommen verlangt das Schreiben sogar, dass sie die besseren Sklaven sind, gerade weil sie Christen sind. Die Rettungsfunktion Gottes (vgl. V.10: *Gott, unser Retter*) äußert sich gerade nicht in einer Befreiung aus dem Sklavenstand (vgl. die paulinische Forderung, wonach jeder in dem Stand bleiben solle, in dem er berufen wurde; vgl. 1Kor 7,17–24), sondern vielmehr darin, dass jede und jeder Einzelne im eigenen Stand dem Evangelium der Freiheit gerecht wird. Jedes Ausbrechen aus antiken Konventionen würde die Freiheitsbotschaft des christlichen Glaubens geradezu diskreditieren.

Deshalb sollen sich die Sklaven *unterordnen in allem, wohlgefällig sein* und *nicht widersprechen* – für sie eigentlich selbstverständliche Verhaltensweisen. Die erstgenannte Forderung nach Unterordnung wirkt dabei wie eine Überschrift; sie steht auch in Tit 3,1 im Kontext der Forderung nach der Loyalität aller Glaubenden gegenüber jeglicher Obrigkeit – von freien und nicht-freien Gemeindemitgliedern kann der Briefautor also das Gleiche erwarten.

Sklaven sollen *nichts veruntreuen;* sie sollen sich also der Verantwortung, die man ihnen überträgt, als würdig erweisen. Dies zeugt davon, dass

Sklaven durchaus verantwortliche Positionen in einem antiken Haushalt übernehmen konnten. Da lag die Versuchung nahe, das zum eigenen Vorteil auszunutzen.

Die abschließende Formulierung *indem sie bezeugen alle gute Treue* hat zusammenfassenden Charakter. Das hier mit *Treue* wiedergegebene griechische Substantiv kann auch *Glaube* heißen – und auch wenn die deutsche Übersetzung das so nicht widerspiegeln kann, so schwingen hier doch beide Bedeutungsnuancen mit. Nicht nur in der Unterordnung (Tit 2,9; 3,1), sondern auch im Glauben sind die Sklaven mit den anderen Menschen aus der Gemeinde verbunden.

Die V.10 abschließende Begründung ist zunächst zwar nur auf die Sklaven bezogen, kann jedoch als inhaltlich-argumentativer Abschluss des Abschnitts insgesamt verstanden werden. Ziel allen Verhaltens ist es, *die Lehre unseres Retters, Gottes,* zu *schmücken in allem*. Das Possessivpronomen *unser* zeigt erneut, wie wichtig der Beitrag aller dazu ist, dass die christliche Lehre in der Welt einen positiven Widerhall findet. Wieder einmal geht es um die Bewährung der Lehre durch den Lebenswandel; den Vergleich mit Schmuck kennt man aus 1Tim 2,9 f. Der Begriff beschreibt weniger die Lehrinhalte als vielmehr den Modus der Lehre (zum hier verwendeten griechischen Begriff *Didaskalia* vgl. S. 41 f.). Dieses Substantiv steht auch in Tit 2,1 und rahmt den praktisch ausgerichteten Abschnitt Tit 2,1–10, der so als konkrete Ausgestaltung der christlichen Lehre unter den Bedingungen dieser Welt gelten kann. Zugleich weist der theologische Akzent dieses Verses voraus auf das folgende theologische Traditionsstück, in dem das Rettungshandeln Gottes durch Jesus Christus unter Aufnahme traditioneller Terminologie breit entfaltet wird.

Der Titusbrief fordert alle Christinnen und Christen, egal welchen Alters, Geschlechts und Standes auf, in ihrem Leben den Moralvorstellungen der eigenen Zeit zu entsprechen. Auf diese Weise, so seine Argumentation, werde verhindert, dass der eigene Glaube in Misskredit gerate.

Doch scheint mir das zu vorsichtig und zu kurz gedacht. Es müsste vielmehr so sein, dass die christliche Botschaft und besonders das Wissen um die in Christus geschehene Erlösung dazu befreien, Kritik an bestimmten Moralvorstellungen und Wertmaßstäben zu üben. Dies betrifft in diesem Abschnitt nicht nur die Frage nach der Existenzberechtigung des Sklaventums, sondern auch die nach überkommenen Geschlechtervorstellungen und Rollenmustern. Viel zu lange hat sich die kirchliche Tradition darauf beschränkt, im Mainstream mitzuschwimmen. Doch reicht das da nicht, wo Menschen durch Vorgaben beschränkt und unterdrückt und unglücklich gemacht werden. »Zur Freiheit hat uns Christus befreit!«, kann Paulus selbst sagen (Gal 5,1). Das ist der Maßstab, an dem die eigene Existenz gemessen werden muss: eine Freiheit von überkommenen Zwängen zum befreiten und befreienden Dienst am Nächsten im Namen des Evangeliums.

Tit 2,11–15: Die Begründung: Das Erscheinen der heilsamen Gnade Gottes

Der nur vorsichtig christianisierte Pflichtenspiegel erfährt jetzt eine religiöse Prägung und damit eine nachträgliche theologische Begründung. Mag das Leben eines Christen oder einer Christin, egal welchen Alters, Geschlechts oder Standes, sich nach außen scheinbar nicht vom bürgerlichen Pflichtenideal unterscheiden, so tut es das doch durch den unvergleichlichen Anlass, der gleichsam als innerer Motivator dient: das Heilshandeln Gottes. Der Imperativ gründet im christologisch motivierten Indikativ und bildet den einzigartigen Horizont allen menschlichen Handelns: Von der Erscheinung Gottes herkommend und auf die erneute Erscheinung zugehend, ist das christliche Sein geprägt von der Existenz in einer Zwischenzeit, von einem Schon-Jetzt und Noch-Nicht.

Es fällt auf: der Autor denkt christlich und spricht griechisch – und das meint: Seine Gedankenwelt ist geprägt von der Terminologie der paganen hellenistischen Umwelt, in der er lebt. Dies zeigt sich auch daran, dass er zur Beschreibung des göttlichen Heilshandelns Begriffe einträgt, die wir sonst aus dem Kaiserkult kennen: *Erscheinung* gehört dazu ebenso wie die Rede von Gott als *Retter*, ja auch der Begriff der *Gnade* kann vor diesem Hintergrund interpretiert werden. Man muss Gott mehr gehorchen als den Menschen, schreibt Lukas in der Apostelgeschichte (Apg 5,29), und der Autor des Titusbriefes würde dem wohl zustimmen: In Gott erscheint der wahre Retter, daran muss sich alles menschliche Handeln messen lassen.

11 Erschienen ist nämlich die rettende Gnade Gottes allen Menschen,
12 indem sie uns unterweist, damit wir, indem wir uns der Gottlosigkeit und den weltlichen Begierden verweigern, besonnen und gerecht und fromm leben in dem jetzigen Zeitalter,
13 indem wir erwarten die selige Hoffnung und Erscheinung der Herrlichkeit des großen Gottes, nämlich unseres Retters Jesus Christus,
14 der sich selbst gegeben hat für uns, damit er uns befreit von aller Gesetzlosigkeit und reinigt für sich selbst ein auserwähltes Volk, eifrig in guten Werken.
15 Dies rede und ermahne und weise zurecht mit allem Nachdruck. Niemand soll dich verachten.

V.11 bindet den Abschnitt durch das begründende *nämlich* eng an das Vorangehende zurück; in V.10 war zudem bereits von Gott als Retter die Rede, das Wortfeld wird mehrfach wieder aufgegriffen. Die folgenden Verse zeigen, worauf die erteilten Anweisungen gründen: *Erschienen ist die rettende Gnade Gottes allen Menschen.* In diesem kurzen Satz finden sich zwei Begriffe, die als Leitmotive des ganzen Abschnitts gelten können. Denn sowohl in V.11 als auch in V.13 steht jeweils ein Wort aus den Wortfeldern *Retten* und *Erscheinen*; diese umklammern V.12 und beschreiben das Woher und Wohin des dort entfalteten Erziehungsgeschehens.

Im griechischen Text steht das Verb *erscheinen* in der Zeitform Aorist; dieses Tempus zeigt an, dass es sich um ein einmaliges und punktuelles Geschehen in der Vergangenheit handelt. Damit wird vermutlich auf das Leben und Wirken Jesu von Nazareth Bezug genommen; eine Verbindung, die in Tit 3,4–7 dann noch deutlicher expliziert wird. In diesem Menschen blitzte also, so wird man V.11 paraphrasieren dürfen, für einen kurzen Moment in der Weltgeschichte die Herrlichkeit Gottes auf; zu ihrer dauerhaften Vollendung wird sie dann in der Zukunft gelangen (vgl. die Verwendung des Substantivs *Erscheinung* in V.13).

Anders als in 2Tim 1,10 ist im Titusbrief niemals Jesus Christus selbst das Subjekt des Epiphaniegeschehens; es ist vielmehr so, dass in ihm als Person eine Eigenschaft Gottes sichtbar wird (Tit 2,11: Gnade; Tit 2,13: Herrlichkeit; Tit 3,4: Milde und Menschenfreundlichkeit). Die Auswirkungen dieses Gnadengeschehens werden mit dem Attribut *rettend* zusammengefasst; dieses Wort selbst steht im Neuen Testament nur hier, das dazugehörige Substantiv (Heil; Rettung) findet sich häufiger vor allem bei Lukas (vgl. Lk 2,30; 3,6; Apg 28,28).

Dieses Geschehen gilt *allen Menschen*; eine Universalität, die auch der 1. Timotheusbrief formulieren kann (vgl. 1Tim 2,3f); die aber in diesem Abschnitt bewusst nicht durchgehalten wird: Ab **V.12** rückt eine mit *wir* bezeichnete Gruppe in den Blick; dieses inkludierende Pronomen schließt Briefschreiber, Adressaten und alle Christinnen und Christen zusammen, jedoch die Nichtchristen bewusst aus. Denn mag das Heilshandeln Gottes allen Menschen gelten, so ist es doch nur diese kleine Gruppe, in deren Leben es Gestalt und Relevanz gewinnt. Sie kommen von der ersten Epiphanie (V.11) her und blicken auf die zweite hin (V.13); der Schreiber des Titusbriefes verortet seine Gemeinde also in einer durchaus paulinisch anmutenden Spannung in der Zwischenzeit.

V.12 schließt final (*damit*) an den vorangehenden an. Das Wissen um die Beurteilung durch Gott leitet zu einem Verhalten an, das verhindert, dass die Glaubenden in der Welt verurteilt werden (vgl. 1Kor 11,32). Die

Rede von der *Unterweisung* impliziert die Konsequenzen im Blick auf die Handlungsmaximen der Glaubenden und entfaltet anhand negativer und positiver Beispiele, wie die christliche Antwort auf das Gnadengeschehen im Alltagsleben aussehen soll. Wenn sonst neutestamentlich von der rettenden Gnade Gottes gesprochen wird, so wird stets die Einmaligkeit dieser Begegnung betont. Hier jedoch initiiert das Gnadenhandeln einen Prozess, der ein ganzes Menschenleben lang andauert, nämlich den der Erziehung. Die Begegnung mit Gott, genauer: mit dem menschgewordenen Gottessohn Jesus, der Gnade Gottes in Person, will einen Menschen dauerhaft prägen und verändern. Das Ziel der erzieherischen Gnadenwirkung ist ein Leben, das *besonnen und gerecht und fromm* ist.

Auf diese Weise wird die christliche Existenz umfassend charakterisiert: *Besonnenheit* war bereits im Pflichtenspiegel (Tit 2,1–10) mehrfach als grundlegende christliche Tugend benannt worden und meint die anderen zugutekommende Mäßigung eigener Emotionen. *Gerechtigkeit* steht nicht nur für eine menschliche Tugend, sondern korrespondiert der Rechtfertigung durch Gott (vgl. Tit 3,4–7), und das Adjektiv *fromm* meint schließlich eine Grundhaltung, die stets die religiöse Perspektive mit einschließt. Es geht also um eine umfassende Beschreibung christlichen Lebens, bei dem die eigene Haltung sowohl gegenüber den Mitmenschen als auch gegenüber Gott stets mitzudenken ist. Dies alles hat in der Erscheinung der Gnade seinen Anfang genommen und ereignet sich von da ausgehend (ingressiver Aorist) *im jetzigen Zeitalter*. Der Begriff kann sonst eine durchaus apokalyptische Konnotation haben (vgl. die sogenannte Zwei-Äonen-Lehre, vgl. u.a. Lk 20,34f; Mk 10,30; Lk 16,8), meint hier aber schlicht die eigene Gegenwart: In ihr soll das christliche Leben bestimmt sein von dem Geschehen der Erscheinung der Gnade Gottes. Doch legt die Zusammenschau mit Tit 2,1–10 nahe, dass ein dem Rettungsgeschehen entsprechendes Leben stets ein weltkonformes Handeln impliziert.

Doch wer so leben will, der muss sich notwendig *der Gottlosigkeit und den weltlichen Begierden verweigern*. Hat das erste Substantiv eine stärker religiöse Konnotation, so trägt der Begriff der *Begierden* eine moralische Kategorie ein. Dieses griechische Substantiv bezeichnete ursprünglich wertneutral lediglich ein Streben, kann aber im Frühjudentum bereits abwertend verwendet werden und findet so auch Eingang ins Neue Testament, wo es als typisches Element brieflicher Lasterkataloge steht (vgl. Kol 3,5; Tit 3,3; 1Petr 4,3 u.ö.). Paulus selbst entfaltet in Röm 7,7ff den unlösbaren Zusammenhang zwischen Begierden, Sünde und Tod, wie er sich für ihn bereits in der alttestamentlichen Sündenfallgeschichte gezeigt hat.

V.13 steht grammatikalisch parallel zu V.12: Ebenso wie das der Erscheinung der Gnade entsprechende Leben sind auch die *Erwartung* der *seligen Hoffnung* und die *Erscheinung der Herrlichkeit* eine Folge des Gnadengeschehens. Der in der Vergangenheit liegenden Absage an weltliche Maßstäbe (V.12) wird nun durch ein Verb im Präsens die kontinuierliche Ausrichtung auf ein Hoffnungsgut beigeordnet.
Die Formulierung selbst ist auffällig: Kann man eine Hoffnung erwarten oder ist Hoffnung nicht vielmehr selbst eine Erwartungshaltung? Vermutlich hat die Konjunktion *und* explikativen Charakter: Die Erwartung richtet sich auf die Erfüllung einer gepriesenen Hoffnung, deren Inhalt die *Erscheinung der Herrlichkeit* ist. Dies passt zu dem sonst im Titusbrief belegten Connex zwischen Hoffnung und ewigem Leben (Tit 1,2; 3,7). Dieser Inhalt der Hoffnung, nämlich die Erscheinung der Herrlichkeit, begründet auch die Verwendung des Attributs *selig* oder auch seligmachend, das nur an dieser einen Stelle im Neuen Testament nicht auf Menschen oder Gott, sondern auf ein ideelles Gut bezogen ist (vgl. anders 1Tim 1,11; 6,15).
Schwierigkeiten hat der Exegese seit je her die Deutung des Genitivattributs zu *Herrlichkeit* bereitet, die sich in der Tat vom Sprachgebrauch her jeder eindeutigen Interpretation widersetzt. Zu klären ist, von wie vielen göttlichen Personen hier die Rede ist und von wem welche Aussage getroffen wird. Mindestens drei verschiedene Möglichkeiten sind grammatikalisch denkbar. (1) Wird hier tatsächlich Jesus Christus selbst als (großer) Gott bezeichnet, was eine im Neuen Testament einmalige Spitzenaussage wäre? (2) Oder stehen Gott einerseits und Jesus Christus als Retter andererseits nebeneinander und werden durch die verbindende Konjunktion *und* einander gleichgeordnet, so dass es um die gemeinsame Erscheinung der *Herrlichkeit* von Vater und Sohn ginge? Vom sonstigen Sprachgebrauch im Titusbrief ausgehend, legt sich am ehesten (3) ein explikatives Verständnis der Konjunktion *und* nahe, so dass der Satz zu deuten wäre als Beschreibung der *Erscheinung der Herrlichkeit des großen Gottes, nämlich unseres Retters Jesus Christus.* Wie auch in Tit 2,11 sowie in Tit 3,4 vorauszusetzen, wird an dieser Stelle die Erscheinung einer bestimmten Eigenschaft Gottes in Jesus Christus personalisiert (vgl. auch 2Kor 4,6), der so zum Retter wird. Dabei fällt auf, dass beide göttlichen Personen wie auch in Tit 1,1–4 und Tit 3,4–7 über den Retterbegriff einander funktional zugeordnet sind.
Die Bezeichnung Gottes als *großer Gott* ist neutestamentlich singulär, ist aber in der antiken Umwelt als Gottesbezeichnung durchaus belegt (vgl. die in Apg 19,27f deutlich werdende Nähe zum Artemiskult) und hat auch Eingang in den Kaiserkult gefunden. Dass der Briefschreiber eine solche Terminologie auf Gott anwendet, trägt einen politischen

Akzent und ein subversives Moment ein, wie sie sich auch in Tit 3 beobachten lassen.

V.14 rückt erneut den Modus heilsamen irdischen Wirkens Christi in den Blick, nimmt also inhaltlich Bezug auf V.11, während das Relativpronomen (*der*) grammatikalisch an V.13 anschließt. Die Proexistenz Jesu wird hier fokussiert auf sein heilsames Sterben – denn auch wenn dies nicht ausdrücklich gesagt wird, so ist diese Zuspitzung doch vorauszusetzen, weil in der Begrifflichkeit große Nähe zu vergleichbaren Aussagen im Neuen Testament besteht. Dass Jesus *sich selbst* für andere *gegeben hat,* hat als Deutung seines Sterbens Eingang in die Evangelientradition gefunden (vgl. Mk 10,45; Mt 20,28; Joh 3,16) und kann bei den Synoptikern ebenso wie in 1Tim 2,6 mit der Vorstellung einer Lösegeldzahlung kombiniert werden. Hier nun geschieht die Hingabe nicht für viele oder für alle, sondern explizit *für uns;* doch ist dies dem inkludierenden Duktus des Gesamtabschnitts geschuldet.

Der zweite Versteil expliziert dieses Geschehen mit Anklängen an alttestamentliche Erlösungsvorstellungen: *damit er uns befreit von aller Gesetzlosigkeit und reinigt für sich selbst ein auserwähltes Volk.* Das hier verwendete Verb *befreien* steht neutestamentlich nur noch in der Emmausperikope und umschreibt dort ebenfalls eine Erwartung an das heilvolle Handeln Jesu (vgl. Lk 24,21). Hier nun geht es um die Befreiung von den Folgen der eigenen Gesetzlosigkeit; ein Gedanke, der sich bereits alttestamentlich findet (vgl. in der LXX u.a. Ps 129,8; Ez 37,23; 1Sam 7,23f). Paulus selbst entfaltet besonders in Röm 7 den engen Bezug zwischen Gesetz, Übertretungen und Verurteilung; den Begriff der Gesetzlosigkeit gebraucht er dabei allerdings nicht und auch sonst nur sehr sparsam (vgl. besonders Röm 6,19 sowie Röm 4,7; 2Kor 6,14).

Das Verb *reinigen* findet sich innerhalb der Pastoralbriefe nur an dieser Stelle, es steht aber sonst neutestamentlich mehrfach, um den für das frühjüdische Denken kategorialen Unterschied zwischen Reinheit und Unreinheit zu beschreiben (vgl. u.a. Mt 8,2f; 10,8; 11,5; 23,25f); alle Äußerungen sind stets in gleichzeitiger Anknüpfung und Widerspruch auf dieses System bezogen. Dies gilt auch für die Belege in der Briefliteratur (bei Paulus selbst nur in 2Kor 7,1; vgl. aber Hebr 9,14.22f; 10,2; 1Joh 1,7.9): Die Vorstellung der Reinigung umschreibt die Aussonderung für die Sphäre Gottes. Der Epheserbrief verdeutlicht, dass dies im Akt der Taufe geschieht (vgl. Eph 5,26); ein Gedanke, den ja auch Tit 3,5 aufgreifen kann. Hinter beiden Briefen steht die christliche Vorstellung, dass eine solche Reinigung in dem heilvollen Sterben Christi gründet.

Auch wenn die christliche Gemeinde hier als *auserwähltes Volk* (vgl. noch 1Petr 2,9 unter Rückgriff auf Jes 43,21) bezeichnet werden kann, so geht damit keine antijüdische Spitze einher. Der Fokus des Verses liegt erkennbar nicht darauf, die Erwählung des jüdischen Volkes in Frage zu stellen, sondern das Christentum diesem aufgrund seines im Christusgeschehen begründeten Sonderstatus beizuordnen.

Aus diesem Sonderstatus resultiert dann auch die Bereitschaft, *eifrig in guten Werken* zu sein. Der Gegensatz zu Tit 1,16, wo den Andersdenkenden vorgeworfen wird, zu keinem guten Werk bereit zu sein, fällt auf. Anders als bei Paulus erscheinen solche Werke nicht mehr als in sich paradoxe Größe, sondern als etwas, das es selbstverständlich zu tun gilt. Doch sollte diese Diskrepanz nicht überbewertet werden, ist beiden Briefen doch die entscheidende Abfolge von Indikativ und Imperativ gemeinsam: *Gute Werke* sind deshalb gut zu nennen, weil sie nicht Voraussetzung der Erlösung sind, sondern das bereits geschehene Heilsereignis vor aller Welt in ein gutes Licht rücken.

V.15 schließt den Abschnitt ab. Wie in Tit 2,1 steht erneut die Aufforderung, Titus solle *reden* – dieses Verb bindet den ganzen Abschnitt zu einer Einheit zusammen. V.15 ist deshalb unbedingt als abschließender Satz und nicht, wie in manchen Kommentaren auch zu lesen, als Vorausverweis auf Tit 3 zu verstehen.

An Titus ergehen drei sich steigernde Imperative: Er soll *reden, ermahnen* und *zurechtweisen*. Die abschließende Beschreibung *mit allem Nachdruck* zeugt davon, dass eine gewisse Vehemenz im Auftreten offensichtlich nötig ist. Dies mag nicht nur der realen Situation geschuldet sein, in die hinein der Brief zielt, sondern kann auch mit der engen Verbindung zwischen Lehre und Leben begründet werden: Wer in seinem Handeln nicht den Mahnungen des Titus folgt, der stellt auch all das infrage, was diesen zugrunde liegt.

V15a deutet also bereits an, was die zweite Vershälfte dann expliziert: Über den fiktiven Adressaten Titus hinaus sind hier die eigentlichen Leserinnen und Leser im Blick. Ihnen gilt der Hinweis, dass *niemand* Titus *verachten* dürfe; eine Formulierung, deren Absolutheit überrascht. Weder wird näher ausgeführt, worin diese Verachtung bestehen könnte – so dass man hier keineswegs aus den beiden anderen Pastoralbriefen die Vorstellung eintragen darf, es gehe um das jugendliche Alter des Adressaten –, noch erfolgt eine Begründung. In jedem Fall nimmt der Brief so denjenigen in Schutz, der im Namen und Auftrag des Apostels Paulus unterwegs ist.

»Seid aber Täter des Worts und nicht Hörer allein; sonst betrügt ihr euch selbst«, so heißt es im Jakobusbrief (Jak 1,22). Schon zur Zeit des Neuen Testaments war offensichtlich die Bedeutung guter Werke für den eigenen Glauben und das eigene Heil umstritten. Paulus hat Recht, wenn er betont, dass Werke

(des Gesetzes) niemanden vor Gott gerecht machen. Doch der Titusbrief und der Jakobusbrief haben ebenso Recht, wenn sie hervorheben, dass die Gewissheit der eigenen Errettung im eigenen Leben Gestalt gewinnen muss. Bis heute gilt diese Zwiespältigkeit: Werkgerechtigkeit gibt es nicht und kann es nicht geben – doch gute Werke zu tun, ist jede und jeder Einzelne aufgefordert. Aus Dankbarkeit, spontan und freiwillig.
Und die Voraussetzung dafür hat Gott selbst geschaffen, nämlich durch die Erscheinung seiner Gnade, wie sie in dem Menschen Jesus von Nazareth Gestalt annimmt. Sein Leben und Wirken dient allen Christinnen und Christen als Vorbild; der Titusbrief spricht dabei von Erziehung. Das ist eine ungewöhnliche Formulierung; aber sie zeigt: Für den Verfasser ist Gnade nicht nur darin wirksam, dass Menschen in die rettende Gemeinschaft mit Christus versetzt werden, sondern auch darin, dass sie in dieser Gemeinschaft wachsen und reifen. Und er verrät auch schon das Ziel dieses Erziehungshandelns, nämlich das ewige Leben. Auch dieses schenkt Jesus Christus, die Gnade Gottes in Person, und zwar durch sein heilvolles Sterben.

Tit 3,1–8: Die Menschenfreundlichkeit Gottes

Tit 3,1–8 knüpft unmittelbar an Tit 2,1ff an. Eingeschärft wird nun die Verantwortung im gesellschaftlichen Horizont; als Begründung dient erneut ein soteriologisches Traditionsstück (Tit 3,4–7). Hier fällt wieder das Ineinander von hellenistischer und paulinischer Terminologie auf; dies ist entweder dem interpretatorischen Eingreifen des Verfassers geschuldet oder kann als Aufweis dafür verstanden werden, wie sehr zur Zeit des Titusbriefes paulinisches Gedankengut bereits Teil der frühchristlichen Tradition geworden war.
Immer wieder ist auf die Nähe zwischen Tit 3,1f und Texten wie 1Tim 2,1f, Röm 13,1–7 und 2Petr 2,13f hingewiesen worden, doch dürfen die Unterschiede nicht aus dem Blick geraten. So verweist Paulus in Röm 13 explizit auf die göttliche Einsetzung der Obrigkeit, eine Begründung, die im Titusbrief fehlt und die auch nicht stillschweigend ergänzt werden darf; der 1. Petrusbrief trägt zudem den Gedanken ein, dass die staatliche Obrigkeit vor allem für die Aufrechterhaltung von Recht und Ordnung zuständig sei. Der 1. Timotheusbrief schließlich fordert über das im Titusbrief hinaus Verlangte nicht nur Unterordnung, sondern sogar das aktive fürbittende Handeln der Gläubigen.

1 Erinnere sie daran, dass sie Herrschaftsmächten untertan sind, dass sie gehorsam, zu jedem guten Werk bereit sind, 2 niemand lästern, nicht streitsüchtig sind, gütig, allen Menschen alle Sanftmut zu erweisen. 3 Es

waren nämlich auch wir unverständig, ungehorsam, gingen in die Irre, dienten Begierden und mannigfaltigen Lüsten, brachten unser Leben in Schlechtigkeit und Neid zu, waren verhasst, hassten einander.
[4] Als aber erschienen war die Milde und Menschenfreundlichkeit unseres Retters,
Gott, [5] nicht aus Werken, die sich durch Gerechtigkeit auszeichnen, die wir getan hätten, sondern gemäß seiner eigenen Barmherzigkeit hat er uns gerettet durch das Bad der Wiedergeburt und Erneuerung durch
den Heiligen Geist, [6] den er ausgegossen hat über uns reichhaltig durch
Jesus Christus, unseren Retter, [7] damit wir, indem wir gerechtfertigt sind durch seine Gnade, Erben wurden gemäß der Hoffnung des ewigen
Lebens. [8] Verlässlich ist das Wort: Und betreffs all dessen will ich, dass du gefestigt redest, damit die, die an Gott glauben, bedacht sind, sich zu guten Werken zu befleißigen. Dies ist nämlich gut und nützlich für die Menschen.

V.1 hat Überschriftencharakter; die Aufforderung zur *Erinnerung* unterstreicht den abschließenden Charakter des Gesamtabschnitts. Titus soll eine nicht näher bestimmte Gruppe zur *Unterordnung* auffordern, ein Thema, das bereits in Tit 2 anklang (vgl. Tit 2,5.9). Das Pronomen *sie* bleibt ohne konkreten Bezug im vorangehenden Text, doch die Verwendung des Verbs *erinnern* suggeriert, dass die hier entfalteten Inhalte bekannt sind. Scheinen hier zwischen den Zeilen vielleicht die realen Adressatinnen und Adressaten des Briefes auf, denen vermittelt durch die Person des Titus die Einordnung in bestimmte Strukturen eingeschärft werden musste?

Unklar ist die genaue Bedeutung der in diesem Kommentar mit *Herrschaftsmächte* übersetzten griechischen Formulierung. Anders als im Römerbrief oder auch im 1. Timotheusbrief sind damit nicht zwingend politische Mächte gemeint; es geht vielmehr um den Respekt gegenüber Machtstrukturen generell. Damit könnte, gerade angesichts der in Tit 1,5–9 erkennbar werdenden Stoßrichtung des Briefes, auch das willentliche Einfügen in gemeindliche Organisationsstrukturen gemeint sein, wie sie Titus durch die Etablierung einer presbyterial-episkopalen Ordnung schaffen soll.

Richtig verstandenes Christentum erweist sich also gerade darin, dass es sich einpasst in die gängigen Maßstäbe und Strukturen; dies gilt sowohl für die Außenperspektive als auch für den innergemeindlichen Umgang. Gehorsam und Unterordnung kann der Briefschreiber zudem auch innerhalb zwischenmenschlicher Beziehungen (Tit 1,6; 2,5, vgl. 2Tim 3,2) oder im Verhalten gegenüber Gott (vgl. Tit 1,10; 3,3) fordern. Für den Autor des Titusbriefes äußert sich diese Unterordnung nun, so wird im Fortgang von V.1b–2 deutlich, unter anderem im *Gehorsam* und in der *Bereitschaft zu jedem guten Werk*. Das mit *gehorsam sein* übersetzte Verb findet sich nur noch in Apg 5,29.32; 27,21 und meint dort ein bereitwilliges Hören, aus dem Taten folgen sollen – auch Gehorsam ist also eine aktive Tat. Der Hinweis auf die *guten Werke*, der auch in V.8 nochmals steht und den Abschnitt also sprachlich umschließt (vgl. auch noch Tit 1,16), hat zusammenfassenden Charakter. Mit *Werken* sind hier keine konkreten Taten gemeint, sondern eine bestimmte Grundhaltung. Christsein meint keinen blinden Gehorsam, sondern zeigt, wie gute Werke eine kritische Grenze jedes falschen Gehorsams darstellen. Tit 3,5 wird das Thema nochmals aufgreifen und jedem Verdacht einer Werkgerechtigkeit wehren.

V.2 entfaltet die Formulierung *zu jedem guten Werk bereit* durch eine vierfache Konkretisierung, wie Christinnen und Christen ein Zeugnis ihres Glaubens in der Welt geben sollen: Sie sollen *niemanden lästern*; eine Anweisung, die sich in 1Tim 1,20 gegen die Irrlehrer richtet, in 1Tim 6,1f als Hinweis für die Sklaven dient und in Tit 2,5 die Frauen meint. Hier wird das Verb in einen allgemeineren Kontext gestellt. Es kann neutestamentlich mit menschlichem oder göttlichem Objekt stehen; dabei überwiegt der zweite Gebrauch. Dann ist damit die Warnung davor verbunden, durch das eigene Verhalten die richtige Lehre oder das Wort Gottes in Verruf zu bringen und in Folge dessen zum Gegenstand von Spott und Verachtung zu machen.

In der doppelten Warnung vor *Streitsucht* und der Mahnung zur *Güte* entsprechen sich Tit 3,2 und 1Tim 3,3 wörtlich; Letzteres richtet sich allerdings nur an Bischöfe. *Nicht streitsüchtig sein* warnt davor, die Kontrolle über sich selbst zu verlieren oder ungezügelte Temperamentsausbrüche zuzulassen.

Zwei weitere Begriffe entfalten den Gegenentwurf: Das Adjektiv *gütig* (vgl. 1Tim 3,3) kann alttestamentlich auch verwendet werden, um die Milde Gottes selbst zu bezeichnen (vgl. in der LXX u.a. 1Kön 12,22; Ps 85,5; Weish 12,18). *Sanftmütigkeit* kann auch sonst innerhalb der Briefliteratur in paränetisch-ethischen Tugendkatalogen gebraucht werden (so Gal 5,23; Eph 4,2; Kol 3,12; 2Tim 2,25, vgl. 1Tim 6,11). Das Ideal selbst ist nicht nur aus dem frühjüdischen, sondern auch aus dem paganen hellenistischen Kontext bekannt, geht jedoch neutestamentlich über eine allgemein-ethische Forderung hinaus. So kann sich Paulus selbst gegen den Vorwurf der Schwäche in 2Kor 10,1 mit dem Hinweis auf die *Güte* und *Sanftmut* Christi – beide Begriffe aus Tit 3,2; 1Tim 3,3 finden sich auch an dieser Stelle – selbst zur Wehr setzen. Darin schwingt das Vorbild des friedlichen und sanften (vgl. Mt 21,5) Weltenherrschers mit, der sich gegen anderslautende griechische Tugend- und Herrscherideale stellt. Dies soll auch allen Christinnen und

Christen als Beispiel angemessenen Verhaltens vor Augen stehen (vgl. noch 1Kor 4,21; 1Petr 3,16). Auch in Tit 3,2 gilt also: Gottes Gabe ist zugleich Aufgabe!

Durch das doppelt verwendete *alle* erhält der Versschluss einen universalen Horizont und passt damit zur Weite des ersten Verses des Abschnitts ebenso wie zu der umfassenden christologischen Entfaltung der entsprechenden Begründung in den voranstehenden (Tit 2,11–14) und nachfolgenden (Tit 3,4–7) Traditionsstücken.

In **V.3** gilt der Blick des Verfassers der eigenen Vergangenheit. Mithilfe von neun negativen Charakteristika fasst der Briefschreiber in einem sogenannten Lasterkatalog (vgl. u.a. 1Tim 1,8–10 sowie Röm 1,29–32; Gal 5,19–21; 1Kor 6,9f) sein eigenes Fehlverhalten und das seiner realen Leserinnen und Leser unter dem inkludierenden Pronomen *wir* zusammen. Dass das Verb dabei im Imperfekt steht, zeigt die Dauerhaftigkeit und Nachhaltigkeit des Geschilderten.

Für den Apostel Paulus selbst war der Rückblick auf die eigene Vergangenheit ebenfalls wichtig; umso erstaunlicher ist es, dass er dafür kein festes literarisches Schema entwickelt hat, sondern die Thematisierung jeweils ad hoc geschieht (vgl. Gal 1,13f; Phil 3,5–8; 1Kor 15,9).

Auch die beiden Timotheusbriefe können Aussagen über die eigene – und damit gemäß der Brieffiktion ja paulinische – Vergangenheit machen; allerdings sind diese jeweils völlig anders konnotiert: Im Zentrum der Erinnerung des 2. Timotheusbriefes steht die Dankbarkeit für die ungebrochene Kontinuität zwischen dem paulinischen Dienst am Evangelium und der jüdischen Herkunft (vgl. 2Tim 1,3–5); der 1. Timotheusbrief kann hingegen davon sprechen, dass Paulus früher ein Lästerer und Verfolger und Gewalttätiger gewesen sei (vgl. 1Tim 1,13). Im längsten Pastoralbrief wird Paulus stärker als heidnischer Sünder denn als frommer Jude konnotiert (wie es seinem Selbstzeugnis entsprochen hätte, vgl. bes. Phil 3,4–7).

Im Titusbrief reiht der Schreiber sich selbst und damit Paulus ein in eine größere Gruppe. Die düstere Vergangenheitsschilderung hat eine doppelte Funktion: Sie dient als Kontrast zur gegenwärtig bereits erfahrenen Erlösung und zeigt zugleich, wie unverdient jedem einzelnen Christen und jeder einzelnen Christin die Liebe und Gnade Gottes zuteil wurde. Doch gerade weil all das Geschenk ist – ein Eindruck, den das Traditionsstück in V.4–7 noch unterstreicht –, muss das christliche Leben zeigen, welche tiefgreifende Veränderung der Heilsprozess Gottes ausgelöst hat. Das neue Leben in Christus bleibt, wie die zahlreichen Paränesen der Pastoralbriefe betonen, ein beständiger Imperativ.

Mit neun Begriffen wird entfaltet, welches Leben die zu Christus Gehörenden hinter sich gelassen haben: Sie waren *unverständig* (vgl. in der neutestamentlichen Briefliteratur noch Röm 1,14; Gal 3,1.13; 1Tim 6,9) und *ungehorsam;* Letzteres wird in der Antike häufig im Kontext der Forderung der Elternehrung verwendet (so auch in 2Tim 3,2) und stellt ein typisches Motiv in Lasterkatalogen dar (vgl. noch Tit 1,16). Dabei kann es mit einer prophetischen Schau der Zukunft verknüpft werden (vgl. Jes 3,5; Mi 7,2–6); hier jedoch dient es als Rückblick auf die eigene Vergangenheit.

Wie es alttestamentlich auch vom Volk Israel selbst ausgesagt werden kann (vgl. Dtn 4,19; 11,28; 30,17 u.ö.), so beschreibt die mediale Verbform *gingen in die Irre* auch hier das Verirren und also Abirren von dem richtigen Weg. Paulus selbst kann dagegen auffordern: *Irrt euch nicht!* (vgl. alle drei paulinischen Belege des Verbs in 1Kor 6,9; 15,33; Gal 6,7). Ein irrendes Leben im Dienst der Laster ist typisch nicht nur für die Irrlehrer der Endzeit (vgl. 1Tim 4,1), sondern auch für die nicht-bekehrten Heiden sowie das sich verfehlende Volk Israel – all das sollen die Leserinnen und Leser des Titusbriefes also nicht (mehr) sein.

Doch Teil ihres früheren Lebens war es, den eigenen Begehrlichkeiten willenlos ausgeliefert, gleichsam Sklaven oder Sklavinnen von *Begierden und mannigfaltigen Lüsten* zu sein. Die Forderung, diesem zu entsagen, gehört zum Grundbestand paulinischer Ethik (vgl. Röm 6,12; 13,14; Gal 5,16.24; 1Thess 4,5; vgl. Kol 3,5) und entwirft ein Bild, das genau das Gegenteil des in den Pastoralbriefen beschriebenen gemäßigten und gottgefälligen Lebens bezeichnet. Im Judentum galt die *Begierde* als Ursprung sündigen Verhaltens schlechthin (vgl. das paulinische Ringen um das Verhältnis von Begierde und Gesetz in Röm 7,7ff), woher der Terminus vermutlich auch Eingang in neutestamentliche Lasterkataloge fand (so in Kol 3,5; Tit 3,3; 1Petr 4,3; vgl. noch Röm 1,24; Gal 5,16; 1Tim 6,9; 2Tim 3,6; 1Petr 4,2). Der Begriff *Lüste* spitzt den eher weiten Gebrauch des Wortes *Begierde* zu auf sexuelle Sinneslüste oder andere körperliche Genüsse. In diesem stets negativ-abwertenden Sinne steht der Begriff neben Tit 3,3 noch drei Mal in brieflichen Lasterkatalogen (Jak 4,1.3; 2Petr 2,13, vgl. noch Lk 8,14); dass diese Begierden *vielfältig* sind (so auch 2Tim 3,6) unterstreicht den Charakter der Beliebigkeit.

Weil schon die Grundausrichtung des Lebens auf die Erfüllung von *Begierden* und *Lüsten* falsch ist, kann eine solche Existenz nur schlecht sein. Diese Fortsetzung des Verses – (wir) *brachten unser Leben in Schlechtigkeit und Neid zu* – erscheint fast zwingend und bleibt auf einer typologisch-allgemeinen Ebene (vgl. noch Röm 1,29; Kol 3,8; Eph 4,31; 1Petr 2,1): Der moralisch konnotierte Begriff der *Schlechtigkeit* ist Kennzeichen des nicht- oder vorchristlichen Lebens (vgl. besonders Röm 1,29) und steht auch hier in diesem Sinn. Auch der Terminus *Neid* ist ein für neutestamentliche Lasterkataloge typischer Begriff (vgl. Röm 1,29; Gal 5,21; 1Tim 6,4; 1Petr 2,1). Beides kann deshalb kaum inhaltlich ausgewertet werden.

Dies gilt auch für die doppelte Charakterisierung durch Hass (wörtlich: *verhasst, hassten einander*). Hass kann auch von Paulus selbst als typisches Merkmal des unerlösten Menschen beschrieben werden (vgl. Röm 7,15); dies dürfte auch im Titusbrief im Hintergrund stehen. Auf diese Weise erscheint die Erlösungstat Christi umso größer.

Der Kontrast zwischen V.2 und V.3, also zwischen dem früheren Leben und dem jetzigen Verhalten, könnte nicht größer sein. Das Gegenüber von Einst und Jetzt ist ein typisches Motiv in der frühchristlichen Paränese (vgl. Röm 1,29–32; Gal 5,19–21): So hat das Leben aus Glauben immer die bewusste Konfrontation mit der Möglichkeit vor Augen, sich auch anders entschieden haben zu können. In vielen Paulusbriefen und auch im Titusbrief ist in der Gestalt der Häresie die Alternative zum Glauben stets präsent.

Gleichzeitig erinnert V.3 auch daran, dass niemand das Recht hat, sich anderen gegenüber überlegen zu fühlen – eine Argumentation, die deutliche Anklänge an den Römerbrief aufweist, wo ebenfalls die Einsicht in die Schuldigkeit aller die Darstellung der unverdienten Rechtfertigung vorbereitet hatte (vgl. die Argumentation in Röm 1,18–3,20 als Vorbereitung auf Röm 3,21–31).

Auch wenn V.3 seine Wirkung aufgrund des Kontrasts zu V.2 entfaltet, ist der Vers zugleich sprachlich und grammatikalisch eng mit dem nachfolgenden Traditionsstück verknüpft. So zielt bereits die einleitende Begründung *nämlich* auf das im Anschluss entfaltete unverdiente Rettungshandeln Gottes, und auch das Subjekt in der 1. Person Plural (*wir*) nimmt bereits den folgenden Stil vorweg.

Wie in V.3 steht auch in **V.4** eine Vergangenheitsform, doch zielt der Aorist ab auf die Einmaligkeit des vergangenen und bis in die Gegenwart hineinwirkenden Geschehens. Die in V. 4–7 vorliegende Tradition dient als Motivation der Paränese; die Struktur ähnelt dabei sehr dem Tit 2,11–14 prägenden Traditionsstück. Stand dort jedoch die Erscheinung der Gnade Gottes im Zentrum (der Begriff fällt in diesem Zusammenhang erst in Tit 3,7), so geht es hier nun um die *Milde und Menschenfreundlichkeit* Gottes.

Beide Begriffe kennen wir aus dem hellenistischen Kaiserkult; sie wurden verwendet, um die Gottähnlichkeit eines Herrschers auszusagen (vgl. u.a. Philo, SpecLeg 2,63; Abr 208, Prov 83f). Tit 2,11 gebraucht diese Terminologie zur Charakterisierung des Handelns Gottes, der im Titusbrief auch sonst mithilfe imperialer Sprache beschrieben werden kann (auch die Rede von Gott als Retter, von seinem Erscheinen und seiner Gnade sind dazuzurechnen). Wenn der Briefschreiber nun kaiserliche Attribute auf Gott überträgt, hat das gewisse subversive Tendenzen: Jede weltliche Macht ist durch die göttliche begrenzt! Wie auch an anderen Stellen fällt auf: Der Titusbrief ist mitnichten zu lesen als ein Dokument bürgerlichen Christentums, sondern vielmehr als Zeugnis dafür, wie es gelingen kann, als Christinnen und Christen in einer nichtchristlichen Gesellschaft zu leben und zu handeln und wie zugleich die eigenen Maßstäbe zum kritischen Korrektiv der zeitgenössischen Gesellschaft werden.

Die Erscheinung der Gnade Gottes, von der Tit 2,11 sprechen konnte, wird als Gottes *Milde und Menschenfreundlichkeit* konkretisiert und fordert eine menschliche Entsprechung. Zehnmal ist im Neuen Testament von Milde die Rede, alle Belege verteilen sich auf die paulinischen und deuteropaulinischen Briefe. Der griechische Begriff meint ursprünglich Brauchbarkeit und Tüchtigkeit, kann aber im sittlichen Sinne auch Vortrefflichkeit und Redlichkeit beschreiben. In der Septuaginta wird damit fast immer die Güte Gottes bezeichnet (vgl. z. B. Ps 24,7; 83,12; 84,11ff; 119,64f; 144,7); ein Begriffsgebrauch, der sich neutestamentlich fortsetzt (vgl. Röm 2,4; 11,32; Eph 2,7) und auch hier zugrunde liegt (zur Bezeichnung einer menschlichen Eigenschaft vgl. Röm 3,12; 1Kor 13,4; 2Kor 6,6; Gal 5,22). Paulus selbst stellt im Römerbrief die Milde Gottes und den Zorn Gottes einander gegenüber, während der deuteropaulinische Epheserbrief Gottes Milde als die Art und Weise darstellt, in der sich seine Gnade äußert. Die Christinnen und Christen sind aufgefordert, sich dieser Eigenschaft Gottes entsprechend zu verhalten (vgl. die Verwendung des Substantivs in neutestamentlichen Tugendkatalogen; vgl. 2Kor 6,6; Gal 5,22; Kol 3,12). Nur in Tit 3,4 steht außerdem der Begriff der *Menschenfreundlichkeit* Gottes (vgl. die auf Menschen als Agens bezogene Verwendung des Wortfeldes in Apg 27,3; 28,2; vgl. dazu noch Weish 1,6; 7,23; 12,19); gemeinsam umschreiben beide Substantive in umfassender Weise das von Gott geschenkte Heil, der deshalb an dieser Stelle erneut als Retter bezeichnet werden kann. Erneut steht in V.4 auch das griechische Verb *erscheinen,* das bereits in Tit 2,11 ein kurzes Aufblitzen der göttlichen Gegenwart meinen konnte (zur Differenz zum Substantiv vgl. oben S. 260–262). Die inhaltlich-strukturelle Parallelität zu Tit 2,11–14 legt nahe, die Erfüllung dessen ebenfalls in der Person Christi selbst zu sehen. So wie er die Gnade Gottes in Person ist, so verkörpert er auch die Güte und Menschenfreundlichkeit Gottes. Dies wird in V.6 dann expliziert: Jesus selbst stellt die Offenbarung der menschenzugewandten Gotteseigenschaften in Person dar; sein ganzes Leben erhält so soteriologischen Charakter.

In **V.5** rückt nun der Modus der Errettung durch Gott in den Blick. Diese geschieht in der Taufe, die die Getauften zu einem Verhalten befähigt und verpflichtet, das Gott selbst entspricht. Hier zeigt sich, was sich auch an anderer Stelle des Titusbriefes beobachten lässt: Grundlegende theologische Aussagen werden vor allem wegen ihrer unmittelbaren Auswirkung auf das praktische Leben der Christinnen und Christen behandelt. Und der Kontrast, wie er zwischen V.2 und V.3 bereits zu beobachten war, zeigt, welche fundamentale Umkehr damit einhergeht, wenn das Geschenk der Gnade Gottes im eigenen Leben Relevanz gewinnt.

V.4 und V.5 liegen zeitlich auf derselben Ebene in der Vergangenheit – der Erscheinung der Milde und Menschenfreundlichkeit Gottes korrespondiert also unmittelbar das in V.5b beschriebene Rettungsgeschehen. V.5a wirkt dazwischen wie ein Einschub und benennt die Begründung für Gottes Zuwendung zu den Menschen: *nicht aus Werken, die sich durch Gerechtigkeit auszeichnen, die wir getan hätten, sondern gemäß seiner eigenen Barmherzigkeit*. Der erste Teil des Einschubs in V.5a fasst prägnant zusammen, was V.3 praktisch-konkret dargelegt hatte: Die Rettung der als *wir* bezeichneten Gruppe geschah ohne jedes menschliche Zutun; jedem Gedanken an eine Selbsterlösung wird so eine Absage erteilt.

Der Briefschreiber spricht bewusst nicht von Werken des Gesetzes, was ein typisch paulinischer Ausdruck gewesen wäre (vgl. u. a. Röm 3,20.28; Gal 2,16; 3,2.5), sondern hält mit dieser Formulierung den Horizont so offen, dass sich sowohl Menschen jüdischen als auch heidnischen Glaubens darin wiederfinden können.

Die Kernbotschaft ist klar: Nicht menschlichem Verhalten verdankt sich die Rettung, sondern sie geschieht *gemäß der Barmherzigkeit Gottes* als alleingültigem Maßstab. Das hier verwendete griechische Substantiv beschreibt in der Profangräzität Emotionalität angesichts des Leidens fremder Menschen und vor allem das daraus resultierende hilfsbereite Verhalten. Das alttestamentliche Zeugnis betont, dass Gott selbst solches Verhalten auch von Menschen erwartet (vgl. Hos 6,6 [als Zitat in Mt 9,9–13]). Gleichzeitig erscheint Gott selbst als der, der zuerst Barmherzigkeit geübt hat – woraus dann das entsprechende menschliche Verhalten erst resultiert (vgl. 2Kor 4,1).

Gottes Barmherzigkeit kann Maßstab für das göttliche Gericht sein (vgl. Röm 9,16–18.23; 11,30–32 u.ö.). Die gegenwärtige Gewissheit der eigenen Errettung nimmt den positiven Ausgang dieses jenseitigen Gerichts bereits vorweg. V.7 unterstreicht erneut, dass das Rettungsgeschehen auf Hoffnung angelegt ist (*gemäß der Hoffnung des ewigen Lebens*; vgl. auch Röm 8,24; 1Thess 5,8f). Die christliche Gemeinde, die sich auf diese Hoffnung hin ansprechen lässt, ist eingebettet in die – fast typisch paulinisch zu nennende – Struktur des »Schon Jetzt und Noch nicht«;

die Verleihung des Geistes dient dabei als Vergewisserung des eschatologischen Geschehens (vgl. 2Kor 1,22; 5,5–7).

Von Gottes *Barmherzigkeit* ist innerhalb der Pastoralbriefe auch in den beiden Timotheusbriefen die Rede; 1Tim 1,2 und 2Tim 1,2 nennen sie als Wunsch im Präskript und 2Tim 1,16.18 in Bezug auf das Haus des Onesiphorus (vgl. noch das Vorkommen der Verbform in 1Tim 1,13.16, die die Barmherzigkeit Gottes auch zur Grundlage der unverdienten Errettung des Paulus selbst macht).

Erst Gottes Barmherzigkeit ist es, die letztlich die Erbschaft des ewigen Lebens ermöglicht – es geht also nicht nur um das Ende des vorher beschriebenen sündigen Lebens, sondern um die eschatologische Rettung am Ende der Zeiten. Dies zeigen auch die Hinweise auf *das Bad der Wiedergeburt und die Erneuerung des Heiligen Geistes.*

Durch die Bezeichnung der Taufe als *Bad der Wiedergeburt* rückt der Titusbrief in die Nähe von Eph 5,26, wo die Taufe ebenfalls als *Bad* bezeichnet werden kann. Diese Formulierung erinnert daran, dass die frühe Christenheit die Taufe vermutlich als Untertauchen des Täuflings praktizierte (vgl. die Schilderungen der Taufe durch Johannes den Täufer sowie die Taufe des äthiopischen Kämmerers in Apg 8,26ff).

In Tit 3,5 erfolgt mit der Umschreibung der Taufe als *Bad der Wiedergeburt* zugleich deren Deutung. Bedeutsam ist sie nämlich deshalb, weil sie eine *Wiedergeburt* (vgl. zum Begriff neutestamentlich neben Tit 3,5 nur Mt 19,28) und also ein Neuwerden des ganzen Menschen meint. Der Begriff transformiert die paulinische Vorstellung von Erneuerung durch Neuschöpfung (vgl. 2Kor 5,17) in eine pagan-hellenistische Begrifflichkeit. Die Taufe erscheint als grundlegender Wendepunkt zwischen Einst und Jetzt – eine Erfahrung, die die frühen Christinnen und Christen in ganz vielfältiger Weise zum Ausdruck bringen konnten (vgl. Joh 3,3–8; Röm 6,4; 2Kor 5,17; Gal 6,15; Jak 1,18; 1Petr 1,3.23; 2,2; 1Joh 3,9; 5,18).

In Tit 3,5 wird das Taufgeschehen als *Erneuerung durch den Heiligen Geist* (Genitivus subjectivus) beschrieben; die auf den Geist fokussierte Fortsetzung in V.6 zeigt, dass darauf sogar der Schwerpunkt liegt. Darin schlägt sich nieder, was elementarer Bestandteil christlicher Taufpraxis ist, nämlich die Verbindung von Geistbegabung und Taufgeschehen. Die Erneuerung (vgl. bei Paulus selbst Röm 12,2) erfolgt durch das (äußerliche) Bad und die innere Geistbegabung.

V.6 schließt unmittelbar an die Erwähnung des Heiligen Geistes in V.5 an und beschreibt den Modus des Geistempfangs (vgl. Röm 5,5): Dieser wurde von Gott *reichhaltig* über die Menschen *ausgegossen*, ein Bild, das bereits alttestamentlich belegt ist (vgl. Joel 3,1f; Sach 12,10; Jes 44,3; Ez 39,29) und bei dem der Fokus auf der Reichlichkeit liegt.

Die Teilhabe an Gottes Fülle verdankt sich Jesus Christus; diese Information trägt V.6 etwas unverbunden nach. Wieder steht hier das Wortfeld *Retten*, nach V.4 und V.5 zum dritten Mal innerhalb weniger Verse; der vorherige Bezug auf Gott wird nun durch die Titulierung Christi als *Retter* abgelöst: In seiner Person ereignet sich das Rettungsgeschehen. Denn für den Autor des Titusbriefes ist das Heilswerk Gottes bei aller Souveränität nicht ohne Jesus Christus zu denken, der hier jedoch nicht als Agens erscheint, sondern als Medium. Die Hervorhebung der Geistausgießung zeigt, dass dieses Geschehen in Verbindung mit der Taufe gedacht ist.

Der gesamte Abschnitt hat eine trinitarische Struktur: Der erbarmende Gott rettet durch Taufe und Geistvermittlung, doch es ist Christus selbst in Person, der dieses Geschehen erst möglich macht.

V.7 blickt mit einer paulinisch anmutenden Formulierung auf die Heilsgegenwart: *gerechtfertigt durch seine Gnade.* Für Paulus selbst stellt die Rede von der Rechtfertigung eines der theologischen Zentren seiner Lehre dar. Im Titusbrief dient der Vers als final angeschlossene Beschreibung eines umfassenden Geschehens und der Zukunft der Glaubenden. Aus der unverdient geschehenen Errettung erwächst die Erhebung jedes einzelnen Christen und jeder einzelnen Christin in den Erbenstand. Dahinter ist eine Anspielung auf die Vorstellung der Kindschaft der christlichen Gemeinde zu sehen, wie wir sie auch aus den protopaulinischen Briefen kennen (vgl. u.a. Gal 4,7); auch Paulus selbst kann das Motiv der Erbschaft verwenden (Röm 8,17; Gal 3,29; 4,7; Kol 3,24; vgl. Eph 1,14.18). Diese Erbenschaft zeichnet sich dadurch aus, dass sie *gemäß der Hoffnung des ewigen Lebens* erfolgt; auch hier wieder eine etwas überbordend-plerophore Formulierung. Auch Paulus selbst kann das Ziel des ewigen Lebens denjenigen in Aussicht stellen, die sich im Glauben bemühen (vgl. Röm 2,6f; 6,22f). Bereits im Präskript hatte der Briefautor die Hoffnung auf das ewige Leben eingetragen (vgl. Tit 1,2); dies wird hier nun ergänzt und präzisiert: Aufgrund der Rechtfertigung allein aus Gnade kann diese Hoffnung erfüllt und das Erbe angetreten werden.

In **V.8** steht die Formel *Verlässlich ist das Wort,* die sich mehrfach im 1. Timotheusbref und auch einmal im 2. Timotheusbrief findet (1Tim 1,15; 3,1; 4,3; 2Tim 2,11) und die dort in der Regel als betonende Eröffnung einer theologisch zentralen Aussage oder als Hinweis auf eine Zitation dient. Im Titusbrief verweist diese Phrase, das legt auch die zusammenfassende Formulierung *betreffs all dessen* nahe, auf die voranstehenden Ausführungen zurück. Wie in Tit 2,15 wird der Briefempfänger Titus hier direkt angesprochen; die Phrase greift zudem eine Formulierung aus Tit 1,9 auf, wo vom *zuverlässigen Wort* der Lehre die Rede war.

Durch die autoritativ klingende Formulierung *ich will* wird alles Folgende als Befehl des »Paulus« selbst hingestellt. Titus soll *gefestigt reden betreffs all dessen*; damit ist die Weitergabe dessen gemeint, was er bisher durch den Briefautor erfahren hatte. Der Auftrag ergeht zwar an Titus, doch rücken nun alle Christinnen und Christen in den Blick (vgl. zur Formulierung *die, die an Gott glauben* als Umschreibung für Menschen christlichen Glaubens neben Tit 3,8 noch Apg 15,5). Sie sollen, so die Begründung, *sich zu guten Werken befleißigen*. Wieder zeigt sich, was bereits an anderer Stelle zu beobachten war: Dogmatische Kernaussagen dienen vor allem dazu, Anweisungen zum richtigen Verhalten begründend zu untermalen. Die Orthodoxie steht ganz im Dienst der Orthopraxie.

Die Gläubigen sollen auf diese Werke *bedacht sein* – eine neutestamentlich singuläre Formulierung. Sie überrascht hier auch deshalb, weil der Titusbrief bisher den Eindruck erweckt hatte, als ginge es ihm vor allem um eine Unterordnung ohne Widerspruch. Dieses Verb trägt aber stärker den Gedanken der Selbstverantwortlichkeit jedes und jeder Einzelnen ein: Es geht um ein bewusstes und eigenverantwortliches praktisches Christentum in der individuellen Lebensgestaltung. Damit spricht der kürzeste Pastoralbrief aus, was in den beiden anderen Schreiben nicht so deutlich zu hören ist: Christsein muss mehr sein als die Bewahrung des Überkommenen.

Zugleich zeigt diese Formulierung, dass der Brief nicht nur von der paulinischen Lehre beeinflusst ist, sondern auch schon die Debatten um deren richtige Auslegung kennt. Deshalb betont der Verfasser, vermutlich in Abwehr eines Missverständnisses paulinischer Lehre: Das Gerechtfertigtsein vor Gott und von Gott schließt das Bemühen um gute Werke gerade nicht aus, sondern vielmehr ein! Rechtfertigung ist etwas, das es im eigenen Leben wirksam werden zu lassen gilt.

Dass explizit die *Nützlichkeit* solchen Tuns für die Menschen genannt wird, weist erneut auf den Zusammenhang zwischen der christlichen Heilsbotschaft und der Außenwirkung der christlichen Gemeinde hin (vgl. dazu auch Röm 2,25; 3,1; 1Kor 13,3; 14,6; Gal 5,2 u.ö.): Indem diese ausstrahlt in die Welt, erhalten alle Menschen die Chance, sich positiv von der christlichen Botschaft ansprechen und anrühren zu lassen. Auch hinter Tit 3 scheint also der Gedanke der erzieherischen Gnade Gottes auf, wie er besonders das Traditionsstück in Tit 2,11–14 prägte.

Auch das neue Leben in Christus bleibt ein beständiger Imperativ. Das wusste schon Paulus selbst und so könnte man auch diesen Abschnitt zusammenfassen. Die *Gabe* Gottes, das Geschenk seiner Gnade, ist bleibende *Aufgabe* und Herausforderung zugleich. Dafür fragt der Briefschreiber nach dem Maß-

stab, an dem jede und jeder Einzelne sich orientieren kann. Dieser Maßstab, dafür kann der Autor selbst schon traditionelles Gedankengut heranziehen, hat bleibende Gültigkeit. Und doch gilt es, die Bedeutung für das eigene Leben stets neu zu gewinnen und konkrete Gestalt werden zu lassen.
Das neue Leben in Christus bleibt ein Imperativ – doch einer, der gestützt wird von einer bleibenden Zusage: Gottes Milde und Menschenfreundlichkeit sind erschienen und zwar in seinem Sohn Jesus Christus. In dem kleinen Kind in der Krippe, in dem Wanderprediger und Wundertäter aus Galiläa und in dem sterbenden Gekreuzigten war Gott selbst am Werk. Der Autor des Titusbriefes kleidet diese basale christliche Botschaft in ein anderes sprachliches Gewand, als es Paulus getan hätte. Und doch meinen sie das Gleiche: Gottes Geschenk seiner Gegenwart und seinem rettenden Handeln – der Erscheinung seiner Güte und Menschenfreundlichkeit, wie der Titusbrief sagen würde – verdankt jeder einzelne Christ und jede einzelne Christin die eigene Existenz im Glauben. Ich selbst muss nichts mehr dafür tun, sondern dem nur noch dankend entsprechen.

Tit 3,9–11: Erneute Warnung vor Andersdenkenden

Kurz vor Briefschluss wird das gerade entfaltete positive Verhalten durch negative Beispiele kontrastiert – wieder rücken die Menschen in den Blick, die eine andere Position vertreten als der Briefschreiber. So wie die Auseinandersetzung mit der Häresie in Tit 1,10–16 den Brief miteröffnet hatte, so bildet sie auch den theologisch-argumentativen Abschluss. Der Tonfall ist hier eher resignativ; der Schreiber kann nur noch die Selbstverurteilung der Uneinsichtigen konstatieren. Danach folgen lediglich noch die Schlussgrüße.

[9] Dich aber halte fern von törichten Fragereien und Genealogien und Streitigkeiten und das Gesetz betreffenden Debatten. Sie sind nämlich unnütz und vergeblich. [10] Einen häretischen Menschen weise nach einer oder zwei Ermahnungen zurück, [11] da du weißt, dass ein solcher ganz verwirrt ist und sündigt, wobei er sich selbst verurteilt.

V.9 setzt durch die Anrede an Titus neu ein und stellt dem vorher als nützlich Beurteilten nun das Unnütze gegenüber (*aber*). Nun rückt in den Blick, wovon Titus sich *fernhalten soll*. Den guten und deshalb zum Glauben nützlichen Werken wird nun das kontrastiert, was *unnütz und vergeblich* ist. Dazu zählen: *törichte Fragen, Genealogien, Streitigkeiten* und *das Gesetz betreffende Debatten*.
Die Reihung der vier Einzelelemente enthält einen strukturellen Chiasmus: So sind das erste und letzte Substantiv durch ein beigeordnetes Ad-

jektiv jeweils besonders hervorgehoben. Drei der vier Termini bezeichnen zudem verschiedene Modi einer Auseinandersetzung, nur der zweite Begriff (*Genealogien*) und die adjektivische Näherbestimmung des vierten (*das Gesetz betreffend*) tragen ein inhaltliches Moment ein.

Das Substantiv *Fragereien* steht noch in 1Tim 6,4, 2Tim 2,23; auch dort jeweils in der antihäretischen Ausrichtung, die auch hier fraglos mitzulesen ist. Zwar kann das griechische Nomen auch schlicht eine Diskussion oder eine argumentativ erfolgende Untersuchung meinen, doch trägt das Adjektiv *töricht* von Beginn an einen abwertenden Unterton ein. Auch das mit *Streitigkeiten* wiedergegebene griechische Substantiv hat einen festen Platz in paulinischen Lasterkatalogen (vgl. Röm 1,29; 13,13; 2Kor 12,20; Gal 5,20).

Das griechische Wort, das hier mit *Debatten* übersetzt ist, wird neutestamentlich nur sehr selten verwendet (vgl. nur 2Tim 2,23, 2Kor 7,5; Jak 4,1); seine Näherbestimmung als *das Gesetz betreffend* hat dabei keinerlei Parallelen. Das Adjektiv steht in Tit 3,13 nochmals und ist dort ebenso wie bei den Synoptikern als nominalisierte Berufsbezeichnung für einen (jüdischen) Gesetzeslehrer gebraucht (vgl. [Mt 22,35;] Lk 7,30; 10,25; 11,45 f.52; 14,3).

Eine entsprechende Konnotation liegt in Tit 3,9 ebenfalls nahe, zumal bereits Tit 1,10.14 deutlich gemacht hatte, dass es im Titusbrief tatsächlich um Debatten mit Andersdenkenden aus dem jüdischen Glauben geht. Offensichtlich waren der Briefschreiber des Titusbriefes und die Irrlehrer uneins, was die Bedeutung des alttestamentlichen Gesetzes für die christliche Gemeinde betraf.

Aufgrund des Briefkontextes und der Anklänge in diesem Vers selbst wäre es dann denkbar, auch die *Genealogien* als Element einer jüdisch angehauchten Irrlehre zu begreifen. Der Begriff kann auch bei dem jüdischen Philosophen Philo die erzählenden Texte des Pentateuchs bezeichnen (Praem 1–2; vgl. VitMos II 47), und die sogenannte genealogische Vorhalle in 1Chr 1–9 zeigt, welch großes innerjüdisches Interesse es an dem Thema gab. Deshalb ist es keineswegs zwingend, die antignostische Stoßrichtung, die dieser Terminus in 1Tim 1,4 hat, auch in den Titusbrief einzutragen. Der Kontext des kürzesten Pastoralbriefs weist vielmehr mitten hinein in eine Auseinandersetzung mit Irrlehrern aus dem Judentum; eine Frontstellung, die auch die protopaulinischen Briefe bereits kennen.

Die Erwähnung des Gesetzes in Tit 3 korrespondiert inhaltlich mit dem Hinweis *die aus der Beschneidung* (Tit 1,10). Daneben fällt eine zweite sprachliche Parallele auf: Das Adjektiv *vergeblich* findet sich auch in dem in Tit 1,10 zu lesenden Vorwurf, die Andersdenkenden brächten nur leeres Geschwätz hervor. All diese Diskussionen sind, so der Brieftenor, *unnütz und vergeblich.* Zwar zeugt der Titusbrief insgesamt von der Hoffnung, die Andersdenkenden noch zur Umkehr bewegen zu können, doch schützt der Briefschreiber den Briefempfänger vor Debatten, die zu führen sich nicht mehr lohnt.

Hatte V.9 die Inhalte der Irrlehre im Blick, so wendet sich **V.10** nun denjenigen zu, die solche Irrlehren verbreiten. Dabei handelt es sich um *häretische Menschen* – der im Griechischen stehende Singular ist als generischer zu verstehen. Das Adjektiv *häretisch* findet sich sonst im Neuen Testament nicht; das dazugehörige Substantiv meint eigentlich so viel wie Partei oder Wahl (vgl. Apg 5,17; 15,5; 26,5 sowie den Gebrauch in Apg 24,5.15; 28,22 als Bezeichnung für das Christentum als Sekte). In der Briefliteratur konnte dieses Nomen dann zum Terminus technicus für jemanden werden, der eine andere – falsche! – Lehre vertritt (vgl. 1Kor 11,19; Gal 5,20; 2Petr 2,1) und fand als griechischer Fachbegriff von da aus auch Eingang in unseren Sprachgebrauch. Dass die Worte Häresie und Irrlehre synonym gebraucht werden können, ist also Ergebnis einer Entwicklung, wie sie auch schon die deuteropaulinische Tradition prägt.

Häretische Menschen stellen aus Sicht des Briefautors ein Feindbild dar und sind deshalb, so die klare Ansage, *zurückzuweisen.* Titus soll Streitigkeiten zwar vermeiden, sich aber dennoch um die Menschen bemühen; der Abbruch jeder weiteren Diskussion soll erst nach einigen – *einem oder zwei* – Fehlversuchen erfolgen. Der hier verwendete Ausdruck *Ermahnungen* ist biblisch sehr selten (vgl. nur noch Weish 16,6; 1Kor 10,11; Eph 6,4), hat aber stets einen pädagogisch-erzieherischen Beiklang. Trotz aller Resignation hofft der Briefschreiber nach wie vor also darauf, dass die Ermahnungen Früchte tragen und die Andersdenkenden umkehren. Ähnlich, wenn auch ausführlicher, formuliert das auch 2Tim 2,23–26.

V.11 schließt das Thema ab: Das Handeln des Titus ist deshalb geboten, weil er mit seiner Abweisung eines verstockten Häretikers im Grunde nur dessen eigenem Urteil nachkommt. Ein solcher Mensch hat sich nämlich schon *selbst verurteilt,* und zwar deshalb, weil er *ganz verwirrt ist und sündigt.* Das erstgenannte Verb ist biblisch sehr selten, es stellt ein neutestamentliches Hapax legomenon dar. Alttestamentlich bezeichnet es das von Gott abgewandte und deshalb verkehrte Geschlecht (vgl. Dtn 32,20; OdSal 2,20). Der Titusbrief nimmt Menschen in den Blick, die sich vollständig von den gültigen Wertmaßstäben der Gemeinde entfernt haben und sich dadurch selbst das Urteil sprechen. Das Verb *sündigen* kommt neutestamentlich ebenso wie das entsprechende Wortfeld sehr häufig vor; immer geht es um Verfehlungen vor Gott, die besonders Paulus in absoluten Kontrastbildern entfalten kann: Das aus

der Todessphäre rettende Befreiungsgeschehen in Christus steht der Sündenmacht diametral gegenüber; dass der Mensch davon losgelöst werden kann, verdankt er allein Gott. In den Pastoralbriefen steht das Verb nur hier sowie in 1Tim 5,20; das Substantiv fehlt im Titusbrief ganz (vgl. sonst in den Pastoralbriefen nur 1Tim 5,22.24; 2Tim 3,6).
Ein Mensch kann also durch sein Tun den Willen Gottes verfehlen. Ein solches Urteil ergeht auch über nicht-belehrbare Abweichler: Ein solcher Mensch *verurteilt sich selbst*. Denn wer das lehrt und tut, was Verhalten und Denken der Irrlehrer prägt, der spricht sich selbst das Urteil – dass es andere (oder gar Gott) tun, ist also gar nicht nötig. Das ist ein vernichtender Abschluss, zumal die Hoffnung auf eine Änderung derer, die einer falschen Lehre folgen, zwar noch mitschwingt, aber doch einem resignativen Ton gewichen ist. Nicht mehr der Hoffnung auf Besserung, sondern dem Hinweis auf Abweisung als letzte Möglichkeit gehört das Schlusswort des Titusbriefes über die Andersdenkenden.

»Mein ist die Rache, ich will vergelten, spricht der Herr«. Im Römerbrief zitiert Paulus selbst diesen alttestamentlichen Vers (Dtn 32,35, vgl. Röm 12,19). Und so verstehe ich auch den Schluss dieses Abschnitts hier: Nicht mir kommt es zu, über andere ein Urteil zu sprechen, sondern nur Gott. Und weil ein Mensch niemals wissen kann, wie dieses Urteil schließlich lauten wird, gilt es, die Hoffnung auf die Umkehr anderer bis zum Schluss zu bewahren und die Türen stets geöffnet zu halten.

Tit 3,12–15: Schlussgrüße

Der Titusbrief schließt mit einigen scheinbar konkreten Aufträgen und Angaben. Darin erinnert er an das sehr umfangreiche Schlusskapitel des 2. Timotheusbriefes (vgl. 2Tim 4,9–22), während solche Elemente im 1. Timotheusbrief fehlen. Hier fällt erneut auf, dass hinter den drei Schreiben unterschiedliche pseudepigraphische Plausibilisierungsstrategien stehen; so kann der längste Pastoralbrief auf solche Stilelemente pseudepigraphischer Briefschreibung verzichten. Diese dienen nicht nur der Untermalung der Autorfiktion, sondern haben auch die Funktion, durch exemplarische Schilderungen inhaltliche Aussagen zu machen.
Dass sich im Titusbrief nur im Kontext des Schlusses persönliche Notizen des »Paulus« mit Reiseplänen und Namen finden, darf deshalb nicht darüber hinwegtäuschen, dass gerade diese Verse eine besondere Bedeutung für die Konstruktion der Brieffiktion insgesamt haben. Denn mögen

Reisepläne typisches Element eines Briefschlusses sein – dass dabei weniger Paulus als vielmehr seine Mitarbeiter im Fokus stehen, ist es nicht.

[12] Wenn ich Artemas oder Tychikos zu dir schicken werde, beeile dich zu mir zu kommen nach Nikopolis. Ich habe nämlich beschlossen, dort zu überwintern. [13] Zenas, den Gesetzeslehrer, und Apollos rüste mit Sorgfalt zur Reise aus, damit es ihnen an nichts fehlt. [14] Es sollen aber auch die Unseren lernen, sich guter Werke zu befleißigen für die notwendigen Bedürfnisse, damit sie nicht ohne Frucht sind. [15] Es grüßen dich alle, die mit mir sind. Grüße die, die uns lieben im Glauben. Die Gnade sei mit euch allen.

Nachdem der Brief ausführliche Anweisungen für das Mandat des Titus auf Kreta erteilt hatte, überrascht die dringliche Bitte des Apostels, dieser möge zu ihm kommen (**V.12**). Diese Aufforderung stimmt wörtlich mit 2Tim 4,9 überein, sogar das Moment der drängenden Eile ist identisch. In beiden Briefen wird im Kontext, vermutlich als Begründung, auf den Winter angespielt. Und auch wenn nicht gesagt wird, wie zeitnah Titus tatsächlich aufbrechen soll, so passt diese Aufforderung nicht recht zur Brieferöffnung in Tit 1,5, die den Eindruck erweckt, das an Titus ergangene Mandat mache einen längeren Aufenthalt auf Kreta unumgänglich. Sollen Artemas oder Tychikus ihn dort ablösen und an seiner Stelle zuende führen, was Titus begonnen hatte? Soll also das Mandat auf andere Menschen übergehen, die sich der paulinischen Tradition zugehörig fühlen?

»Paulus« fordert Titus auf, nach *Nikopolis* zu kommen; dort hält sich der Apostel der Brieffiktion nach auf. Der Titusbrief ist das einzige Schreiben innerhalb des Corpus Paulinum, in dem der Aufenthaltsort des Absenders explizit genannt wird. Doch legt dies keinesfalls nahe, dass der echte Briefschreiber sich tatsächlich in einer Stadt dieses Namens befindet. Diese Lokalisierung könnte auch ein geschickter Schachzug sein, da aufgrund der Häufigkeit antiker Städte mit diesem Namen eine genaue Verortung trotz aller vermeintlichen Konkretheit der Angabe unmöglich bleibt. Manche Wissenschaftler versuchen, aufgrund der Reisepläne des Apostels und seines Gefangenenaufenthalts auf Kreta, den hier genannten Ort mit Nikopolis apud actium in der Provinz Epirus zu identifizieren, einem zum Überwintern geeigneten Hafen an der Westküste Griechenlands an der ionischen See. Doch muss das Spekulation bleiben.

In V.12 und V.13 werden die Namen von insgesamt vier weiteren »Paulus«-Mitarbeitern genannt; dabei fällt auf, dass jeweils zwei Namen zusammenstehen und wir von diesen zwei Namen je einen aus der neutestamentlichen

Paulustradition kennen und einen nicht. Die Frage, ob diese Personen historisch sind und welche Bewandtnis es mit ihrer Nennung hier auf sich hat, verdient deshalb besondere Aufmerksamkeit.

In V.12 ist zunächst von Artemas und Tychikus die Rede, von den »Paulus« ankündigt, dass er einen von ihnen (*oder*) nach Kreta schicken wird. Der Name Artemas kommt in der neutestamentlichen Tradition sonst nicht vor, doch Tychikus kennen wir als Teilnehmer der 3. Missionsreise des Paulus (vgl. Apg 20,4). Außerdem findet er in den beiden pseudepigraphischen Briefen an die Kolosser und an die Epheser Erwähnung; dort ist es jeweils seine Aufgabe, den Gemeinden Neuigkeiten über Paulus zu überbringen (vgl. Kol 4,7; Eph 6,21). Dabei wird Tychikus durch eine positive Charakterisierung aus der Menge der Mitarbeitenden hervorgehoben. Auch der 2. Timotheusbrief erwähnt ihn, allerdings im Kontext einer Sendung nach Ephesus (2Tim 4,12), was wiederum zu seiner Verortung im kleinasiatischen Raum passt (vgl. Apg 20,4). Dass die Angaben aus dem Titusbrief und dem 2. Timotheusbrief sich nicht harmonisieren lassen, ist immer wieder beobachtet worden, ist aber nur dann problematisch, wenn man von einer intentionalen Zusammengehörigkeit der Schreiben ausgeht.

In **V.13** wendet sich der Briefschreiber dann den Reiseplänen weiterer Mitarbeiter zu, Zenas und Apollos. In welchem Verhältnis diese Angaben zu denen über Tychikus und Artemas stehen, muss offenbleiben. Dass es sich um eine Reise zu »Paulus« nach Nikopolis handelt, für die Titus Zenas und Apollos ausstatten soll, wäre reine Spekulation. Auch sollte der Eindruck nicht zu sehr gepresst werden, dass der Vers so klinge, als wisse Titus bereits von den Reiseplänen der beiden – und müsse dennoch an seine Pflicht erinnert werden, sie mit dem Nötigsten zuzurüsten.

Was allerdings tatsächlich auffällt: Wieder stehen ein aus der neutestamentlichen Paulustradition bekannter und ein unbekannter Name nebeneinander. So kommt Zenas nur hier vor, während Apollos zu den häufiger genannten Mitarbeitern gehört und sich als schriftgewandter Lehrer im kleinasiatischen Raum einen Namen gemacht hat (vgl. Apg 18,24ff; 1Kor 1,12; 3,4ff.22; 4,6; 16,12). Seinen Namen in einem Schreiben der Paulustradition zu finden, überrascht daher nicht.

Sein sonst unbekannter Reisegefährte Zenas wird als *Gesetzeslehrer* näher charakterisiert. Das entsprechende griechische Wort steht neutestamentlich nur noch im Lukasevangelium und bezeichnet jüdische Gesetzesgelehrte (Lk 7,30; 10,25; 11,45f.52; 14,3). Dann jedoch wäre Zenas, wie diese Stelle häufig ausgelegt wird, kein paganer Anwalt und vielleicht gar der Anwalt des Paulus, sondern ein schriftkundiger Mann jüdischen Glaubens. In dieser Bedeutung steht das entsprechende Adjektiv tatsächlich in Tit 3,9; dort mit Bezug auf die Häresie. Gerade weil es im Titusbrief um die Auseinandersetzung mit einer jüdisch konnotierten Irrlehre geht (vgl. Tit 1,10–16; 3,9–11), wäre es durchaus denkbar, dass durch die Nennung des Zenas ein jüdischer Gesetzesgelehrter in den Mitarbeiterkreis des Paulus eingetragen werden soll – wodurch der gesamte Vers eine antihäretische Spitze bekäme.

Mit aller gebotenen Vorsicht kann man sogar noch weiter spekulieren: War es vielleicht die Absicht des Briefschreibers, jeweils einen bekannten und einen unbekannten Namen – nämlich Tychikus und Artemas in V.12 und Apollos und Zenas in V.13 – zusammenzustellen, um auf diese Weise neue Personen in die paulinische Tradition einzuschreiben? Vielleicht sind auch die uns unbekannten Namen den Leserinnen und Lesern vertraut? Könnte es nicht sein, dass es sich dabei um Größen ihrer eigenen Gemeindetradition handelt? Dann würde der Verfasser den Briefschluss nutzen, um zwei lokal bekannte Größen in der paulinischen Tradition zu verankern und also die Paulustradition rückblickend in die eigene Geschichte zu implementieren – Kirchenpolitik im besten Sinne.

Dann aber würde der Brief nicht nur Anweisungen für die korrekte Bewahrung der paulinischen Tradition erteilen, sondern bereits die Zeit der Abwesenheit der direkten Paulusnachfolger und damit die Gegenwart der Gemeinde in den Blick nehmen.

Wenn man davon ausgeht, dass erst mit der Verknüpfung der beiden Lokalgrößen Artemas und Zenas mit der Paulustradition das eigentliche Ziel dieses Schreibens erreicht ist, dann lassen sich auch Tit 1,5 und Tit 3,12f harmonisieren: Der Brief bietet ein Mandat für die angeblich bereits vergangene, in Wirklichkeit aber zeitgenössische Gemeindeorganisation – dieses Mandat erhält formal Titus, doch zielt der Brief bereits auf die Zeit, in der er es weitergegeben haben wird. Damit gelingt am Briefschluss der Schritt in die eigene Gegenwart; ein wahrlich genial zu nennender Schachzug!

Hatte V.13 von Titus selbst die Ausstattung zweier Mitarbeiter zum Verkündigungsdienst verlangt, so macht **V.14** daraus eine allgemeine Aufforderung: Alle Christinnen und Christen – die Formulierung *die Unseren* stellt eine Abgrenzung gegenüber Nichtchristen dar – sind aufgefordert, andere mit dem Notwendigen zu versorgen. Wieder ist hier von *guten Werken* die Rede, ein Terminus, der im Titusbrief bereits mehrfach Verwendung fand (vgl. Tit 2,7.14; 3,8); erneut wird das, was bereits in Tit 3,1–8 über die soteriologische Bedeutung guter Werke gesagt wurde, motivierend vor Augen geführt. Der Nachsatz *damit sie nicht ohne Frucht sind* unterstreicht die Stoßrichtung dieses Verses. Offensichtlich kannte auch der Autor des Titusbriefes Missverständnisse der paulinischen Lehre, wie sie sich auch im Jakobusbrief niedergeschlagen haben (vgl. Jak 1,22f) und die behaupteten, bei Paulus beschränke sich der Glaube auf reine Passivität. Dagegen betont der Briefautor erneut die Notwendigkeit, dem Geschenk der Gnade Gottes angemessen zu entsprechen und eben *Frucht* zu bringen. V.14 unterstricht zudem, dass sich diese Glaubensfrucht aus Sicht des Titusbriefes nicht im Besonderen, sondern im Alltäglichen realisiert, hier in der Fürsorge für andere Menschen.

V.15 beendet den kürzesten der drei Pastoralbriefe mit mehreren Schlussgrüßen; allesamt ohne weitere Namensnennungen. Der Gruß ist insgesamt erstaunlich knapp gestaltet (vgl. die Kurzform auch in Kol 4,18 sowie Hebr 13,25). Der gesamte Vers ist dabei gezeichnet vom christlichen Bewusstsein einer Verbundenheit auch über räumliche Trennungen hinweg. Es werden Grüße von allen ausgerichtet, die bei dem Briefschreiber sind. Weil diese Grüße außerdem verraten, dass der Brief einen breiteren Leserkreis erwartet, kann der Gruß auch in einem Privatbrief im Plural stehen (vgl. Phlm 25; 2Tim 4,22). Es folgen Grüße an diejenigen, die bei Titus sind und *die uns lieben im Glauben;* die Formulierung ist durchlässig hin auf die besondere Situation innerhalb des Empfängerkreises. Denn konnte Paulus selbst im 1. Korintherbrief (16,22) die Liebe zu Christus zum Bezugspunkt richtigen Glaubens machen, so rückt nun seine Person als Maßstab in den Mittelpunkt. Ein letztes Mal klingt hier durch, dass es auch Menschen gibt, denen die Person und Lehre des Paulus fremd sind; doch sind hier dezidiert diejenigen im Blick, die sich ihm zuordnen.

Schließlich steht noch der Gnadenwunsch. So ist es die Gnade Gottes, die in diesem Schreiben das erste und das letzte Wort hat.

Der Titusbrief schließt mit einem Ausblick, der über die Zeit des Titus hinausreicht. Die Tatsache, dass der historische Paulus ein Netz an Mitarbeitern und Mitarbeiterinnen aufgebaut hat, wird hier auch in die nachapostolische Zeit aufgenommen. Damit ist der Autor in den Schlussversen in der Gegenwart der realen Leserinnen und Leser angekommen. Sie sollen sich ebenso wie Artemas, Tychikus, Zenas und Apollos mit hineinnehmen lassen in den Dienst am Evangelium. Dann gehören sie zu denen, die Paulus lieben.

Damit öffnet der Brief einen Horizont, der weit über seine Zeit hinaus reicht. Bis in unsere Gegenwart sind es Menschen, die die Botschaft der rettenden Liebe Gottes in diese Welt weitertragen. Sie mögen fehlbar sein, sie können vielleicht Ermutigung brauchen, ihnen mögen sich Schwierigkeiten in den Weg stellen – doch sie sind diejenigen, durch die die Botschaft von Jesus Christus konkrete Gestalt gewinnt. Ihnen allen gilt deshalb der Zuspruch des abschließenden Gnadenwunsches.

Zusammenfassung

Die Pastoralbriefe als drei selbstständige nachpaulinische Schreiben

Die Auslegung der drei Briefe hat bestätigt, was bereits in der Einleitung als These formuliert worden war: Die drei Schreiben an die Paulusmitarbeiter Timotheus und Titus bilden kein Corpus Pastorale in dem Sinne, dass sie als dreiteilige Einheit von einem einzelnen Schreiber konzipiert worden seien. Nichts in den Briefen nötigt dazu, sie als intentional zusammengehörige Schreiben zu lesen: Die Texte selbst lassen nicht erkennen, dass sie aufeinander Bezug nehmen; die vorhandenen Gemeinsamkeiten beschränken sich entweder auf sprachliche Übereinstimmungen, die sich durch ein gemeinsames Milieu erklären lassen, oder legen eher literarische Abhängigkeit denn gemeinsame Verfasserschaft nahe.
Tatsächlich nivelliert die gemeinsame Betrachtung der drei Schreiben als Corpus Pastorale die zwischen den Briefen vorhandenen Unterschiede. Erst die im bisherigen Forschungskonsens gängige Zusammenschau aller Briefe führt zum Eindruck einer abstrakten Ortlosigkeit der Texte und der Annahme, sie seien als eine Art »Vademecum« für alle denkbaren ekklesiologischen und theologischen Probleme in den Jahrzehnten nach dem Tod des Paulus konzipiert. Betrachtet man jedoch jeden Brief für sich, so ergibt sich ein stimmiges Bild, sowohl in Hinblick auf die literarische Gestalt der Schreiben und ihre historische Situierung als auch auf die vorausgesetzte Gemeindesituation und die Inhalte der bekämpften Häresien.
Die sogenannte Corpus-These ist deshalb aufzugeben, da die Deutung der Briefe als Einzelschreiben einen großen interpretatorischen Gewinn bedeutet. Vor dem Hintergrund der in der Tat bestehenden Gemeinsamkeiten (und Unterschiede!) soll zusammenfassend dargestellt werden, wie die einzelnen Briefe zentrale Themen behandeln. Die Darstellung folgt dabei der kanonischen Reihenfolge.

Thematische Schwerpunkte in den Briefen

Die drei Pastoralbriefe im Überblick

Der *1. Timotheusbrief* ist das Jüngste der drei Schreiben. Wie der Titusbrief ist der längste der Pastoralbriefe in Anlehnung an antike Mandatsschreiben gestaltet: Timotheus erhält einen konkreten Auftrag und wird durch das Schreiben mit der zu seiner Umsetzung nötigen Autorität ausgestattet. In diesem Fall hat sein Mandat die Irrlehrerbekämpfung zum Inhalt, weil deren Auftreten offensichtlich zum Problem geworden war (vgl. 1Tim 1,3). Der Brief richtet sich an Menschen in Ephesus, einem der Hauptstützpunkte der paulinischen Missionstätigkeit und vermutlich auch das Zentrum einer späteren »Paulusschule«, wenn man denn das Netzwerk seiner Nachfolgerinnen und Schüler nach dem Tod des Paulus so bezeichnen möchte.

Die Irrlehre trägt prägnostische Züge, zeigt also solche Tendenzen, die später einmal gnostisch werden sollten – und wird im Brief selbst ja tatsächlich auch so benannt (vgl. 1Tim 6,20: *die fälschlich so genannte Gnosis* [*Erkenntnis*]). Diese antihäretische Front unterstreicht den auch an anderer Stelle zu gewinnenden Eindruck, dass es sich beim 1. Timotheusbrief um das Jüngste der drei Schreiben handelt; seine Datierung wird man nicht vor Anfang des 2. Jahrhunderts ansetzen dürfen. Dazu passt auch die stärker als in den beiden anderen Briefen erkennbare Ausprägung gemeindeleitender Ämter und hierarchischer Strukturen. Diese setzt der Briefverfasser gleichsam als Bollwerk gegen das chaotisch-zerstörerische Auftreten der Andersdenkenden; daneben vertraut er auf die unverändert zu bewahrende paulinische Überlieferung, die der Apostel selbst als *Paratheke* seinen Nachfolgern übergeben hat (1Tim 1,18; 6,20).

Wichtig ist dem Briefschreiber die Wohlordnung des christlichen Lebens; diese geht für ihn mit der Parallelisierung christlicher und pagan-antiker Tugenden einher. Die Forschung beschreibt das in Bezug auf alle drei Pastoralbriefe mit dem Begriff des bürgerlichen Christentums und trifft damit zumindest für den 1. Timotheusbrief etwas Richtiges.

Der 1. Timotheusbrief ist nicht nur jünger als die beiden anderen Briefe, sondern vermutlich auch literarisch von ihnen abhängig. Neben anderen Paulusbriefen kennt der Schreiber auch den 2. Timotheusbrief und den Titusbrief, und hält sie vielleicht sogar für echte Schreiben. Aus ihnen übernimmt er jedenfalls die Briefstruktur (Titusbrief) beziehungsweise den Namen des Briefadressaten (2. Timotheusbrief) und führt außerdem in diesen Briefen angelegte theologische Linien weiter aus und spitzt sie zu.

Erst der 1. Timotheusbrief verbindet also die drei Schreiben zu einem Corpus Pastorale, das dann aber nicht intentional so angelegt war, sondern erst in der Rezeption zu einem solchen Corpus wurde.

Der 2. *Timotheusbrief* ist zeitlich vor dem 1. Timotheusbrief verfasst, auch wenn er in der Lesereihenfolge und in der Biographie des Paulus nach diesem zu datieren ist. Das Schreiben generiert sich als Testament des auf seine Hinrichtung wartenden Apostels, enthält aber auch Elemente eines Freundschaftsbriefes. Der Brief ist an Timotheus als einen der engsten Mitarbeiter des Paulus gerichtet; die Anweisungen, die er empfängt, zielen ebenso wie die persönlichen Angaben (vgl. besonders 2Tim 1,15–18; 4,9–18) in den kleinasiatischen Raum, ohne dass ein konkreter Ort benannt werden könnte.

Als Testament des großen Heidenapostels kurz vor seiner Hinrichtung gestaltet, benennt der Brief letzte Dinge, die abschließend zu regeln sind. Auch hier fällt der Begriff *Paratheke* (2Tim 1,12.14, vgl. 2Tim 2,2); doch ist anders als im 1. Timotheusbrief Paulus nicht ihr Besitzer, sondern der erste Empfänger. Er gibt an Timotheus das weiter, was er selbst von Gott empfangen hat – und die, die nach Timotheus kommen, sind ebenfalls zur unveränderten Bewahrung aufgefordert.

Ein zentrales Thema des Briefes ist das Leiden als ein genuiner Bestandteil christlicher Existenz. Wie so oft in paulinischen Schreiben steht dabei die Auseinandersetzung mit Andersdenkenden im Hintergrund; Informationen über deren Lehre gewinnen wir allerdings nur aus einem einzigen Satz: Sie sagen, dass die Auferstehung schon geschehen sei (2Tim 2,18); damit ist vermutlich eine Überinterpretation diesseitiger Heilserfahrungen und deshalb die Behauptung einer bereits erfolgten geistlichen Auferstehung aller gemeint. Weil dies genau das ist, was Kolosser- und Epheserbrief als korrekte paulinische Lehre verkünden können, liegt die Annahme nahe, dass es sich beim 2. Timotheusbrief um das Dokument eines innerpaulinischen Schuldiskurses handelt. Die Wahl der Testamentsgattung ist deshalb ein besonders kluger Schachzug, impliziert sie doch, dass die Besitzer dieses Dokuments diejenigen sind, die sich tatsächlich als die wahren Erben des Paulus erwiesen haben. Vermutlich wurde dieses Schreiben in den Jahrzehnten nach dem Tod des Paulus verfasst – 2Tim 4,6–8 blickt erkennbar auf dessen Hinrichtung zurück –; der 1. Timotheusbrief kennt ihn bereits als Teil der Paulustradition. Nicht nur die Empfänger, sondern auch der Absender ist vermutlich im kleinasiatischen Raum zu lokalisieren. Dort wäre ja auch die Paulusschule und also auch die im Brief angesprochene Gegnerschaft zu verorten.

Der *Titusbrief* als kürzester Pastoralbrief ist stets im Schatten seines großen Bruders, des 1. Timotheusbriefes, ausgelegt worden, dies ist ihm oft zum Verhängnis geworden. Tritt er jedoch aus dessen Schatten heraus, so lassen sich folgende Linien herausarbeiten: Der Titusbrief ist als Mandatsbrief gestaltet, wobei dem Autor die Umsetzung der stilistischen Vorgaben deutlich besser gelingt als dem 1. Timotheusbrief. Das Mandat an Titus ist klar umrissen, der Brief ergänzt darüber hinaus, wie in vergleichbaren Schreiben üblich, einige allgemein-gehaltene Versatzstücke und konturiert sie mit theologisch-weisheitlichen Sentenzen.

Der Auftrag, der an Titus ergeht, beinhaltet die Etablierung einer Gemeindestruktur auf Kreta, einer Insel, auf der Paulus selbst – folgt man den Angaben der Apostelgeschichte – höchstens als Gefangener auf dem Weg nach Rom war. Im Hintergrund stehen Irrlehren offensichtlich jüdischer Herkunft (vgl. Tit 1,10; 3,9). Vermutlich lag es genau deshalb nahe, für diesen Brief die Namen von Paulus und Titus als Absender und Empfänger zu wählen. Galt Ersterer in der frühen Christenheit als der Heidenapostel schlechthin, so stand Titus als paradigmatischer Unbeschnittener (vgl. Gal 2,3) wie kein Anderer für den Erfolg dieser Mission ein.

Beide Namen verdanken sich also einer thematisch-inhaltlichen Begründung; deshalb muss auch die Adressierung nach Kreta nicht verwundern. Dass Paulus dort nicht gewirkt hat, spricht nicht dagegen, diese Lokalisierung für historisch zu halten. Der Brief sagt, was der Verfasser glaubt, was Paulus gesagt hätte, wenn er selbst dort gewesen wäre. Zugleich ist das Schreiben als Versuch zu verstehen, paulinische Traditionen auf dieser Insel zu etablieren und also kretische Kirchenpolitik zu betreiben. Der Brief selbst nimmt nämlich am Schluss bereits die Zeit der Abwesenheit nicht nur des Paulus, sondern auch des Titus in den Blick und führt Personen ein, die dessen Auftrag fortführen sollen (vgl. Tit 3,12f). Darunter sind vermutlich auch solche, die in der bisherigen Paulustradition keine Rolle spielten und also – gleichsam stellvertretend für alle Neuhinzugekommenen – die Möglichkeit offen halten, diese Tradition durch neue Protagonisten weiterzuführen.

Alle Vermutungen zu Entstehungszeit und Abfassungsort müssen notwendig vage bleiben, zumal die historischen Angaben des Briefes der pseudepigraphischen Fiktion dienen und nicht dahingehend ausgewertet werden können. Die sprachliche Nähe zum 2. Timotheusbrief und die Tatsache, dass auch der 1. Timotheusbrief dieses Schreiben offensichtlich kannte, legt noch am ehesten eine Lokalisierung des Verfassers ebenfalls im kleinasiatischen Raum im weitesten Sinne nahe, vermutlich gegen Ende des 1. Jahrhunderts. Sicherheit wird man hier jedoch nicht gewinnen können.

Alle drei Briefe sind, bei allen Unterschieden, geprägt von dem Bemühen, den Apostel Paulus als eine der Größen der Vergangenheit klärend in die eigene Zeit hinein sprechen zu lassen. Sie alle ringen darum, wie die Lehre des Apostels so in die Gegenwart hinein zum Klingen gebracht werden kann, dass sie Gehör findet und Orientierung angesichts eigener Herausforderungen bietet. Die Schreiben zeugen, auch das wurde in der Auslegung deutlich, von der Ernsthaftigkeit dieses Bemühens und von seinen Grenzen – darin sind sie uns bleibend Mahnung und Vorbild zugleich.

Die Gemeindeordnung

Immer wieder hat man die Gemeindestrukturen aller drei Briefe als Oikos-Ekklesiologie bezeichnet (griechisch: *Oikos* = Haus), weil jeweils der Vergleich der Gemeinde mit einem Haus und mit den dort geltenden organisatorischen Gegebenheiten prägend sei. Doch trifft das bei genauerer Betrachtung der Pastoralbriefe in dieser Form ausschließlich auf den 1. Timotheusbrief zu – der jedoch häufig zur Lesebrille auch für die beiden kürzeren Schreiben wurde.

Im Zentrum der Ekklesiologie des *1. Timotheusbriefes* steht der kurze Abschnitt 1Tim 3,14–16, der tatsächlich die explizite Gleichsetzung der Gemeinde mit einem Haus vollzieht (V.15) und durch einen traditionellen christologischen Hymnus auch theologisch absichert (V.16). Die christliche Gemeinschaft wird sowohl als *Haus Gottes* als auch als *Säule und Fundament der Wahrheit* bezeichnet.

Diese Beschreibung als *Säule und Fundament der Wahrheit* nimmt nicht nur auf die feste Gründung der Gemeinde Bezug, sondern thematisiert auch ihre Außenwirkung: Gerade durch das richtige (und das meint im 1. Timotheusbrief stets das den antiken Moralvorstellungen angemessene) Verhalten erweist sich die christliche Gemeinde als weithin sichtbares Zeichen der Gegenwart des lebendigen Gottes in der Welt. Verhalten und Gestaltung der Gemeinde haben also eine nicht zu überschätzende Bedeutung. Dazu zählt auch die hierarchische Strukturierung und Organisation der Gemeinde.

Diese ist im längsten Pastoralbrief verbunden mit der Rede vom *Haus Gottes*. Der im Griechischen stehende Begriff *Oikos Theou* ist klug gewählt: Im Griechischen kann *Haus* sowohl durch *Oikos* als auch durch *Oikia* (so in 2Tim 2,20) wiedergegeben werden, aber nur ersterer Terminus kann, kombiniert mit dem Genitivattribut *Theou*, als Synonym für den Tempel stehen. Dies trägt auch in 1Tim 3,15 den Gedanken der Heiligkeit ein. Gleichzeitig ist durch das Substantiv *Oikos* immer auch die ökonomische Realität mitzuhören. Diese Doppeldeutigkeit macht sich der Verfasser des 1. Timotheusbriefes klug zunutze: Als Tempel Gottes – ein Gedanke, den auch Paulus selbst schon kennt (vgl. 1Kor 3,16; 6,12–20) – eignet der christlichen Gemeinde eine besondere Würde; als Haus (Gottes) muss sie zudem durch bestimmte Organisationsstrukturen geprägt sein. Und in der Tat zeigen die Ämterspiegel für Bischof (und Diakone) die Parallelität von gemeindlichen und häuslichen Strukturen (1Tim 3,4f; vgl. 1Tim 3,12). Bereits 1Tim 1,4 hatte in diesem Kontext vom *Hausverwalterdienst* sprechen können und nimmt so dieses für den Brief in der Tat zentrale Wortfeld bereits vorweg. Diese Ordnung ist allerdings, so empfindet es der Briefschreiber, durch das Auftreten von Irrlehrern einer permanenten Gefährdung ausgesetzt; deren Bekämpfung ist deshalb das eigentliche Thema des 1. Timotheusbriefes, dem die Fragen der Gemeindeordnung bei- und untergeordnet sind.

Am wenigsten als Pastoralbrief im eigentlichen Sinne ist der *2. Timotheusbrief* zu betrachten; denn dieses Schreiben behandelt nicht vordringlich ekklesiologische Themen. Doch schimmern gemeindeorganisatorische Fragen insofern durch, als dass es um deren Bedrohung durch Andersdenkende geht. In diesem Zusammenhang verwendet der Briefschreiber das Bild von der Gemeinde als einem *großen Haus* (2Tim 2,19–21). Dabei fällt auf, dass im Griechischen hier nicht die auf theologische Anklänge hin durchlässige Vokabel *Oikos* steht, sondern der rein profan gebrauchte Terminus *Oikia*. Die in 1Tim 3,14–16 stets mitschwingende Heiligkeit der Gemeinde als Tempel und Haus Gottes (*Oikos Theou*) spielt keine Rolle. Und es geht auch nicht darum, häuslich-hierarchische Organisationsstrukturen auf die Gemeinde zu übertragen, sondern der 2. Timotheusbrief verwendet die Haus-Metaphorik, um die Vielfältigkeit gemeindlicher Realität zu beschreiben.

Der Verfasser vergleicht die Gemeinde explizit mit einem *großen Haus* (2Tim 2,20), weil sofort einleuchtet, dass es in einem solchen Gefäße aus verschiedenem Material und von unterschiedlicher Wertigkeit geben muss. Doch während in einem Haus diese Gefäße allesamt nötig und im Gebrauch sind, nutzt der Schreiber das Bild, um daraus einen Appell zur Reinigung zu machen – ohne dass klar würde, wovon genau es sich zu reinigen gilt. Das paränetische Interesse des Briefes überlagert erkennbar die Bildhälfte. Ziel ist jedenfalls die Bereitschaft des angemessenen Dienstes für den Hausherrn, mit dem nur Gott selbst gemeint sein kann.

Mit einem Zitat aus der Septuaginta, das als Siegelinschrift auf dem Hausfundament fungiert (vgl. 2Tim 2,19), nimmt der Brief bereits vorweg, was die Folgeverse bildlich ausmalen: *Der Herr kennt die Seinen* – Gott weiß, wer wirklich zu ihm gehört.

Der Briefschreiber hingegen weiß es anscheinend nicht; in seiner Gemeinde existieren Rechtgläubige und Andersdenkende nebeneinander – so wie es in einem Haus in Bezug auf die Gefäße immer der Fall ist, wie es aber dem paradoxen Wunsch des Briefschreibers nach nicht sein soll.

Wie im 1. Timotheusbrief geht es auch im *Titusbrief* um gemeindeorganisatorische Fragen und die Etablierung von Ämtern. Allerdings findet im kürzesten Pastoralbrief gerade keine explizite Gleichsetzung von gemeindlichen und häuslichen Strukturen statt. Zwar steht das Wortfeld durchaus prominent in Tit 1,7, wo von der *Hausverwalterschaft Gottes* die Rede ist, doch dient diese Terminologie lediglich als theologische Begründung, wird aber nicht auf die ekklesiologische Gestaltung hin ausgewertet.

In Bezug auf ekklesiologische Fragen zeigt sich also besonders deutlich, was sich auch an anderen Stellen beobachten lässt: Der 1. Timotheusbrief übernimmt Begrifflichkeiten und theologische Ideen aus den beiden kürzeren Briefen und spitzt sie zu – in diesem Falle auf eine Oikos-Ekklesiologie, wie sie für ihn tatsächlich zum Leitmotiv werden sollte.

Die Ämterlehre

In Bezug auf die Ämterlehre gilt, was sich auch schon hinsichtlich der Gemeindeordnung feststellen ließ: Es ist vor allem der 1. Timotheusbrief, aus dem sich das erheben lässt, was in der Forschung häufig als Charakteristikum der Pastoralbriefe insgesamt bezeichnet wird.

Nur der Längste der drei Pastoralbriefe entfaltet nämlich eine ausgefeilte Ämterlehre; der 2. Timotheusbrief kennt hingegen keinerlei Ämter und der Titusbrief nur eine gemeindeleitende Gruppe von Personen, die sowohl als Älteste als auch als Bischöfe bezeichnet werden können.

Der *1. Timotheusbrief* rückt zwei gemeindeleitende Ämter in den Fokus: *Bischöfe* (1Tim 3,1–7) und *Diakone* (1Tim 3,8–13); dies ist eine Zusammenstellung, die sich schon bei Paulus selbst findet (vgl. Phil 1,1). Für beide Berufsgruppen entfaltet der Autor einen umfangreichen Kriterienkatalog, wobei auffällt: Die genannten Anforderungen enthalten in den meisten Fällen keine spezifischen Amtsqualifikationen und sind nur in sehr geringem Maße christianisiert. Der Pflichtenkatalog ist eher geprägt von klassischen Berufspflichtenlehren und den sogenannten Cura-Morum-Listen, wie sie in der Antike als Maßstab für die Beurteilung von Senatoren galten. Diesen literarischen Vorbildern verdankt es sich, dass diese Abschnitte auch in den Pastoralbriefen eher allgemein bleiben.

Zu der die Ekklesiologie des 1. Timotheusbriefes dominierenden Gleichsetzung von christlicher Gemeinde und Haus Gottes, in der Fachliteratur auch als Oikos-Ekklesiologie bezeichnet, passt die explizite Parallelisierung von häuslicher und gemeindlicher Verantwortung in Bezug auf die Bischöfe (1Tim 3,4f; vgl. 1Tim 3,12, wo dies für die Diakone zumindest angedeutet, wenn auch nicht ausgeführt wird). So wie der Pater familias an der Spitze des antiken Hauses steht, so stehen ein oder mehrere Bischöfe – dass der 1. Timotheusbrief auf dem Weg zum Monepiskopat bereits ein gutes Stück vorangekommen ist, was bereits notiert worden – an der Spitze der Gemeinde. Es dürfte übrigens kein Zufall sein, dass der Bischof im Singular steht (1Tim 3,2), von den Diakonen jedoch im Plural gesprochen wird (1Tim 3,8).

Der fast demokratisch zu nennende Hinweis, dass ein solches Bischofsamt *angestrebt* werden könne (1Tim 3,1) überrascht auf den ersten Blick, lässt sich aber zwanglos aufgrund der begrifflichen Nähe des Episkopos-Titels zum antiken Vereinswesen erklären. Dass ein Bischof kein *Neubekehrter* sein dürfe (1Tim 3,6), verweist in eine Zeit, in der das Christentum aus den Kinderschuhen herausgewachsen ist – zur Zeit des Paulus selbst gab es schlicht nur Neubekehrte.

Dem Bischof beigeordnet sind die Diakone; der Begriff meint nicht einfach nur einen Diener, sondern setzt fort, was sich bereits bei Paulus selbst andeutet (vgl. Phil 1,1; Röm 16.1): *Diakon* kann Terminus technicus für ein gemeindliches Amt sein. Wer *Diakon* werden möchte, muss sich einer Prüfung unterziehen (1Tim 3,10); die Kriterien dafür liefert der 1. Timotheusbrief gleich mit. Dass diese Prüfung allerdings bereits einen institutionellen Charakter gehabt hätte, kann man dem Brieftext nicht entnehmen.

Stets ist in den Ämterspiegeln die Außenwirkung der Gemeinde ein wichtiger Motivator. Dies gilt auch für die *gute Stufe*, die Diakonen laut 1Tim 3,13 in Aussicht gestellt wird. Der Begriff bleibt in der Auslegung sperrig, meint aber wohl noch nicht, dass das Diakonenamt nur einen Schritt (eine *Stufe*) auf dem Weg zum Bischofsamt darstellt, sondern nimmt grundsätzlich die *gute* Außenwirkung in den Blick. Alles andere hieße, Elemente einer späteren Zeit in den Text einzutragen, ohne dass dies vom Briefkontext her abgesichert werde könnte.

Wie der Titusbrief kennt auch der 1. Timotheusbrief *Älteste* (vgl. 1Tim 5,17–20); diese jedoch stehen überraschenderweise nicht im Kontext des Ämterspiegels, sondern innerhalb der Auflistung der verschiedenen Altersstände der Gemeinde – nämlich ältere und jüngere Männer sowie ältere und jüngere Frauen –, wo sie neben den Witwen als zweiter Sonderfall behandelt werden.

Vieles an diesem knappen Abschnitt widersetzt sich einer eindeutigen Interpretation. Repräsentieren diese Ältesten auch ein gemeindliches Amt oder geht es ebenso wie in 1Tim 5,1 lediglich um ältere Männer? Es legt sich erstere Deutung nahe. So werden die *älteren Männer* (Komparativ; 1Tim 5,17) bewusst von den *alten Männern* (Positiv; 1Tim 5,1) unterschieden; auch die Beschreibung ihrer Tätigkeit als *Vorstehen* und die Erwähnung der Möglichkeit einer *doppelten Ehre* deuten in diese Richtung. Warum aber wird ihre Rolle dann nicht gemeinsam mit der von Bischöfen und Diakonen im Rahmen der Ämterspiegel angesprochen? Hier werden sich nicht alle Fragen zufriedenstellend lösen lassen, allerdings hilft die Erkenntnis: Die Titel *Bischöfe* und *Diakone* beschreiben jeweils ein Amt, während *Ältester* eine Ehrenbezeichnung darstellt und einen Status meint. Will der Verfasser vielleicht beides zusammenführen, weil es ihm darum geht, bereits vorhandene presbyteriale durch episkopale Strukturen zu ersetzen? Tatsächlich beschreibt die Apostelgeschichte

Vergleichbares ebenfalls für den ephesinischen Raum, wenn sie Paulus eine Abschiedsrede an die *Ältesten* von Ephesus in den Mund legt, in der sie als *Bischöfe* ihrer Gemeinde angesprochen werden (vgl. Apg 20,17–38, bes. V.28). Dann aber sind die Ältesten, die gut vorstehen, eben solche, die sich für ein Bischofsamt qualifizieren.

Sehr intensiv hat die Forschung über die Frage diskutiert, ob auch die *wirklichen Witwen* (1Tim 5,3) ein gemeindliches Amt innegehabt hätten. Viele Angaben des ausführlichen Abschnitts, der um die Witwen kreist, sind in diesem Sinne ausgelegt worden: Sie seien entlohnt (wörtlich: *geehrt*) worden und hätten in der Gemeinde den Dienst der unablässigen Fürbitte übernommen. Die umfangreiche Thematisierung von Kriterien für die Zulassung zu diesem Amt sei deshalb nötig gewesen, weil es so begehrt gewesen sei. Die Auslegung in diesem Kommentar hat allerdings gezeigt, dass es in 1Tim 5,3–16 nicht um ein *Witwenamt* sondern um einen *Witwenstand* geht – und dass also weniger der Dienst der Witwen für die Gemeinde als vielmehr die Notwendigkeit im Vordergrund stand, ihre Versorgung zu regeln. Mitnichten beschreibt der längste Pastoralbrief also ein charismatisch angehauchtes Witwenamt, sondern vielmehr die Institutionalisierung gemeindlicher Fürsorge – und damit ein Problem, das auch schon Lukas in der Apostelgeschichte für die Urgemeinde andeutet (vgl. Apg 6,1–7).

Wenn es überhaupt ein weibliches Amt in der Gemeinde des 1. Timotheusbriefes gab, dann ist es das der Diakonin. Das mag moderne Leserinnen und Leser angesichts des sonst eher restriktiven Frauenbildes dieses Autors überraschen, doch kann 1Tim 3,11 nicht anders interpretiert werden. Offensichtlich existierten also in dieser Gemeinde Diakoninnen – eine Tatsache, die auch Paulus selbst beschreiben kann (vgl. Röm 16,1) und die ja auch der Pliniusbrief noch um die Jahrhundertwende für den kleinasiatischen Raum voraussetzt (vgl. Plinius, Briefe X 97). Die gleichsam versteckte Thematisierung als Einschub innerhalb der Regel für die männlichen Diakone könnte nahelegen, dass der Autor diese Tatsache gerne herunterspielen und die Bedeutung dieses Amtes zurückdrängen möchte.

Dass der 2. *Timotheusbrief* keine gemeindlichen Ämter kennt, ist bereits notiert worden. Auch der Briefadressat Timotheus hat kein solches Amt inne und repräsentiert auch keine übergemeindliche Autoritätsperson; die Vollmacht, mit der er – ebenso wie die Adressaten der beiden anderen Pastoralbriefe – ausgestattet ist, besteht lediglich auf der literarischen Ebene: Wer diesen Brief in den Händen hält, der tritt auf mit der Autorität des Apostels Paulus.

Wie der 1. Timotheusbrief kann auch der *Titusbrief* von *Ältesten* und *Bischöfen* (vgl. Tit 1,5.7) sprechen; Titus erhält ausdrücklich das Mandat,

sich um ihre Einsetzung zu kümmern. Anders als im längsten Pastoralbrief findet hier eine Parallelisierung beider Begrifflichkeiten statt; der Ehrenstatus eines Ältesten wird durch die Beauftragung zur bischöflichen Leitung der Gemeinde interpretiert. Mitnichten zeugen also diese beiden Pastoralbriefe von einer identischen Gemeindeordnung, zumal im Titusbrief Diakone (oder auch Diakoninnen) keinerlei Erwähnung finden.
Mit den Pastoralbriefen halten wir drei Schreiben (beziehungsweise in diesem Fall vor allem zwei Schreiben) in den Händen, die um organisatorische Fragen ringen und danach fragen, welche konkrete institutionelle Gestalt das Christentum in den Jahrzehnten nach Paulus gewinnen konnte. Damit thematisieren sie etwas, das bis heute Gegenstand von Diskussionen ist, nämlich die Frage nach dem Verhältnis von Hierarchie, Struktur und freier Entfaltung innerhalb der christlichen Kirchen und Gemeinden. Wo sind Amtsträger in der Pflicht und wo ist es unabdingbar, auf die Gesamtverantwortung der Gemeinde zu dringen?

Die Irrlehrer

Alle drei Briefe müssen sich mit Menschen auseinandersetzen, die eine andere Lehre als die eigene vertreten. Dass die Bezeichnung dieser abweichenden Positionen als »Irrlehre« präjudizierend ist und die Situation in den ersten Jahrzehnten der sich konsolidierenden christlichen Gemeinde nicht trifft, ist bereits mehrfach notiert worden (vgl. dazu S. 20). Nur aus Sicht der Briefschreiber ist diese Bezeichnung zutreffend: Ihrer Meinung nach vertreten die Andersdenkenden eine Lehre, die in die Irre, weil weg von Paulus führt.
Die wissenschaftliche Forschung hat, ausgehend von der Annahme einer intentionalen Zusammengehörigkeit der drei Schreiben, lange versucht, aus den Anspielungen auf die in den Briefen bekämpften Häresien ein häresiologisches Gesamtbild zu erheben. Doch musste dies notwendigerweise vage bleiben. Von gnostisch-jüdischen und synkretistischen Elementen war dann ebenso die Rede wie davon, dass die Pastoralbriefe bewusst ganz verschiedene Irrlehren nennen würden, um einen Leitfaden zur Bekämpfung aller denkbaren Häresien anzubieten.
Doch gibt man die Annahme auf, dass die Schriften als intentionales Corpus Pastorale konzipiert seien, und betrachtet jeden Pastoralbrief für sich, lässt sich für jedes einzelne Schreiben nicht nur ein genaues Gegnerprofil identifizieren, sondern auch ein spezifischer Modus des Umgangs mit den Irrlehrern.

Vergleicht man die Häufigkeit der Erwähnung und die Intensität der Auseinandersetzung mit den Irrlehrern, so hebt sich erneut der *1. Timotheusbrief* von den beiden anderen Schreiben ab. Hier ist die Irrlehrerbekämpfung sogar Teil des an Timotheus ergangenen Mandats: *Ebenso habe ich dich gebeten in Ephesus zu bleiben, [...] damit du einigen befiehlst, dass sie nichts anderes lehren sollen* (1Tim 1,3). Gleich in drei über den Brief verteilten Abschnitten stehen die Irrlehrer im Zentrum des Interesses (1Tim 1,3–7.8–11; 4,1–5; 6,3–10) und auch in den Passagen dazwischen finden sich kurze Notizen, die der Auseinandersetzung mit ihnen geschuldet sein könnten.

Die im 1. Timotheusbrief bekämpfte Irrlehre ist offensichtlich geprägt von Elementen, die später gnostisch werden sollten. Gerade die ältere Forschung wollte deshalb hinter dieser Gegnerschaft bereits die voll ausgeformten gnostischen Lehrsysteme des 2. nachchristlichen Jahrhunderts erkennen. Doch bleibt dies Spekulation und würde zudem zu einer Spätdatierung des Schreibens nötigen, die durch diese wenigen Anklänge keinesfalls argumentativ abgesichert werden kann. Auch die Ermahnung, wonach der Briefempfänger sich vor den *Antithesen oder Widersprüchlichkeiten der fälschlich sogenannten Gnosis* (1Tim 6,20) hüten solle, darf nicht als Anspielung auf das gleichnamige Werk »Antithesen« des vermeintlich gnostischen Erzketzers Markion gedeutet werden. Weder legt der Kontext nämlich nahe, dass es um eine Warnung vor einem Buch (und nicht vielmehr vor mündlich geführten Debatten) geht, noch lässt sich die erkennbare Hochschätzung, die die Gegner dem alttestamentlichen Gesetz entgegenbringen, mit den uns bekannten markionitischen Lehren in Einklang bringen. Man wird deshalb nicht mehr sagen können, als dass die Irrlehre, die der Autor des 1. Timotheusbriefes in die Schranken weist, Züge trug, die später gnostisch werden sollten.

Der Brief lehnt solche Gedanken allerdings mit Vehemenz und Emphase ab; der massive Gebrauch von Polemik zeugt dabei von der Intensität der Auseinandersetzungen. Der Hauptvorwurf der Brieferöffnung lautet, dass es Menschen gebe, die etwas *anderes lehren* (1Tim 1,3–7). Der Briefdurchgang zeigt, was dieses *Andere* inhaltlich ausmacht. Es handelt sich um *Fabeln und endlose Genealogien.* Wenn dies nicht ein fester Ausdruck mit pejorativem Beiklang ist, dann lassen sich daraus inhaltliche Erkenntnisse ziehen: Der Plural steht ebenso wie das Adjektiv *endlos* für eine gewisse Beliebigkeit; 1Tim 4,7 ergänzt dazu die Charakterisierung als *altweiberhaft.* Die Erwähnung der *Genealogien* könnte auf eine bei den Irrlehrern übliche spekulative Auslegung alttestamentlicher Texte verweisen; dies würde dazu passen, dass der Briefschreiber in 1Tim 1,8–11 eine eigene Gesetzesdefinition anschließt,

die dann ebenfalls, auch wenn es nicht explizit gesagt wird, gegen die gegnerische Lehre zielt.
Der Verfasser betont die Güte des Gesetzes ebenso wie seinen korrekten Gebrauch – und dieser ist aus seiner Sicht dann gegeben, wenn das Gesetz zum rein ethischen Maßstab wird. Der *Nomos* dient vor allem als Anleitung zu richtigem Verhalten und nicht als Quelle theologischer Erkenntnis oder gar als Weg zum Heil. Daraus kann man, mit aller gebotenen Vorsicht, schließen, dass die Gegner eine andere Ansicht hatten.
Doch damit sind diese, so sagt es der Brief, im Glauben völlig gescheitert – sie haben *Schiffbruch erlitten* (vgl. 1Tim 1,19f). Überraschend stehen an dieser Stelle zwei Namen, die man auch aus dem 2. Timotheusbrief kennt, nämlich Hymenaios und Alexander. Dass diese im 2. Brief an Timotheus noch aktiv sind, verwundert deshalb, weil der längste Pastoralbrief den Eindruck erweckt, dass die beiden bereits ein für alle Mal in die Schranken gewiesen wurden (vgl. 1Tim 1,20). Dies unterstützt die These, dass der 2. Timotheusbrief in der Lesereihenfolge zwar nach dem 1. Timotheusbrief stehen muss, aber wohl vor diesem entstanden ist.
In 1Tim 4,1–5 sind die Irrlehrer erneut Thema; dort erscheinen sie als ein Phänomen der Endzeit. Dies ist einerseits ein typischer apokalyptischer Topos: In den letzten Tagen werden Bedrängnisse und eben auch schlimme Menschen auftreten. Diese Verlagerung in die Zukunft ist aber andererseits auch Teil der pseudepigraphischen Autorfiktion: »Paulus« konnte solche Phänomene aus der Gegenwart der realen Leserinnen und Leser nur als zukünftige beschreiben. Doch zeigt der Kontext (vgl. 1Tim 4,6), dass sich Timotheus bereits in der Gegenwart mit ihnen auseinandersetzen muss.
Ein weiteres Thema der Irrlehrer ist ihre Forderung einer Ehe- und Nahrungsaskese; für den Briefautor ist beides ein Zeichen für den Abfall vom Glauben. Seine Argumentation richtet sich aber vor allem gegen Letzteres; wohl deshalb, weil sich auch Paulus selbst – so wie die Gegner des 1. Timotheusbriefes – positiv zur Möglichkeit ehelicher Enthaltsamkeit äußern konnte (vgl. 1Kor 7,29–38). Gegen eine mögliche Nahrungsaskese weist der Verfasser auf die Güte der Schöpfung hin, angesichts derer nur Danksagung eine angemessene Haltung sein könne. Anders also als bei Paulus ist die Frage des Essens (oder Nichtessens) kein Adiaphoron mehr, sondern etwas, woran sich wahrer oder falscher Glaube entscheidet. Gegen solche als körperliche Übung desavouierte asketische Praktiken (1Tim 4,8) betont der Briefautor den Gewinn, welchen eine recht verstandene und gelebte Frömmigkeit darstellt (vgl. 1Tim 6,3–10).

Die dritte Erwähnung der Irrlehrer (1Tim 6,3–10) unterstreicht die bisher notierten Beobachtungen. Polemische Spitzen zeigen: Aus Sicht des Verfassers sind sie durch und durch krank und verdorben; sie glauben, dass Frömmigkeit keine Lebenshaltung, sondern ein *Gewinn* sei (was eventuell etwas über die Praxis der Gegner und die Finanzierung ihres Lebensunterhalts verrät). Dagegen kann der Autor nur eine grundsätzlich positive Gestimmtheit gegenüber der Welt ins Feld führen – und den Verweis, es sich an Nahrung und Kleidung genug sein zu lassen.

In 1Tim 6,20 wird das Kind dann erstmals beim Namen genannt: Die Gegner vertreten eine *fälschlich so genannte Erkenntnis*. Der griechische Begriff *Gnosis* bezeichnet religiöse Lehrgebäude, die ab Mitte des 2. Jahrhunderts zu den am intensivsten bekämpften Häresien innerhalb der frühen Christenheit werden sollten. Im 1. Timotheusbrief dürften allerdings noch keine solchen Lehrsysteme im Hintergrund stehen; vermutlich spielt der Terminus *Gnosis* noch auf Lehrinhalte an, die aus unserer Sicht prägnostisch zu nennen sind. Andernfalls müsste man für eine extreme Spätdatierung des 1. Timotheusbriefes eintreten; dies gibt das Schreiben jedoch nicht her. Zur Charakterisierung der Gegnerschaft als (prä)gnostisch passen deren bereits skizzierte Lehrinhalte wie spekulative Gesetzesauslegung und Ehe- und Nahrungsaskese. Aber auch andere Elemente des 1. Timotheusbriefes lassen sich entsprechend deuten: So tritt der Autor ein für die Universalität des durch Christus gewirkten Heils (vgl. 1Tim 2,4; 4,9f) und betont die wahre Menschwerdung Christi (1Tim 2,5) – beides sind Vorstellungen, die gnostisierenden Lehren fremd waren.

Gegen solche Irrlehren setzt der Briefschreiber auf die unveränderliche Bewahrung des paulinischen Erbes, hier mit dem juristischen Fachbegriff *Paratheke* umschrieben (1Tim 6,20; vgl. 1Tim 1,18). Dieses wurde Timotheus als Testamentsverwalter übergeben, der es seinerseits weitervermitteln soll. Die Differenz zwischen Anspruch und Wirklichkeit fällt auf: Schließlich ist der 1. Timotheusbrief selbst ein Zeugnis dafür, wie sehr sich eine Lehre verändern muss, um weiterhin Gehör finden zu können.

Der 2. *Timotheusbrief* bietet sehr viel mehr Polemik und sehr viel weniger inhaltliche Auseinandersetzung als der 1. Timotheusbrief. Gemeinsam ist beiden Briefen aber das Ineinander von gegenwärtiger und zukünftiger Bedrohung durch die Irrlehre (vgl. 2Tim 3,1–9).

Im Zentrum der Irrlehrerthematik steht 2Tim 2,18; der einzige Satz in dem ganzen Schreiben, aus dem sich inhaltliche Erkenntnisse über die Lehre der Gegner erheben lassen. Dort heißt es, *sie sagen, die Auferstehung sei schon geschehen*. Diese Aussage wird Hymenaios und Philetus in den Mund gelegt; andere Verse kennen noch weitere Namen von Paulusgegnern (2Tim 1,15: Phygelus und Hermogenes; 2Tim 4,14f:

Alexander der Schmied). Auch die umfangreichen persönlichen Notizen am Briefschluss (2Tim 4,9–18) zeugen von der Strategie des Autors, theologische Themen durch namentliche Zuordnungen zu personalisieren.

Gleichzeitig fallen in dem Brief mehrere syntaktische Fügungsbrüche auf (vgl. u. a. 2Tim 2,14.17f). Sie zeigen auf grammatikalischer Ebene, was auch in der gemeindlichen Realität gelten dürfte: Die Irrlehrer lassen sich nicht genau abgrenzen; der Verfasser weiß vielleicht selbst nicht, wer aus seiner Gemeinde eigentlich dazu gehört. Äußerlich sind sie nicht zu unterscheiden, sie haben die *Gestalt der Frömmigkeit*, verleugnen aber die *innere Kraft* der *Eusebeia* (vgl. 2Tim 3,5).

Erkenntnisse über die Inhalte der Falschlehre lassen sich lediglich aus dem bereits zitieren knappen Satz in 2Tim 2,18 gewinnen. Vermutlich geht mit der Vorstellung einer bereits geschehenen Auferstehung aller eine Überinterpretation diesseitiger Heilserfahrungen einher. Damit greifen die Häretiker Gedanken auf, wie sie bei Paulus selbst angedeutet sind (vgl. Röm 6,4.11) und wie sie sich in positiver Rezeption in zwei weiteren nachpaulinischen Schreiben, nämlich den Briefen an die Kolosser und die Epheser niedergeschlagen haben (vgl. Kol 2,12f; Eph 2,5). Der 2. Timotheusbrief ist also das Dokument eines innerpaulinischen Schuldiskurses. Offensichtlich wurde um die richtige Auslegung paulinischer Eschatologie gerungen, wobei der Briefschreiber den Gegnern eine Position zuschreibt, die in anderen deuteropaulinischen Schreiben als korrekte Auslegung der paulinischen Lehre verstanden werden konnte.

Dazu passt die Tatsache, dass der Briefschreiber sich nur mit viel Polemik und mit wenig Argumenten zur Wehr setzen kann – auch seine Gegner wussten ja Paulus auf ihrer Seite –, ebenso wie die Beobachtung, dass eine genaue Abgrenzung der Gegnerschaft unmöglich ist. Auch sie gehörten wohl zu der sich als paulinisch verstehenden Gemeinde, in die hinein der 2. Timotheusbrief zielt. In dieser gibt es, einem großen Haus vergleichbar (vgl. 2Tim 2,19–21), eben ganz unterschiedliche Gefäße.

Die Gestaltung des 2. Timotheusbriefes als eines Testaments mit Elementen eines Freundschaftsbriefes erweist sich angesichts dieser Frontstellung als kluger Schachzug des Autors: Dieser Brief enthält, so suggeriert schon seine Gattung, den letzten Willen und das wahre Erbe des Paulus – und nur, wer ihn befolgt, der steht wirklich in einer ungebrochenen Glaubenstradition mit dem großen Apostel (vgl. 2Tim 1,3–5). Und umgekehrt gilt: Wer der wahren Lehre den Rücken kehrt, der wendet sich von Paulus selbst ab (2Tim 1,15).

Im *Titusbrief* erscheinen, anders als in den beiden anderen Pastoralbriefen, die Irrlehrer überraschenderweise ausschließlich als gegenwärtiges Phänomen. Vielleicht verzichtet der Briefschreiber deshalb auf

Namensnennungen: Was in seiner Zeit gegenwärtig ist, kann Paulus noch nicht namentlich benannt haben können.
Als Lesebrille für alle folgenden Äußerungen über die Häretiker dient der Hinweis, es handele sich um Menschen *aus der Beschneidung* (Tit 1,10). Der Brief richtet sich also gegen eine Irrlehre, die jüdische Anklänge hat – offensichtlich wurde in den Gemeinden des Titusbriefes um die Frage gerungen, welche jüdischen Elemente Relevanz für den christlichen Glauben haben. Dies ist eine typisch paulinische Frontstellung, wie wir sie zum Beispiel auch aus dem Galater- und dem Philipperbrief kennen. Anscheinend ging es im Titusbrief dabei um *jüdische Fabeln und Anweisungen von Menschen* (Tit 1,14) sowie um (alttestamentliche) Genealogien und das Gesetz betreffende Debatten (Tit 3,9).
Dass es gegnerische Äußerungen sind, die auch die in Tit 1,15f entfaltete, grundsätzliche Positionierung zu Reinheitsfragen nötig machen, legt sich ebenfalls nahe. Insgesamt findet sich in dem Brief aber auch viel Polemik, deren Passgenauigkeit kaum überprüft werden kann. Was allerdings auffällt, ist die Tatsache, dass bei aller Schärfe der Debatte Titus doch bis zum Schluss immer wieder aufgefordert wird, die Irrlehrer doch noch zur Umkehr zu bewegen. Diese Menschen für die Gemeinde verloren zu geben, ist eindeutig keine akzeptable Möglichkeit. Die ganze Debatte ist von kretischem Lokalkolorit geprägt. Der kretische Dichter Epimenides wird mit einem Ausspruch zitiert und auch die Anspielung auf wilde Tiere könnte nach Kreta zielen (vgl. Tit 1,12f). Dies legt nahe, dass die Adressierung des Schreibens nach Kreta tatsächlich historisch zutreffend ist.

Das Paulusbild

Dass die Person des Paulus in allen drei Pastoralbriefen eine große Rolle spielt, ist angesichts dessen, dass es sich um pseudepigraphische Paulusschreiben handelt, kaum überraschend. Allerdings fällt auf, in wie unterschiedlichen Farben die Briefe dabei dieses Bild kolorieren.
Im *1. Timotheusbrief* repräsentiert Paulus als *Apostel* schlechthin (vgl. 1Tim 1,1) eine anerkannte und unhinterfragte Autorität: Vollmächtig erteilt er Anweisungen und ist selbst der Besitzer der Paratheke, die er Timotheus zur Weitergabe anvertraut (vgl. 1Tim 1,18; 6,20); eine Position, die im 2. Timotheusbrief noch Gott selbst zukommt (vgl. 2Tim 1,12.14). Der 1. Timotheusbrief versteht sich selbst als Teil dieser Paratheke und also des unveränderlich zu bewahrenden, vom Apostel Paulus auf die nachfolgenden Generationen überkommenen Gutes. Weil Paulus hier deren Auctor ist und ihm auch sonst im Brief eine sehr herausgehobene

Stellung zukommt, hat man in Bezug auf den 1. Timotheusbrief mit einem gewissen Recht von einer Paulologie gesprochen.
Paulus ist zudem der eine *Lehrer*, dessen (gesunde) Lehre (vgl. 1Tim 1,10.19; 4,1.6.13.16; 5,17; 6,1.3) für den Autor des 1. Timotheusbriefes normativ-bindende Gültigkeit hat.
Von besonderer Bedeutung für das Paulusbild des längsten Pastoralbriefes ist der Abschnitt 1Tim 1,12–17: Hatte 1Tim 1,11 Paulus als den hervorgehoben, der in Person für die Evangeliumsverkündigung einsteht, so wird dieses Ich in den folgenden Versen mit Leben gefüllt. Paulus wird zum Urbild und Muster jeglicher christlichen Soteriologie; denn mag er auch einst ein Sünder gewesen sein, der seinesgleichen suchte, so verdankt er seinen jetzigen Heilsstand allein der Gnade Gottes. An seiner Person erweist sich also die Wahrheit der paulinischen Rechtfertigungslehre; im Hintergrund steht dabei sicher das Damaskuserlebnis (vgl. Apg 9,1–19), ohne dass dies explizit genannt würde.
Durch die auffällige Charakterisierung der Vergangenheit des Paulus als eines *Lästerers*, *Verfolgers* und *Gewalttäters* wird der Apostel dabei zum Paradigma des heidnischen Frevlers schlechthin. Nicht seine jüdische Vergangenheit ist also im Blick, von der Paulus ja selbst sagen kann, dass sie untadelig gewesen sei (vgl. Phil 3,6), sondern er wird zum Musterfall auch für die Heiden. Die Behauptung, er habe *unwissend im Unglauben* gehandelt, passt nicht nur als Charakteristikum der Heidenwelt, sondern kann auch als Spitze gegen die Irrlehrer verstanden werden, die sich einer *fälschlich sogenannten Erkenntnis* (griechisch: *Gnosis*) rühmen (vgl. 1Tim 6,20) und die dennoch unwissend sind. Als (zeitlich) *Erster* aller bekehrten *Sünder* wird Paulus zudem zu demjenigen stilisiert, mit dem das christliche Heilshandeln seinen Anfang nahm. Als solcher ist er das Muster für alle zukünftig Glaubenden.
Der 2. *Timotheusbrief* zeichnet ein völlig anderes Bild von Paulus. Zwar ist er auch hier der *Apostel* schlechthin, dessen Autorität die Richtigkeit des Briefinhalts garantiert (vgl. 2Tim 1,1). Doch während der 1. Timotheusbrief Paulus als Paradigma des bekehrten (heidnischen) Sünders vor Augen malen konnte, betont der 2. Timotheusbrief die ungebrochene Kontinuität, in der Paulus zum Judentum steht – auch und gerade in seinem Dienst am Evangelium: Von seinen Vorfahren her (2Tim 1,3) dient Paulus Gott; von einem Bruch mit der Vergangenheit, die der längste Pastoralbrief so stark macht (vgl. 1Tim 1,12–17) und die auch Paulus selbst durchaus andeuten kann (Phil 3,7f), ist in diesem Schreiben nichts zu spüren.
Von zentraler Bedeutung für das Paulusbild des 2. Timotheusbriefes ist die enge Verbundenheit zwischen Briefabsender und Briefempfänger

(2Tim 1,3–5) und ihrer beider Einbindung in ein weit gespanntes Netz aus weiteren Mitarbeitern (2Tim 4,9–18.19–22).

Der Brief verrät sehr viel Persönliches über Paulus, doch sind diese Angaben, gerade angesichts der pseudepigraphischen Abfassung des Schreibens, immer verbunden mit einer paränetischen Aussageabsicht: In seiner eigenen Genügsamkeit während seiner Gefangenschaft wird Paulus zum Vorbild aller, die für ihren Glauben leiden. Kurz vor seinem Tod verlangt er zudem noch nach den Heiligen Schriften (2Tim 4,13) und zeigt damit, wo die Prioritäten eines Christen liegen sollen. Sogar seinen eigenen Tod nimmt Paulus billigend in Kauf, weil er weiß, dass gerade so das Evangelium verkündigt wird – deshalb kann Paulus sogar seine am Ende seines Prozesses zu erwartende Hinrichtung als *Rettung aus dem Rachen des Löwen* bezeichnen (vgl. 2Tim 4,6–8). Weil durch ihn das Evangelium in der Welt verkündigt wird, wird Paulus mit seinem Schicksal zum Vorbild einer erfolgreichen Glaubensbiographie – deren Paradox darin besteht, dass die Freiheit des Evangeliums gerade dadurch zum Tragen kommt, dass ihr Verkündiger in Ketten liegt.

Wie im 1. Timotheusbrief spielt auch im 2. Timotheusbrief derParathekebegriff eine wichtige Rolle. In 2Tim 1,12.14 bezeichnet er das unverändert zu bewahrende Erbe des Paulus. Dieses ist dem Heidenapostel selbst von Gott anvertraut worden und nun gibt er es, einem Staffelstab gleich, an Timotheus weiter, der damit zum Erben oder Nachlassverwalter wird. Anders als in 1Tim 1,18; 6,20 ist Paulus also nicht der Besitzer der Paratheke, sondern bereits ihr erster Empfänger – und Timotheus der zweite. Dabei kann der Brief bereits in den Blick nehmen, dass diese Botschaft über diese beiden Größen der Vergangenheit hinaus auch von anderen Menschen weitergegeben werden kann. Der pseudepigraphische Autor wagt also, angesichts der aufrechtzuerhaltenden Brieffiktion natürlich nur mit aller Vorsicht, einen Ausblick in seine eigene Zeit, in der die paulinische Lehre nur noch vermittelt durch viele Zeugen (2Tim 2,2) tradiert werden kann.

Ein wieder anderes Bild bietet der *Titusbrief*, der keinerlei persönliche Informationen über Paulus enthält. Paulus ist hier weniger aufgrund seiner Biographie, sondern vor allem aufgrund seines Namens von Interesse: Er ist nämlich der, der wie kein Zweiter für die gesetzesfreie Heidenmission steht – und Titus ist der, der den Erfolg dieser Mission repräsentiert. Wichtiger als persönliche Informationen über Absender oder Adressat sind die theologischen Großbegriffe, wie sie bereits das Präskript (Tit 1,1–4) bietet: Paulus ist *Knecht Gottes* – womit in Abgrenzung zu den Irrlehrern seine jüdische Herkunft betont wird – und er ist *Apostel Jesu Christi*, ein Begriff, der der autoritativen Absicherung der Lehrinhalte dient. Die Hinweise auf den *Glauben der Auserwählten* und die *Erkenntnis der Wahrheit* tragen zugleich die horizontale und vertikale Dimension dieses Glaubens ein, für den Paulus einsteht. Denn dieser braucht beides: Die Gemeinschaft der Glaubenden (vgl. Tit 3,15: die Schlussgrüße gelten allen, die *uns lieben im Glauben*) und den Bezug zu dem, der die Wahrheit dieses Glaubens garantiert, nämlich Gott selbst.

Die Soteriologie

Wie ist (eschatologische) Errettung möglich? Diese Frage zielt mitten hinein in das Zentrum christlichen Glaubens und stellt sich auch für die Pastoralbriefe. Paulus selbst konnte in seinen Schreiben betonen, dass sich die unverdiente Rettung aller dem universalen Heilswillen Gottes verdanke, egal ob aus dem Heidentum oder dem Judentum stammend (vgl. Röm 3,21 und den Kontext). Die spätere Tradition hat dies als Rechtfertigungslehre bezeichnet und darin die zentrale paulinische Lehre schlechthin gesehen, obwohl sie vom Apostel erst im Laufe seines missionarischen Wirkens entwickelt werden sollte und ihre volle Entfaltung im Römerbrief als einem seiner spätesten Schreiben fand. Für die Pastoralbriefe gehört diese Erkenntnis bereits zum Erbe der paulinischen Tradition, auf die sie zurückblicken.

Alle drei Schreiben versuchen sich in einer Reformulierung paulinischer Theologie und bleiben dabei keineswegs so sehr hinter ihrem Vorbild zurück, wie es gerade in der älteren Exegese oftmals behauptet wurde. In der Tat bedienen sie sich einer anderen, stärker pagan-hellenistisch geprägten Terminologie, doch greifen sie damit typisch paulinisch zu nennende Inhalte oftmals kongenial auf.

Der *1. Timotheusbrief* betont den universalen *Rettungswillen* Gottes, der allen Menschen gilt (1Tim 2,4) und der sich im *Mittleramt* Jesu Christi äußert (1Tim 2,5f). Der explizite und erkennbar nachklappende Hinweis auf dessen *Menschlichkeit* ist dabei als antihäretische Spitze gegen eine gnostisch geprägte doketische Christologie zu werten. Der theologische Fokus liegt bei der Beschreibung dieses Mittlerdienstes auf dem Kreuzesgeschehen. Dies kann mit dem Bild der *Lösegeld*-Zahlung gedeutet werden (1Tim 2,6), eine traditionelle Formulierung, wie sie auch Eingang in die Evangelientradition gefunden hat (vgl. Mk 10,45 par).

Als Initiator dieses Geschehens kann Gott als Retter bezeichnet werden (vgl. 1Tim 1,1; 2,3; 4,10), während Paulus zu der Person wird, die das durch die Evangeliumsverkündigung bezeugt (vgl. 1Tim 1,11). So ge-

winnt sein Wirken als Teil des Planes Gottes selbst Heilsrelevanz und erhält er eine kaum noch zu überbietende Bedeutung.
Die christliche Gemeinde wird im 1. Timotheusbrief *zu Säule und Fundament der Wahrheit* (1Tim 3,15) und damit zu der Institution, die auf diesem Heils- und Retterwillen Gottes gründet und ihn zugleich in der Welt bezeugt.
Der von Gott geschenkten Erlösung muss jeder einzelne Christ und jede einzelne Christin in Glaube, Lehre und Handeln entsprechen; zum Leitmotiv wird die *Eusebeia*, deutsch: *Frömmigkeit*. Damit ist ein Leben gemeint, das bestimmten – in diesem Fall aus der heidnischen Umwelt übernommenen Vorgaben entspricht. Dass Jesus Christus selbst der Inhalt dieser Frömmigkeit oder sogar ihr *Geheimnis* ist (1Tim 3,16), sollte allerdings die Auslegung davor warnen, diese *Eusebeia* allzu schnell mit einem sinnentleerten Befolgen von Regeln zu identifizieren. Auch der 1. Timotheusbrief weiß um die Zentralität des Christusgeschehens für die eigene christliche Existenz.
Lediglich einige Formulierungen, die fast in die Nähe von Selbsterlösungsaussagen rücken (vgl. 1Tim 2,15; 4,16), zeugen von einer etwas unbedarften Theologie. Doch auch hier gilt: Wer auf Gottes Handeln vertraut und dieses im eigenen Leben und Glauben Gestalt gewinnen lässt, der trägt dadurch dazu bei, *sich selbst und andere zu retten* (4,16). Dies geschieht, indem man auf den verweist, dem man all das verdankt, nämlich Gott selbst.
Der 2. *Timotheusbrief* ist, der Abfassungsfiktion geschuldet, stärker von apokalyptisch-eschatologischen Gedanken durchzogen, als es im 1. Timotheusbrief der Fall war. Er betont, dass für alle, die zu Gott gehören, der *Siegeskranz* des ewigen Lebens bereits bereitliegt (vgl. 2Tim 2,5; 4,8). Allerdings sind gegenwärtige Anstrengungen nötig, um diesen zu erlangen. Der Autor wird nicht müde, darauf einzuschwören. Denn die Gläubigen dürfen sich ebenso wenig wie ein Soldat von Alltäglichkeiten ablenken lassen; nur dann ernten sie die Früchte ihrer Arbeit, wie es der Bauer tut (vgl. 2Tim 2,1–7). Man muss also immer wieder bereit sein, gegen die eigenen Begierden anzukämpfen (vgl. u. a. 2Tim 2,22–25). Christliche Existenz meint in diesem Brief stets Leiden, Anstrengung und Kampf, doch wer dies verinnerlicht hat, der weiß sich des triumphalen Endes gewiss.
Im 2. Timotheusbrief korrespondieren diesseitiges Verhalten und jenseitiges Ergehen unmittelbar miteinander (vgl. 2Tim 1,18). Denn: Die Treue Christi gilt nur denen, die ebenfalls *treu* sind – und wer deshalb jetzt *ausharrt*, der wird einst *mitherrschen* (vgl. 2Tim 2,11f).
Die christliche Gemeinde lebt und leidet in einer spannungsvollen Zwischenzeit – sie kommt von der vergangenen Epiphanie Christi her,

womit das Leben und Wirken Jesu von Nazareth gemeint ist, und geht dem eschatologischen Gericht entgegen (2Tim 4,1.8). Diese Spannung ist durchaus paulinisch zu nennen.

Der *Titusbrief* teilt diesen Eindruck des »Schon jetzt« und »Noch nicht« und also des Lebens unter dem eschatologischen Vorbehalt. Der kürzeste Pastoralbrief kann die Gegenwart als Zeit zwischen zwei Erscheinungen beschreiben, wobei es jeweils Eigenschaften Gottes sind, die in der Person Jesu Christi offenbar werden (vgl. Tit 2,11.14; 3,4, vgl. Tit 3,7: Erben der Hoffnung); dieser wird also dem rettenden Handeln Gottes bei- und untergeordnet und als solcher ebenso wie Gott selbst als Retter bezeichnet.

Doch betont der Titusbrief, dass dieses göttliche Heilswerk, das allen Menschen gilt (vgl. Tit 2,11), im Leben der Gemeinde konkrete Gestalt gewinnen muss: Gott fordert die *Erziehung* zu einem besonnenen, gerechten und frommen Leben, doch er ermöglicht sie zugleich auch (vgl. Tit 2,12). Vor dem Imperativ steht also der Indikativ; auch das ist typisch paulinisch. Mit hineingenommen in dieses göttliche Rettungshandeln wird jeder Christ und jede Christin durch die Taufe, die deshalb als *Bad der Wiedergeburt* und *Erneuerung durch den Heiligen Geist* beschrieben werden kann (Tit 3,5). Dieses Geschehen ist Ermöglichungsgrund der Aussonderung der christlichen Gemeinde zum auserwählten Gottesvolk; ein Ereignis, das mit Anklängen an die paulinische Rechtfertigungslehre umschrieben werden kann (vgl. Tit 3,5a) und dem es durch gute Werke zu entsprechen gilt. Weil dies nur für die christliche Gemeinschaft gilt, während Gottes heilsame Gnade doch allen erschienen war, differenziert der Brief zwischen Gottes Rettungswillen, der allen gilt, und denen, die sich davon ansprechen lassen (das ist nur die als *wir* bezeichnete Gruppe in Tit 2,11).

Dass die Maßstäbe des erzieherischen Handelns der Gnade Gottes große Ähnlichkeiten mit typischen antiken Moralvorstellungen aufweisen (was ja auch der 1. Timotheusbrief von den Christinnen und Christen fordert), darf nicht darüber hinwegtäuschen, dass zwischen beiden Briefen fundamentale Differenzen im Begründungszusammenhang bestehen: Der Titusbrief beschreibt Herkunft und Fluchtpunkt dieser Existenz und er tut dies mit Worten, die er aus dem Kaiserkult und also aus der hellenistischen Religiosität entlehnt hat. Indem er dort vorkommende Begriffe auf Gott selbst überträgt (Retter, Gnade, Milde und Menschenfreundlichkeit, Erscheinung usw.), erhält sein ganzes Schreiben eine subversive Note: Alle menschliche Herrschaft ist durch die göttliche Macht begrenzt und alles bürgerlich gestaltete Leben der christlichen Gemeinde zeugt von einer selbstgewählten Zuordnung, die tiefer reicht.

Das Leben als Christin und Christ

In der Auslegung der drei Schreiben ist immer wieder darauf hingewiesen worden, dass diese Briefe ein sogenanntes bürgerliches Christentum vertreten würden: Sie seien ein Zeugnis dafür, wie sich das Christentum in den Jahrzehnten nach dem Wirken des Paulus in der Welt eingerichtet und mit ihren Bedingungen arrangiert habe. Nicht selten ging das mit einer abschätzigen Beurteilung einher, wonach die Schreiben weit hinter dem zurückblieben, was Paulus selbst habe vertreten und fordern können. Doch ist diese Behauptung im Grunde nur für den *1. Timotheusbrief* zutreffend.

Im längsten Pastoralbrief ist es in der Tat so, dass sich die christliche Existenz einfügt in die Moralvorstellungen dieser Welt. Zahlreiche Tugend- und Lasterkataloge geben diesem Schreiben einen etwas moralinsauren Anstrich; dies fällt besonders in Bezug auf das Frauenbild auf (vgl. 1Tim 2,8–15), das modernen Leserinnen (und Lesern!) gelegentlich fast unerträglich erscheint.

Das Christentum hat sich eingerichtet in dieser Welt. Die Erwartung der endzeitlichen Erscheinung Christi ist zu einer Floskel geworden (vgl. 1Tim 6,14), der im christlichen Alltag keine Relevanz mehr zukommt. Die staatliche Obrigkeit wird in die Fürbittengebete mit eingeschlossen, um *ein ruhiges und stilles Leben in Frömmigkeit und Ehrbarkeit* führen zu können (vgl. 1Tim 2,1f). Konnte schon Paulus selbst das Ideal eines stillen Lebens vor Augen malen (1Thess 4,11), so macht der 1. Timotheusbrief daraus ein ekklesiologisches Leitprogramm.

Frömmigkeit ist zu einem Zentralbegriff christlichen Lebens insgesamt geworden und schließt die Bejahung der allgemein-gültigen gesellschaftlichen Ordnungen mit ein. Dass aber auch im 1. Timotheusbrief die Gestaltung des christlichen Lebens nicht zu einer sinnentleerten Regelbefolgung geworden ist, zeigt die Einbindung von Traditionsstücken wie 1Tim 3,16, wo Christus selbst als *Geheimnis der Frömmigkeit* und also als dessen inhaltliche Füllung bezeichnet wird. Nur dann, wenn das gilt, trägt die so verstandene Frömmigkeit die Verheißung des Lebens in sich (vgl. 1Tim 4,8).

Der 1. Timotheusbrief insgesamt ist geprägt von dem Wunsch nach einer klaren Ordnung und Strukturierung des gemeindlichen Lebens. Die ideale christliche Familie besteht aus einem Mann in dominanter Position, einer Frau, die in der Stille lernt (vgl. 1Tim 2,8–15), und Kindern, die sich unterordnen (vgl. 1Tim 3,4.12). Christlicher Glaube zeigt sich im Alltäglichen, eben im *reinen Herzen, gutem Gewissen und echtem Glauben* (1Tim 1,5). Gerade darin wird die Gemeinde zu *Säule und Fundament der Wahrheit* (1Tim 3,15), denn durch sie strahlt der christliche Glaube aus in die Welt. Und dieser christliche Glaube ist einer, der für alle offen ist – Gottes Rettungswille gilt prinzipiell allen Menschen (vgl. 1Tim 2,4).

Im *2. Timotheusbrief* hingegen ist nichts von einer solchen christlichen Bürgerlichkeit zu spüren. Hier meint *Frömmigkeit* stets Leiden oder zumindest die Bereitschaft dazu (2Tim 3,12; 4,5). Als Vorbild dient Paulus selbst, der als Leidender par excellence erscheint – und der auf diese Weise durch seine Existenz das Evangelium verkündigt und für die wahre Lehre eintritt (vgl. 2Tim 1,12–14; 3,10f u.ö.). Ihm gilt es nachzueifern. Für diese Lebensaufgabe hat Gott jede und jeden Einzelnen ausgerüstet mit einem *Geist der Kraft und der Liebe und der Besonnenheit* (2Tim 1,7). Jedem Christen und jeder Christin eignet, da stimmt der Briefschreiber ganz mit Paulus überein (vgl. 1Kor 12), eine von Gott durch seinen Heiligen Geist verliehene Gnadengabe.

Frömmigkeit ist also eine Lebensführung, zu der man von innen heraus befähigt wird – sie ist deshalb mehr, so ist als Spitze gegen die Irrlehrer herauszuhören, als ein äußerer Schein (2Tim 3,5). Dass ein Glaube, der sich in solcher *Eusebeia* äußert, *ungeheuchelt* sein kann (vgl. 2Tim 1,5), zeigt allerdings, dass für den Briefschreiber Glaube zu einer menschlichen Haltung geworden ist und nicht mehr wie bei Paulus als eschatologische Existenz verstanden wird. Dennoch bleibt dieser Glaube eine Haltung, die aus der Welt herauslöst und aufgrund derer es unmöglich ist, sich im Alltäglichen zu verlieren (vgl. 2Tim 2,1–7). Denn der Autor weiß: Christinnen und Christen leben in einer Zwischenzeit, sie kommen vom Heilsgeschehen in Jesus Christus her und gehen zugleich wieder darauf zu (vgl. 2Tim 1,9f; 4,1.8). Das christliche Leben hat also einen eschatologischen Fluchtpunkt und ist damit selbst eschatologische Existenz.

Auch der *Titusbrief* kann die christliche Existenz als ein Leben zwischen zwei Epiphanien beschreiben (vgl. Tit 2,11–14; 3,4–7) und sie damit einbinden in die paulinische Spannung von »Schon jetzt« und »Noch nicht«. Gemeinsamkeiten mit dem bürgerlichen Christentum, wie es der 1. Timotheusbrief vertritt, bestehen deshalb nur auf den ersten Blick. Beide Briefe können zwar die Wichtigkeit der Befolgung antiker Ideale und Moralvorstellungen hervorheben und eine Unterordnung unter jede Form von Obrigkeit fordern, doch hat all das zumindest im kürzesten Pastoralbrief stets einen subversiven Beiklang. Alle weltliche Macht und Autorität ist aus seiner Sicht nämlich begrenzt durch die Macht Gottes selbst, der der Weltenherrscher schlechthin ist. Dies zeigt der Briefschreiber auch dadurch, dass er aus dem hellenistischen Kaiserkult bekannte Prädikate und Titel auf Gott überträgt. Für den Titusbrief meint die christliche Existenz nicht einfach nur die Unterordnung unter

pagane Ideale, sondern ganz im Gegenteil auch die Chance, christliche Maßstäbe in den Herausforderungen der Welt zur Anwendung zu bringen und so ihre universale Gültigkeit zu beweisen.
Bereits das Präskript (Tit 1,1–4) steckt den Horizont ab, innerhalb dessen das geschieht: Es ist die von Gott verliehene *Erkenntnis der Wahrheit*, die dazu befähigt, und die *Gemeinschaft der Auserwählten*, die als wechselseitige Stütze dient. Zwei traditionelle Stücke in Tit 2,11–14 und Tit 3,4–7 spannen einen weiten eschatologischen Bogen auf: Jede christliche Existenz kommt von einer Erscheinung Gottes her und geht auf eine solche zu; Anteil daran erhält der Einzelne durch die Taufe (Tit 3,5), durch die er mit hineingenommen wird in die Zwischenzeit, die als Erziehungsgeschehen qualifiziert ist (Tit 2,12).

Das Verhältnis der Pastoralbriefe zu Paulus und zu anderen Deuteropaulinen

Die drei Pastoralbriefe nehmen innerhalb der Sammlung der Paulusbriefe schon deshalb eine Sonderstellung ein, weil sie sich nicht an Gemeinden, sondern an Einzelpersonen richten, und dennoch amtlichen Charakter haben. Damit suchen sie im Corpus Paulinum ihresgleichen.
Immer wieder ist den drei Pastoralbriefen unterstellt worden, dass sie sich theologisch und sprachlich weit von Paulus entfernt hätten und deshalb vor allem als Beleg dafür herangezogen werden könnten, wie sehr die paulinische Theologie in den Jahrzehnten nach dem Tod des Apostels an Gehalt eingebüßt habe. Ein genauerer Blick auf die Schreiben zeigt jedoch, dass sie sehr unterschiedlich mit der paulinischen Tradition umgehen und auch die Frage nach Nähe und Distanz zur Paulus nur für jeden Brief einzeln beantwortet werden kann.
Am deutlichsten zeigt sich noch im *1. Timotheusbrief*, wie sehr er das Dokument einer späteren Zeit ist. Zwar bedient er sich der Namen von Paulus und Timotheus, macht aber sonst wenig Anleihen an die Tradition und bereichert auch seine Angaben nicht mit persönlichen Informationen. Anders als in den beiden anderen Pastoralbriefen werden weder persönliche Notizen für die Fingierung der Autorfiktion ausgewertet noch der brieflichen Aussageabsicht dienstbar gemacht. Auch direkte inhaltliche Anklänge an die paulinische Theologie sind bei Licht betrachtet eher selten.
Allerdings kann der Autor Vorstellungen weiterführen, wie sie in den anerkannt echten Paulusbriefen sowie in den beiden kürzeren Pastoralbriefen – die der Briefschreiber vermutlich ebenfalls kannte und für authentische Paulusbriefe hielt – angelegt sind. Doch gewinnen diese

Elemente, wie z. B. die Gleichsetzung der Gemeinde mit dem Haus Gottes, in diesem Schreiben eine Relevanz, die sie in der älteren Tradition noch nicht hatten. Dies mag auch an der neuen Frontstellung liegen: Der Briefautor muss sich mit Gegnern auseinandersetzen, die gnostisierende Tendenzen vertraten; das ist ein Problem, das bei Paulus so massiv noch nicht auftrat. Allerdings muss man festhalten: Die Irrlehrerbekämpfung veranlasst den Briefschreiber dazu, paulinische Theologie in eine Richtung auszulegen, die man bei aller Vorsicht als einseitig beurteilen könnte.

Auch der *2. Timotheusbrief* zieht nur bestimmte Linien der paulinischen Theologie weiter aus. Er ist, wie bereits mehrfach notiert, als Dokument eines innerpaulinischen Schuldiskurses zu begreifen, denn er wendet sich gegen eine aus seiner Sicht falsche Interpretation paulinischer Aussagen (Röm 6,4.11). Seine Gegner behaupten, die Auferstehung aller sei schon geschehen, ein Gedanke, den Kolosser- und Epheserbrief ja durchaus bejahen würden. Dagegen betont der Briefschreiber durch die Fingierung eines paulinischen Testaments, dass er es sei, der das wahre paulinische Erbe vertrete und die Paratheke des Paulus (vgl. 2Tim 1,12.14) in Händen halte. Diese Brieffiktion ersetzt dabei über weite Strecken auch die Argumentation. Und dennoch ist der 2. Timotheusbrief unleugbar das Persönlichste der drei Schreiben und damit vielleicht noch am dichtesten dran an Paulus – zumindest was die Konkretion der Angaben (2Tim 4,9–18) und die Darstellung der paulinischen Emotionen (vgl. 2Tim 1,3–5; 4,6–8) angeht.

Der *Titusbrief* ist geprägt durch eine Frontstellung, wie sie auch innerhalb der früheren Paulusbriefe typisch ist, zielt er doch mitten hinein in eine Auseinandersetzung mit judaisierenden Gegnern. Mit den – wohl aus der Tradition übernommenen – Ausführungen in Tit 2,11–14 und 3,4–7 bietet er bemerkenswerte Neuformulierungen der paulinischen Rechtfertigungsbotschaft. Weniger typisch ist aber doch die Gestalt, die diese Debatte hier gewinnt: Der Briefschreiber reagiert auf das Auftreten von denen *aus der Beschneidung* (Tit 1,10) durch ein formal als Mandatsbrief gestaltetes Schreiben an einen Mitarbeiter. Dazu finden sich in den anerkannt echten Paulusbriefen keinerlei Parallelen.

Die Pastoralbriefe und das Christsein im 21. Jahrhundert

»Nur wer sich ändert, bleibt sich treu!« Der Spruch kursiert im Internet und er findet sich auch auf Postkarten oder als Kalendermotto. Ob er als Lebensweisheit taugt, sei dahingestellt, als Motto für das, was die Pastoralbriefe versuchen, ist er jedoch genau passend.

»Nur wer sich ändert, bleibt sich treu!« Oder in diesem Falle: »Nur wer die paulinische Botschaft abändert, bleibt ihr treu!« Und genau das tun diese drei Schreiben aus der Feder paulinischer Schüler. Sie wagen es, die Lehre ihres Apostels in neue Worte zu fassen, gleichsam alten Wein in neue Schläuche zu gießen, um sie unter veränderten Bedingungen neu zu Gehör zu bringen. Die Schreiben sind auf je eigene Weise Zeugnis eines Ringens darum, wie das geschehen kann, ohne der alten Botschaft untreu zu werden, und sie doch so zu sagen, dass sie verstanden wird.

An manchen Stellen mögen die Schreiben dabei an Grenzen stoßen; ihr Frauenbild ist und bleibt für mich unerträglich, die massive Polemik, mit der sie die Andersdenkenden in die Schranken weisen wollen, ist aus meiner Sicht wenig zielführend und kaum vorbildlich zu nennen.

Doch andere Themen, die in diesen Briefen unübersehbar aufgeworfen werden, bewegen die christlichen Kirchen bis heute. Zwei Beispiele mögen das verdeutlichen.

Das ist erstens die Frage danach, wie sich die Botschaft von Gottes bedingungsloser Liebe und seinem Heilshandeln in Jesus Christus mit den Wertmaßstäben dieser Welt zusammendenken lässt. Wo und wie zeigt sich, dass Menschen von Gottes Geist ergriffen wurden? Anfang des 20. Jahrhunderts gab es in Deutschland eine theologische Strömung, die sogenannte dialektische Theologie, als ihr Hauptvertreter kann der reformierte Theologe Karl Barth gelten. Er behauptete, Gott sei und bleibe der qualitativ ganz Andere, und man könne sein Wirken in der Welt nur an Einschlagtrichtern und Hohlräumen erkennen, die gleichsam senkrecht von oben träfen. Damit wandten er und seine Mitstreiter sich gegen die sogenannte liberale Theologie, die, so ihr Urteil, allzu leichtfertig Christentum und weltliche Ordnungen gleichgesetzt – und damit zum Beispiel der Glorifizierung des Waffeneinsatzes im 1. Weltkrieg Vorschub geleistet hatte.

Doch um von Gott zu reden, braucht es eine Entsprechung, die verstanden wird. Wer beschreiben will, was Gottes Handeln bedeutet, der muss dafür menschliche Worte und menschliche Beispiele finden. Und vielleicht auch allzu menschliche Maßstäbe anlegen, um sagen zu können, was es denn meint, dass Gott alle Menschen retten und zur Erkenntnis der Wahrheit führen will (vgl. 1Tim 2,4f).

Die Frage, die aus der Lektüre der Pastoralbriefe erwächst, ist aber: Wie viel Anpassung an allzu menschliche Maßstäbe ist nötig, damit das Evangelium Gehör gewinnt? Und wo ist zu viel Anpassung vielleicht auch schädlich, weil das Befreiende der Botschaft Jesu Christi nicht mehr durchdringen kann? Die Pastoralbriefe haben für sich selbst darauf eine Antwort – beziehungsweise: drei Antworten – gefunden. Und ihrem Vorbild folgend, muss das jede Generation neu tun.

Damit steht zweitens die Frage im Raum, wie man heute noch vom Heilsgeschehen von Kreuzigung, Auferstehung und ewigem Leben reden kann, so dass dabei deutlich wird: Das ist ein Heilsgeschehen, das uns Menschen zugutekommt. Gerade die Rede vom Kreuz ist ja immer wieder als anstößig empfunden worden; der Philosophieprofessor Herbert Schnädelbach sprach Anfang der 2000er-Jahre gar von einem Geburtsfehler des Christentums: Das Kreuz zeuge nicht von Erlösung, sondern nur vom Blutdurst eines rachsüchtigen Gottes. Die Frage bleibt also: Wie kann man so vom Kreuz sprechen, dass verstanden wird, darin war ein Leben spendender Gott am Werk? Die Pastoralbriefe haben sich dieser Frage auch stellen müssen; sie wählen für die Umschreibung des Heilshandelns Gottes den Begriff der Epiphanie. Welchen wähle ich heute?

Dies sind nur zwei Beispiele, jeder Leser und jede Leserin wird wohl eigene entdecken. Wie gut, dass diese Briefe Eingang in den neutestamentlichen Kanon gefunden haben. Und wie gut, dass sie auch in der neuen Perikopenordnung vertreten sind und im Kirchenjahr immer wieder im Gottesdienst vorkommen. Zwei Texte sind am Christfest zu predigen (Tit 3,4–7 in Reihe II; Tit 2,11–14 in der Christnacht in Reihe IV), andere Abschnitte verteilen sich auf andere Sonntage (1Tim 2,1–6a an Rogate in Reihe V; 1Tim 1,12–17 am 3. Sonntag nach Trinitatis in Reihe I; 2Tim 1,7–10 am 16. Sonntag nach Trinitatis in Reihe II; 2Tim 2,8–13 in Reihe II in der Osternacht) oder sind bestimmten Gedenktagen zugeordnet (1Tim 6,11–16 dem Gedenktag der Augsburger Konfession in Reihe II und V; 1Tim 3,16 dem Tag des Besuchs der Maria bei Elisabeth in Reihe I und IV; 1Tim 4,4f dem Erntedankfest in Reihe VI; 2Tim 2,8–13 dem Tag der Enthauptung Johannes des Täufers in Reihe III und IV und 2Tim 4,5–11 dem Tag des Evangelisten Lukas in Reihe I und IV). So sind sie uns bleibendes Vorbild darin, die Botschaft des Paulus in die eigene Zeit hinein neu zu Geltung und Gehör zu bringen.

Anhang

Verzeichnis der Abkürzungen

Altes Testament

Gen	Buch Genesis = 1. Buch Mose
Ex	Buch Exodus = 2. Buch Mose
Lev	Buch Levitikus = 3. Buch Mose
Num	Buch Numeri = 4. Buch Mose
Dtn	Buch Deuteronomium = 5. Buch Mose
Jos	Buch Josua
Ri	Buch der Richter
Rut	Buch Ruth
1/2Sam	Erstes und zweites Buch Samuel
1/2Kön	Erstes und zweites Buch der Könige
1/2Chr	Erstes und zweites Buch der Chronik
Esra	Buch Esra
Neh	Buch Nehemia
Est	Buch Ester
Hiob	Buch Hiob = Ijob
Ps	Buch der Psalmen
Spr	Buch der Sprüche Salomos = Sprichwörter
Pred	Buch des Predigers = Kohelet
Hld	Hohelied Salomos
Jes	Buch Jesaja
Jer	Buch Jeremia
Klgl	Klagelieder Jeremias
Ez	Buch Ezechiel = Hesekiel
Dan	Buch Daniel
Hos	Buch Hosea
Joel	Buch Joel
Am	Buch Amos
Obd	Buch Obadja
Jon	Buch Jona
Mi	Buch Micha
Nah	Buch Nahum

Hab	Buch Habakuk
Zef	Buch Zefanja
Hag	Buch Haggai
Sach	Buch Sacharja
Mal	Buch Maleachi

Die Apokryphen

Jud	Buch Judith
Weish	Weisheit Salomos
Tob	Buch Tobias
Sir	Buch Jesus Sirach
1/2Makk	Erstes und zweites Buch der Makkabäer

Neues Testament

Mt	Evangelium nach Matthäus
Mk	Evangelium nach Markus
Lk	Evangelium nach Lukas
Joh	Evangelium nach Johannes
Apg	Apostelgeschichte
Röm	Brief an die Römer
1/2Kor	Erster und zweiter Brief an die Korinther
Gal	Brief an die Galater
Eph	Brief an die Epheser
Phil	Brief an die Philipper
Kol	Brief an die Kolosser
1/2 Thess	Erster und zweiter Brief an die Thessalonicher
1/2 Tim	Erster und zweiter Brief an Timotheus
Tit	Brief an Titus
Phlm	Brief an Philemon
Hebr	Brief an die Hebräer
Jak	Brief des Jakobus
1/2 Petr	Erster und zweiter Brief des Petrus
1/2/3Joh	Erster, zweiter und dritter Brief des Johannes
Jud	Brief des Judas
Offb	Offenbarung des Johannes

Andere pagane, jüdische oder christliche Schriften

Abr	Philo, De Abrahamo
Aem	Plutarch, Aemilius Paullus
Ant	Sophokles, Antigone
Barn	Barnabasbrief
1Clem	1. Clemensbrief
2Clem	2. Clemensbrief
Did	Didache – Lehre der zwölf Apostel
4Esr	Viertes Buch Esra
EvPhil	Philippusevangelium (gnostische Schrift)
EvThom	Thomasevangelium (gnostische Schrift)
LegGai	Philo, Legatio ad Gaium
H.E.	Euseb, Kirchengeschichte
Hist	Polybius, Historiae
HistNat	Plinius d. Ä., Historia Naturalis
IgnEph	Brief des Ignatius an die Epheser
IgnPol	Brief des Ignatius an Polykarp
IgnSm	Brief des Ignatius an die Smyrnäer
IgnTrall	Brief des Ignatius an die Trallianer
Il	Homer, Illias
Jub	Jubiläenbuch
LXX	Septuaginta (»die Siebzig«) – griechische Übersetzung des Alten Testaments
Lys	Plutarch, Lysander
Marc	Tertullian, Contra Marcion
MartPol	Martyrium des Polykarp
Mor	Plutarch, Moralia
VitMos	Philo, De Vita Mosis
Od	Homer, Odyssee
OdSal	Oden Salomos
Oec	Xenophon, Oeconomikos
Polyk	Polykarp von Smyrna
Praem	Philo, De Praemiis et Poenis
Prov	Philo, De Providentia
1QS	Gemeinderegel von Qumran aus Höhle 1
Som	Philo, De Somniis
SpecLeg	Philo, De Specialibus Legibus
TestLev	Testamente der zwölf Patriarchen, Testament des Levi
Tim	Plato, Timaios

Register wichtiger Begriffe (in Auswahl)

Weiterführende Literatur (in Auswahl)

Allgemeinverständliche Auslegungen

Norbert Brox, Die Pastoralbriefe, RNT VII.2, Regensburg ^{4}1969.

Otto Knoch, Der 1. und 2. Timotheusbrief. Der Titusbrief, NEB 14, Würzburg ^{3}2011.

Helmut Merkel, Die Pastoralbriefe, NTD 9/1, Göttingen ^{13}1991.

Wissenschaftliche Auslegungen

Jens Herzer, Die Pastoralbriefe, ThHK 13, Leipzig (erscheint 2023).

Gottfried Holtz, Die Pastoralbriefe, ThHK 13, Leipzig ^{5}1992.

Heinrich Julius Holzmann, Die Pastoralbriefe, kritisch und exegetisch behandelt, Leipzig 1880.

Jürgen Roloff, Der erste Brief an Timotheus, EKK XV, Neukirchen-Vluyn u. a. 1988.

Alfons Weiser, Der zweite Brief an Timotheus, EKK XVI/1, Neukirchen-Vluyn u. a. 2003.

Sonstige zitierte und wichtige Literatur

Michaela Engelmann, Unzertrennliche Drillinge? Motivsemantische Untersuchungen zum literarischen Verhältnis der Pastoralbriefe, BZNW 192, Berlin 2012.

Adolf von Harnack, Die Briefsammlung des Apostels Paulus und die anderen vorkonstantinischen Briefsammlungen. Sechs Vorlesungen aus der altkirchlichen Literaturgeschichte, Leipzig 1926.

Jens Herzer, herausgegeben von Jan Quenstedt, Die Pastoralbriefe und das Vermächtnis des Paulus, WUNT 476, Tübingen 2022.

Herman von Lips, Timotheus und Titus. Unterwegs für Paulus, BG 19, Leipzig ^{3}2016.

Annette Merz, Die fiktive Selbstauslegung des Paulus, Intertextuelle Studien zur Intention und Rezeption der Pastoralbriefe, NTOA 52, Göttingen 2004.

Michael Wolter, Die Pastoralbriefe als Paulustradition, FRLANT 146, Göttingen 1988.